CULTURA POLÍTICA Y COMUNICACIÓN EN LA PENÍNSULA IBÉRICA

CULTURA POLÍTICA Y COMUNICACIÓN EN LA PENÍNSULA IBÉRICA

PACTO, NEGOCIACIÓN Y CONFLICTO (SIGLOS VI-XIII)

Javier Llidó Miravé, Patricia Vidal Bustos
y Óscar Villarroel González
(coords.)

Sílex

El presente libro forma parte del Proyecto de Investigación PACNECON de la AGENCIA ESTATAL DE INVESTIGACIÓN, n.º de Proyecto: AEI/10.13039/501100011033, así como del Grupo de Investigación Consolidado SPOCCAST (UCM: 930369).

© Javier Llidó Miravé (coord.), 2024
© Patricia Vidal Bustos (coord.), 2024
© Óscar Villarroel González (coord.), 2024
© El resto de autores, 2024

Editor: Ramiro Domínguez Hernanz

© Imagen de cubierta: Biblia Maciejowski
(Morgan Library & Museum, MS M.638 fol, 41r.)

C/ San Gregorio, 8, 2, 2ª Madrid
España
www.silexediciones.com

ISBN: 978-84-10267-01-5
Depósito Legal: M-27643-2024
Colección: Sílex Universidad

Impreso y encuadernado en España

Cualquier forma de reproducción, distribución, comunicación pública o transformación de esta obra solo puede ser realizada con la autorización de sus titulares, salvo excepción prevista por la ley. Diríjase a CEDRO (Centro Español de Derechos Reprográficos) si necesita fotocopiar o escanear algún fragmento de esta obra (www.conlicencia.com; 91 702 19 70 / 93 372 04 97)

CONTENIDO

Sílex Universidad es una colección de Historia nacida hace 20 años para publicar novedades historiográficas y transportar una historia crítica, analítica y rigurosa.

Colección Sílex Universidad

Directores de la colección

Ramiro Domínguez
Sílex Ediciones
Manuel Chust
Universidad Jaume I de Castellón

Consejo Editorial

Ana Aguado, Universitat de València
María-Cruz Cardete del Olmo, Universidad Complutense de Madrid
Montserrat Duch, Universitat Rovira i Virgili
Antoni Furió, Universitat de València
David García Hernán, Universidad Carlos III de Madrid
Ana-Isabel López Salazar Codes, Universidad Complutense de Madrid
María de los Ángeles Martín Romera, Universidad Complutense de Madrid
Teresa Ortega, Universidad de Granada
María Antonia Peña, Universidad Huelva
Ofelia Rey Castelao, Universidad de Santiago de Compostela
Eduardo Rey, Universidad Santiago de Compostela
Martín Ríos, Universidad Nacional Autónoma de México
Antonio Rivera Blanco, Universidad del País Vasco/EHU
Rebeca Saavedra, Universidad de Cantabria
Porfirio Sanz Camañes, Universidad de Castilla-La Mancha
Miguel Ángel Novillo, Universidad Nacional de Educación a Distancia
Óscar Villarroel González, Universidad Complutense de Madrid

Consejo Asesor

Armando Alberola, Universidad de Alicante
Roberto Blanco Valdés, Universidad de Santiago de Compostela
Cristina Borreguero Beltrán, Universidad de Burgos
Jordi Canal, l'École des Hautes Études en Sciences Sociales de París
María Luisa Candau Chacón, Universidad de Huelva
Gloria Espigado, Universidad de Cádiz
Ignacio Fernández Sarasola, Universidad de Oviedo
Carmen-María Fernández Nadal, Universidad Jaume I de Castellón
Mariano Esteban, Universidad de Salamanca
Ricardo García Cárcel, Universidad Autónoma de Barcelona
Eduardo González Calleja, Universidad Carlos III de Madrid
Jorge de Hoyos, Universidad Nacional de Educación a Distancia
David Hernández de la Fuente, Universidad Complutense de Madrid
Ricardo Martín de la Guardia, Universidad de Valladolid
Clelia Martínez Maza, Universidad de Málaga
Carlos Martínez Shaw, Universidad Nacional
de Educación a Distancia y Real Academia de la Historia
Silvia Pérez González, Universidad Pablo de Olavide
Martín Rodrigo Alharilla, Universidad Pompeu Fabra
Javier Rodrigo, Universitat Autònoma de Barcelona
Mirella Romero Recio, Universidad Carlos III de Madrid
Coro Rubio, Universidad del País Vasco/EHU
Raquel Sánchez, Universidad Complutense de Madrid
Manuel Santirso, Universitat Autònoma de Barcelona
Enrique Soria Mesa, Universidad de Córdoba

El presente libro ha sido evaluado por el sistema
de revisión por pares académicos.
Los dictámenes correspondientes están
depositados en el seno de la editorial.

La editorial Sílex ocupa la posición n.º 6 del *Scholarly Publishers Indicators in Humanities and Social Sciences* (SPI) de 2022 en prestigio editorial en la disciplina de Historia con un ICEE de 84.

Propuestas de publicación

Las propuestas de edición serán enviadas a:
gestion@silexediciones.com
en un archivo pdf. La colección se pondrá en contacto con el remitente para informarle del proceso de revisión por pares, las condiciones de edición y su potencial programación.

INTRODUCCIÓN

Si hay algo que caracteriza a la cultura política es su fluidez, pudiendo cambiar y modificarse a lo largo del tiempo. Este rasgo se ha traducido en un trenzado de influjos a lo largo y ancho de la historia y que, para el tiempo que nos ocupa, el lapso que media entre los siglos VI y XIII, pudiera imaginarse como una extensa hiedra con la capacidad de engendrar una multitud de hojas variadas, todas procedentes, eso sí, de un tronco común y pertenecientes a la misma raíz. Tal variedad nace de las múltiples influencias que sobre los diversos territorios fue arrojando la historia, aunque sin que por ello se produjese una desconexión total de sus orígenes. A todo ello, a una herencia más o menos pura, se une otro elemento fundamental en toda cultura (y eso incluye la política): la capacidad de permear las estructuras y recibir y emitir influencias en su entorno. De esta forma, ese pasado romano que hacía las veces de zócalo de la política del tránsito al Medievo, fue recibiendo diferentes contribuciones a través de numerosas vías de modo que, a la vez que mantenía su tradición, se retroalimentaba con otras concepciones políticas que, de una manera u otra, se asentaron en el antiguo solar imperial.

Si tenemos en cuenta la gran movilidad política que demuestran los siglos elegidos para este estudio, con el auge y caída de nuevos poderes, con raíces más o menos (o nada) romanas, nos encontramos con todo un mosaico de posibilidades a la hora de que fructificase ese origen y esos nuevos aportes, y ello sin perder nunca ese aire común procedente bien del pasado romano, bien de la pátina de la *christianitas*.

El objetivo de los estudios que aquí se recogen es, por tanto, analizar esa hiedra: sus hojas, sus fuentes de alimentación y las causas de la genuina y singular tipología que adquirió cada una de ellas en los ámbitos cronológicos y geográficos a los que se aproxima esta obra, en todo caso limitados al caso hispano por una mera razón de humana operatividad. Sin embargo, como podrá comprobar el lector, hablar de la península ibérica es, del mismo modo que sucede con las regiones de su entorno, hablar del Mediterráneo y del Atlántico, de Oriente y Occidente, y, en definitiva, de la que fue, y es, una puerta a un inmenso caudal de diferentes tradiciones de comprender y ejercer el poder.

A la hora de realizar esta labor, los coordinadores hemos tenido la suerte de contar con el apoyo de investigadores de extraordinaria valía, quienes previamente nos habían acompañado en la celebración de un seminario cuyos interesantes resultados nos resistíamos a ver ahí finiquitados, en vez de corregidos y ampliados en las páginas que siguen y que, por esa exploración añadida, constituyen ya un significativo paso adelante respecto al dicho coloquio.

El recorrido comienza de la mano de Javier Llidó Miravé y Patricia Vidal Bustos, quienes se adentran en el reinado de Amalarico, un personaje que representa un punto de inflexión para el Reino visigodo de Tolosa, pero también un cruce de caminos en lo que toca a influencias políticas y religiosas. Su atención se centra en el impacto que tales complejidades tuvieron en el matrimonio de aquel rey de fe arriana con Clotilde, nicena e hija del rey merovingio Clodoveo.

Les sigue Elsa Cardoso, quien pone el acento en las relaciones establecidas entre el poder andalusí y el bizantino en el contexto de la conquista, de un lado, de Creta por parte de tropas andalusíes, y, de otro, de Sicilia, por parte de tropas aglabíes. Fue en tal coyuntura que el emperador Teófilo se vio obligado a establecer contactos diplomáticos con ‘Abd al-Rahman II con el fin de intentar frenar la progresiva pérdida de control de las aguas del Mediterráneo que aquejaba Constantinopla. Una cuestión, por tanto, que afectó a una gran cantidad de poderes a ambas orillas de este mar.

Prosigue Adrián Díaz-Plaza Casal, ocasión en la que la perspectiva pasa a centrarse en los momentos de crisis que vivió el Reino de León hacia finales del siglo x. El autor se aventura en esta difícil situación poniendo el foco en la necesidad fundamental para los monarcas de convertirse en cabeza de proyectos que pudieran aunar al conjunto de las élites del reino, como es el caso de la guerra, principal de todas ellas, y las formas practicadas para reforzar la legitimidad en los contextos en los que una empresa bélica no era posible, un escenario que se debía, en buena medida, al creciente poderío militar andalusí y, precisamente, al fortalecimiento de vías de legitimidad con base bélica en el ámbito del islam peninsular.

Una realidad semejante es la estudiada por Ricardo Chao Prieto, solo que a través de un aspecto no siempre presente en este tipo de obras: los signos gráficos del poder. Nuevamente, el ámbito de estudio es el Reino de León, pero no ya a través de su historia política o bélica en el sentido tradicional del término, sino de la representación documental que llevaron a cabo sus reyes, del origen de esta y de su progresiva transformación, lógicamente condicionada por las cambiantes circunstancias del panorama hispano. Su lectura supone, pues, un aporte de especial valor respecto al texto de Adrián Díaz-Plaza Casal, y viceversa.

La perspectiva material recibe otro impulso gracias a la participación de Francisco J. Moreno Martín y Marta Rielo Rincón, quienes desentrañan una vía más para la legitimación del poder por medio de actividades ajenas a la guerra. Así, su estudio de la arquitectura y la cultura visual pone sobre aviso de la profunda interrelación que existe entre la cultura política y su manifestación concreta y cotidiana por medio de los edificios, sus programas decorativos y el simbolismo y la tradición a ellos asociados.

El rico mundo andalusí vuelve a ser explorado por Javier Albarrán, cuyo texto se acerca a la puesta en práctica de la cultura de la guerra por medio de sus rituales, discursos y símbolos. En este ámbito, presta especial atención a los llamativos paralelismos que se establecen entre el contexto andalusí y otros poderes de su entorno, especialmente en lo que toca, de nuevo, al ámbito bizantino, y, en general, a la vertiente oriental del Mediterráneo, y, asimismo, al contexto cristiano inmediato que existía en la occidental.

A continuación, Iván Curto se acerca a la figura del obispo desde una perspectiva poco común, como es su papel en la guerra más allá de como un hacedor de o un intermediador en pro de la paz. De este modo, efectúa un interesante ejercicio comparativo entre la teoría y la práctica, es decir, entre las directrices conciliares y los mandatos de los padres, de un lado, y la historiografía producida por la Iglesia, de otro, en la cual aparece reflejada la figura central de su estudio: el *dux* episcopal.

Los trasvases culturales no solo se producen por medio de la vista, sino también por medio del oído, tal y como vienen a recordar Arturo Tello Ruiz-Pérez y Patricia Peláez Bilbao. Su aportación en clave musicológica y codicológica significa la puesta en claro de la transmisión de dos prosas litúrgicas cuyo movimiento en el espacio entraña interesantes consecuencias para un mejor conocimiento de la implantación de Cluny en el solar hispano, lo que convierte a esta investigación en una referencia de especial valor para múltiples campos del estudio del Medievo.

Continúa Alejandro Rodríguez de la Peña, cuya aproximación presenta también un marcado sesgo cultural, pero haciendo hincapié en el papel de los monarcas como promotores del saber y, además, como figuras también imbuidas de la exigencia de poseer tal saber o, al menos, de rodearse de aquellos que lo poseían. De este modo, se ponen sobre la mesa elementos íntimamente relacionados con el poder, independientes del ámbito bélico y que tuvieron una difusión extraordinaria a lo largo del tiempo y del espacio.

Si tal enfoque destaca la importancia de las monarquías como promotores de un determinado sistema de creencias, pensamiento y sabiduría, Marta Poza Yagüe traslada esta misma realidad al escenario de las artes. Así, por medio del análisis de la devoción, de un lado, hacia san Demetrio y su traslado desde el oriente bizantino al occidente aragonés, y, de otro, hacia Tomás Becket y su traslado desde el norte inglés al sur castellano, no hace sino recalcar que el arte, en cualquiera de sus formas, es tan espejo del poder como lo es de la creencia, puesto que la fina línea entre estos dos ámbitos es, en muchas ocasiones, prácticamente irreconocible.

Finaliza este elenco Óscar Villarroel González, quien, al hilo del anterior texto, vuelve a adentrarse en las relaciones norte-sur, esta vez entre Inglaterra, Castilla, Navarra y León, si bien no desde la perspectiva material, sino poniendo el acento en la diplomacia y las relaciones exteriores, que se presentan como un marco que influye en el conjunto de los reinos, y su puesta en práctica en un escenario tan rico en matices como fue el que caracterizó al reinado de Alfonso VIII.

Creemos que un tan buen plantel puede aportar un jalón más al conocimiento que tenemos de cómo se producían las influencias mutuas en el ámbito político. Es gracias a los especialistas que se puede presentar este mosaico que nos aproxime a una visión más completa. No queda más que agradecer a todos los que han empujado directa o indirectamente a este libro para que pudiera ver la luz. A todos ellos y a las instituciones que lo han permitido (el proyecto PACNECON PID2020-113794GB-I00, del Ministerio de Innovación y la Agencia Estatal de Investigación; el Grupo de Investigación Consolidado SPOCCAST (UCM 930369: Sociedad, Poder y Cultura en la Corona de Castilla, siglos XIII al XVI), la Acción Especial OC9/21-67 de la Universidad Complutense y su Facultad de Geografía e Historia. A todos, comenzando por los autores, les damos gracias, porque es con justicia que este tipo de publicaciones reciben el nombre de *obra colectiva*, aunque con frecuencia se pierda de vista hasta dónde alcanza el *colectiva* y se reduzca a la *obra* en sí. Nos permitirán añadir en el agradecimiento a nuestras familias y amigos, que siempre padecen la mengua de tiempo que supone la investigación histórica.

Los coordinadores, octubre de 2024

1.
ALGUNAS PROPUESTAS EN TORNO AL MATRIMONIO DE AMALARICO CON CLOTILDE Y EL PAPEL DEL ARRIANISMO EN LA MONARQUÍA TOLOSANA[1]

Javier Llidó Miravé
Patricia Vidal Bustos
UCM[2]

INTRODUCCIÓN

El reinado de Amalarico nunca ha gozado de una especial atención por parte de la historiografía. En la mayor parte de los casos, el análisis de su reinado se reduce a un breve espacio en el que apenas se debaten los diversos problemas interpretativos propios del tiempo de este monarca[3]. Ahora bien, existen determinados estudios que

---

[1] El presente trabajo se enmarca en las actividades del proyecto PID2020-113794GB-I00, dirigido por José Manuel Nieto Soria y Óscar Villarroel González. Asimismo, se desea destacar que el orden de los autores que firman sigue un criterio alfabético sin atender a otras razones para su disposición. De otro lado, debe señalarse que, a la hora de citar, se hará uso de las siguientes abreviaturas: *Ep.*, para *Epistola*, *Hist.* para *Historia*, *Chron.*, para *Chronica*, *Cons.*, para los *Consularia Caesaraugustana*, *DLH*, para los *Decem Libri Historiarum* de Gregorio de Tours, *Vit.*, para *Liber Vitae patrum*, de Gregorio de Tours, *Iul.*, para *De passione et virtutibus sancti Iuliani martyris*, de Gregorio de Tours, *Mart.*, para *Liber in gloria martyrum*, de Gregorio de Tours, *Get.* para la *Getica* de Jordanes, *Var.*, para las *Variae* de Casiodoro, y *Goth.*, para el *De bello gothico* de Procopio.

[2] ORCID: https://orcid.org/0000-0001-7600-4882 y https://orcid.org/0000-0003-3622-6653, respectivamente.

[3] Felix Dahn, *Die Könige der Germanen*, vol. V, *Die politische Geschichte der Westgothen*, A. Stuber's Buchhandlung, Würzburg, 1870, pp. 116-118, Marcelino Menéndez y Pelayo, *Historia de los heterodoxos españoles*, vol. II, Librería Católica de San José, Madrid, 1880, p. 177; Juan Ortega Rubio, *Los visigodos en España*, Imprenta de los hijos de M. G. Hernández, Madrid, 1903, pp. 21-22; John Michael Wallace-Hadrill, *The Barbarian West. The Early Middle Ages. A.D. 400-1000*, Harper Torchbooks, Nueva York y Evanston, 1962 [1952], p. 77; José Orlandis Rovira, *Historia de España. La España visigótica*, Gredos, Madrid, 1977, pp. 71-73; José Orlandis Rovira, *Historia del reino visigodo español. Los acontecimientos, las instituciones, la sociedad, los protagonistas*, Rialp, Madrid, 2011 [1988], pp. 56-57; Herwig Wolfram, *History of the*

destacan por su empeño en añadir nuevas fuentes al debate, como podría ser el caso de Torres López[4], o el de Thompson[5], aunque tales esfuerzos han dado pocos frutos. Mejor fortuna ha corrido el estudio de las relaciones habidas entre Amalarico y el obispo Montano de Toledo, las cuales han recibido varios estudios monográficos de forma reciente[6], por lo que es de esperar, y de desear, que otros tantos apa-

---

Goths, University of California Press, Los Ángeles-Londres, 1988, pp. 243-246 y 309-311; Luis Agustín García Moreno, *Historia de España visigoda*, Cátedra, Madrid, 1989, p. 94; Peter Heather, *The Goths*, Blackwell Publishing Ltd, Oxford, 1997 [1996], pp. 277-278; Roger Collins, *Visigothic Spain. 409-711*, Blackwell Publishing Ltd, Oxford, 2004, pp. 41 y 42; Guy Halsall, *Barbarian Migrations and the Roman West. 376-568*, Cambridge, Cambridge University Press, 2007, p. 299; y Rosa Sanz Serrano, *Historia de los godos. Una epopeya histórica de Escandinavia a Toledo*, La Esfera de los Libros, Madrid, 2009, p. 224, etc.

[4] Manuel Torres López, "Historia política del reino hispanovisigodo arriano", en Ramón Menéndez Pidal (ed.), *Historia de España*, vol. III, Espasa-Calpe, Madrid, 1976 [1940], pp. 90-91. Su trabajo hace mención de la *Vita Droctovei*, 12, si bien existen diversas inconsistencias del documento a resaltar. En primer lugar, que aunque se menciona el papel de Childeberto y Clotario en la aceptación conjunta del casamiento entre Amalarico y Clotilde, se obvia a Teodorico y a Clodomiro. En segundo lugar, que considera Toledo como sede regia de Amalarico. En tercer lugar, que en el capítulo 11 recoge el ataque franco a Zaragoza, el cual se produjo con posterioridad a la derrota de Amalarico, según recoge *DLH*, III, 29. Finalmente, en cuarto lugar, que, en el capítulo 9, Childeberto es descrito como aquel sobre el que descansaba en su totalidad el *regnum Francigenum*. A la postre, cabe destacar que ya Francisco de Padilla, *Historia eclesiástica de España*, Claudio Bolán, Málaga, 1605, p. 41r definió el relato de la toma de Toledo como "cuento de franceses", del mismo modo que se detuvo a desmentirlo Juan de Ferreras y García, *Synopsis historica chronologica de España*, vol. III, Imprenta de Don Antonio Pérez de Soto, Madrid, 1775, pp. 161-162. A pesar de ello, Enrique Flórez, *España sagrada*, vol. V, Oficina de Antonio Marín, Madrid, 1750, p. 250 no sometió el relato a crítica. Torres López también se apoyó en la *Vita Dalmatii*, 5, la cual, por su parte, describe a un Amalarico de origen arriano con inclinación nicena. Ahora bien, en el conjunto de la *Vita* no existe mención alguna de Clotilde, de la campaña de Childeberto o de la muerte de Amalarico, lo que hiere su credibilidad.

[5] Edward Arthur Thompson, *The Goths in Spain*, Clarendon Press, Oxford, 1969, pp. 10-13, donde hizo mención de la *Vita Aviti*, 12, la cual refiere que Childeberto solicitó el beneplácito de Avito de Vienne para conquistar Hispania y que, por extensión, la motivación última de su intervención militar habría sido puramente política. Sin embargo, resulta difícil asumir un deseo de ocupar Hispania sin que se constate ningún cambio territorial significativo tras la campaña.

[6] Céline Martin, "Las cartas de Montano y la autonomía episcopal de la Hispania septentrional en el siglo VI", *Hispania Antiqua*, 22 (1998), pp. 403-426, Céline Martin, "Montanus et les schismatiques: la reprise en main d'une périphérie hispanique au début du VIe siècle", *Médiévales*, 51 (2006), pp. 9-20, Amancio Isla Frez, "Desde el reino visigodo y la ortodoxia toledana: la correspondencia de Montano", *Studia Historia. H.ª Medieval*, 18-19 (2000-2001), pp. 41-52 y Pablo Poveda Arias, "Diálogos y

rezcan en un futuro próximo. Del mismo modo, es obligado hacer mención a otros trabajos que, aunque no centrados directamente en la figura de Amalarico, e incluso tratando tiempos inmediatamente anteriores o posteriores, han contribuido a un conocimiento más preciso del período[7].

No obstante, el ámbito de la cultura religiosa apenas ha sido desarrollado, sobre todo si se contempla desde el punto de vista del arrianismo o de su relación con Clotilde. Cabría decir que el estudio de la postura de Amalarico frente al nicenismo se ha visto condicionado por un afán de univocidad, de modo que el testimonio del turonense quede supeditado a documentos tales como el II Concilio de Toledo: puesto que se apela a que los obispos nicenos allí presentes aclamaron al rey godo, no cabe sino rechazar el testimonio de Gregorio de Tours y reducirlo a un *casus belli* en favor de Childeberto[8]. No obstante, la

relaciones de poder en los albores del reino visigodo hispano: el reinado de Amalarico (511-531)", *Territorio, Sociedad y Poder*, 15 (2020), pp. 9-24.

[7] Ramón d'Abadal i de Vinyals, *Del Reino de Tolosa al Reino de Toledo*, RAH, Madrid, 1960, pp. 60-62, Knut Schäferdiek, *Die Kirche in den Reichen der Westgoten und Suewen bis zur Errichtung der westgotischen katholischen Staatskirche*, Walter de Gruyter, Berlín, 1967, pp. 94-96, Luis García Iglesias, "El intermedio ostrogodo en Hispania", *Hispania Antiqua*, V (1975), pp. 98-111, Michel Rouche, *L'Aquitaine des Wisigoths aux Arabes, 418-781. Naissance d'une región*, École des Hautes Études en Sciences Sociales, París, 1979, Ana María Jiménez Garnica, *Orígenes y desarrollo del Reino Visigodo de Tolosa*, Universidad de Valladolid, Valladolid, 1983, María del Rosario Valverde Castro, "La monarquía visigoda y su política matrimonial. De Alarico I al fin del reino visigodo de Tolosa", *Aquitania*, 16 (2000), pp. 310-312, María del Rosario Valverde Castro, "La monarquía visigoda y su política matrimonial: el Reino visigodo de Toledo", *Studia Historia. Hª Antigua*, 18 (2000), pp. 331-355, Amancio Isla Frez "Reinas de los godos", *Hispania*, 217 (2004), pp. 409-434, Bruno Dumézil, *Les racines chrétiennes de l'Europe. Conversion et liberté dans les royaumes barbares. Vᵉ-VIIIᵉ siècle*, Fayard, París, 2005, pp. 256-257, Anna Gehler-Rachůnek, "East and West from a Visigothic Perspective: How and Why Were Frankish Brides Negotiated in the Late Sixth Century?" en Stefan Esders, Yitzhak Hen, Pía Lucas y Tamar Rotman (ed.), *The Merovingian Kingdoms and the Mediterranean World. Revisiting the Sources*, Bloomsbury, Londres-Nueva York-Oxford-Nueva Delhi-Sydney, 2019, pp. 31-39 y María del Rosario Valverde Castro, "Los viajes nupciales entre el reino de Toledo y la Galia merovingia: Una ocasión para la escenificación del poder", en José Manuel Iglesias Gil y Alicia Ruiz-Gutiérrez (ed.), *Viajes y cambios de residencia en el mundo romano*, Universidad de Cantabria, Santander, 2020, pp. 335-366.

[8] Esta idea puede encontrarse en la mayor parte de los estudios citados hasta ahora. Baste mentar, por ejemplo, a María del Rosario Valverde Castro, *Ideología, simbolismo y ejercicio del poder real en la monarquía visigoda: un proceso de cambio*, Universidad de Salamanca, Salamanca, 2000, p. 122, quien, además, trae a colación *Get.*,

propuesta que se va a realizar aquí pasa por abrazar la contradicción del reinado de Amalarico, una posición que nace de una consideración fundamental: no es equiparable la actitud del rey respecto al conjunto de la iglesia en Hispania, territorio sobre el cual todavía estaban solidificándose las bases de la monarquía goda[9], con la sostenida en relación a su esposa, cuyo origen franco y diversa fe pudieron significar una mayor herida al prestigio regio y a la unidad en torno a la monarquía[10]. Por tanto, nada impide que Amalarico utilizase medidas en apariencia contradictorias como resultado de los diversos grupos a los que iban destinadas para alcanzar, a través de ellas, un único objetivo.

¿CUÁNDO CASARON AMALARICO Y CLOTILDE Y QUÉ MOTIVÓ EL ENLACE?

La primera cuestión que debe abordarse, aunque sea someramente, es cuándo se produjo el casamiento entre Amalarico y Clotilde. Para su estudio, se dispone únicamente de dos testimonios, el de Procopio de Cesarea y el de Gregorio de Tours[11]. El primero dio noticia de que Amalarico, tras la muerte de Teodorico el Ostrogodo y una vez había llegado a la edad adulta[12], temeroso del creciente poder de los francos,

302, un pasaje en el que, lejos de mencionar cualquier daño causado a Clotilde, se apela a los *fraudes* de los francos como causa de la derrota y muerte de Amalarico. La resonancia con el testimonio de Casiodoro, *Chron.*, 1348 (508) es evidente, pues él también achacó los males que sufrieron los visigodos a la *depraedatio* de los francos, también sin mención a Clotilde, por lo que es posible que fuese la fuente directa de Jordanes y que el testimonio no sea más que una replicación del discurso de la propaganda ostrogoda. Es más, Jordanes nunca mencionó nada al respecto del casamiento entre Amalarico y Clotilde, por lo que, en última instancia, el pasaje no permite extraer conclusiones seguras.

[9] De modo sintético y matizable, véase Carlos García Torresano y Javier Llidó Miravé, "El establecimiento de la monarquía goda en la Tarraconense: penetraciones, contactos y resistencias (siglo v)", en Pilar Carceller Cerviño (ed.), *Viajes y viajeros en la Edad Media*, La Ergástula, Madrid, 2021, pp. 183-202, y los títulos de la nota 6.

[10] Esta distinción ya fue señalada por Knut Schäferdiek, *Die Kirche...*, p. 96.

[11] *Goth.*, V, 13, 1 y 4 y *DLH*, III, 1.

[12] Cabe traer a colación el testimonio de Isidoro de Sevilla, *Etym.*, XI, 2, 4, quien definió la *adolescentia* como un período comprendido entre los 14 y los 28 años. Este testimonio se ve reforzado por *Get.*, 302, que recoge que Amalarico murió durante tal etapa. Por ende, cabe considerar que Amalarico tomó el poder efectivo en torno a la treintena.

solicitó tomar por esposa a la hermana de Teodoberto, gobernante de los francos, y se dividió con su primo Atalarico los territorios de la Galia[13]. Si bien el testimonio presenta diversas inexactitudes, como es situar a Teodoberto, hijo de Teodorico y nieto de Clodoveo, como cabeza de los francos por encima de su propio padre y de sus tíos[14], permite considerar que el matrimonio de Amalarico con Clotilde se produjo en algún momento *post* 526. Ahora bien, ello genera cierta discordancia con el testimonio de Gegorio de Tours, quien situó el mismo enlace cercano a la muerte de Clodoveo y como resultado del poderío conjunto de sus hijos. Ambas obras podrían casar suponiendo una mala ubicación de la boda por parte de Gregorio, sin embargo, este la situó con anterioridad a la muerte del obispo Licinio de Tours, la cual tuvo lugar entre el 519 y el 520[15], por lo que se imposibilita la conciliación en este punto.

A la postre, el único factor que admitieron ambos autores de manera conjunta como causa del matrimonio es el temor de Amalarico ante los francos. Ahora bien, de por sí, esto es una cuestión difícil de calibrar, y más todavía en un contexto posterior a la muerte de Clodoveo, ya que sus hijos, salvando Teodorico[16], no habían tenido oportunidad de mostrar su habilidad militar. El primer ejemplo de esta índole que es mencionado por el turonense es la primera campaña en Turingia, en el c. 520, la cual finalizó sin cambios territoriales reseñables[17], por lo que es complicado suponer que se tradujera en un gran rédito ideológico. El segundo es el primer ataque al reino burgundio en el 523, el cual se saldó con la muerte de Clodomiro

[13] Ambos eran nietos de Teodorico el Ostrogodo. Véase *Get.*, 298 y 304.

[14] Véanse *DLH*, III, 1 y Ian Wood, *The Merovingian Kingdoms*, Longman, Londres y Nueva York, 1994, p. 50. Es posible que el error de Procopio se deba a una confusión entre la campaña frente a Amalarico habida en el 531 y dirigida por Childeberto y una posterior encabezada por Teodoberto y Guntario, hijos de Teodorico y Clotario. Compárense *DLH*, III, 10, de un lado, y 21 y 22, de otro.

[15] *DLH*, III, 2. Véase Luce Pietri, "La succession des premiers évêques tourangeaux: essais sur la chronologie de Grégoire de Tours", *Mélanges de l'Ecole française de Rome*, 94:2 (1982), p. 618. Por este tiempo, Amalarico debía rondar la veintena, por lo que no hay razón para negar la datación del turonense.

[16] *DLH*, II, 37.

[17] *DLH*, III, 4. Se omite la derrota de Teodorico infligió a los daneses, según *DLH*, III, 3, por su carácter eminentemente defensivo.

y la recuperación de la independencia Burgundia en el 524[18], por lo que la situación es semejante a la anterior. El tercero, la definitiva conquista de Turingia, entre el 524 y el 531[19], sí puede entenderse como un punto de inflexión a tenor de sus consecuencias[20]. Sin embargo, el presunto temor de Amalarico pudo ser consecuencia de cualquiera de los tres casos antedichos, ya que la consideración de la capacidad militar franca pudo venir dada por su desempeño, y no por sus resultados inmediatos. Sea como fuere, es de notar que los dos primeros conducen a un tiempo previo a la muerte de Teodorico, si bien, el tercero, el más probable, a uno inmediatamente posterior.

Se requiere de un examen profundo del contexto para decantar la balanza. Si se sitúa la atención en el primer escenario, Amalarico, tras morir su abuelo, habría operado un cambio de alianzas para garantizar la supervivencia del reino visigodo a través del acercamiento a los reinos merovingios, lo cual habría venido manifestado por su boda con Clotilde. Si, por el contrario, se plantea en un tiempo anterior, se estaría ante una muestra más de la conocida política matrimonial llevada a cabo por el rey ostrogodo[21], y que no resultaba extraña a la monarquía visigoda[22].

Es obligado atender a la situación merovingia del momento para perfilar la interpretación, la cual se caracterizaba por una precaria inestabilidad fruto de la conflictiva relación entre los hijos de Clodoveo por el reparto de la herencia[23]. Es decir, una ocasión propicia para emparentar con el rey Amalarico y evitar la apertura de un nuevo frente de batalla. En este sentido, no cabe asumir que los reyes merovingios dieran a su hermana Clotilde en matrimonio con Amalarico si le percibían como un rey débil, máxime si se tiene

[18] Mario de Avenches, *Chron.*, 523 y 524 y *DLH*, III, 5.

[19] Gregorio no ofreció una datación precisa, sino que situó el acontecimiento entre la primera campaña en Burgundia, finalizada en el 524, y el ataque de Childeberto a Amalarico, acaecido en el 531.

[20] *Goth.*, V, 13, 1 y 2 y *DLH*, III, 7.

[21] *Get.*, 297-299 y *Excerpta Valesiana*, 63 y 70. El propio Teodorico había casado con Audofleda, hermana de Clodoveo, *Get.*, 295-296.

[22] Ana María Jiménez Garnica, "Alianzas y coaliciones germánicas en el reino visigodo de Toulouse (siglo V)", *Espacio, Tiempo y Forma*, Serie II, *H.ª Antigua*, II (1989), pp. 197-212 y María del Rosario Valverde Castro, "La monarquía visigoda y su política matrimonial. De Alarico I…", entre otros.

[23] *DLH*, III, 7, 9 y 11. Véase Ian Wood, *The Merovingian…*, pp. 50 y 88-101.

en cuenta que los godos habían conseguido recuperar parte del territorio conquistado por Clodoveo tras su muerte[24]. Por ende, es lícito considerar que el matrimonio pudo tener lugar en algún momento cercano a la muerte de Clodoveo con el deseo de obtener una paz duradera tras los continuados conflictos que se habían producido desde, al menos, el 496[25]. Por el contrario, el escenario existente tras la muerte de Teodorico era un tiempo de reverdecimiento de la expansión franca en Turingia y Burgundia sin necesidad aparente de una alianza con Amalarico. Es más, ¿por qué aceptar unánimemente el matrimonio de Clotilde con Amalarico en un momento desequilibrio entre los hermanos vivos a la sazón?

Este último interrogante conduce a una pregunta fundamental: ¿a quién correspondía decidir el casamiento de Clotilde? La lógica conduce a pensar en Teodorico, en tanto que hermano mayor, línea en la que podría situarse a Procopio, quien según se ha visto, vinculó, aunque erróneamente, a la princesa franca con Teodoberto, hijo de Teodorico, como principal actor franco en los acontecimientos[26]. Por su parte, el turonense, mejor conocedor de la realidad merovingia, hizo descansar la responsabilidad del enlace en el conjunto de los hermanos[27], lo que invita a pensar que ninguno de ellos gozaba, *a priori*, de autoridad o poder suficiente para imponerse sobre el resto en el momento del pacto matrimonial y que fue necesario un consenso. Un escenario así se adecua mucho mejor al tiempo reciente tras la muerte de Clodoveo que al panorama posterior a fallecer Teodorico el Ostrogodo.

---

[24] *DLH*, III, 21 y 23. Estos hechos de armas deben adscribirse a la iniciativa ostrogoda. Véanse Émilienne Demougeot, "La Septimaine dans le royaume wisigothique, de la fun du Ve s. a la fin du VIIe s", en *Gaule mérovingienne et monde méditerranéen: Actes de IXe journées d'archéologie mérovingienne*, Imago, Lattes, 1988, pp. 17-39, Christine Delaplace, "La "Guerre de Provence" (507-511), un épisode oublié de la domination ostrogothique en Occident", en *Romanité et cité chrétienne. Permanences et mutations, integration et exclusión du Ier au VIe siècle. Mélanges en l'honneur d'Yvette Duval*, De Boccard, París, 2000, pp. 77-89 y Christine Delaplace, "La Provence sous la domination ostrogothique (508-536)", *Annales du Midi*, 115:244 (2003), pp. 479-499.

[25] Se está haciendo referencia a la recuperación de Saintes por parte de Alarico II en el 496 y a la toma de Burdeos por parte de Clodoveo en el 498, según *Auctarium Prosperi Hauniense*, 650 (496) y 653 (498). En general, para estos momentos, véanse los estudios recogidos en Ralph W. Mathisen y Danuta Shanzer (ed.), *The Battle of Vouillé, 507 CE. Where France Began*, De Gruyter, Boston y Berlín, 2012.

[26] *Goth.*, V, 13, 4 y 9-12.

[27] *DLH*, III, 10.

Por lo tanto, existen más indicios a favor de entender que el matrimonio de Amalarico con Clotilde debió pactarse en vida de su abuelo Teodorico y poco después de la muerte de Clodoveo, es decir, en los años inmediatamente posteriores al 511, y con motivo del deseo por ambas partes de garantizar una paz duradera.

¿QUÉ CAUSÓ EL MALTRATO A CLOTILDE?

Independientemente de la fecha del casamiento entre Amalarico y Clotilde, se documenta un período de varios años hasta el inicio del maltrato. Por tanto, es imperativo discernir qué motivó el cambio de actitud de Amalarico, de lo cual surgen diversos focos de análisis. En primer lugar, conviene atender al momento en el que se pactó el matrimonio. Siguiendo el testimonio del turonense, la aceptación de la propuesta de Amalarico vino dada por el asentimiento de los cuatro hermanos de Clotilde, y, es de suponer, como resultado de unas negociaciones[28], en las cuales cabe una limitada serie de posibilidades en lo que toca al asunto religioso. La primera de ellas, que el asunto no fuese valorado, la cual, a tenor de la reciente guerra con Clodoveo, y el discurso de legitimación en clave religiosa de la misma[29], resulta inverosímil. La segunda, que se aceptase una conversión de Clotilde al arrianismo, si bien ello habría obligado a un maltrato mucho más temprano del que se constata como consecuencia de su desobediencia. Finalmente, la tercera, que Amalarico se comprometiese a respetar su fe y que, en una segunda fase, la permanencia de Clotilde en el nicenismo le resultase problemática.

Esta última es la propuesta más verosímil[30], aunque es posible matizarla todavía más si se contemplan las posibles actitudes religiosas

[28] A modo de caso comparativo, baste recordar las negociaciones previas al nunca consumado matrimonio entre Recaredo, hijo de Leovigildo, y Riguntha, hija de Chilperico, según *DLH*, VI, 18, 34 y 45.

[29] *DLH*, II, 37.

[30] En favor de esta lectura se hallan los testimonios de los casamientos de las hijas de Atanagildo, Galsvinta y Brunequilda, con Chilperico y Sigiberto, respectivamente, cuyo abandono del arrianismo se produjo mediando la presión de los monarcas y el episcopado, según *DLH*, IV, 27 y 28. Es obligado referir también el casamiento de Ingunda, hija de Sigiberto, con Hermenegildo, hijo de Leovigildo, el cual se vio

de Clotilde. En este sentido, es sugerente relacionar a Clotilde con Berta de Kent, cuyo casamiento con el rey Ethelberto resultó en uno de los primeros asentamientos del cristianismo entre los anglosajones[31]. Este hecho lleva a plantear la posibilidad de que la aceptación de la propuesta de Amalarico para casarse con Clotilde no hubiese sido analizada por la contraparte merovingia únicamente desde el punto de vista de la coyuntura política inmediata, sino que, a través de ella, se hubiese buscase constituir una avanzadilla del nicenismo con vistas a una creciente influencia franca en la corte goda a través de ello[32]. Las consecuencias políticas en la corte visigoda derivadas de la recepción del cortejo nupcial que debió acompañar a Clotilde bien pudieron generar el caldo de cultivo apropiado para que se diesen resultados como los teorizados incluso sin pretenderlos[33]. No obstante, un punto clave en todo ello es la actitud de la propia Clotilde.

Por lo que se halla en las obras de Procopio y Gregorio de Tours, únicamente puede inferirse que la princesa se mantuvo de forma constante en la fe heredada de sus padres, pero sin ninguna actitud proselitista. No obstante, debe considerarse que las reinas actuaban en numerosas ocasiones como intercesoras de personalidades o

oscurecido por el bautismo forzoso de la princesa franca en el arrianismo, siguiendo a *DLH*, V, 38. Finalmente, se debe atender al caso de Berta, hija de Cariberto y nieta de Clotario, quien casó con el rey Ethelberto de Kent, de religión pagana, bajo la condición de que su fe fuese respetada, según recogió Beda, *Hist.*, I, 25. En suma, la norma de conducta para estos matrimonios era el respeto de la fe de la esposa.

[31] Beda, *Hist.*, I, 25 y 26. Véase Carlos Domínguez González, *La Inglaterra anglosajona. Una síntesis histórica (ss. V-XI)*, La Ergástula, Madrid, 2015, pp. 227-233.

[32] Es apropiado citar a Edward Arthur Thompson, *The Goths...*, p. 12, quien sintetizó la complicada situación de Clotilde: "If she were to become an Arian, she could not act as intermediary between her husband and her brothers, the Frankish kings. If she remained a Catholic her position in Amalaric's court would be untenable, as in fact became".

[33] Compárese con el más detallado caso de Riguntha, *DLH*, VI, 45. Sobre estos séquitos, véanse Amancio Isla Frez, "Reinas...", pp. 429-431 y María del Rosario Valverde Castro, "Los viajes...". Asimismo, son también de interés los trabajos de María Jesús Fuente, "¿Reina la reina? Mujeres en la cúspide del poder en los reinos hispánicos de la edad media (siglos VI-XIII)", *Espacio, Tiempo y Forma*, Serie III, *H.ª Medieval*, 16 (2003), pp. 57-60 y María del Carmen Sevilla González, "La reina visigoda y medieval", en José Antonio Escudero (ed.), *El Rey. Historia de la Monarquía*, Planeta, Barcelona, 2008, pp. 254-259. Finalmente, es obligado referir el ya clásico estudio de José Orlandis Rovira, "La reina en la monarquía visigoda", *Anuario de historia del derecho español*, 27-28 (1957-1958), pp. 109-135.

instituciones[34], cuando no contaban con capacidad de gobierno directo sobre un conjunto de tierras[35]. Por ello, no puede descartarse que Clotilde consiguiera mejorar la posición de la fe nicena en la corte goda por medio de actividades de ese tipo y sin necesidad de ninguna acción explícita más allá de la práctica de su fe[36]. De este modo, se obtendría una causa por la que la permanencia de Clotilde en el nicenismo resultaba problemática para Amalarico. Ahora bien, ¿por qué razón no tuvo lugar el choque hasta en un momento cercano al 531? O bien Clotilde no tuvo una importancia como la reseñada hasta en un momento tardío del matrimonio, o bien debe atenderse a otras facetas que permitan completar la explicación. Dado que la primera es poco probable, conviene atender a la segunda.

Por lo que toca al ámbito interno, si la muerte de Clodoveo en el 511 supuso un freno a la expansión merovingia, la muerte de Teodorico en el 526 trajo consigo una debilitación de la alianza entre visigodos y ostrogodos, tal y como se refleja en la división de territorios e influencias que pactaron Amalarico y Atalarico[37]. De este modo, el reinado efectivo de Amalarico se inauguró con una medida orientada a delinear su autoridad como monarca y desquitarse de cualquier resto de la regencia ostrogoda que pudiese dejar en entredicho su posición. Es en este punto cuando debe ponerse el acento en Teudis, general de origen ostrogodo que acabó casando con una rica hispana gracias a lo cual pudo conformar un ejército privado de dimensiones

[34] Puede traerse a colación el caso de Ragnagilda, esposa de Eurico y cuya intercesión fue buscada por el aristócrata Evodio, según recogió Sidonio Apolinar, *Ep.*, IV, 8.

[35] Véase el caso de Galsvinta, sobre cuya autoridad recayeron varias urbes en calidad de dote, según *DLH*, IX, 20.

[36] Cabe mencionar, nuevamente, el caso de Berta de Kent, quien, según Beda, *Hist.*, I, 26, logró, por medio de su costumbre de orar en una iglesia determinada, la actual San Martín de Canterbury, que se incrementasen las conversiones. Véase John Blair, *The Church in Anglo-Saxon Society*, Oxford University Press, Oxford, pp. 70-71. Asimismo, Carmen García Rodríguez, *El culto de los santos en la España romana y visigoda*, CSIC, Madrid, 1996, pp. 336-342 y 400, quien incidió en la posibilidad de que la presencia de princesas francas en el territorio hispano fuese una de las causas de la expansión del culto a Martín. Una aproximación a este asunto se halla también en Javier Llidó Miravé, "El papel del arrianismo en las embajadas visigodas en territorio franco durante el reinado de Leovigildo: Los casos de Agilán, de Florencio y Exuperio y de Oppila", en Javier Llidó Miravé y Óscar Villarroel González (ed.), *El embajador en la Alta y Plena Edad Media hispana*, Trea, Gijón, 2023, pp. 23-25.

[37] *Goth.*, V, 13, 4-8.

considerables[38]. El creciente poder de esta figura significaba que Amalarico estaba obligado a reforzar su autoridad con especial esmero, y es posible relacionar con esta necesidad su contacto con figuras como el obispo Montano de Toledo[39]. Por lo tanto, se trata de un marco en el que cualquier actitud que cuestionase su posición como monarca podía ser vista como peligrosa como consecuencia de su comprometida situación, y, por ello, cabría añadir este elemento de amenaza sobre Amalarico como uno de los detonantes del maltrato a Clotilde, ya que, a través de él, el rey habría buscado intensificar la unidad en torno a una monarquía cuya política se había ido vinculando progresivamente al arrianismo[40].

En este sentido, es obligado mentar al obispo Cesáreo de Arlés (c. 470-542, obispo desde el c. 502)[41]. Sus numerosas acciones en defensa

---

[38] *Goth.*, V, 12, 50-54.

[39] Véanse los títulos de la nota 6. De otro lado, si se sigue a Juan de Ferreras y García, *Synopsis...*, p. 149, ya desde una fecha tan temprana como en el 523, en virtud a la datación del II Concilio de Toledo y entendiendo el 527 como el V año de Amalarico, Teodorico habría transferido sus poderes, en totalidad o en parte, a Amalarico para contrapear la influencia de Teudis.

[40] Debe hacerse referencia, en primer lugar, a la presencia en territorio suevo del arriano Ajax, una figura de origen griego procedente del Reino de Tolosa y que recaló en territorio suevo entre en el 465 y el 466, es decir, en tiempos de Teodorico II (453-466), según recogió Hidacio, *Chron.*, 228 (232), lo cual evidencia una política de hegemonía goda en clave religiosa. Por lo que toca a su sucesor, Eurico (466-484), es de especial interés la *Ep.*, VII, VI, 7 de Sidonio Apolinar, que da noticia de las diversas sedes episcopales nicenas que el monarca mantuvo intencionadamente vacantes. La historiografía ha tendido a rechazar la lectura de estos sucesos en clave religiosa, como lo ejemplifican los estudios de Georges Yver, "Euric, roi des Wisigoths (466-485)", en *Etudes d'histoire du Moyen Âge, dédiées à Gabriel Monod*, Leopold Cerf y Félix Alcan, París, 1896, pp. 42-46 y Karl Friedrich Stroheker, *Eurich, König der Westgoten*, W. Kohlhammer, Stuttgart, 1937, pp. 37-61. Ahora bien, lo fundamental del testimonio dado por Sidonio es que las agresiones hacia el conjunto episcopal, aunque por razones políticas, tienden a identificarse como religiosas. En una línea semejante, véase a Knut Schäferdiek, *Die Kirche...*, pp. 18-31. A la postre, es también de interés consultar a Rouche, *L'Aquitaine...*, pp. 44-48 y Bruno Dumézil, *Les racines...*, pp. 247-250. Por lo que concierne al tiempo de Alarico II (484-507), se asiste a una práctica similar, como es el caso de la temporal expulsión de Cesáreo de Arlés de su sede ante la posibilidad de que estuviese confabulado con los burgundios, tal y como recoge la *Vita Caesarii*, I, 21. No obstante, debe seguirse a Bruno Dumézil, *Les racines...*, pp. 251-252 y tener presente que Alarico II adoptó una actitud conciliadora, si bien frustrada por su muerte en Vouillé. Véase también a Knut Schäferdiek, *Die Kirche...*, pp. 32-67 y a Ralph W. Mathisen, "Emigrants, Exiles, and Survivors: Aristocratic Options in Visigothic Aquitania", *Phoenix*, 38:2 (1984), pp. 166-170.

[41] Baste con referir el detallado estudio de William E. Klingshirn, *Caesarius of Arles. The Making of a Christian Community in Late Antique Gaul*, Cambridge University Press,

de los derechos de la iglesia de Arles, de la disciplina eclesiástica y en favor de los necesitados le granjearon una rápida fama[42], la cual, siguiendo el discurso de la *Vita Caesarii*, se tradujo en numerosos odios hacia su persona. La tensión estalló con la acusación de traición al rey Alarico II en favor de los burgundios y, como resultado de ello, su exilio a Burdeos en el 505[43]. Aunque fue finalmente exculpado[44], y a pesar de que el propio Cesáreo instó a la obediencia a los poderes públicos, ello venía acompañado del mandato de rechazar la *pravitas dogmatis ariani principis*[45], línea en la cual cabría enmarcar otros de sus escritos[46]. De tal modo, aunque el obispo propugnase una defensa de la legalidad instituida, bien pudo contribuir de manera indirecta a la debilitación del arrianismo. ¿Pudo ser ello visto con preocupación por el rey godo? Ningún indicio permite garantizarlo y no debe perderse de vista que Arlés había quedado en manos ostrogodas a partir del 508. Por lo tanto, a pesar de que es lícito afirmar que la presión religiosa sobre el arrianismo ejercida por Cesáreo de Arlés, o por figuras semejantes[47], pudo tener un impacto en la toma de decisiones por parte de Amalarico, no es posible considerarlo una causa mayor.

A la postre, ninguna de las dos causas internas, o con más capacidad de actuar internamente, permiten explicar por completo el porqué del maltrato dado a Clotilde de manera aislada, por lo que se debe mirar hacia el exterior. Con esta perspectiva, conviene

---

Cambridge, 1995 [1994].

[42] *Vita Caesarii*, II, 9 documenta que llegó a Arlés un cargamento de grano enviado por orden del rey burgundio Gundobado (470-516) y su hijo Segismundo (516-523) para dar de comer a los prisioneros liberados por Cesáreo. Cabe destacar, además, su presidencia sobre el Concilio de Agde (506), la cual constata su preeminencia sobre el episcopado. Sobre el concilio, véase William E. Klingshirn, *Caesarius...*, pp. 97-104. Finalmente, el refrendo que recibió del papa Símaco como obispo metropolitano y vicario pontificio sobre la Galia e Hispania, según Símaco, *Ep.*, 15 y 16, siguiendo la numeración de Thiel, y *Vita Caesarii*, I, 42.

[43] *Vita Caesarii*, I, 21 y 22. Sobre esta cuestión, véase William E. Klingshirn, *Caesarius...*, pp. 93-97.

[44] *Vita Caesarii*, I, 24.

[45] *Vita Caesarii*, I, 23.

[46] Véase Rouche, *L'Aquitaine...*, pp. 46-48, quien, a diferencia de William E. Klingshirn, *Caesarius...*, p. 94, entiende que el papel contrario al arrianismo ejercido por Cesáreo fue una de las razones que motivaron su exilio.

[47] Lamentablemente, la información respecto a la Iglesia, tanto en Hispania como en la Galia, en tiempos de Amalarico es extraordinariamente reducida.

recalar nuevamente en las palabras de Procopio, quien, para hacer mención de la fe de Clotilde, aludió a la tradición heredada de su patria[48]. Aunque no cabe hablar de una difusión generalizada del nicenismo en clave gentilicia, es posible que el credo de la princesa fuese percibido como problemático por determinados sectores de la élite goda[49], una circunstancia que, de ser así, se habría traducido en un potencial factor de inestabilidad.

Si los primeros años tras la muerte de Clodoveo se caracterizaron por un freno en la expansión franca, el proceso se vio revitalizado en la década siguiente y dio lugar a un hecho sin precedente entre los hijos del difunto rey: la agresión de un hermano hacia el resto. Se trata del intento de ocupar Clermont, territorio sujeto a la autoridad de Teodorico, por parte de su hermano Childeberto como consecuencia de un rumor que hablaba de la muerte de Teodorico en Turingia y de la solicitud que recibió el propio Childeberto de parte de Arcadio, un *senator* de la ciudad, para que llevase a efecto tal ocupación[50]. En esencia, una agresión que demostró que los lazos de sangre entre los hermanos eran más débiles de lo que aparentaban, pues, a diferencia de lo ocurrido con la muerte de Clodomiro en Burgundia y la guarda que de sus hijos menores hizo Clotilde madre, Childeberto no buscó alcanzar un pacto con el resto de su familia para resolver la situación[51], sino que intervino militarmente incluso a pesar de que Teodoberto, hijo de Teodorico, bien podía

---

[48] *Goth.*, V, 13, 10.

[49] Amén de lo ya expresado en la nota 40, deben recordarse dos ejemplos que ilustran la continuidad de esta inclinación. El primero de ellos, *Mart.*, 24, se relaciona con el reinado de Teudiselo (548-549), aunque posiblemente sea una confusión con Teudis por parte de Gregorio, bajo el cual se produjo un conflicto entre los nicenos y la monarquía goda por las fuentes de Osset y el lugar de culto niceno que allí se encontraba. Andando en el tiempo, cabe referir el caso de Sunna, obispo arriano de Mérida, quien, según las *Vitas sanctorum patrum Emeretensium*, V, XI, se negó a abandonar su fe arriana incluso ante la posibilidad de la muerte. Por último, es obligado hacer mención de Gosvinta, descrita tanto por Juan de Bíclaro, *Chron.*, 89, como por *DLH*, V, 38, como una furibunda arriana.

[50] *DLH*, III, 9.

[51] Tras morir Clodomiro, Clotilde se hizo cargo de sus hijos. No obstante, el afecto que manifestaba hacia ellos se tradujo en la confabulación entre Childeberto y Clotario, ya en un momento posterior a la muerte de Amalarico, para dar muerte a sus sobrinos ante el riesgo de que Clotilde interviniese para garantizarles la herencia de su padre. Véase *DLH*, III, 6 y 18.

contar en torno a la treintena en el momento de la presencia de Childeberto en Clermont[52].

Si este mismo asunto se observa desde la perspectiva de Amalarico, no resulta difícil considerar que el clima de creciente agresividad franca acuciase las diversas tendencias de duda respecto a su gobierno, una dinámica que debió alcanzar su punto álgido en el momento en el que Childeberto atacó Clermont, pues quedaba evidenciado que su casamiento con Clotilde no era garantía de paz con la dinastía merovingia[53]. Por lo tanto, este hecho sí puede enunciarse como un detonante válido para el maltrato a Clotilde, precisamente porque la campaña sobre Clermont debió generar las condiciones propicias para que Amalarico buscase de manera activa una unidad en torno a la monarquía en un tiempo muy cercano al 531[54].

Ahora bien, se corre el riesgo de estar ante un suceso mal ubicado cronológicamente. Wood puso sobre aviso de la posibilidad de que

[52] En el contexto de la muerte de Clodoveo, Gregorio describió a Teodoberto como *elegans atque util*, lo que implica reconocerle, en el peor de los casos, la niñez en el 511. Ahora bien, dado que dirigió personalmente un destacamento para hacer frente a los daneses en el c. 515, siguiendo la datación de Bruno Krusch y Wilhelm Levison (ed.), *Monumenta Germaniae Historica, Scriptores Rerum Merovingicarum*, vol. I:1 *Gregorii Episcopi Turonensis Libri Historiarum X*, Hahnsche Buchhandlung, Hannover, 1951, p. 99, y que puede teorizarse que Teodoberto debía rondar los veinte años en aquel momento, cabría situar su nacimiento en el c. 500. Es decir, que se encontraba en una edad sobradamente capaz de ejercer el gobierno del reino si verdaderamente hubiese muerto su padre en Turingia y, por ello, el acto de Childeberto se hubiera traducido en una abierta declaración de guerra si no se hubiese retirado en el mismo instante en el que conoció que su hermano seguía con vida. La ausencia de respuesta a este acto por parte de Teodorico parece que debe asociarse al riesgo que implicaba un conflicto a gran escala tras haber intentado asesinar a su hermano Clotario, según *DLH*, III, 7, lo que planteaba un escenario sin aliados potenciales entre su familia. De cualquiera de las maneras, se conserva la noticia de un tratado entre ambos, según recoge *DLH*, III, 15, el cual debió tener lugar en algún momento entre el 531, muerte de Amalarico y el 533/534, muerte de Teodorico.

[53] Nótese que la campaña de Childeberto supuso una inversión de lo que vino a significar la primera campaña en Burgundia, que tuvo por *casus belli* el daño causado a la familia de Clotilde madre, según *DLH*, III, 7, un hecho que pudo haber favorecido la noción de que un pacto de sangre con los merovingios representaba una cierta seguridad. Si a ello se suma la participación activa de los burgundios en la invasión del Reino de Tolosa, según la *Chron. Gallica (511)*, 87, es posible que la agresión sobre Burgundia fuese vista con buenos ojos. En esta línea, el indicio de más peso es la amplia ganancia territorial a costa de los burgundios que obtuvo Teodorico, rey de Italia, según *Var.*, VIII, 10, 8.

[54] Este hecho no se halla en contradicción con el apoyo que el II Concilio de Toledo manifestó hacia Amalarico, pues no debe olvidarse que una de las razones principales

los pasajes III, 11-13, que narran la expedición de castigo por parte de Teodorico contra Clermont por su traición, debieran retrotraerse en el tiempo hasta la primera campaña contra Burgundia[55], ya que, siguiendo a Mario de Avenches, Teodorico no participó en los combates[56], por contraposición al testimonio del turonense, quien afirmó que se involucró en la segunda fase del conflicto, tras la muerte de Segismundo[57], y, además, afirmó que los acontecimientos acaecidos en Clermont tuvieron lugar durante el reinado de Teodorico, quien murió en el 533/534, y del episcopado de Quinciano, quien murió en el 525, de manera simultánea a una campaña que, siguiendo nuevamente a Mario de Avenches, tuvo lugar en el 534[58]. La solución al entuerto pudiera ser, siguiendo al autor, que Gregorio, al consultar sus fuentes, confundiera a Teodorico, el hijo de Clodoveo, con Teodorico, rey de Italia, y que estuviese, sin pretenderlo, documentando una intervención ostrogoda coordinada con los merovingios. Ahora bien, cabe realizar tres sucintas objeciones.

En primer lugar, que, si bien Casiodoro documentó el envío de Tuluin como comandante de las fuerzas ostrogodas para ocupar

para tal apoyo fue el recíproco que este demostró hacia el obispo Montano de Toledo. Véase la nota 6. Se estaría, por tanto, ante una política caracterizada por la búsqueda de la concordia con la Iglesia hispana y, a una misma vez, por el afán de reverdecer la lealtad en torno a sí por medio del discurso en clave arriana que habían empleado sus antecesores. Véase la nota 40. A la postre, conviene señalar que tanto Teodorico el Ostrogodo como Alarico II desempeñaron un papel de conciliación sin que ello implicase la cesión de su fe. Véanse, a modo de ejemplo por lo que toca a Teodorico, las epístolas de Gelasio I a él dirigidas y recogidas por Mommsen bajo el epígrafe *Epistulae Theodoricianae Variae*. De especial interés resulta, por otra parte, el hecho de que se enviase al papa Juan I (523-526) como embajador a Constantinopla para buscar que Justino I (518-527) diese marcha atrás en su presión sobre los arrianos, según el *Liber Pontificalis*, LV, I-VI. Por lo que toca a Alarico II, sirva el proemio del Concilio de Agde (506), en el cual se le refiere como *gloriosissimus, magnificentissimus* y *piisimus*.

[55] Ian Wood, "Clermont and Burgundy: 511–534", *Nottingham Medieval Studies*, 32 (1988), pp. 119-125. En la misma línea, Bruno Krusch (ed.), *Monumenta Germaniae Historica, Scriptores Rerum Merovingicarum*, vol. I:2 *Gregorii Episcopi Turonensis Miracula et Opera minora*, Hahnsche Buchhandlung, Hannover, 1885, p. 124, n. 4, Benoît Gonod, *Chronologie des évêques de Clermont et des principaux événemens de l'histoire ecclésiastique de l'Auvergne*, Imprenta de Thibaud-Landriot, Clermont-Ferrand, 1833, pp. 9-10 y Charles Lecointe, *Annales ecclesiastici francorum*, Tipografía regia, París, vol. I, 1665, pp. 339-341.

[56] Mario de Avenches, *Chron.*, 524.

[57] *DLH*, III, 6.

[58] Mario de Avenches, *Chron.*, 534.

parte del territorio burgundio aprovechando el conflicto, insistió en el éxito que obtuvo sin pérdidas reseñables[59], y sin mención a aliado alguno[60]. Esto dista notablemente de lo planteado por Wood y hubiera resultado complicado que el turonense confundiera las acciones de Tuluin con un apoyo ostrogodo hacia los reyes francos. Desde otro punto de vista, si el turonense era consciente de una participación ostrogoda, es de suponer que también tuviera algún tipo de información respecto al resultado de la misma, por lo que, necesariamente, su visión de los hechos hubiera requerido de tres facciones como protagonistas, francos, burgundios y ostrogodos. Asimismo, que se demuestre que no conoció del crecimiento del reino ostrogodo a costa del burgundio invita a desechar la hipótesis.

En segundo lugar, que Wood se ciñe al 534 como fecha de conquista de Burgundia a pesar de que las actas del II Concilio de Orleans, celebrado un año antes por orden de Teodorico, Childeberto y Clotario, recogen la suscripción de obispos tales como Julián de Vienne, lo cual difícilmente pudo darse en un contexto de guerra[61]. Por lo tanto, es lícito entender que la cronología ofrecida por el cronista no es sino el resultado de datar un proceso por la última de sus fases: la definitiva desaparición de Gundemaro del panorama político en el 534 y la división del reino entre los monarcas merovingios a la sazón.

En tercer y último lugar, Wood no responde a los problemas generados en relación al intento de ocupación de Clermont por parte de Childeberto, ya que, de haberse producido el ataque sobre Clermont en torno al 525, ¿cuál sería la razón y cuál el resultado? Por lo que toca a una cronología 531-533/534, el discurso del turonense es coherente a este respecto[62]. Desde el punto de vista de una cro-

---

59 *Var.*, VIII, 10, 8.

60 Sí se habla de una colaboración entre francos y ostrogodos en *Goth.*, V, 12, 24-32, y en referencia a esta misma campaña, aunque no cabe descartarse que se trate de una inferencia del propio Procopio, ya que afirmó que los francos no emprendieron guerras contra los aliados que Teodorico había forjado por medio de relaciones matrimoniales y que, por ello, se dirigieron contra los burgundios, puesto que, para el autor, nada les unía a los ostrogodos, tal y como se lee en *Goth.*, V, 12, 21-23. Una imprecisión tal invita a preferir el testimonio de Casiodoro.

61 Este hecho cronológico ya fue reseñado de manera brevísima en Bruno Krusch y Wilhelm Levison (ed.), *Scriptores Rerum Merovingicarum*, vol. I:1, p. 108, n. 1.

62 *DLH*, III, 9 y 11-13.

nología en torno al 525, no se documenta ninguna razón por la cual Teodorico se hubiese visto en la necesidad de atacar una ciudad en la que, además, se hallaba el obispo Quinciano de Rodez, con quien mantuvo buenas relaciones[63]. Por lo tanto, el mero marco contextual invita a interrogarse sobre si la posibilidad de que la adscripción del suceso al tiempo de Quinciano sea la pista a seguir.

Esta es la línea que trabajó van Dam no mucho después[64], quien, en lugar de acercarse al pasaje directamente desde la obra histórica del turonense, lo hizo a partir de la hagiografía. En especial, de su opúsculo *De passione et virtutibus sancti Iuliani martyris*, capítulo 23. En él, se describe una sanación milagrosa que vivió durante su *adolescentia* el obispo Galo, sucesor de Quinciano en la sede y tío del propio Gregorio. Esta se había producido a razón de su marcha de Clermont como consecuencia del daño que había causado Teodorico en la región[65], si bien, como indica van Dam, es imposible considerar que esto había sucedido durante la *adolescentia* de Galo, ya que, por haber nacido entre en torno al 486[66], tal etapa de la vida difícilmente podría haber perdurado ora en el 525, ora en el 531-532, momentos en los que habría rondado los cuarenta años. Ante esta tesitura, van Dam sugiere que debe plantearse la posibilidad de que Gregorio confundiese las dos intervenciones de Teodorico en Clermont, puesto que, con anterioridad a su expedición de castigo, fue enviado por su padre a atacar la ciudad en el 508[67], una ocasión en la que Galo habría rondado la veintena[68]. A la postre, la causa de esta confusión no habría sido un punto en el que coinciden tanto Wood como van Dam: una parte importante de las fuentes del obispo

---

[63] *DLH*, III, 2 y *Vit.*, IV, 1.

[64] Raymond van Dam, *Saints and their Miracles in Late Antique Gaul*, Princeton, Princeton University Press, 1993, pp. 179 y 180, n. 17. Es llamativo que en la p. 172, n. 11, plantea la posibilidad de que el ataque de Teodorico sobre Clermont deba datarse en torno al 525 sin anunciar la importante matización de la n. 17.

[65] En este caso, Gregorio hacía referencia a *DLH*, III, 11-13.

[66] Sobre Galo, véase *Vit.*, VI, 6 y 7. De especial interés es consultar las apreciaciones cronológicas de Edward James (trad.), *Gregory of Tours: Life of the Fathers*, Liverpool University Press, Liverpool, 2007 [1985], p. 39, n. 20 y p. 40, n. 23. Véase también Louis Duchesne, *Fastes épiscopaux de l'ancienne Gaule*, Fontemoing, París, vol. II, 1910, p. 36.

[67] *DLH*, II, 37.

[68] Sobre la *adolescentia*, véase la nota 12.

de Tours para los acontecimientos más recientes eran de naturaleza oral. Como resultado de ello, no cabía otra opción para Gregorio que referir los males sufridos por Galo al obispo anterior, Quinciano de Rodez, ignorando, paradójicamente, que el castigo a Clermont se produjo durante el episcopado de su propio tío (c. 525/526-551)[69].

A esta interpretación podría objetarse, del mismo modo que a la de Wood, que existía una buena relación entre Galo y Teodorico[70]. En este sentido, la presunta muerte de Teodorico en Turingia es el único factor que permite entender que se generase un clima de incertidumbre lo suficientemente notorio como para que las élites de la ciudad buscasen situarse bajo la égida de aquel que considerasen el mejor protector posible. De lo contrario, posiblemente la situación hubiese permanecido invariable.

Desde otro punto de vista, es lícito preguntarse por qué Gregorio no recogió nada relativo al daño causado por Teodorico a Clermont adscribiéndolo al episcopado de su tío, máxime si fue una de sus fuentes primarias. La principal razón que podría aducirse es de índole cronológica: que las secciones III, 9 y 11-13 de la obra histórica de Gregorio se redactasen con posterioridad a los relatos con ellas relacionados en sus obras hagiográficas[71]. Por lo tanto, puede inferirse que lo expresado por Gregorio en su historia es una derivación de lo dicho en *Vitae patrum* y *De passione et virtutibus Iuliani*. No obstante, no resulta fácil saber cuál de las dos versiones fue la primera. Si se atiende a *Vitae patrum*, IV, 2, el saqueo de Teodorico es mencionado sin ninguna introducción previa, mientras que en *De passione et virtutibus Iuliani*, 13, el turonense manifestó de manera explícita su suposición de que todos sus lectores tendrían alguna noticia al respecto previa a su lectura[72]. Ello

---

[69] Véase Louis Duchesne, *Fastes…*, vol. II, p. 36.

[70] Véanse *DLH*, IV, 5 y *Vit.*, VI, 2 y 3.

[71] Véase la referencia a *Vit.* al dar noticia del episcopado de Quinciano en *DLH*, III, 2, y a *Iul.*, 13 en *DLH*, III, 12. Respecto a la cronología de las obras de Gregorio, sirva Ian Wood, *Gregory of Tours*, Headstart History Papers, Bangor, 1994, pp. 1-4. En general, véase a Martin Heinzelmann, *Gregory of Tours. History and Society in the Sixth Century*, Cambridge University Press, Cambridge, 2001 y los estudios recogidos por Alexander Callender Murray (ed.), *A Companion to Gregory of Tours*, Brill, Leiden y Boston, 2016.

[72] *Iul.*, 23 vuelve a referir estos acontecimientos, pero se declara que la cuestión ya había sido explicada previamente.

lleva a pensar que, quizás, el capítulo 13 fue el primero en aparecer. Por desgracia, nada dice respecto al obispo que ocupaba la sede de Clermont en aquel tiempo, del mismo modo que tampoco se expresa nada al respecto en el capítulo 23, el dedicado a la sanación de Galo.

La relación con Quinciano no se documenta hasta *Vitae patrum*, IV, 2 y *Decem libri historiarum*, III, 12, por lo que cabe la posibilidad de que la razón del entuerto se halle en el método de trabajo del turonense, quien habría desarrollado una preocupación mayor por la cronología, ora absoluta, ora relativa, en los dos textos mencionados que en *De passione et virtutibus Iuliani*, una obra cuya verosimilitud se apoya principalmente en los milagros y los testigos de los mismos[73], mientras que en las otras dos el cómputo del tiempo guarda mayor importancia[74]. Por lo tanto, es posible que la asociación entre el saqueo de Clermont protagonizado por Teodorico y la asociación al tiempo de Quinciano se deba a entender que este ocurrió durante la juventud de Galo. Es decir, que buena parte del relato respecto a estos sucesos sería, tal y como expresó van Dam, el resultado de las asunciones de Gregorio.

Aclarado este aspecto, se impone discernir si la cuestión del maltrato pudo ser un *casus belli* fabricado con la intención de contar con un respaldo ideológico a la hora de atacar a Amalarico. Primeramente, conviene recalar en un hecho fundamental, y es que únicamente Procopio refiere que se produjese un cambio territorial reseñable tras su intervención. En específico, que un cuarto del territorio de la Galia que había quedado en manos visigodas tras el reparto con Atalarico pasó a manos de los francos[75]. Por su parte, nada reflejan sobre ello ni los *Consularia Caesaraugustana*, ni Gregorio de Tours[76], algo de especial relevancia si se tiene presente el riesgo de que Procopio hubiese confundido los sucesos acaecidos en tiempos

[73] No era tan relevante el hecho temporal como hacer mención a personas conocidas y cuyo testimonio pudiera ser reconocido, tal y como sucede en *De virtutibus sancti Martini episcopi*.

[74] Baste con mencionar la datación por medio de los años de reinado Childeberto a partir de *DLH*, V, 1, y la intención por ordenar adecuadamente los personajes referidos en *Vit*.

[75] *Goth.*, V, 13, 11.

[76] Véanse *Cons.*, 115a y *DLH*, III, 10.

de Amalarico con una campaña posterior[77]. Como consecuencia, su testimonio no es apto para considerar el resultado de la guerra habida entre Childeberto y Amalarico, de la cual se desconoce que deviniera modificación territorial alguna, lo que permite entender que ello no se hallaba entre sus objetivos[78]. En otras palabras, que el maltrato a Clotilde habría sido un *casus belli* empleado sin afán de extraer mayores beneficios que los obtenidos durante la correría[79].

En suma, o bien el discurso fue fabricado por Childeberto, quien, a pesar de ello, no logró beneficios destacables, o bien el maltrato fue real y la acción de Childeberto fue fruto de una celeridad empleada como medio para evitar la injerencia de sus hermanos y el reparto de botín. Dado que la segunda opción cuenta con un soporte de mayor solidez, no cabe sino aceptarla.

CONCLUSIONES Y RECAPITULACIÓN

El matrimonio de Amalarico con Clotilde es un hito de especial relevancia para la historia de las relaciones entre francos y visigodos y supone una muestra tardía de una política matrimonial ostrogoda enfocada a obtener una restauración del equilibrio diplomático perdido tras la muerte de Alarico II en Vouillé. Con la muerte de Clodoveo en el 511 se abrió una nueva posibilidad de paz uniendo al rey visigodo con la hermana de los cuatro reyes merovingios, de modo que los lazos que existían entre la monarquía ostrogoda, puesto que Amalasunta y Atalarico eran hija y nieto de Audofleda, hermana de Clodoveo, se viesen reforzados en la persona de Amalarico, hijo de Alarico II y Teodegota, hija habida de la unión entre Teodorico y una concubina con anterioridad a los esponsales entre él y Audofleda. De tal modo, el parentesco entre los tres reinos no hacía más

---

[77] Compárense *DLH*, III, 10 de un lado, y 21-22, de otro y véase la nota 14.

[78] Ya Edward Arthur Thompson, *The Goths…*, p. 12 había enunciado esta posibilidad.

[79] Téngase presente que la única acción de Childeberto en relación con un aprovechamiento del *casus belli* anunciado fue la entrega de los bienes litúrgicos obtenidos por el saqueo a las iglesias de su reino, según *DLH*, III, 10. El paralelo con este hecho se halla en las ofrendas que hizo Clodoveo antes y después de la guerra contra Alarico II, según se lee en *DLH*, II, 37.

que crecer, a la vez que se vinculaban con los de las monarquías de Turingia y Burgundia, puesto que Hermanafredo, rey turingio, casó con Amalafrida, hermana de Teodorico, y Segismundo, rey burgundio, casó con Ostrogota, hija nacida de Teodorico también de forma previa al enlace con Audofleda[80].

En tal contexto, el matrimonio de Amalarico con alguien tan bien situado en el árbol genealógico como Clotilde pudo verse como una clara garantía de paz a largo plazo, si bien la traición de Childeberto debió poner sobre aviso a las monarquías del momento de la débil cohesión existente en el seno del linaje merovingio. Ello bien pudo generar una situación de incertidumbre en la que se agudizasen las causas de inestabilidad interna que entrañaba el matrimonio con Clotilde como consecuencia de su origen y su religión. Por ello, en su persecución de la unidad política, Amalarico habría llevado a cabo una política aparentemente contradictoria, pero, que imbricaba con las prácticas desarrolladas por Alarico II, su padre, y Teodorico, su abuelo: actuar como protector de la Iglesia a la vez que garantizaba la integridad del arrianismo, de manera que la tolerancia dada al clero niceno se tradujera en un trato semejante hacia el arriano y, por extensión, hacia la feligresía de ambos credos y el fortalecimiento de la unidad en torno al monarca.

En este sentido, el maltrato dado a Clotilde debe interpretarse como consecuencia de la incertidumbre generada por el expansionismo franco, la muerte de Teodorico en el 526, la presión constante de Teudis desde el interior del reino, el carisma de figuras como Cesáreo de Arlés y, como colofón, la correría de Childeberto en Clermont. Amalarico, en tal situación, no habría buscado otra cosa que garantizar la unidad también desde el punto de vista familiar, de modo semejante a como hizo Gosvinta forzando el rebautismo de Ingunda en el arrianismo[81], posiblemente porque el signo de los tiempos implicaba, en ambos casos, que la permanencia de un pariente tan cercano a la corona en una fe que no fuera el arrianismo entrañaba más riesgos que beneficios.

---

[80] Sobre la política matrimonial de Teodorico, baste con referir *Get.*, 297-299.
[81] Véase *DLH*, V, 38.

A la postre, todo lo dicho resalta una realidad de fondo: el arrianismo, a pesar de ser un hecho religioso caracterizado por su aparente escaso proselitismo a lo largo de los siglos V y VI, se muestra como un factor que podía alcanzar especial relevancia en tiempos de crisis, si es que su debilitación no era percibida como una crisis en sí misma con capacidad de afectar no solo a los fieles, sino al conjunto de la monarquía goda. De cualquiera de las maneras, el presente estudio, pequeño retazo de uno más amplio todavía en curso, queda supeditado a los resultados de ulteriores investigaciones y a la consulta de aquellos documentos que, por humanas razones de tiempo y disponibilidad, no han podido ser integrados convenientemente.

FUENTES

Auctarium Prosperi Hauniense, en Mommsen, Theodor (ed.), *Monumenta Germaniae Historica, Auctores antiquissimi*, vol. IX, *Chronica Minora Saec. IV. V. VI. VII.*, vol. I, Weidmann, Berlín, 1892.

Beda el Venerable, *Historia ecclesiastica gentis Anglorum*, en J. E. King (ed. y trad.), *Loeb Classical Library*, vol. CCXLVI, *Bede. Historical Works*, vol. I, William Heinemann, Londres, 1962.

Casiodoro, *Chronica*, en Klaasen, Michael Walter (ed.), *Cassiodorus' Chronica. Text, Chronography and Sources*, University of Pennsylvania, Pensilvania, 2010.

—, *Variae*, en Mommsen, Theodor (ed.), *Monumenta Germaniae Historica, Auctores antiquissimi*, vol. XII, *Cassiodori Senatoris Variae*, Weidmann, Berlín, 1894.

—, *Variae*, en Bjornlie, M. Shane (trad.), *The Variae,* University of California Press,

Concilia, en Gaudemet, Jean, y Basdevant, Brigitte (ed. y trad.), *Les canons des conciles mérovingiens (VIe-VIIe siècles)*, vol. I, Les Éditions du Cerf, París, 1989.

—, en Martínez Diez, Gonzalo (ed.), *El epítome hispánico. Una colección canónica española del siglo VII*, Universidad Pontificia de Comillas, Santander, 1962.

—, en Martínez Díez, Gonzalo (ed.), "La Colección del Ms. de Novara", en *Anuario de historia del derecho español*, 33 (1963), pp. 391-538.

—, en Munier, Charles (ed.), *Concilia Galliae. A. 314-A. 506*, Brepols, Turnhout, 1963.

—, en Rodríguez, Félix (ed.), *La colección canónica Hispana*, vol. IV, *Concilios galos. Concilios hispanos: primera parte*, CSIC, Madrid, 1984.

—, en Vives Gatell, José (ed. y trad.), *Concilios visigóticos e hispano-romanos*, Consejo Superior de Investigaciones Científicas, Barcelona y Madrid, 1963.

Consularia Caesaraugustana, en Cardelle de Hartmann, Camen (ed.) y Collins, Roger, *Victoris Tunnunensis Chronicon cum reliquiis ex Consularibus Caesaraugustanis et Ihannis Biclarensis Chronicon*, Brepols, Turnhout, 2001.

—, en Jiménez Sánchez, Juan Antonio (trad.), "Acerca de la denominada Crónica de Zaragoza", *Helmántica*, 58:177 (2007), pp. 339-367.

Chronica Gallica (511), en Burgess, Richard W. (ed.), "The Gallic Chronicle of 511: A New Critical Edition with a Brief Introduction", en Ralph W. Mathisen y Danuta Shanzer (ed.), *Society and Culture in Late Antique Gaul. Revisiting the Sources*, Routledge, Londres y Nueva York, 2001.

Epistulae Theodoricianae Variae, en Mommsen, Theodor (ed.), *Monumenta Germaniae Historica, Auctores antiquissimi*, vol. XII, *Cassiodori Senatoris Variae*, Weidmann, Berlín, 1894

Excerpta Valesiana, en Rolfe, John C. (ed. y trad.), *Loeb Classical Library*, vol. CCXXXI, *Ammianus Marcellinus*, vol. III, William Heinemann, Londres, 1986.

—, en Lasala Narravo, Isabel y López Hernando, María del Pilar (trad.), "*Chronica Theodericiana*, comentario, notas y traducción", *Habis*, 40 (2009), pp. 251-275.

Gregorio de Tours, *Decem Libri Historiarum*, en Herrera Roldán, Pedro (trad.), *Gregorio de Tours. Historias*, Universidad de Extremadura, Cáceres, 2013.

—, *Decem Libri Historiarum*, en Krusch, Bruno, y Levison, Wilhelm (ed.), *Monumenta Germaniae Historica, Scriptores Rerum Merovingicarum*, vol. I:1 *Gregorii Episcopi Turonensis Libri Historiarum X*, Hahnsche Buchhandlung, Hannover, 1951.

—, *Decem Libri Historiarum*, en Thorpe, Lewis (trad.), *Gregory of Tours. The History of the Franks*, Penguin, Londres, 1974.

—, *De passione et virtutibus sancti Iuliani martyris*, en Dam, Raymond van (trad.), *Saints and their Miracles in Late Antique Gaul*, Princeton University Press, Princeton, 1993.

—, *De passione et virtutibus sancti Iuliani martyris*, en Krusch, Bruno (ed.), *Monumenta Germaniae Historica, Scriptores Rerum Merovingicarum*, vol. I:2 *Gregorii Episcopi Turonensis Miracula et Opera minora*, Hahnsche Buchhandlung, Hannover, 1885.

—, *De virtutibus sancti Martini episcopi*, en Dam, Raymond van (trad.), *Saints and their Miracles in Late Antique Gaul*, Princeton University Press, Princeton, 1993.

—, *De virtutibus sancti Martini episcopi*, en Krusch, Bruno (ed.), *Monumenta Germaniae Historica, Scriptores Rerum Merovingicarum*, vol. I:2 *Gregorii Episcopi Turonensis Miracula et Opera minora*, Hahnsche Buchhandlung, Hannover, 1885.

—, *Liber in gloria martyrum*, en van Dam, Raymond (trad.), *Gregory of Tours: Glory of the Martyrs*, Liverpool University Press, Liverpool, 2004 [1988].

—, *Liber in gloria martyrum*, en Krusch, Bruno (ed.), *Monumenta Germaniae Historica, Scriptores Rerum Merovingicarum*, vol. I:2 *Gregorii Episcopi Turonensis Miracula et Opera minora*, Hahnsche Buchhandlung, Hannover, 1885.

—, *Liber vitae patrum*, en James, Edward (trad.), *Gregory of Tours: Life of the Fathers*, Liverpool University Press, Liverpool, 2007 [1985].

—, *Liber vitae patrum*, en Krusch, Bruno (ed.), *Monumenta Germaniae Historica, Scriptores Rerum Merovingicarum*, vol. I:2 *Gregorii Episcopi Turonensis Miracula et Opera minora*, Hahnsche Buchhandlung, Hannover, 1885.

Hidacio, *Chronicon*, en Burgess, Richard W. (ed. y trad.), *The Chronicle of Hydatius and the Consularia Constantinopolitana: Two Contemporary Accounts of the Final Years of the Roman Empire*, Clarendon Press, Oxford, 1993.

Isidoro de Sevilla, *Etymologiae*, en Oroz Reta, José, Marcos Casquero, Manuel-A. (ed. y trad.), y Díaz y Díaz, Manuel Cecilio, *San Isidoro de Sevilla. Etimologías. Edición bilingüe*, Biblioteca de Autores Cristianos, Madrid, 2004.

Jordanes, *Getica*, en Mommsen, Theodor (ed.), *Monumenta Germaniae Historica, Auctores antiquissimi*, vol. V, *Iordanis. Romana et Getica*, Weidmann, Berlín, 1882.

—, *Getica*, en Sánchez Martín, José María (trad.), *Origen y gestas de los godos*, Cátedra, Madrid, 2001.

Juan de Bíclaro, *Chronicon*, en Julio Campos (ed.), *Juan de Bíclaro, obispo de Gerona. Su vida y su obra*, Consejo Superior de Investigaciones Científicas, Madrid, 1960.

—, *Chronicon*, en Cardelle de Hartmann, Camen (ed.) y Collins, Roger, *Victoris Tunnunensis Chronicon cum reliquiis ex Consularibus Caesaraugustanis et Ihannis Biclarensis Chronicon*, Brepols, Turnhout, 2001.

—, *Chronicon*, en Fernández Jiménez, Francisco María (trad.), "El *Chronicon* de Juan de Bíclaro. La crónica del rey Leovigildo y del III Concilio de Toledo. Estudio y traducción", *Toletana*, 16 (2007), pp. 29-66.

Liber Pontificalis, en Davis, Raymond (trad.), *The Book of Pontiffs (Liber Pontificalis)*, Liverpool University Press, Liverpool, 2010 [1989].

—, en Duchesne, Louis (ed.), *Le Liber Pontificalis. Texte, introduction et commentaie*, vol. I, Ernest Thorin, París, 1896.

—, en Mommsen, Theodor (ed.), *Monumenta Germaniae Historica, Gestorum Pontificum Romanorum*, vol. I, Weidmann, Berlín, 1898.

Procopio de Cesarea, *De bello gothico*, en Dewing, Henry Bronson (ed, y trad.), *Loeb Classical Library*, vol. CVII, *Procopius*, vol. III, William Heinemann, Londres, 1919.

—, *De bello gothico*, en Flores Rubio, José Antonio (trad.), *Biblioteca Clásica Gredos*, vol. CCCLV, *Procopio de Cesarea. Historia de las guerras. Libros V-VI*, Gredos, Madrid, 2007.

Sidonio Apolinar, *Epistolae*, en Anderson, W. B. (ed. y trad.), *Loeb Classical Library*, vol. CDXX, *Sidonius. Poems and Letters*, vol. II, William Heinemann, Londres, 1965.

Símaco, *Epistolae*, en Thiel, Andreas (ed.), *Epistolae Romanorum Pontificum Genuinae*, vol. I, Eduard Peter, Braniewo, 1868.

Vita Aviti, en Krusch, Bruno (ed.), *Monumenta Germaniae Historica, Scriptores rerum Merovingicarum*, vol. III, *Passiones Vitaque Sanctorum Aevi Merovingici et Antiquiorum Aliquot*, vol. I, Hahnsche Buchhandlung, Hannover, 1896.

Vita Caesarii, en Krusch, Bruno (ed.), *Monumenta Germaniae Historica, Scriptores rerum Merovingicarum*, vol. III, *Passiones Vitaque Sanctorum Aevi Merovingici et Antiquiorum Aliquot*, vol. I, Hahnsche Buchhandlung, Hannover, 1896

—, en William E. Klingshirn (trad.), *Caesarius of Arles: Life, Testament, Letters*, Liverpool University Press, Liverpool, 1994.

Vita Dalmatii, en Krusch, Bruno (ed.), *Monumenta Germaniae Historica, Scriptores rerum Merovingicarum*, vol. III, *Passiones Vitaque Sanctorum Aevi Merovingici et Antiquiorum Aliquot*, vol. I, Hahnsche Buchhandlung, Hannover, 1896.

Vita Droctovei, en Krusch, Bruno (ed.), *Monumenta Germaniae Historica, Scriptores rerum Merovingicarum*, vol. III, *Passiones Vitaque Sanctorum Aevi Merovingici et Antiquiorum Aliquot*, vol. I, Hahnsche Buchhandlung, Hannover, 1896.

Vitas sanctorum patrum Emeretensium, en Maya Sánchez, Antonio (ed.), *Vitas sanctorum patrum Emeretensium*, Brepols, Turnhout, 1992.

—, en Velázquez Soriano, Isabel (trad.), *Vidas de los santos Padres de Mérida*, Trotta, Madrid, 2008.

VI. Bibliografía

Abadal i de Vinyals, Ramón de, *Del Reino de Tolosa al Reino de Toledo*, RAH, Madrid, 1960.

Blair, John, *The Church in Anglo-Saxon Society*, Oxford University Press, Oxford, 2005.

Alexander Callender Murray (ed.), *A Companion to Gregory of Tours*, Brill, Leiden y Boston, 2016.

Collins, Roger, *Visigothic Spain. 409-711*, Blackwell Publishing Ltd, Oxford, 2004.

Dahn, Felix, *Die Könige der Germanen*, vol. V, *Die politische Geschichte der Westgothen*, A. Stuber's Buchhandlung, Würzburg, 1870.

Dam, Raymond van, *Saints and their Miracles in Late Antique Gaul*, Princeton University Press, Princeton, 1993.

Delaplace, Christine, "La "Guerre de Provence" (507-511), un épisode oublié de la domination ostrogothique en Occident", en *Romanité et cité chrétienne. Permanences et mutations, integration et exclusión du Ier au VIe siècle. Mélanges en l'honneur d'Yvette Duval*, De Boccard, París, 2000, pp. 77-89.

—, "La Provence sous la domination ostrogothique (508-536)", *Annales du Midi*, 115:244 (2003), pp. 479-499.

Demougeot, Émilienne, "La Septimaine dans le royaume wisigothique, de la fun du Ve s. a la fin du VIIe s", en *Gaule mérovingienne et monde méditerranéen: Actes de IXe journées d'archéologie mérovingienne*, Imago, Lattes, 1988, pp. 17-39.

Domínguez González, Carlos, *La Inglaterra anglosajona. Una síntesis histórica (ss. V-XI)*, La Ergástula, Madrid, 2015, pp. 227-233.

Duchesne, Louis, *Fastes épiscopaux de l'ancienne Gaule*, Fontemoing, París, vol. II, 1910.

Dumézil, Bruno, *Les racines chrétiennes de l'Europe. Conversion et liberté dans les royaumes barbares. Ve-VIIIe siècle*, Fayard, París, 2005.

Ferreras y García, Juan de, *Synopsis historica chronologica de España*, vol. III, Imprenta de Don Antonio Pérez de Soto, Madrid, 1775.

Flórez, Enrique, *España sagrada*, vol. V, Oficina de Antonio Marín, Madrid, 1750.

Fuente, María Jesús, "¿Reina la reina? Mujeres en la cúspide del poder en los reinos hispánicos de la edad media (siglos VI-XIII)", *Espacio, Tiempo y Forma*, Serie III, *H.ª Medieval*, 16 (2003), pp. 53-71.

García Iglesias, Luis, "El intermedio ostrogodo en Hispania", *Hispania Antiqua*, V (1975), pp. 89-120.

García Moreno, Luis Agustín, *Historia de España visigoda*, Cátedra, Madrid, 1989.

García Rodríguez, Carmen, *El culto de los santos en la España romana y visigoda*, CSIC, Madrid, 1996.

García Torresano, Carlos, y Llidó Miravé, Javier, "El establecimiento de la monarquía goda en la Tarraconense: penetraciones, contactos y resistencias (siglo V)", en Pilar Carceller Cerviño (ed.), *Viajes y viajeros en la Edad Media*, La Ergástula, Madrid, 2021, pp. 183-202.

Gehler-Rachůnek, Anna, "East and West from a Visigothic Perspective: How and Why Were Frankish Brides Negotiated in the Late Sixth Century?" en Stefan Esders, Yitzhak Hen, Pía Lucas y Tamar Rotman (ed.), *The Merovingian Kingdoms and the Mediterranean World. Revisiting the Sources*, Bloomsbury, Londres-Nueva York-Oxford-Nueva Delhi-Sydney, 2019, pp. 31-39.

Gonod, Benoît, *Chronologie des évêques de Clermont et des principaux événemens de l'histoire ecclésiastique de l'Auvergne*, Imprenta de Thibaud-Landriot, Clermont-Ferrand, 1833.

Halsall, Guy, *Barbarian Migrations and the Roman West. 376-568*, Cambridge University Press, Cambridge, 2007.

Heather, Peter, *The Goths*, Blackwell Publishing Ltd, Oxford, 1997 [1996].

Heinzelmann, Martin, *Gregory of Tours. History and Society in the Sixth Century*, Cambridge University Press, Cambridge, 2001.

Isla Frez, Amancio, "Desde el reino visigodo y la ortodoxia toledana: la correspondencia de Montano", *Studia Historia. H.ª Medieval*, 18-19 (2000-2001), pp. 41-52.

Isla Frez, Amancio, "Reinas de los godos", *Hispania*, 217 (2004), pp. 409-434.

Jiménez Garnica, Ana María, *Orígenes y desarrollo del Reino Visigodo de Tolosa*, Universidad de Valladolid, Valladolid, 1983.

—, "Alianzas y coaliciones germánicas en el reino visigodo de Toulouse (siglo V)", *Espacio, Tiempo y Forma*, Serie II, *H.ª Antigua*, II (1989), pp. 197-212.

Klingshirn, William E., *Caesariius of Arles. The Making of a Christian Community in Late Antique Gaul*, Cambridge University Press, Cambridge, 1995 [1994].

Lecointe, Charles, *Annales ecclesiastici francorum*, Tipografía regia, París, vol. I, 1665.

Llidó Miravé, Javier, "El papel del arrianismo en las embajadas visigodas en territorio franco durante el reinado de Leovigildo: Los casos de Agilán, de Florencio y Exuperio y de Oppila", en Javier Llidó Miravé y Óscar Villarroel González (ed.), *El embajador en la Alta y Plena Edad Media hispana*, Trea, Gijón, 2023, pp. 13-32.

Martin, Céline, "Las cartas de Montano y la autonomía episcopal de la Hispania septentrional en el siglo VI", *Hispania Antiqua*, 22 (1998), pp. 403-426.

—, "Montanus et les schismatiques: la reprise en main d'une périphérie hispanique au début du VIe siècle", *Médiévales*, 51 (2006), pp. 9-20.

Menéndez y Pelayo, Marcelino, *Historia de los heterodoxos españoles*, vol. II, Librería Católica de San José, Madrid, 1880.

Mathisen, Ralph W., "Emigrants, Exiles, and Survivors: Aristocratic Options in Visigothic Aquitania", *Phoenix*, 38:2 (1984), pp. 159-170.

Mathisen, Ralph W., y Shanzer, Danuta (ed.), *The Battle of Vouillé, 507 CE. Where France Began*, De Gruyter, Boston y Berlín, 2012.

Padilla, Francisco de, *Historia eclesiástica de España*, Claudio Bolán, Málaga, 1605.

Poveda Arias, Pablo, "Diálogos y relaciones de poder en los albores del reino visigodo hispano: el reinado de Amalarico (511-531)", *Territorio, Sociedad y Poder*, 15 (2020), pp. 9-24.

Torres López, Manuel, "Historia política del reino hispanovisigodo arriano", en Ramón Menéndez Pidal (ed.), *Historia de España*, vol. III, Espasa-Calpe, Madrid, 1976 [1940], pp. 87-108.

Orlandis Rovira, José, "La reina en la monarquía visigoda", *Anuario de historia del derecho español*, 27-28 (1957-1958), pp. 109-135.

—, *Historia de España. La España visigótica*, Gredos, Madrid, 1977.

—, *Historia del reino visigodo español. Los acontecimientos, las instituciones, la sociedad, los protagonistas*, Rialp, Madrid, 2011 [1988].

Ortega Rubio, Juan, *Los visigodos en España*, Imprenta de los hijos de M. G. Hernández, Madrid, 1903.

Pietri, Luce, "La succession des premiers évêques tourangeaux: essais sur la chronologie de Grégoire de Tours", *Mélanges de l'Ecole française de Rome*, 94:2 (1982), pp. 551-619.

Rouche, Michel, *L'Aquitaine des Wisigoths aux Arabes, 418-781. Naissance d'une región*, École des Hautes Études en Sciences Sociales, París, 1979.

Sanz Serrano, Rosa, *Historia de los godos. Una epopeya histórica de Escandinavia a Toledo*, La Esfera de los Libros, Madrid, 2009.

Schäferdiek, Knut, *Die Kirche in den Reichen der Westgoten und Suewen bis zur Errichtung der westgotischen katholischen Staatskirche*, Walter de Gruyter, Berlín, 1967.

Sevilla González, María del Carmen, "La reina visigoda y medieval", en José Antonio Escudero (ed.), *El Rey. Historia de la Monarquía*, Planeta, Barcelona, 2008, pp. 254-259.

Stroheker, Karl Friedrich, *Eurich, König der Westgoten*, W. Kohlhammer, Stuttgart, 1937.

Thompson, Edward Arthur, *The Goths in Spain*, Clarendon Press, Oxford, 1969.

Valverde Castro, María del Rosario, *Ideología, simbolismo y ejercicio del poder real en la monarquía visigoda: un proceso de cambio*, Universidad de Salamanca, Salamanca, 2000.

—, "La monarquía visigoda y su política matrimonial. De Alarico I al fin del reino visigodo de Tolosa", *Aquitania*, 16 (1999), pp. 295-315.

—, "La monarquía visigoda y su política matrimonial: el Reino visigodo de Toledo", *Studia Historia. H.ª Antigua*, 18 (2000), pp. 331-355.

—, "Los viajes nupciales entre el reino de Toledo y la Galia merovingia: Una ocasión para la escenificación del poder", en José Manuel Iglesias Gil y Alicia Ruiz-Gutiérrez (ed.), *Viajes y cambios de residencia en el mundo romano*, Universidad de Cantabria, Santander, 2020, pp. 335-366.

Wallace-Hadrill, John Michael, *The Barbarian West. The Early Middle Ages. A.D. 400-1000*, Harper Torchbooks, Nueva York y Evanston, 1962 [1952].

Wolfram, Herwig, *History of the Goths*, University of California Press, Berkeley-Los Ángeles-Londres, 1988 [1979].

Wood, Ian, "Clermont and Burgundy: 511-534", *Nottingham Medieval Studies*, 32 (1988), pp. 119-125.

—, *Gregory of Tours*, Headstart History Papers, Bangor, 1994

—, *The Merovingian Kingdoms*, Longman, Londres y Nueva York, 1994.

Yver, Georges, "Euric, roi des Wisigoths (466 - 485)", en *Etudes d'histoire du Moyen Âge, dédiées à Gabriel Monod*, Leopold Cerf y Félix Alcan, París, 1896, pp. 11-46.

2.
TRES *YAZA'IR** EN EL MEDITERRÁNEO: AL-ANDALUS, CRETA Y SICILIA EN EL MARCO DE LA PRIMERA EMBAJADA BIZANTINA A CÓRDOBA (SIGLO IX)

Elsa Cardoso
Escuela de Estudios Árabes - EEA-CSIC
Granada

INTRODUCCIÓN: AL-ANDALUS EN EL MEDITERRÁNEO

Ibn Hayyan transmite la noticia de la primera embajada bizantina recibida en Córdoba, a partir del relato de 'Isa b. Ahmad al-Razi: una iniciativa de Teófilo, el primer emperador bizantino en sugerir lazos diplomáticos entre ambos[1]. A pesar de ello, resulta ambiguo que, en otro pasaje de su obra, el historiador cordobés parece sugerir la existencia de intercambios diplomáticos previos, aunque sea imposible llegar a una conclusión a partir de esta mención. En este último fragmento, en el que se da cuenta de la elección por parte de 'Abd al-Rahman II del poeta al-Gazal para acompañar al embajador bizantino de regreso a Constantinopla, Ibn Hayyan transmite una *qasida* de dicho literato aludiendo maliciosamente al embajador

* *Yazira* (pl. *yaza'ir*) en árabe tiene el doble significado de isla y península. Como ya ha señalado Giuseppe Mandalà, los intercambios entre las dos *yazira* de al-Andalus y Sicilia han sido evidenciados por la historiografía, así definidas debido a la ambigüedad semántica. Incluso el viajero valenciano Ibn Yubayr nombra a Sicilia como "hija de al-Andalus" (*ibnat al-Andalus*) debido a sus similitudes y a la intervención andalusí en la conquista de Sicilia. Giuseppe Mandalà, "Figlia d'al-Andalus! Due ǧazīra a confronto, Sicilia e al-Andalus, nelle fonti arabo-islamiche del Medioevo", *Le forme e la storia*, V- 2 (2012), pp. 43-54.

[1] Ibn Hayyan, *Al-sifr al-thani min Kitab al-Muqtabis li-Ibn Hayyan al-Qurtubi, Markaz al-Malik Faysal li-l-Buhuth wa-l-Dirasat al-Islamiyya [al-Muqtabis II-1]*, Riad, 1424 H./2004, pp. 431-435, 431; Ibn Hayyan, *Crónica de los emires al-Hakam I y 'Abd ar-Rahman II entre los años 796 y 847 [al-Muqtabis II-1]*, trad. Mahmud 'Ali Makki y Federico Corriente, Instituto de Estudios Islámicos y del Oriente Próximo, Zaragoza, 2001, pp. 294-298 y 294-295.

enviado al "rey de los cristianos [*malik al-rum*] antes que él"[2]. Aunque este comentario podría sugerir intercambios anteriores, no conocemos otros detalles al respecto. También cabe la posibilidad de que 'Abd al-Rahman II, al recibir la embajada en 839-840, hubiera enviado inmediatamente un embajador a Teófilo, antes del envío de al-Gazal.

Aunque no conozcamos el contenido de la carta del emperador Teófilo al *amir* de Córdoba, Ibn Hayyan transmite la misiva enviada por 'Abd al-Rahman II al *basileus*, en dos versiones distintas. Ibn Hayyan, en otro apartado del *Muqtabis*, también proporciona algunas descripciones relativas a la estancia de al-Gazal en Constantinopla, normalmente vistas como historias anecdóticas, debido a la reproducción de algunos *topoi* historiográficos, pero que sin embargo transmiten también importantes detalles para el ceremonial de la corte y las percepciones en torno al mismo, entre Bizancio y al-Andalus[3]. Este capítulo, como ya se ha mencionado, se centrará en las motivaciones políticas en torno a estos primeros intercambios entre Constantinopla y al-Andalus.

La carta de Teófilo llega a Córdoba en el 225 H./839-840, transportada por un embajador bizantino del que apenas tenemos información: se le nombra como Qurtiyus al-Rumi (*el cristiano*) y sabemos que era intérprete (*al-taryuman*), además de enviado del emperador (*rasul malik al-rum*)[4].

Podemos percibir los objetivos de esta embajada a través del contenido de la carta con la que el emir de Córdoba contesta al *basileus*, que Ibn Hayyan transmite íntegramente. Según el contenido de la carta, Teófilo pretendería establecer una alianza con 'Abd al-Rahman II contra los abasíes, que hostigaban directamente a Bizancio. Para ello el *basileus*

---

[2] Ibn Hayyān, *al-Muqtabis II-1*, pp. 350-381 y 351; Ibn Hayyan, *al-Muqtabis II-1 trad.*, pp. 228-244 y 229.

[3] En un trabajo anterior, se analizan estas características ceremoniales: Elsa Cardoso, "The poetics of the scenography of power: the embassy of Yaḥyā al-Ghazāl to Constantinople", *Hamsa. Journal of Judaic and Islamic Studies*, 2 (2015), pp. 54-64.

[4] Ibn Hayyan, *al-Muqtabis II-1*, p. 431; Ibn Hayyān, *al-Muqtabis II-1 trad.*, p. 294. Un trabajo anterior trata los conceptos en torno a la diplomacia bajo los omeyas de Córdoba: Elsa Cardoso, "Embajadores, misivas e incidentes diplomáticos en la Córdoba de los omeyas y su contexto mediterráneo," en Javier Llidó Miravé y Óscar Villaroel González, *El embajador en la Alta y Plena Edad Media peninsular* (coord..), Trea, Gijón, 2023, pp. 33-57.

incitó a 'Abd al-Rahman II a que había llegado el momento de vengar el califato omeya, usurpado por los abasíes:

> Llegó al emir 'Abd al-Rahman una carta de Teófilo, emperador de los bizantinos en Constantinopla, mencionado por Habīb b. Aws Atta'i en su poema sobre la toma de 'Ammuriyya, tomando la iniciativa de proponerle el establecimiento de relaciones, continuando las que había habido entre sus antepasados en Oriente, mencionándole su derecho al califato allí usurpado a su familia, incitándolo a ajustar cuentas a sus perjudicadores, los hijos de al-'Abbas, y exhortándolo a reivindicar ante ellos su derecho[5].

A partir de este relato, entendemos que el *amīr* omeya se mantenía bien informado sobre el contexto político del Mediterráneo y la crisis que atravesaba Bizancio, ya que el cronista cordobés se refiere a la conquista abasí de Amorium en el 838. Al usar como excusa un poema del sirio Abu Tammam Habib b. Aws Atta'i que se refiere a Teófilo y a sus pérdidas en Anatolia y en el Mediterráneo, Ibn Hayyan revela que, lejos de recibir inocentemente una embajada del *basileus*, el soberano omeya probablemente conocía previamente las motivaciones de Teófilo. Aun teniendo en cuenta que Ibn Hayyan –o 'Isa b. Ahmad al-Razi, de quién el cronista cordobés del siglo XI toma su relato– puede haber amplificado su propia valoración de esta embajada, es indudable que su envío pone al al-Andalus omeya en el marco político mediterráneo del siglo IX. De esta forma, aunque al-Andalus era una potencia periférica, Teófilo reconoce la importancia del emirato omeya.

Al transmitir el relato de Ibn Hayyan, el cronista norteafricano al-Maqqari (m. 1632), hace igualmente un análisis de la situación política en la que se encontraba Bizancio, señalando asimismo que el emperador estaba en una situación de acoso frente a los ejércitos abasíes, mencionando los califas al-Ma'mun (813-833) y al-Mu'tasim (833-842) y asegurando que Teófilo solicitaba una alianza junto a los enemigos comunes de la dinastía abasí, seduciendo el emir cordobés

[5] Ibn Hayyan, *al-Muqtabis II-1*, pp. 430-431; Ibn Hayyan, *al-Muqtabis II-1 trad.*, p. 294.

con la conquista del imperio que los ancestros de los omeyas habían mantenido en Oriente[6].

Por aquel entonces, Bizancio ya había establecido relaciones diplomáticas con el califato abasí, al que Constantinopla paga tributo en el siglo IX[7]. Évariste Lévi-Provençal, quien por primera vez reporta estos intercambios diplomáticos[8], sugiere que Teófilo pretendía crear un frente común contra el emirato aglabí, nominalmente tributario de los abasíes, que recientemente había iniciado la conquista de Sicilia, antigua base naval y mercantil de Bizancio[9].

Aunque Ibn Hayyan declara que el *amir* omeya se sentía halagado por esta misión, parece sugerir que Teófilo, al que nombra como el "infiel insolente" (*al-'ati al-kafur*), debería ser considerado como un soberano que se humillaba, al tomar la iniciativa de enviar esta embajada[10]. Atendiendo a que este lenguaje diplomático sería compartido por los poderes mediterráneos, cabe suponer que la desesperante situación política y geográfica de Teófilo exigía que el emperador se "humillase" despachando una serie de embajadas a poderes occidentales.

Además de las perdidas territoriales, Teófilo fue el último emperador iconoclasta. En su monografía sobre las instituciones marítimas de Bizancio y su política en el Mediterráneo del siglo IX, Hélène Ahrweiler no duda de que la política de la iconoclastia se llevó a cabo con el claro objetivo de defender el estado bizantino, acosado por tierra y por mar por varias dinastías árabes, especialmente las

---

[6] Al-Maqqari, *The History of the Mohammedan Dynasties in Spain. Nafh al-tib min gusn al-Andalus al-ratib wa dhikr waziri-ha Lisan al-Dīn b. al-Jatib*, trad. Pascual de Gayangos, vol. II, Oriental Translation Fund, Londres, 1840-1843, pp. 114-116.

[7] Hugh Kennedy, *The Prophet and the Age of the Caliphates: the Islamic Near East, from the Sixth to the Eleventh Century*, Longman, Nueva York, 1986, p. 147.

[8] Évariste Lévi-Provençal, "Un échange d'ambassades entre Cordoue et Byzance au IX siècle", *Byzantion*, XII (1937), pp. 1-24. Estos intercambios solo eran conocidos por este artículo, ya que Lévi-Provençal había guardado con recelo la segunda parte del manuscrito de Ibn Ḥayyān hasta que, a su muerte, en 1956, cae en manos de Emílio García Gómez. Jean-Pierre Molénat, "Historiographie d'Al-Andalus. Un essai de mise au point," *Clio*, vol. 16/17 (2007), pp. 15-40 y 31.

[9] Évariste Lévi-Provençal, "España Musulmana, hasta la caída del califato de Córdoba (711-1031 J.C.)", en Ramón Menéndez Pidal (ed.), *Historia de España*, vol. IV, Espasa-Calpe, Madrid, 1982, pp. 161- 163.

[10] Ibn Hayyan, *al-Muqtabis II-1*, p. 431; Ibn Hayyan, *al-Muqtabis II-1 trad.*, p. 295.

de Asia Menor, donde el emperador tuvo que buscar el apoyo de los ciudadanos bizantinos que vivían en las fronteras del imperio. Ahrweiler añade que no es casualidad que la iconoclastia desaparezca una vez suprimido el peligro árabe en las fronteras[11].

LA CARTA DE ʿABD AL-RAHMAN II A TEÓFILO

La carta de ʿAbd al-Rahman II es un testimonio más del desarrollo burocrático de al-Andalus en el siglo IX, protagonizado por el cuarto soberano omeya. Para Lévi-Provençal se trata de una "obra maestra de la diplomacia cordobesa"[12]. A pesar de su extensión, el texto se caracteriza por una propaganda retórica destinada a suavizar la respuesta negativa que contiene. Esta retórica, como se ha señalado antes, gira en torno al desprecio expresado hacia los abasíes, vistos como asesinos del clan omeya y violadores de su harén, y al llamamiento hecho por los bizantinos de que había llegado el momento de cumplir la tan esperada promesa divina de recuperar su autoridad usurpada[13]. Sin embargo, el emir omeya, no se compromete con ninguna alianza militar que posiblemente no podría sostener.

A partir de la carta de ʿAbd al-Rahman en la que parece contestar punto por punto a las noticias del emperador bizantino, es posible conocer las peticiones, e incluso acusaciones, de Teófilo. En este sentido, seguramente como respuesta a una alusión del emperador a la responsabilidad del emir cordobés en relación a los andalusíes que se juntaron con Abu Hafs al-Andalusi –quien conquistó y fundó el emirato de Creta, aunque la carta no mencione la isla, sino solamente a su conquistador y seguidores–, ʿAbd al-Rahman descarta cualquier responsabilidad al acusarlos de no ser más que "populacho, depravados y vagabundos"[14]. Como veremos en el siguiente apartado,

[11] Hélène Ahrweiler, *Byzance et la Mer. La marine de guerre, la politique et les intitutions maritimes de Byzance aux VIIe - XVe siècles*, Presses Universitaires de France, París, 1966, pp. 40-41.
[12] Lévi-Provençal, "España Musulmana...", p. 162.
[13] Ibn Hayyan, *al-Muqtabis II-1*, pp. 432-433; Ibn Hayyan, *al-Muqtabis II-1 trad.*, p. 296.
[14] Ibn Hayyan, *al-Muqtabis II-1*, pp. 435; Ibn Hayyan, *al-Muqtabis II-1 trad.*, p. 297.

estos andalusíes serían los mismos que fueron forzados al exilio por al-Hakam I, padre de ʻAbd al-Rahman II, tras una sublevación en el arrabal oriental de Córdoba (Shaqunda), y hacia 827 conquistaron Creta, antigua posesión bizantina en el Mediterráneo.

LA REVUELTA DEL ARRABAL DE SHAQUNDA

Aparentemente, Teófilo habría confrontado al emir ʻAbd al-Rahman II sobre la perdida de Creta y su conquista por "aventureros" andalusíes, de los que probablemente pensaría que el soberano omeya debería responsabilizarse, atendiendo a que ʻAbd al-Rahman II expresa su total aprobación en su misiva sobre una acción militar bizantina contra el recién creado emirato de Creta.

> En cuanto a lo que dices del caso del andalusí Abu Hafs y los de nuestro país que le acompañan, de que se han sometido a Ibn Maridah y entrado en su obediencia, pidiéndome intervención en sus asuntos y condena de su acción, los que se le unieron fueron solo la hez, el populacho, depravados y vagabundos entre ellos, y ni están en nuestro país, ni bajo nuestra responsabilidad como para ser objeto de nuestro celo, y poderte evitar su fatiga. No se vieron forzados a someterse a Ibn Maridah sino por la lejanía de su país y proximidad a sus regiones, y no creemos seas incapaz ni débil para castigarlos: no dejes de expulsarlos de la parte de tu país que han invadido, puesto que se han instalado en lugar tuyo (...).[15]

Igualmente, la conquista de Amorio probablemente también era mencionada en la carta de Teófilo. Fue una de las últimas pérdidas de Bizancio a manos de los abasíes. Quizá por ello, Teófilo anhelaba una alianza con los omeyas, enemigos profesos de los abasíes, que le permitiera recuperar algunos de los territorios que le habían sido arrebatados recientemente, como Creta, cuyos dirigentes habían reconocido también el califa abasí, tal y como se expresa en la carta

[15] Ibn Hayyan, *al-Muqtabis II-1*, p. 435; Ibn Hayyan, *al-Muqtabis II-1*, p. 297.

de 'Abd al-Rahman II, cuando manifiesta que los nuevos dueños de Creta no habían sido forzados a someterse a los califas de Bagdad.

En el momento del envío de Teófilo, Creta había sido conquistada hacía casi 14 años. Sus conquistadores, provenientes de al-Andalus, habían sido expulsados de Córdoba a mediados de ramadán de 202 (finales de marzo de 818), aunque las distintas versiones de la revuelta también mencionen otras fechas. Ibn Hayyan transmite estas distintas versiones de la rebelión, así como de la reacción del ejército del entonces emir al-Hakam I[16].

Aunque no es nuestra intención presentar un estudio exhaustivo de todas estas versiones, exponemos aquellas que consideramos más relevantes por contrastar información entre sí[17]. Al presentar la revuelta de Córdoba, Ibn Hayyan, cronista partidario y nostálgico de los omeyas, a quienes pretende legitimar y eximir de culpa, nos dice que se debió a varios rencores que la población cordobesa guardaba hacia su soberano, a quién rechazaba y señalaba por sus comportamientos, alzándose con armas contra el emir de forma inesperada[18], a quien además, más adelante en el texto, señalaba como borracho[19]. Sin embargo, como ya ha demostrado Maribel Fierro, Ibn Hayyan transmite también varias versiones en las que se relata la participación activa de las elites cordobesas, como los casos de los alfaquíes Talut b. 'Abd al-Yabbar al-Ma'afiri o el conocido Yahya b. Yahya al-Laythi,

[16] Ibn Hayyan, *al-Muqtabis II-1*, pp. 140-165; Ibn Hayyan, *al-Muqtabis II-1 trad.*, pp. 55-75.

[17] Sobre un análisis de las distintas versiones de la revuelta, véase: Omayra Herrero, *El perdón del gobernante (al-Andalus, ss. II/VIII-V/XI). Una aproximación a los valores político-religiosos de una sociedad islámica pre-moderna*, Tesis doctoral, Universidad de Salamanca, 2012, pp. 222-238. Sobre la revuelta y el éxodo de los habitantes del arrabal hacía Fez, véase: Rachid El Hour, "Ecos de la revuelta del arrabal de Córdoba (202/818) en el Magreb al-Aqṣà. La historia de una emigración andalusí en Fez", *Revista del Instituto Egipcio de Estudios Islámicos*, XLVII (2019), pp. 43-59. Sobre la revuelta véase también: Diego Melo, "Un pequeño gran problema de la historia medieval: la revuelta del arrabal (rabad) de Córdoba (1818) y la toma de Creta en el 827", *Notas históricas y geográficas*, 11 (2000), pp. 141-150; Roberto Marín Guzmán, *Sociedad política y protesta popular en la España Musulmana*, Editorial Universidad de Costa Rica, San José, 2006.

[18] Ibn Hayyan, *al-Muqtabis II-1*, pp. 140-141; Ibn Hayyan, *al-Muqtabis II-1 trad.*, pp. 55-56.

[19] Ibn Hayyan, *al-Muqtabis II-1*, p. 203; Ibn Hayyan, *al-Muqtabis II-1 trad.*, p. 78; Herrero, *El perdón del gobernante*, pp. 222-223.

miembro de una importante familia que integraba el ejército y la administración omeyas. A pesar de esto, en la primera versión de Ibn Hayyan, a partir de Ahmad al-Razi –historiador oficial de los omeyas y por lo tanto portador de una versión proveniente directamente de su cancillería–, que transmite también el parte de la victoria enviado a las coras de al-Andalus, resulta significativo que no se mencione la participación de las elites cordobesas ni la represión que sigue tras aplastar la revuelta, que el emir omeya pretende asociar exclusivamente en esta carta a la "canalla" de Córdoba, tal como señala Fierro[20]. Al contrario de lo que presumía la propaganda omeya:

> (...) la revuelta contra el emir no fue una revuelta de «muladíes», sino una revuelta de habitantes de Córdoba, pertenecientes a distintos grupos sociales, unidos todos ellos contra un emir que intentaba aumentar la presión fiscal sobre los cordobeses (de una forma que se sintió entonces como abusiva en tanto que se apartaba de la práctica existente) y que para imponer esa nueva fiscalidad estaba reclutando soldados que dependían únicamente de él, sin lazos con la población local. Los que apoyaron al emir fueron precisamente esos soldados de origen esclavo, así como sus parientes omeyas y sus clientes, es decir, aquellos sectores que podían beneficiarse del incremento en la presión fiscal[21].

Según Ibn Hayyan, a través del relato de 'Isa b. Ahmad al-Razi, la revuelta del arrabal de 818 no fue la primera en Córdoba contra el emir al-Hakam I, ya que como nos informa el cronista cordobés esta era la tercera de ellas[22], a pesar de que, como veremos, en las versiones que transmite más adelante en el texto las tres revueltas mencionadas en esta frase parezcan coincidir como una sola, sea porque los autores le atribuyen fechas distintas, sea quizá más bien porque sean percibidas como parte de una sola rebelión con varios episodios. La primera de estas se dio en 189/805, también patrocinada por la elite, ya que varios

---

[20] Maribel Fierro, "Sobre el Muqtabis. Las hijas de al-Hakam I y la revuelta del arrabal," *al-Qantara*, XXIV-1 (2003), pp. 209-215 y 212-213.

[21] Fierro, "Sobre el Muqtabis" p. 213.

[22] Ibn Hayyan, *al-Muqtabis II-1,* p. 147; Ibn Hayyan, *al-Muqtabis II-1 trad.,* p. 60.

notables pretendían sustituir al emir por otro pretendiente omeya, resultando en la crucifixión de muchos de ellos. La segunda se dio un año después, aprovechando la ausencia del emir en una campaña militar en Mérida[23]. La tercera revuelta, del 818, se desencadena en el arrabal de Shaqunda, que se extendía desde al otro lado del puente de Córdoba, en la orilla del río, situándose delante de la mezquita y del alcázar, viviendo allí las capas más desfavorecidas de la sociedad, pero también la aristocracia cordobesa[24]. El descontento de la población desencadenó una revuelta, siguiendo el *Muqtabis*, cuando un herrero fue asesinado por un soldado esclavo del ejército del emir, en el zoco de Córdoba, tras su tardanza en acicalar su espada. A pesar de que se trata de un acontecimiento casi anecdótico, refleja la falta de tolerancia de la población hacia los excesos de al-Hakam I y su entorno, tal como señala Omayra Herrero[25].

El emir, que no se había movido de su *sarir* (trono) el día que comenzó la revuelta (miércoles, 13 de ramadán del 202), según Ahmad b. Muhammad al-Razi[26], tras la sublevación desencadenada por el asesinato del herrero en el arrabal meridional, subió de inmediato al *sath* (terraza) de su alcázar, en la Bab al-Sudda, donde ensalzó a los suyos a luchar, siguiendo el relato de al-Razi hijo, en un acto de inequívoca simbología política, teniendo en cuenta que la puerta al-Sudda representaba la *corte* y poder de los omeyas de al-Andalus[27]. La Bab al-Sudda volverá a surgir en el relato sobre la revuelta del arrabal, en la versión de Ahmad b. Muhammad b. Jalaf al-Warraq, cuando la población logra tomar el puente, asediando el palacio, y el emir, que se encontraba en dicha puerta –presentada aquí no solamente como representante del poder de la dinastía, sino que también como

[23] Herrero, *El perdón del gobernante*, p. 223; Ibn Hayyan, *al-Muqtabis II-1*, pp. 122 y 126; Ibn Hayyan, *al-Muqtabis II-1 trad.*, pp. 41 y 44.

[24] El Hour, "Ecos de la revuelta del arrabal de Córdoba (202/818) en el Magreb al-Aq à", p. 47.

[25] Ibn Hayyan, *al-Muqtabis II-1*, p. 140; Ibn Hayyan, *al-Muqtabis II-1 trad.*, p. 61; Herrero, *El perdón del gobernante*, p. 227. Sobre este episodio, véase también: Francisco Ruiz Girela, "El acontecimiento que desencadenó la Revuelta del Arrabal, según el Muqtabis II de Ibn Ḥayyān", *Anaquel de Estudios Árabes*, 16 (2005), pp. 219-225.

[26] Ibn Hayyan, *al-Muqtabis II-1*, p. 140; Ibn Hayyan, *al-Muqtabis II-1 trad.*, p. 55.

[27] La simbología de la Sudda ha sido objeto de un estudio anterior: Elsa Cardoso, *The Door of the Caliph. Concepts of the Court in the Umayyad Caliphate of al-Andalus*, Routledge, Londres/Nueva York, 2023.

su último bastión– ordena a uno de sus servidores, en un acto casi anecdótico que refleja su desesperación, que le perfume la cabeza, para que esta se distinguiera de las demás una vez cortada[28].

La actuación de la elite más cercana al emir parece haber sido central para que los eventos se volvieran a favor de al-Hakam. ʿIsa b. Ahmad al-Razi menciona el apoyo de los alcaides principales del emir, como al-ʿAbbas b. ʿAbd Allah al-Marwani, quien para frenar el asedio de la población al palacio, emprende ataques a las casas, incendiándolas y saqueándolas, llevando a los rebeldes a dirigirse allí para salvar a sus familias, atrapándolos enseguida y llevando las cabezas de sus principales al emir[29].

Una versión de "otro autor", no identificado por Ibn Hayyan, menciona que después de que el ejército de al-Hakam I lograra contener la revuelta en el arrabal meridional, se ordena su destrucción total, significativamente por la mano de un cristiano, el conde Rabiʿ, gobernador de los dhimmíes y alcaide de la guardia especial de los esclavos, iniciándose una matanza que dura tres días. Tras las ejecuciones ejemplares, al-Hakam habría concedido el amán a la población del arrabal, bajo la condición de que abandonaran la capital. A pesar de la actuación de los partidarios de los omeyas en la revuelta, en el relato al-Hakam I parece ser excusado de la violencia causada a la población del arrabal oriental, ya que habría sido su secretario Futays b. Sulayman, quién le habría aconsejado seguir con la matanza, pero el emir acabaría siguiendo el consejo de perdón de su *hayib*, ʿAbd al-Karim b. ʿAbd al-Wahid b. Mugith[30]. Pero, a pesar de que la primera versión defiende que el emir había ordenado respetar a las mujeres del arrabal, protegiéndolas e impidiendo que fueran dañadas juntamente con sus hijos[31], en la versión de al-Warraq, tras la crucifixión de 300 de los principales rebeldes, el emir declara presa lícita a las mujeres, autorizando cualquier acto de muerte y saqueo,

---

[28] Ibn Hayyan, *al-Muqtabis II-1*, p. 170; Ibn Hayyan, *al-Muqtabis II-1 trad.*, p. 79; Cardoso, *The Door of the Caliph*, p. 94.
[29] Ibn Hayyan, *al-Muqtabis II-1*, p. 150; Ibn Hayyan, *al-Muqtabis II-1 trad.*, p. 62.
[30] Ibn Hayyan, *al-Muqtabis II-1*, p. 151-152; Ibn Hayyan, *al-Muqtabis II-1 trad.*, pp. 63-64.
[31] Ibn Hayyan, *al-Muqtabis II-1*, p. 153; Ibn Hayyan, *al-Muqtabis II-1 trad.*, p. 65.

ya que todos aquellos implicados que se encontraran en Córdoba al cabo de tres días serían muertos y crucificados[32].

Ibn Hayyan transmite también el relato de Ibn al-Qutiyya, quien da más detalles sobre la salida de estos rebeldes de la capital omeya. Según este cronista, la mayoría de ellos abandonó al-Andalus y una parte se asentó en las costas norteafricanas, mientras unos 15.000 de ellos embarcaron hacia Oriente, hasta llegar a Alejandría, donde se establecieron hasta su expulsión por parte del gobernador abasí de la ciudad debido a varios altercados entre la población local y los recién llegados, accediendo este a que abandonaran pacíficamente la ciudad a cambio de elegir una de las islas mediterráneas para allí asentarse tras su éxodo[33]. Ibn al-Qutiyya identifica a estos andalusíes con los que conquistaron Creta, tras un acuerdo con Ibn Tahir, gobernador abasí de Egipto. Identifica además Creta como una isla bizantina abandonada por los griegos. Para este cronista, son inequívocos el liderazgo y la participación en la revuelta de varios *fuqaha'* (sing. *faqih*), alfaquíes, de renombre, como Yahya b. Yahya, que escapó a Toledo y más tarde fue perdonado por al-Hakam I[34].

Según la versión de Ahmad b. Muhammad al-Razi, tras aplastar la revuelta y después de concedido el amán, la mayoría de los expulsados de Córdoba embarcaron hacia el Norte de África[35]. Más adelante, se indica que la mayoría de los rebeldes del arrabal huyó a Toledo, ciudad conocida por su carácter levantisco contra el poder central, que habría sido elegida justamente por estos motivos, escribiendo a Muhayir b. al-Qatil, quién se encontraba en territorio cristiano tras rebelarse contra el emir, quien habría vuelto y se habría hecho jefe de los rebeldes del arrabal[36].

La versión de al-Hasan b. Muhammad b. Mufarriy, tomada por este de Sakan b. Ibrahim, señala que la sedición de las gentes del arrabal comenzó en la margen extrema del río Guadalquivir en

[32] Ibn Hayyan, *al-Muqtabis II-1*, p. 170; Ibn Hayyan, *al-Muqtabis II-1 trad.*, p. 79.

[33] Ibn Hayyan, *al-Muqtabis II-1*, p. 153; Ibn Hayyan, *al-Muqtabis II-1 trad.*, pp. 65-66.

[34] Ibn Hayyan, *al-Muqtabis II-1*, pp. 153-158; Ibn Hayyan, *al-Muqtabis II-1 trad.*, pp. 65-68.

[35] Ibn Hayyan, *al-Muqtabis II-1*, p. 142; Ibn Hayyan, *al-Muqtabis II-1 trad.*, p. 57.

[36] Ibn Hayyan, *al-Muqtabis II-1*, p. 153; Ibn Hayyan, *al-Muqtabis II-1 trad.*, p. 65.

189/805-806[37], fechas en las que se darían las dos primeras revueltas, como se ha señalado antes. Presentando asimismo una fecha distinta, más adelante el texto indica que largo tiempo después la población vuelve a sublevarse contra el emir debido a la imposición de diezmos sobre los cereales[38]. Se menciona que en la revuelta de 189/805-806, el emir se encontraba fuera en una partida de caza, apresurándose a llegar a Córdoba, evitando así que su primo Ibn al-Shamas lo suplantara en el trono[39]. Aunque al transmitir las distintas versiones de la rebelión el *Muqtabis* mencione la existencia de tres revueltas del arrabal distintas, como ya se ha señalado, según este relato Córdoba habría sido testigo de dos revueltas, una en 189 y otra en 202, provocadas por el descontento hacia el *amir*, en una época en la que al-Hakam I también tuvo que enfrentarse a la sedición en ciudades como Toledo y a familias que proclamaban su soberanía contra él. Ibn al-Athir se refiere también a la revuelta, que sitúa en otra fecha, en 198, afirmando que sus motivaciones se debían al carácter lascivo de al-Hakam I, que desde el principio de su reinado comenzó a beber vino públicamente, por lo que los *fuqaha'* apoyaron la sublevación[40].

El *Muqtabis* también menciona, a partir de la versión de Muhammad b. Hafs b. Farag, que tras ser derrotados por las tropas de al-Hakam, los rebeldes pidieron su amán, pactando abandonar Córdoba, lo que hicieron huyendo a Toledo, al norte de África, donde algunos de ellos se establecieron en Fez, o a Creta, no mencionando su estancia en Alejandría[41].

Al-Maqqari, cronista que también transmite estos sucesos, indica que fue Yahya b. Yahya, discípulo de Malik b. Anas, quién inicia la revuelta, juntamente con otros teólogos. Señala que su desencanto hacia la "propensión a los placeres mundanos" del *amir* dio paso a la proclamación de uno de los parientes de al-Hakam. Para al-Maqqari, el lugar de la revuelta no fue el arrabal oriental, sino el occidental,

---

[37] Ibn Hayyan, *al-Muqtabis II-1,* p. 159; Ibn Hayyan, *al-Muqtabis II-1 trad.,* p. 70.
[38] Ibn Hayyan, *al-Muqtabis II-1,* p. 161-162; Ibn Hayyan, *al-Muqtabis II-1 trad.,* p. 72.
[39] Ibn Hayyan, *al-Muqtabis II-1,* pp. 161-162; Ibn Hayyan, *al-Muqtabis II-1 trad.,* pp. 71.
[40] Ibn al-Athir, *Annales du Maghreb et de l'Espagne,* trad. E. Fagnan, Typographie Adolphe Jourdan, Argel, 1898, pp. 165-167.
[41] Ibn Hayyan, *al-Muqtabis II-1,* pp. 163-164; Ibn Hayyan, *al-Muqtabis II-1 trad.,* pp. 73-74.

como señala también Ibn Mufarriy sobre la segunda rebelión en 202/818. El cronista describe la destrucción del arrabal, afirmando que las tropas de al-Hakam I ni siquiera perdonaron sus mezquitas, que destruyeron, llevando a sus habitantes a huir a Fez, donde establecieron un barrio andalusí, y otros a Alejandría, dirigidos por uno de los rebeldes, Abu Hafs. Añade información más precisa que Ibn Hayyan, al referirse a 'Abd Allah b. Tahir, gobernador en Alejandría, en nombre del califa abasí al-Ma'mun. Se le responsabiliza de expulsar a los andalusíes después de que promovieran varias rebeliones contra la población de la ciudad egipcia, transportándolos a Creta, isla "que conquistaron, y retuvieron hasta que, después de un tiempo considerable, los francos [refiriéndose a los bizantinos que conquistaron la isla en 961] los desposeyeron de ella"[42].

Ibn al-Athir también da más detalles sobre la llegada y expulsión de los andalusíes de Alejandría. Según el cronista de Mosul, estos permanecieron en la ciudad hasta que fueron expulsados por su gobernador, 'Abd Allah b. Tahir, en 210/825-826. El historiador además relaciona su llegada, bajo el liderazgo del andalusí Abu Hafs, con los desórdenes promovidos por 'Ubayd Allah b. al-Sari, rebelde proclamado por el *yund* que detenía el gobierno de Egipto desde 207 hasta 210, situación que se prolongó hasta la llegada de Ibn Tahir a la ciudad, lo que significaría que los andalusíes habrían llegado a Alejandría varios años después de la revuelta del arrabal[43], lo que presupone su pasaje probable por otras ciudades. Ibn al-Athir asegura que, tras la llegada de Ibn Tahir, los andalusíes le solicitan el amán, que el gobernador acepta, pidiéndole a cambio su asentamiento en uno de los dominios de los *Rum*, en referencia a los bizantinos, fuera de los territorios musulmanes, lo que daría lugar posteriormente a la conquista de Creta[44].

En síntesis, la ruta emprendida por los andalusíes podría haber sido la siguiente: tras ser expulsados del arrabal, primero se establecerían en Toledo, y luego algunos de ellos navegaron hacia el Norte de África y se establecieron en lugares como Fez. Debido

[42] Al-Maqqari, *Nafh II trad*, pp. 120-121.
[43] Ibn al-Athir, *Annales du Maghreb et de l'Espagne*, p. 199, véase nota 2.
[44] Ibn al-Athir, *Annales du Maghreb et de l'Espagne*, p. 200.

a las discrepancias transmitidas en las distintas versiones de las fuentes, sus viajes probablemente habrían sido por etapas, primero buscando exilio en al-Andalus y luego partiendo hacía el Norte de África. Probablemente, el grupo inicial de los "rebeldes" del arrabal también se dispersó y posteriormente una parte de ellos buscó exilio en el Norte de África, hasta por fin abandonar la península ibérica y aventurarse por el Mediterráneo, donde posiblemente habrán hecho otros intentos de conquista o asentamiento antes de finalmente llegar a Alejandría, donde la inestabilidad del poder de la ciudad les habría permitido asentarse sin muchos problemas, hasta la llegada del nuevo gobernador. Tras este suceso, se habrían visto obligados a abandonar la ciudad, buscando otros lugares donde establecerse, conquistando finalmente la isla de Creta.

LA CONQUISTA DE CRETA

Otros relatos pueden hacer más compleja la reconstrucción de esta trayectoria. La crónica *Theophanes Continuatus*, aunque no proporciona al lector fechas de los hechos ni menciona una rebelión en Córdoba, afirma que la población andalusí, debido a las pésimas condiciones del suelo, decidió emigrar llevando como líder a Abu Hafs, quien embarcó con varios hombres acosando las islas bizantinas sin obtener resistencia, estableciéndose asimismo en Creta. A partir de la versión de esta fuente, es posible afirmar que antes de la conquista de Creta los aventureros andalusíes habían intentado establecerse en otros territorios bizantinos. Curiosamente, tal como Ibn al-Athir relaciona el suceso de los andalusíes con la agitada situación de Alejandría, también la crónica bizantina vincula la conquista de Creta con revueltas en la esfera bizantina, sugiriendo una conexión entre la ocupación de la isla y la rebelión de Tomás el Eslavo, que resulta en la negligencia de la flota bizantina hacia islas como Creta, lo que explicaría la facilidad de su conquista[45]. En su completo estudio sobre la conquista de Creta, Vassilios Christides ya

[45] *Theophanes Continuatus*, ed. Immanuel Bekker, Bonn, 1838, pp. 73-76.

había subrayado que la revuelta del comandante bizantino Tomás el Eslavo, hacia el 821, significó un gran desastre para el ejército griego, que dejó la isla sin protección[46].

Al-Tabari también relaciona a los andalusíes de Alejandría con los que más tarde ocuparon Creta. Este relato se enmarca en los sucesos acaecidos en el 210/825-826 y describe brevemente cómo 'Abd Allah b. Tahir entró en Egipto y lanzó un ultimátum a los andalusíes: o se rendían o se les declararía la guerra, en un relato claramente legitimador de los abasíes y su poder. Los andalusíes aceptaron someterse al gobernador con la condición de obtener inmunidad para salir pacíficamente de Alejandría hacia un territorio que no podía estar bajo dominio musulmán, eligiendo asimismo Creta[47].

Al-Nuwayri señala que antes de la llegada de los andalusíes a Creta, hubo incursiones musulmanas anteriores, y que parte de la isla había sido conquistada en tiempos del califa abasí Harun al-Rashid[48]. Este relato demuestra que Creta estuvo en la órbita de intereses musulmanes, debido a su privilegiada posición geográfica como puerta de entrada al mar Egeo. Al-Nuwayri comprende su importancia al añadir a su relato que desde Creta, sus nuevos gobernantes, con una flota de 40 navíos, "infestaron" con sus incursiones todas las islas a su alrededor[49]. Además, al-Nuwayri identifica estos nuevos ocupantes de Creta con aquellos que habían ocupado anteriormente Alejandría, ciudad que gobernaron durante algún tiempo, según describe el historiador, y donde fueron expulsados por Ibn Tahir, quien se vio obligado a pagarles una cantidad de dinero previamente negociada y a trasladarlos a Creta. Según al-Nuwayri, este nuevo emirato había incluso llegado a recibir un tributo de circulación bajo el reinado de Romano II, como forma de garantizar la salvaguarda de los comerciantes bizantinos a quienes permitían desembarcar libremente en

[46] Vassilios Christides, *The Conquest of Crete by the Arabs (ca. 824). A turning point in the struggle between Byzantium and Islam*, Athens Academy, Atenas, 1984, p. 86.

[47] Alexander Vasiliev, *Byzance et les Arabes. Tome I. La dynastie d'Amorium,* Éditions de l'Institut de Philologie et d'Histoire Orientales, París, 1935, p. 287, "Extraits de Tabari".

[48] Al-Nuwayri, *Historia de los Musulmanes de España y África*, trad. Mariano Gaspar Remiro, vol. II, Centro de Estudios Históricos de Granada y su reino, Granada, 1917, p. 274.

[49] Al-Nuwayri, *Historia de los Musulmanes de España y África*, p. 274.

la isla, recibiendo derechos sobre las mercancías, comprometiéndose igualmente a no asolar los territorios alrededor de Creta[50]. Al-Nuwayri, en una narrativa un tanto anecdótica, cuenta que la isla solo pudo ser conquistada bajo el gobierno de Romano II mediante el uso de una estratagema: el emperador había pedido recientemente al *amir* de Creta que aceptara 500 yeguas que iban a parir en su territorio, debido a la sequía de Constantinopla. Después de que el soberano cretense aceptara, Romano envió un ejército, bajo el mayor de los secretos, dirigido por Nicéforo Focas, que, al llegar a Creta, montó en sus propios caballos y conquistó fácilmente la isla[51].

Como señala Christides, la isla parece haber sido conquistada por los musulmanes en distintas etapas, ya que las fechas difieren tanto en las fuentes bizantinas como en las árabes, aunque el 827/828 sería la fecha más probable[52]. No obstante, siguiendo la crónica *Theophanes Continuanus,* su conquista por Abu Hafs y sus seguidores debe estar directamente relacionada con la revuelta de Tomás, por lo que el desembarco musulmán en Creta debió de producirse hacia el 824, sucedido por la conquista gradual de la isla, que ya había sufrido incursiones musulmanas previas. Probablemente, tras su conquista por los andalusíes, los abasíes, califas que parecen reconocer nominalmente, aprovecharon la oportunidad de contar con un aliado musulmán en la zona del Egeo, incitándolos a conquistarla y ofreciendo su ayuda para trasladarlos allí[53].

En su estudio sobre los intercambios entre Bizancio y al-Andalus, Juan Signes señala que los "piratas" y "aventureros" andalusíes, a menudo descritos por las fuentes cristianas como *Mauri*, atacaban las islas mediterráneas, como Cerdeña y Córcega, desde el 806. Estos ataques fueron repelidos a menudo por los carolingios o por fuerzas conjuntas de Nápoles, Gaeta y Amalfi. Según él, los cordobeses no fueron los verdaderos conquistadores de Alejandría ni Creta, territorios que, en su opinión, ya habían sido ocupados por "piratas" hispanos que se vieron ayudados en sus conquistas por estos nuevos

---

[50] Al-Nuwayri, *Historia de los Musulmanes de España y África*, pp. 275.
[51] Al-Nuwayri, *Historia de los Musulmanes de España y África*, pp. 275-6.
[52] Christides, *The Conquest of Crete*, pp. 84-86.
[53] Christides, *The Conquest of Crete*, pp. 90-91.

"aventureros"[54], a pesar de que las fuentes relacionen las conquistas de Creta y Alejandría.

Si se aceptan fechas más tempranas para la conquista de Creta, a este respecto la versión de Ibn Mufarriy, mencionada previamente, podría indicar una posible primera ocupación de Alejandría en el 816, como señaló Marius Canard, que duraría hasta el 827, año en que finalmente navegaron hacia Creta, isla que, según las fuentes bizantinas, ya conocían por haber realizado allí una incursión[55].

A partir de estas distintas versiones, entendemos que la actuación de marineros andalusíes era ya conocida en el Mediterráneo. Posiblemente llegaron a Creta en diferentes cronologías, unidos por el desencanto por la presión fiscal de al-Hakam I, tras varios episodios de revuelta. La colección de *Theophanes Continuatus* también contribuye a abordar la importancia de estos aventureros andalusíes, que eran conocidos en el Mediterráneo desde principios del siglo IX. Esta versión también encuentra apoyo en el relato de Ibn Mufarriy, transmitido por Ibn Hayyan, que señala las revueltas como consecuencia del "rechazo de la imposición que él [el *amir*] les hizo sobre los diezmos sobre los cereales, al que les obligó como tributo pagadero"[56], como ya se ha mencionado previamente, un impuesto considerado ilegal.

A pesar del completo estudio de Christides sobre el emirato de Creta, que duró aproximadamente 135 años, poco se sabe de sus gobernantes, sea en las fuentes escritas, sea en las materiales, que han podido aportar más datos, estudiados en la monografía sobre el emirato. Los emperadores bizantinos realizaron varios intentos de recuperarla, como en el año 843, bajo la regencia de la emperatriz Teodora, cuando se llevó a cabo una expedición contra Creta que tuvo como resultado la liberación parcial de la isla, aunque no duró mucho. Desde esta importante base naval, sus dueños cuestionaban la hegemonía de Bizancio en la zona oriental de entrada al Mediterráneo

---

[54] Juan Signes Codoñer, "Bizancio y al-Andalus en los siglos IX y X", en Inmaculada Pérez Martín y Pedro Bádenas de la Peña, *Bizancio y la Península Ibérica. De la Antigüedad Tardía a la Edad Moderna* (eds.), CSIC, Madrid, 2004, pp. 177-246 y 193-198.

[55] Marius Canard, "Ikritish", en Bernard Lewis et al., *Encyclopaedia of Islam*, (eds.) vol. 3, H-IRAM, Brill, Leiden, 1986, pp. 1082-1083.

[56] Ibn Hayyan, *al-Muqtabis II-1*, pp. 161-162; Ibn Hayyan, *al-Muqtabis II-1 trad.*, p. 72.

y en la entrada del mar Egeo. Asimismo, desde el emirato de Creta se llevaron a cabo ataques contra bases bizantinas. Uno de los primeros se realizó poco después de que los andalusíes se establecieran en la isla, en octubre del 829, cuando una flota bizantina fue derrotada en la batalla de Tasos[57]. A esta batalla le siguen otros ataques en las costas del mar Egeo, como el del año 829 contra el monte Athos, que provocó su abandono[58].

Tras el peligro que representaban en el mar Egeo, también llegó el momento de que los cretenses se aventuraran hasta el mar de Propontis (actual mar de Mármara), entre el 860 y el 870. Bajo el título "Saelus Apochapsis filius, Cretae dominus", Georgios Kedrenos informa de la llegada de una flota cretense a la isla de Prokonnesos (actual isla de Mármara), comandada por Photius[59], habiendo podido cruzar el Helesponto, siendo, sin embargo, derrotados por el *droungarios* Nicetas Oryphas[60]. Al parecer, por primera vez, una flota cretense fue capaz de llegar cerca de la capital bizantina, y sus emperadores tuvieron que esperar cien años más para poner fin al peligro proveniente de Creta. Georges C. Miles incluso señala que "desde tiempos de los omeyas, los musulmanes no habían amenazado tan de cerca la capital"[61], en referencia a los intentos de los omeyas de Damasco de conquistar Constantinopla en el 717/718.

El siglo IX-X fue testigo de otras incursiones de los cretenses. En el 904, por ejemplo, se produjo el ataque de una fuerza conjunta de cretenses, sirios y norteafricanos, comandada por León de Trípoli, un militar renegado que huyó a Siria. El resultado fue el gran saqueo de Tesalónica, tomando un buen número de prisioneros y esclavos[62]. Los ataques conjuntos entre cretenses y sirios se convirtieron en habituales y ambas potencias parecen haber estado en contacto[63].

---

[57] *Theophanes Continuatus*, p. 137.

[58] Canard, "Iktirish", p. 1083; George C. Miles, "Byzantium and Arab relations in Crete and in the Aegean area", *Dumbarton Oaks Papers*, 18, (1964), pp-1-32 y 8-9.

[59] Canard, "Iktirish", p. 1083. Canard lo identifica como un renegado del ejército griego.

[60] *Georgius Cedrenus*, trad. Immanuel Bekker, Bonn, 1839, p. 227.

[61] Miles, "Byzantium and Arab relations", p. 9.

[62] Miles, "Byzantium and Arab relations", p. 10.

[63] Canard, "Iktirish", p. 1084.

Una teoría habla incluso de una presunta ocupación de Atenas por los cretenses, entre el 896 y el 902[64]. Se han encontrado en la ciudad vestigios arqueológicos que presentan caligrafía cúfica típicamente andalusí en fragmentos de mármol, posiblemente restos de la mezquita construida en Atenas, cuya cronología Miles sitúa después del 961, identificando esta presencia con intercambios comerciales y no con una ocupación[65]. Quizá, tras la recuperación de Creta por el imperio bizantino en el 961, algunos de los cretenses que escaparon podrían haberse establecido en Atenas, desde donde dirigieron sus negocios mercantiles. Las investigaciones también señalan que las fuentes bizantinas que recogen nombres de soberanos del emirato de Creta, así como los hallazgos numismáticos, han contribuido a reconstruir un régimen político sucesorio, cuyo comercio en la zona se basaba en un sistema monetario de tres metales[66]. Esto sugiere claramente que estos conquistadores, normalmente identificados como "piratas"[67], eran lo bastante poderosos como para emitir moneda de oro, con una destacada actividad comercial y con establecimiento de "plazas" incluso fuera de Creta, como en el caso de Atenas. Sus intereses comerciales parecen haberse expandido, al igual que los de otras potencias mediterráneas.

Igualmente, parece que controlaban también otras islas del mar Egeo, como la isla de Patmos. Las fuentes bizantinas señalan incluso que Naxos pagaba tributo al emirato cretense[68]. Como se ha visto anteriormente, al-Nuwayri informa incluso de una cantidad anual que los bizantinos deberían pagar a Creta para evitar sus ataques en la zona del Egeo y salvaguardar el comercio marítimo. Sin embargo, la recuperación bizantina de la isla destruyó los vestigios del emirato, dejándonos sin evidencias arqueológicas relevantes, ni siquiera en su capital, Chandax o Jandaq. Creta podría describirse como un "tesoro de objetos de arte y lujo", ya que las fuentes bizantinas tras la conquista revelan el inmensurable botín obtenido por Nicéforo

[64] Miles, "Byzantine and Arabs", p. 10.
[65] Miles, "Byzantine and Arabs", pp. 19-20; George C. Miles, "The Arab mosque in Athens", *Hesperia*, 25 (1956), 329-344.
[66] Miles, "Byzantine and Arabs", pp. 15-16.
[67] Christides, *The Conquest of Crete*, p. 81.
[68] Canard, "Iktirish", p. 1084.

Focas, ya que la isla sería un museo de objetos saqueados, fruto de las incursiones de sus emires[69]. Es posible que estas descripciones constituyan también una forma de legitimación de la conquista de Creta por Nicéforo Focas, ya que la práctica del saqueo no era distinta en el caso de cualquiera de los otros "estados" mediterráneos.

Con la emergencia de los distintos poderes musulmanes, Bizancio ya no tenía ventaja en el Mediterráneo. Peor aún, tras la conquista de Creta por los andalusíes no podía controlar la entrada en el Mar Egeo, que finalmente desembocaría en el Mar de Mármara, en dirección a la capital. Esta primacía estaba ahora en manos de varias potencias árabes, como los aglabíes, que tomaron Sicilia a partir del 827/828, así como la de otros poderes, como el caso de Creta[70]. Ahrweiler señala incluso que el siglo IX fue sin discusión el siglo marítimo árabe, que se convirtió en el nuevo árbitro del comercio en el Mediterráneo. Más recientemente, Christophe Picard ha señalado que la imagen de la expansión árabe en el Mediterráneo, que solía ser vulgarizada como "piratería" en un mar dominado por puertos marítimos latinos, se opone a las descripciones de los cronistas árabes[71].

Durante el asedio bizantino de Creta, que finalmente conseguiría tomar la isla, el emir solicitó ayuda al califato fatimí, que habría exigido al emperador bizantino que levantase el asedio, avisándole que la tregua del 956-957 estaba llegando a su término, prometiendo además enviar una flota en ayuda a los cretenses, de acuerdo con al-Qadi al-Nuʿman, ayuda que parece no haber llegado nunca[72]. Canard señala, además, que las fuentes bizantinas relatan que el emir de Creta habría incluso llegado a pedir auxilio al califato omeya de Córdoba, territorio con el que habrían mantenido también intercambios comerciales[73]. Mas tarde, y a pesar de que el emirato seguía actuando de forma independiente, resulta interesante que cuando Constantino VII intenta recuperar la isla en la expedición del 949 –año en que las fuentes andalusíes describen la llegada de una embajada bizantina a

[69] Miles, "Byzantine and Arabs", p. 21.
[70] Ahrweiler, *Byzance et la Mer*, p. 96.
[71] Christophe Picard, *La Mer des Caliphes. Une histoire de la Méditerranée musulmane*, Éditions du Seuil, París, 2015, pp. 10-11 y 81.
[72] Canard, "Iktirish", p. 1082.
[73] Canard, "Iktirish", p. 1082 y 1084.

Córdoba– se mencione también en el relato del *De Ceremoniis* sobre la preparación de esta expedición, que se destinaron flotas y caballería para otras provincias bizantinas, incluyendo en esta descripción tres unidades de la flota naval que deberían ser enviadas a Hispania[74]. El *De Ceremoniis* no menciona más detalles sobre esta referencia y si estas unidades destinadas a Hispania estarían o no relacionadas con los intercambios diplomáticos con 'Abd al-Rahman III o con la expedición de Creta, pero, curiosamente, aparece nombrado este envío a la península ibérica junto con la mención del envío de flotas a Dalmacia, Dirraquio y Calabria, donde Bizancio seguía asegurando su poder[75]. ¿Podrían estar destinadas estas unidades a transportar a los embajadores bizantinos a Córdoba? ¿O serían unidades preparadas para una acción conjunta bizantino-omeya contra los intereses fatimíes en el Magreb y en Sicilia, tal y como sugiere para fechas más tardías al-Qadi al-Nu'man?[76]

Volviendo al principio, la ayuda del gobernador abasí de Egipto, Ibn Tahir, presupone que el nuevo poder mediterráneo reconocía, aunque nominalmente, la autoridad del califa abasí de Bagdad. Esto también se sostiene porque en el 853 un ejército bizantino

[74] Constantine VII Porphyrogennetos, *De Ceremoniis. The Book of Ceremonies*, trad. Ann Moffat y Maxeme Tall, 2 vols., Australian Association for Byzantine Studies, Canberra, 2012, p. 664. Una unidad correspondería a una tripulación o a un navío y su respectiva tripulación. Ya hemos tratado este episodio y los intercambios diplomáticos de al-Andalus con Bizancio en el siglo X en un trabajo anterior: Elsa Cardoso, "Politics and Diplomacy in the Mediterranean of the 10th Century: al-Andalus and Byzantium", en Daniëlle Slootjes y Mariëtte Verhoeven, *Byzantium in Dialogue with the Mediterranean. History and Heritage* (eds.), Brill, Leiden/Boston, 2019, pp. 91-108 y 101-102.

[75] Vivien Prigent, "La politique sicilienne de Romain Ier Lécapène", en Dominique Bathélemy y Jean-Claude Cheynet, *Guerra et societé au Moyen Âge. Byzance Occident (VIIIe-XIIIe siècle)* (eds.), Association des amis du Centre d'histoire et civilisation de Byzance (ACHCByz), París, 2010, pp. 63-84 y 67.

[76] Al-Qadi al-Nu'man, *Kitab al-Mayalis wa l-Musayarat*, ed. al-Habib et al., Túnez, 1978, pp. 166-167. Este pasaje ha sido traducido al español: Signes, "Bizancio y al-Andalus," pp. 237-238. Según al-Qadi al-Nu'man, en 344/955-956 una flota bizantina se unió a una omeya en las costas de Sicilia, una alianza que se habría frustrado tras la derrota de la flota bizantina. Esta alianza habría sido fruto del envío de una embajada omeya a Constantinopla ese mismo año, solicitando ayuda contra el creciente poder fatimí, tras su ataque a Almería en 955, precedido por una escalada de escaramuzas entre los dos poderes, que incluyó el ataque y saqueo omeya a un navío fatimí, interceptando una misiva dirigida al califa al-Mu'izz. Cardoso, "Politics and Diplomacy in the Mediterranean of the 10th Century", p. 98.

atacó Damieta, apoderándose de armas que tenían como destino Creta[77]. El contenido de la carta de 'Abd al-Rahman, como se ha visto anteriormente, también aseguraba que los cretenses estaban bajo dominio abasí. Además, la numismática también sostiene que el emirato de Creta reconocía a los califas abasíes, como lo demuestran sus monedas que llevan el nombre del califa abasí[78].

En este sentido, el emir cordobés descartó cualquier responsabilidad hacía el emirato de Creta, exhortando a la propia capacidad de Teófilo como *basileus*. Solamente hace una promesa muy poco realista: en el caso de que los abasíes fueran depuestos y el califato fuera restituido a su propia dinastía, 'Abd al-Rahman II restauraría igualmente el poder bizantino en los territorios conquistados recientemente por potencias musulmanas.

LA CONQUISTA DE SICILIA Y LOS "AVENTUREROS" ANDALUSÍES

Como ya se ha mencionado antes, en el contexto mediterráneo los aglabíes empezaron también a conquistar Sicilia a partir del 827[79]. Ibn 'Idhari da cuenta de que en el mes de rabi' al-awwal 212/

[77] Canard, "Iktirish", p. 1083.

[78] Christides, *The Conquest of Crete*, p. 114.

[79] Además de la tradicional obra revisada de Michele Amari: *Storia dei Musulmani di Sicilia*, I-III, ed. Carlo Alfonso Nallino, Catania, 1933-1939 [Florencia, 1854-1868], Michele Amari, *Biblioteca arabo-sicula ossia raccolta di testi arabici che toccano la geografia, la storia, le biografie e la bibliografia della Sicilia 1–3*, ed. Umberto Rizzitano, Edizione nazionale delle opere di Michele Amari I: Arabistica 4, Palermo, 1997-1998. Sobre la Sicilia islámica, su conquista y problemas de investigación, véase también: Annliese Nef y Vivien Prigent, "Per una nueva storia dell'alto medioevo siciliano", *Storica*, 35-36 (2006), pp. 9-63; Alex Metcalfe, *The Muslims of medieval Italy*, The New Edinburgh Islamic Surveys, Edimburgo, 2009; Annliese Nef, "Comment les Aghlabides ont décidé de conquérir la Sicile", *Annales Islamologiques*, 45 (2011), pp. 191-211; Simona Modeo, Marina Congiu y Luigi Santagati, eds., *La Sicilia del IX secolo tra bizantini e musulmani:atti del IX convegno di studi*, Caltanissetta, 2013; Annliese Nef y Vivien Prigent, "Guerroyer pour la Sicile (827-902)", en Simona Modeo, Marina Congiu y Luigi Santagati, *La Sicilia del IX secolo tra bizantini e musulmani:atti del IX convegno di studi*, (eds.), Caltanissetta, 2013, pp. 13-40; Annliese Nef, "7. La Sicilie dans l'ensemble aghlabide (827-910)", en Catherine Richarté, *Héritages arabo-islamiques dans l'Europe méditerranéenne*, (ed.), La Découverte, París, 2015, pp. 101-110; Giuseppe Mandalà, "The Sicilian Questions", *Journal of Transcultural Medieval Studies*, 3 (1-2) (2016), pp. 3-31; Sarah Davis-Secord, *Where Three Worlds Met. Sicily in the Early Medieval Mediterranean*, Cornell University Press, Ithaca/Londres, 2017.

mayo-junio 827 –año más probable de la conquista de Creta– el *amir* aglabí, Ziyadat Allah, envió una expedición a Sicilia bajo el mando del cadí Asad b. al-Furat, obteniendo allí gran botín y poniendo sitio a Siracusa, una conquista que solamente había sido posible gracias a los suministros y ayuda enviados desde Ifriqiya y al-Andalus[80]. Aunque nada se menciona sobre la proveniencia de esta ayuda desde al-Andalus, Lévi-Provençal no duda de que se trataba de piratería, organizada bajo la soberanía de al-Hakam I, pero ajena al poder central[81]. Pero Lévi-Provençal también califica de piratería a los andalusíes que conquistan y aseguran el poder en Fraxinetum o Yabal al-Qilal [la montaña de madera], de la que no se conocen vestigios arqueológicos pero posiblemente localizada en La Garde-Freinet, en el golfo de Saint-Tropez, en Provenza[82], a pesar de que Ibn Hayyan deja claro que Fraxinetum era un potentado omeya, dando cuenta de un tratado de paz, en mayo del 940, con el gobernante de Barcelona y otros poderes francos. Este sería el caso de Unyu, quién envió una embajada a 'Abd al-Rahman III pidiendo salvaguarda para los mercaderes que viajaban hasta al-Andalus, lo que le fue concedido, dándose órdenes a Nasir b. Ahmad, *qa'id* de Fraxinetum y a los gobernadores de Baleares y otros puertos de al-Andalus para que respetaran estos viajeros provenientes desde el país de Unyu[83]. Liutprando de Cremona, en su *Antapodosis* [Retribución]

Sobre el emirato aglabí, véase: Mohamed Talbi, *L'Emirat Aghlabide (184-296/800-909). Histoire politique*, Librairie d'Amérique et d'Orient Adrien-Maisonneuve-Publication de la Faculté des Lettres-Tunis, París/Túnez, 1966. Sobre al-Andalus y Sicilia y sus interinfluencias mutuas, véase: Francesco Gabrieli "Arabi di Sicilia e arabi di Spagna", *al-Andalus*, 15-I (1959), pp. 27-45; Umberto Rizzitano, "La Sicilia musulmana hija espiritual de al-Andalus", en *Orientalia Hispanica, sive studia F.M. Pareja octogenario dicata*, vol. I, Brill, Leiden,1974, pp. 551-565; Adalgisa De Simone, ed., *Nella Sicilia 'araba' tra storia e filología*, Palermo, 1999; Mandalà, "Figlia d'al-Andalus! Due ğazīra a confronto, Sicilia e al-Andalus, nelle fonti arabo-islamiche del Medioevo".

80 Ibn 'Idhari al-Marrakushi, *Histoire de l'Afrique et de l'Estagne intitulée al-Bayano'l-Mogrib*, trad. E. Fagnan, vol. I, Imprimerie Orientale P. Fontana et Compagnie, Argel, 1901, pp. 128-129.

81 Lévi-Provençal, "España Musulmana", p. 159.

82 Sobre Fraxinetum, véase: Mohammad Ballan, "Fraxinetum: an Islamic Frontier State in Tenth-Century Provence", *Comitatus*, 41 (2010), pp. 23-76; Marco Demichelis, "*Al-Andalus* oltre la geografia di *al-Andalus*. Jabal al-Qilāl-Fraxinetum: storia, narrazioni e controversie", *Rivista di Studi Indo-Mediterranei*, XII (2022), pp. 1-11.

83 Ibn Hayyan, *al-Muqtabis V* trad., pp. 341-342. Ballan identifica a Unyū con Hugo de Arles o Hugo de Itália: Ballan, "Fraxinetum », pp. 70-71.

–dedicada a Recemundo, obispo de Elvira, a quien había conocido en Frankfurt, en el 956, como enviado de 'Abd al-Rahman III en la corte de Otón II– señala al obispo andalusí que los tributarios del califa cordobés en Fraxinetum se encontraban en una situación geográfica privilegiada, defendidos naturalmente por el mar por un lado, y por los restantes por un bosque muy espeso de plantas espinosas[84]. Para Annliese Nef, los poderes mediterráneos, como el aglabí o el omeya, eran competidores entre sí por su poder, todavía embrionario, en el Mare Nostrum, lo que queda demostrado por las tensiones generadas con las tropas de Ifriqiya tras el envío de una expedición andalusí a Sicilia[85].

Ibn Jaldun también señala que en el 214/829-830 llegó a Sicilia una flota proveniente de al-Andalus junto a navíos norteafricanos, cuando las tropas aglabíes estaban a punto de capitular ante los bizantinos. El famoso autor indica también que estas mismas tropas andalusíes participaron en el 217/829-830 en la conquista de Palermo[86]. Se sabe igualmente que el *amir* 'Abd al-Rahman II comenzó a desarrollar una política de intereses hacia el norte de África, acogiendo incluso bajo su tutela a los gobernantes rustumíes de Tahart[87]. Aunque una conexión directa entre las flotas enviadas desde al-Andalus y el poder central de Córdoba no se haya verificado, tampoco resulta creíble que sus acciones no fueran del conocimiento del *amir*. Sabemos también a partir de Ibn Jaldun que el emir omeya llegó a pagar a sus tributarios rustumíes una recompensa por la destrucción de la ciudad aglabí de al-'Abbasiyya[88], lo que presupone su enemistad hacía los conquistadores de Sicilia, y por lo tanto que los marineros andalusíes que llegan a la isla no estarían bajo sus órdenes. Sin embargo,

---

[84] Liutprando de Cremona, *The complete works of Liudprand of Cremona*, trad. Paolo Squatriti, The Catholic University of America Press, Washington D.C, 2007, pp-45-46. Squatriti añade en la nota 12 que Fraxinus es el nombre latino del "fresno" y Fraxinetum significa "madera de fresno".

[85] Nef, "La Sicilie dans l'ensemble aghlabide (827-910)", p. 105.

[86] Ibn Jaldun, *Histoire de l'Afrique sous la dynastie des Aghlabites, et de la Sicile sous la domination musulmane*, trad. A. Noel des Vergers, Typographie de Firmin Didot Frères, París, 1841, p. 108.

[87] Lévi-Provençal, "España Musulmana", p. 159.

[88] Ibn Jaldun, *Histoire de l'Afrique,* p. 112.

sabemos que el hijo y sucesor de 'Abd al-Rahman II, Muhammad I, intercambiará embajadas con el emir aglabí Ibrahim b. Ahmad[89].

También conocemos que, pese a que no tenían relaciones oficiales con los abasíes, bajo los reinados de al-Hakam I y 'Abd al-Rahman II circulaban agentes omeyas en la corte de Bagdad. Ibn Hayyan describe en una ocasión que el poeta al-Gazal –quién actúa después del 839/840 como embajador en Constantinopla en nombre del emir omeya– estuvo en la corte abasí, donde simultáneamente se encontraba 'Abd Allah b. Tahir, identificado por Ibn Hayyan en ese momento como emir de Egipto, quien expulsó a los andalusíes de Alejandría[90]. Los omeyas parecen estar bien informados de la situación en Oriente, e incluso al-Gazal mantenía contacto con el gobernador de Egipto, quién sabe si como agente del emir cordobés con el objetivo de conocer o tratar la cuestión de los andalusíes que ocuparon Alejandría. A partir de otras descripciones, también sabemos que 'Abd al-Rahman II fue el primer *amir* cuyos agentes viajaron a Iraq para conseguir y copiar libros de autores clásicos, convirtiéndose en el primero que introdujo estas obras en al-Andalus[91].

A pesar de que los aglabíes reconocían a los abasíes como califas, en realidad el emir omeya también estaba al tanto que este no pasaba de ser un reconocimiento meramente nominal, mencionando además en su carta al *basileus* la desobediencia de los conquistadores de Sicilia hacia sus señores[92]. Ciertamente parece que la desobediencia mencionada en la carta de 'Abd al-Rahman se refiere al hecho, compartido por diferentes fuentes árabes, de que los emires aglabíes jamás consultaron a los califas abasíes sobre a oportunidad de atacar Sicilia, siendo solamente avisados una vez que la decisión ya estaba tomada[93].

Sea como fuera, a través de la respuesta del emir cordobés, Teófilo pretendería que los omeyas actuaran en consecuencia de los actos de

---

[89] Ibn Hayyan, *al-Muqtabis II-1 trad.*, p. 296 (nota 624) y 266-267.
[90] Ibn Hayyan, *al-Muqtabis II-1 trad.*, p. 146.
[91] Ibn Hayyan, *al-Muqtabis II-1 trad.*, pp. 169-170.
[92] Ibn Hayyan, *al-Muqtabis II-1 trad.*, p. 296.
[93] Nef, "Comment les Aghlabides ont décidé de conquérir la Sicile", pp. 197-198. Pese a esta "desobediencia", los traductores del volumen II del *Muqtabis* señalan que nada se conoce sobre una disidencia entre los aglabíes y los abasíes. Sin embargo, señalan

sus súbditos, en Creta o en Sicilia. No sabemos si el *basileus* conocía o no las limitaciones del poder naval cordobés –al menos del oficial–, o si simplemente el envío de esta embajada se inserta en la línea de otras misiones enviadas a occidente durante las mismas fechas, como veremos más adelante. Pero resulta interesante que Teófilo parezca entender que el emir omeya podría intervenir junto a sus vecinos aglabíes, especialmente si tenemos en cuenta no su disensión hacia los abasíes, sino más bien su total independencia del califato, a quién no prestan cuentas.

UNA VISIÓN DE CONJUNTO: CONCLUSIONES

Sobre la embajada bizantina en Córdoba, Lévi-Provençal sugiere que el *basileus*, habiendo fracasado una alianza con los venecianos y francos, envió una misión a al-Andalus[94]. Sin embargo, la embajada que se envía a Luis el Piadoso llegó a Ingelheim el 18 de mayo del 839, o sea, por las mismas fechas que llegó la misión a Córdoba (839/840). Esto hace suponer que Teófilo habría despachado una o varias misiones destinadas a distintas cortes del Mediterráneo occidental, ya que se trataban de viajes lentos y complejos. Así, en fechas tan cercanas como las descritas para las embajadas a Ingelheim y Córdoba, posiblemente no hubiera tiempo suficiente para volver a Constantinopla tras fallar la misión al soberano carolingio, y despachar posteriormente embajadores a Córdoba.

Los *Annales Bertiniani* dan cuenta de la llegada de la embajada de Teófilo a la corte de Luis el Piadoso en Ingelheim en el 839, no coincidiendo los nombres de los embajadores con el que se envía a Córdoba[95]. Al parecer, la misión, encabezada por Teodosio, obispo metropolitano de Calcedonia, y Teófano el Spatharius, tenía por objetivo la confirmación del tratado de paz y amistad entre ambos

---

las ya mencionadas relaciones entre Ibrahim b. Ahmad y Muhammad I. Ibn Hayyan, *al-Muqtabis II-1 trad.*, p. 296 (nota 624) y 266-267.

[94] Lévi-Provençal, "España Musulmana," p. 16.

[95] *The Annals of Saint Bertin*, trad. Janet Nelson, Manchester University Press, Manchester, 1991, p. 44.

soberanos. Sin embargo, esta embajada tenía evidentemente otras metas, como la lucha contra los ataques que ambos poderes sufrían.

Signes sugiere que Teófilo pretendía atraer a al-Andalus a su propia órbita de influencia, lo que para el historiador se justificaría a través de la exploración de la tradicional hostilidad sentida hacia los abasíes[96]. Sin embargo, deberíamos de atender a la percepción de las fuentes sobre esta embajada. Ibn Hayyan considera esta iniciativa por parte de Bizancio como una humillación imperial. Por supuesto, hay que tener en cuenta que Ibn Hayyan era partidario de los omeyas. No obstante, en el siglo IX Constantinopla no se encontraba en condiciones de poseer intenciones de conseguir un nuevo estado tributario.

Como hemos visto, Teófilo tenía problemas más ambiciosos, uno de ellos Sicilia, que estaba siendo conquistada gradualmente, pero de forma irreversible, por los aglabíes. A largo plazo, la pérdida de Sicilia no solo significó la pérdida de control de la isla y las regiones costeras italianas, sino principalmente la renuncia de la soberanía sobre los territorios que poseía más allá de Sicilia: marca el bloqueo definitivo del acceso bizantino al Mediterráneo occidental, condenando sus intereses mercantiles y la soberanía de otras islas como Cerdeña, que a partir de entonces actuará como poder independiente, y de hecho años más tarde envía una embajada al califa 'Abd al-Rahman III[97].

Si la parte occidental del Mediterráneo estaba perdida, por otro lado, Creta, acosada desde principios del siglo IX, bien por huestes independientes o poderes musulmanes, fue finalmente conquistada por un grupo de andalusíes expulsados de al-Andalus. Estos andalusíes, normalmente identificados como "piratas" o simples campesinos insatisfechos, fueron sin embargo capaces de detentar el poder durante algún tiempo en una parte de Alejandría, uno de los puertos más importantes del Mediterráneo, beneficiándose seguramente de su comercio, tal y como hicieron después en Creta. Su posición estratégica en el mar Egeo se reveló bastante rentable

[96] Signes, "Bizancio y al-Andalus", p. 199.

[97] Ibn Hayyan, *Crónica del Califa 'Abdarraman III an-Nasir entre los años 912 y 942 (al-Muqtabis V)*, trad. Maria Jesús Viguera y Federico Corriente, Anubar Ediciones/ Instituto Hispano-Árabe de Cultura, Zaragoza, 1981, p. 365.

para los nuevos señores de Creta, quienes, lejos de meros "piratas", transformaron su isla en un puesto comercial que, por ejemplo, recaudaba impuestos sobre mercancías que llegaban a su territorio.

Casi simultáneamente a la conquista de Creta llegó la de Sicilia, donde los aglabíes empezaron a conquistar terreno a partir del 827. Además, es conocida la intervención de navegantes andalusíes, cuyas lealtades son inciertas, pero cuya labor militar, junto a la de flotas provenientes de Ifriqiya, se señala como esencial en la conquista de Palermo (829/830), cuyo asedio parecía ya perdido para los aglabíes. A pesar de la imposibilidad de asegurar si estos andalusíes estaban o no oficialmente asociados al emirato de Córdoba, también es cierto que la misiva de 'Abd al-Rahman II demuestra que el emir omeya conocía bien la situación en Sicilia y que incluso su sucesor habrá intercambiado embajadas con los emires norteafricanos, no siendo descabellado que lo hicieran también bajo su propio reinado, aunque en otros momentos se enfrenten a través de tributarios como los rustumíes, quienes llegan a enviar una embajada a Córdoba en el 822.[98]. Como ya se ha mencionado, 'Abd al-Rahman II llegó incluso a intervenir directamente en su política, como cuando envió 10.000 dracmas al *amir* rustumí como recompensa por haber destruido la ciudad palatina de los aglabíes, al-'Abbasiyya[99]. En este caso, es evidente que 'Abd al-Rahman II apoyaba a los soberanos que declararon la guerra a los aglabíes, un poder cuya expansión podría representar una amenaza. Pero eran los bizantinos quiénes debían de preocuparse verdaderamente por la expansión aglabí, especialmente en Sicilia.

Por otro lado, tuvieran o no relación con el poder central, Teófilo parece pretender que el emir cordobés debía enmendar los actos de sus propios súbditos. Además, resulta interesante que el *basileus* asumiera que 'Abd ar-Rahman II poseía una flota naval destinada a salvaguardar sus propios intereses en el norte de África. Si 'Abd al-Rahman poseía o no una flota naval antes del 844, cuando un ataque vikingo instó a reforzar la defensa costera, sigue siendo una cuestión discutible. Eduardo Manzano cree que las esperanzas de Teófilo, al

[98] Ibn Hayyan, *al-Muqtabis II-1 trad.*, p. 159.
[99] Ibn Jaldun, *Histoire de l'Afrique,* p. 112.

enviar un embajador a al-Andalus, se basaban en la idea errónea de que 'Abd al-Rahman II poseía una armada capaz de controlar a los aventureros o piratas que actuaban en el Mediterráneo, ya que en realidad el *amir* no poseía una flota capaz y su respuesta al *basileus* revelaba que no podía "establecer una política mediterránea"[100]. No obstante, hay relatos que informan de la existencia de embarcaciones y de defensas costeras, como *husun* (sing. hisn) o *ribatat* (sing. *ribat*)[101].

Por supuesto que 'Abd al-Rahman II no podía emprender una expedición a Oriente, ni actuar por su cuenta en el Mediterráneo central, pero a partir de esta época, la proyección de los omeyas de al-Andalus –y la de sus súbditos marineros– llegó hasta la corte de Teófilo, quién conocía sus pretensiones al califato, aunque su declaración solo llegara casi un siglo después. Por otro lado, probablemente la inexistencia de una flota naval omeya antes del 844 y, por lo tanto, la imposibilidad de actuar de forma oficial haya sido subsanada a partir de la disponibilidad de marineros independientes, de cuyos servicios el emir podía beneficiarse, tal como ya ha señalado Jorge Lirola Delgado. Antes de los ataques vikingos del 844, probablemente 'Abd al-Rahman II empleaba el potencial de marineros independientes, "alquilando" sus armadas[102]. Si los abasíes parecen haberse beneficiado de las actividades de los cretenses, ya sea vendiéndoles armas o cobrándoles un tributo, ¿por qué no iba a hacer lo mismo 'Abd al-Rahman II, aprovechando los beneficios comerciales o militares de los marineros mercenarios andalusíes?

De hecho, parece que incluso bajo el reinado de al-Hakam I se aprovechó la iniciativa marítima privada. Según señala Picard, al-Hakam I decidió hacer de Tortosa capital regional, plaza militar y base naval, desde donde el *qa'id* nombrado por el emir dirigía razias y desde donde se cree que partieron los supuestos "piratas" que asistieron a los aglabíes en Sicilia en el 830, "en nombre del *yihad* emiral". Para Picard, Tortosa se convirtió en una plaza militar y base

[100] Eduardo Manzano, "Byzantium and al-Andalus in the ninth century", en Leslie Brubaker, *Byzantium in the ninth century: Dead or alive?* (ed.), Ashgate Publishing, Hampshire: 1998, pp. 215-227 y 227.

[101] Jorge Lirola Delgado, *El poder naval de al-Andalus en la época del califato omeya (siglo IV hégira/X era cristiana),* Tesis doctoral, Universidad de Granada, 1991, pp. 88-98.

[102] Lirola Delgado, *El poder naval de al-Andalus,* p. 98.

naval de primer orden todavía en el siglo IX, y fueron precisamente los trabajos que se desarrollaron como fruto de esta importancia lo que hizo posible que ya en época califal fuera una verdadera capital militar, con sus propias atarazanas y cuyas iniciativas marítimas no podían decidirse sino de forma centralizada[103].

Asimismo, sería en ciudades como Tortosa, establecidas como bases navales gracias a los marineros independientes, donde hay que buscar los cimientos de una flota naval controlada y de propiedad del estado que, irónicamente, permitiría al califa 'Abd al-Rahman III aplastar toda iniciativa privada y controlar centralizadamente todas estas comunidades navales. Igualmente, Picard sugiere que el emir omeya, antes de los ataques vikingos del 844, utilizó estas decisiones de marineros independientes siempre que fuera necesario, revelándose como un factor clave, y permitiendo una reacción inmediata tras el saqueo de Sevilla[104].

En lo que respecta al imperio bizantino, George Ostrogorsky ya había señalado que su capacidad de defensa en el Mediterráneo se descuidó tras la caída de los omeyas de Damasco, que poseían una potente flota naval, lo que explicaría en parte la negligencia frente al surgimiento de nuevas iniciativas, como aquellas oficiales o extraoficiales procedentes de al-Andalus y del norte de África, que conquistaron Creta y Sicilia, perdiendo Constantinopla dos puntos estratégicos en el occidente y oriente mediterráneos[105]. Además, la conquista de Amorio por al-Mu'tasim en agosto del 838, uno o dos años antes del envío de la embajada de Teófilo a al-Andalus, causó una "impresión abrumadora" sobre Bizancio, ya que no solo era la ciudad más importante de Anatolia, sino que también era la cuna de la dinastía gobernante[106]. Vasiliev incluso relaciona el desastre de Amorio con el envío de varias embajadas desde Constantinopla a Venecia y a Luis el Piadoso, como ya se ha mencionado, a lo que añade las conquistas de los "musulmanes occidentales", sugiriendo

[103] Picard, *La Mer des Califes*, p. 150.
[104] Picard, *La Mer des Califes*, pp. 302-303.
[105] George Ostrogorsky, *History of the Byzantine State*, trad. Joan Hussey, Rutgers University Press, Nuevo Brunswick, 1969, pp. 205-206.
[106] Ostrogorsky, *History of the Byzantine State*, p. 208.

que el "fracaso político" de la embajada enviada a 'Abd al-Rahman II se debió a los problemas internos de al-Andalus resultantes de los ataques vikingos[107]. Igualmente, Signes señala que fue la conquista de Amorio lo que impulsó el envío de la delegación bizantina[108].

Si Amorio sirve de punto de inflexión, por otro lado, el despacho de embajadas al Mediterráneo occidental pretendería más bien intentar obtener ayuda para los territorios allí perdidos, como Sicilia. Además de significar la perdida de otros territorios como Cerdeña o el acceso al Mediterráneo occidental, no olvidemos que Sicilia había desempeñado previamente un papel importante para Bizancio, ya que incluso Siracusa se convirtió en capital del imperio en el 663, cuando Constante II juzgó que su situación estratégica detendría los ataques árabes y lombardos[109].

Creta, Sicilia y Amorio. La combinación de estos tres desastres para Bizancio impulsó a Teófilo a enviar varias embajadas a potencias occidentales, como al-Andalus, aprovechando además que los señores de Creta habían partido desde la península ibérica. Además, la perdida de Sicilia a manos de los aglabíes estaba también asociada a una intervención de navíos andalusíes, quienes para Ibn Jaldun incluso habían protagonizado, junto a flotas norteafricanas, el éxito de la conquista de Palermo. Estas relaciones diplomáticas eran, asimismo, parte de un marco occidental en el que Constantinopla contactó con andalusíes, venecianos y francos, quienes aparentemente tampoco habrían formado una alianza militar con los bizantinos.

El motivo de la interrupción de estos intercambios occidentales debemos buscarlo en la alianza del 841 forjada entre el califa abasí al-Mu'tasim y Teófilo, solicitada por el *basileus*, que explica que no se despachen más embajadas. Tras la petición de Teófilo para la permuta de cautivos, al-Mu'tasim "hizo gala de una insolente generosidad", escribiendo una carta al emperador en la que afirmaba: "No podemos comparar los valores de musulmanes y cristianos, pues Dios estima a aquellos más que a estos. Pero si me devolvéis a los sarracenos sin

[107] Vasiliev, *Byzance et les Arabes I*, pp. 177-187.
[108] Signes, "Bizancio y al-Andalus", p. 199.
[109] Ostrogorsky, *History of the Byzantine State*, p. 122.

pedir nada a cambio, podemos daros el doble de romanos, y así superaros en todo"[110].

Pero, antes de lograr esa tregua con los abasíes, Teófilo trató de explorar otros intercambios, como con los omeyas, cuyo poder periférico, aunque emergente, había logrado el reconocimiento de su legitimidad, no solo a los ojos de sus súbditos, sino también de potencias imperiales como Bizancio. Además, los omeyas tenían sus propios intereses en el norte de África, donde tenían tributarios como los rustumíes, y posiblemente Bizancio calcularía que esta alianza sería favorable en el contexto de la conquista norteafricana de Sicilia, con vistas a obtener ventaja sobre la situación de Creta o Palermo. Probablemente el *basileus* veía en ʻAbd al-Rahman II un potencial aliado en el Mediterráneo occidental que podía ayudarlo a contener las pretensiones norteafricanas, y específicamente las aglabíes, como de hecho logrará casi un siglo después ʻAbd al-Rahman III con los poderes tributarios del norte de África. Aunque la conquista de Amorio fue una dura perdida para los bizantinos, sin embargo, no es probable que Teófilo pensara que podría obtener ayuda en Anatolia del emirato occidental omeya o de otros poderes cristianos occidentales.

No conocemos más intercambios diplomáticos entre al-Andalus y Bizancio hasta más de un siglo después (949), cuando las relaciones se renuevan bajo los reinados de ʻAbd al-Rahman III y Constantino VII, quien hace un intento de conquistar Creta. Para Signes, esta interrupción de intercambios era inevitable, atendiendo a que los dos poderes pertenecían a mundos opuestos. Para el bizantinista, este fue "un episodio sin continuidad entre dos mundos muy diferentes", señalando como su única consecuencia la introducción de un nuevo tipo de higuera en al-Andalus en el siglo IX[111]. Esta visión tradicional del Mediterráneo como un espacio de culturas antagónicas, en permanente confrontación, se justificaría por la misma naturaleza del relato de Ibn Hayyan. Según Signes, el relato de la embajada andalusí en Constantinopla no es más que un conjunto de "anécdotas que muestran a las claras la rivalidad ideológica entre

[110] J. B. Bury, *A history of the Eastern Roman Empire from the fall of Irene to the accession of Basil I (A.D. 802-867)*, Macmillan and Co., Londres, 1912, p. 274.
[111] Signes, "Bizancio y al-Andalus", pp. 207-208.

los andalusíes omeyas y los bizantinos, el antagonismo en definitiva entre dos mundos ajenos y enfrentados: musulmanes y cristianos"[112]. Estas percepciones, asentadas en una construcción binaria, entre occidente y el "otro," el islam, reflejan perspectivas subsidiarias de las que desarrolló Henri Pirenne sobre la emergencia de la identidad medieval europea a partir del espejo contrario de las conquistas islámicas que, según su interpretación, causaron una ruptura entre la Antigüedad y el occidente latino medieval[113]. Igualmente, es en este contexto historiográfico que surge la figura del "pirata" musulmán, creada por el legado latino, en cuyas fuentes se deslegitima la agencia musulmana en el Mediterráneo, como forma de justificar su propio poder amenazado, como víctimas de los ataques a sus costas.

Por otro lado, en la narrativa de las fuentes musulmanas, mayoritariamente producidas en contextos relacionados con el poder, los navegantes musulmanes, de iniciativa privada, rápidamente son sustituidos –o, quizá, mejor, convertidos–, con el surgimiento de los dos califatos mediterráneos (fatimita y omeya) en el siglo x, por navegantes pertenecientes a las armadas califales. Estudios anteriores, como el de Lirola Delgado sobre el poder naval omeya andalusí, apuntaban a esta desmitificación y a que posiblemente los emires de al-Andalus podrían haber recurrido a la iniciativa naval privada. Más recientemente, como señala Ramzi Rouighi, la obra de Christophe Picard logró establecer un punto final en la noción más o menos generalizada de que los califas temían y se apartaban del mar[114].

Estas y otras percepciones generalizadas han tenido impacto en cómo conceptualizamos y estudiamos las realidades históricas musulmanas, así como la interpretación que hacemos de los contextos políticos y culturales. Pensar que ninguna influencia mutua haya tenido lugar en la recepción y el envío de delegaciones sería menospreciar el contexto político y cultural de estos intercambios, como se

112 Signes, "Bizancio y al-Andalus", pp. 207.

113 Henri Pirenne, *Mahomet et Charlemagne*, Les Presses Universitaires de France, Paris, 1937.

114 Ramzi Rouighi, "A Mediterranean of Relations for the Medieval Maghrib: Historiography in Question," *Al-Mas q. Journal of the Medieval Mediterranean*, (2017), pp. 1-20.

ha intentado demostrar en este capítulo[115]. Si diversos intercambios culturales y políticos –oficiales o extraoficiales– están demostrados entre las tres *yaza'ir* –al-Andalus, Sicilia y Creta–, también en el caso de al-Andalus y Bizancio, poderes para los que conocemos intercambios diplomáticos oficiales, se establecieron interinfluencias mutuas.

FUENTES

Al-Maqqari, *The History of the Mohammedan Dynasties in Spain. Nafh al-tib min gusn al-Andalus al-ratib wa dhikr waziri-ha Lisan al-D n b. al-Jatib*, trad. Pascual de Gayangos, vol. II, Oriental Translation Fund, Londres, 1840-18436.

Al-Nuwayri, *Historia de los Musulmanes de España y África*, trad. Mariano Gaspar Remiro, vol. II, Centro de Estudios Históricos de Granada y su reino, Granada, 1917.

Al-Qadi al-Nuʿman, *Kitab al-Mayalis wa l-Musayarat*, ed. al-Habib et al., Túnez, 1978.

Constantino VII Porphyrogennetos, *De Ceremoniis. The Book of Ceremonies*, trad. Ann Moffat y Maxeme Tall, 2 vols., Australian Association for Byzantine Studies, Canberra, 2012.

Ibn 'Idhari al-Marrakushi, *Histoire de l'Afrique et de l'Estagne intitulée al-Bayano'l-Mogrib*, trad. E. Fagnan, vol. I, Imprimerie Orientale P. Fontana et Compagnie, Argel: 1901.

Ibn al-Athir, *Annales du Maghreb et de l'Espagne*, trad. E. Fagnan, Typographie Adolphe Jourdan, Alger, 1898.

Ibn Hayyan, *Al-sifr al-thani min Kitab al-Muqtabis li-Ibn Hayyan al-Qurtubi, Markaz al-Malik Faysal li-l-Buhuth wa-l-Dirasat al-Islamiyya [al-Muqtabis II-1]*, Riad, 1424 H./2004.

—, *Crónica de los emires al-Hakam I y 'Abd ar-Rahman II entre los años 796 y 847 [al-Muqtabis II-1]*, trad. Mahmud 'Ali Makki y Federico Corriente, Instituto de Estudios Islámicos y del Oriente Próximo, Zaragoza, 2001.

---

[115] En el plano más cultural, por ejemplo, en el siglo IX en al-Andalus se introduce el t*iraz*, la institución de fabricación de telas lujosas que existía tanto en Bizancio como en el imperio persa sasánida, donde habría surgido. Véase: Nasser Rabbat, "Tiraz", en P.J.Bearman et al., *Encyclopaedia of Islam*, (ed.), vol X, T-U, E.J., Brill, Leiden, 2000, pp. 534-535.

—, *Crónica del Califa 'Abdarraman III an-Nasir entre los años 912 y 942 (al-Muqtabis V)*, trad. Maria Jesús Viguera y Federico Corriente, Anubar Ediciones/ Instituto Hispano-Árabe de Cultura, Zaragoza, 1981.

Ibn Jaldun, *Histoire de l'Afrique sous la dynastie des Aghlabites, et de la Sicile sous la domination musulmane*, trad. A. Noel des Vergers, Typographie de Firmin Didot Frères, París, 1841.

Georgius Cedrenus, trad. Immanuel Bekker, Bonn, 1839.

Liutprando de Cremona, *The complete works of Liudprand of Cremona*, trad. Paolo Squatriti, The Catholic University of America Press, Washington D.C, 2007.

The Annals of Saint Bertin, trad. Janet Nelson, Manchester University Press, Manchester, 1991.

Theophanes Continuatus, ed. Immanuel Bekker, Bonn, 1838.

BIBLIOGRAFÍA

Ahrweiler, Hélène, *Byzance et la Mer. La marine de guerre, la politique et les intitutions maritimes de Byzance aux VIIe - XVe siècles*, Presses Universitaires de France, París, 1966

Amari, Michele, *Biblioteca arabo-sicula ossia raccolta di testi arabici che toccano la geografia, la storia, le biografie e la bibliografia della Sicilia 1–3*, ed. Umberto Rizzitano, Edizione nazionale delle opere di Michele Amari I: Arabistica 4, Palermo, 1997-1998.

—, *Storia dei Musulmani di Sicilia*, I-III, ed. Carlo Alfonso Nallino, Catania, 1933-1939 [Florencia, 1854-1868].

Ballan, Mohammad, "Fraxinetum: an Islamic Frontier State in Tenth-Century Provence", *Comitatus*, 41 (2010), pp. 23-76.

Bury, John Bagnell, *A history of the Eastern Roman Empire from the fall of Irene to the accession of Basil I (A.D. 802-867)*, Macmillan and Co., Londres, 1912.

Canard, Marius, "Ikritish", en Bernard Lewis *et al.*, *Encyclopaedia of Islam*, (eds.) vol. 3, H-IRAM, Brill, Leiden, 1986, pp. 1082-1083.

Cardoso, Elsa, "Embajadores, misivas e incidentes diplomáticos en la Córdoba de los omeyas y su contexto mediterráneo," en Javier Llidó Miravé y Óscar Villaroel González, *El embajador en la Alta y Plena Edad Media peninsular* (coord.), Trea, Gijón, 2023, pp. 33-57.

—, "Politics and Diplomacy in the Mediterranean of the 10th Century: al-Andalus and Byzantium", en Daniëlle Slootjes y Mariëtte Verhoeven, *Byzantium in Dialogue with the Mediterranean. History and Heritage* (eds.), Brill, Leiden/ Boston, 2019, pp. 91-108.

—, "The poetics of the scenography of power: the embassy of Yaḥyā al-Ghazāl to Constantinople", *Hamsa. Journal of Judaic and Islamic Studies*, 2 (2015), pp. 54-64.

—, *The Door of the Caliph. Concepts of the Court in the Umayyad Caliphate of al-Andalus,* Routledge, Londres/Nueva York: 2023.

Christides, Vassilios, *The Conquest of Crete by the Arabs (ca. 824). A turning point in the struggle between Byzantium and Islam*, Athens Academy, Atenas, 1984.

Davis-Secord, Sarah, *Where Three Worlds Met. Sicily in the Early Medieval Mediterranean*, Cornell University Press, Ithaca/Londres, 2017.

Demichelis, Marco, "*Al-Andalus* oltre la geografia di *al-Andalus*. Jabal al-Qilāl-Fraxinetum: storia, narrazioni e controversie", *Rivista di Studi Indo-Mediterranei*, XII (2022), pp. 1-11.

El Hour, Rachid, "Ecos de la revuelta del arrabal de Córdoba (202/818) en el Magreb al-Aqṣà. La historia de una emigración andalusí en Fez", *Revista del Instituto Egipcio de Estudios Islámicos*, XLVII (2019), pp. 43-59. Ç

Fierro, Maribel, "Sobre el Muqtabis. Las hijas de al-Ḥakam I y la revuelta del arrabal," *al-Qantara*, XXIV-1 (2003), pp. 209-215.

Gabrieli, Francesco, "Arabi di Sicilia e arabi di Spagna", *al-Andalus,* 15-I (1959), pp. 27-45.

Herrero, Omayra, *El perdón del gobernante (al-Andalus, ss. II/VIII-V/XI). Una aproximación a los valores político-religiosos de una sociedad islámica pre-moderna*, Tesis doctoral, Universidad de Salamanca, 2012.

Kennedy, Hugh, *The Prophet and the Age of the Caliphates: the Islamic Near East, from the Sixth to the Eleventh Century*, Longman, Nueva York, 1986.

Lévi-Provençal, Évariste, "España Musulmana, hasta la caída del califato de Córdoba (711-1031 J.C.)", en Ramón Menéndez Pidal (ed.), *Historia de España*, vol. IV, Espasa-Calpe, Madrid, 1982.

—, "Un échange d'ambassades entre Cordoue et Byzance au IX siècle", *Byzantion*, XII (1937), pp. 1-24.

Lirola Delgado, Jorge, *El poder naval de al-Andalus en la época del califato omeya (siglo IV hégira/X era cristiana),* Tesis Doctoral, Universidad de Granada, 1991.

Mandalà, Giuseppe, "Figlia d'al-Andalus! Due ǧazīra a confronto, Sicilia e al-Andalus, nelle fonti arabo-islamiche del Medioevo", *Le forme e la storia*, V- 2 (2012), pp. 43-54.

—, "The Sicilian Questions", *Journal of Transcultural Medieval Studies*, 3 (1-2) (2016), pp. 3-31.

Manzano, Eduardo, "Byzantium and al-Andalus in the ninth century", en Leslie Brubaker, *Byzantium in the ninth century: Dead or alive?* (ed.), Ashgate Publishing, Hampshire, 1998, pp. 215-227.

Marín Guzmán, Roberto, *Sociedad política y protesta popular en la España Musulmana*, Editorial Universidad de Costa Rica, San José, 2006.

Melo Carrasco, Diego, "Un pequeño gran problema de la historia medieval: la revuelta del arrabal (rabad) de Córdoba (1818) y la toma de Creta en el 827", *Notas históricas y geográficas*, 11 (2000), pp. 141-150

Metcalfe, Alex, *The Muslims of medieval Italy*, The New Edinburgh Islamic Surveys, Edimburgo, 2009.

Miles, George C., "Byzantium and Arab relations in Crete and in the Aegean area", *Dumbarton Oaks Papers*, 18, (1964), pp-1-32.

—, "The Arab mosque in Athens", *Hesperia*, 25 (1956), 329-344.

Modeo, Simona, Congiu Marina, y Santagati, Luigi (eds.), *La Sicilia del* IX *secolo tra bizantini e musulmani:atti del IX convegno di studi*, Caltanissetta, 2013.

Molénat, Jean-Pierre, "Historiographie d'Al-Andalus. Un essai de mise au point," *Clio*, vol. 16/17 (2007), pp. 15-40.

Nef, Annliese y Prigent, Vivien, "Guerroyer pour la Sicile (827-902)", en Simona Modeo, Marina Congiu y Luigi Santagati, *La Sicilia del* IX *secolo tra bizantini e musulmani:atti del IX convegno di studi*, (eds.), Caltanissetta, 2013, pp. 13-40.

—, y Prigent, Vivien, "Per una nueva storia dell'alto medioevo siciliano", *Storica*, 35-36 (2006), pp. 9-63.

—, "7. La Sicilie dans l'ensemble aghlabide (827-910)", en Catherine Richarté, *Héritages arabo-islamiques dans l'Europe méditerranéenne*, (ed.), La Découverte, París, 2015, pp. 101-110.

—, "Comment les Aghlabides ont décidé de conquérir la Sicile", *Annales Islamologiques*, 45 (2011), pp. 191-211.

Ostrogorsky, George, *History of the Byzantine State*, trad. Joan Hussey, Rutgers University Press, Nuevo Brunswick, 1969.

Picard, Christophe, *La Mer des Caliphes. Une histoire de la Méditerranée musulmane*, Éditions du Seuil, París, 2015, pp. 10-11 y 81.

Pirenne, Henri, *Mahomet et Charlemagne*, Les Presses Universitaires de France, París, 1937.

Prigent, Vivien, "La politique sicilienne de Romain Ier Lécapène", en Dominique Bathélemy y Jean-Claude Cheynet, *Guerra et societé au Moyen Âge. Byzance Occident (VIIIe-XIIIe siècle)* (eds.), Association des amis du Centre d'histoire et civilisation de Byzance (ACHCByz), París, 2010, pp. 63-84.

Rabbat, Nasser, "Tiraz", en P.J.Bearman et al., *Encyclopaedia of Islam*, (ed.), vol X, T-U, E.J., Brill, Leiden, 2000, pp. 534-535.

Rizzitano, Umberto, "La Sicilia musulmana hija espiritual de al-Andalus", en *Orientalia Hispanica, sive studia F.M. Pareja octogenario dicata*, vol. I, Brill, Leiden, 1974, pp. 551-565.

Rouighi, Ramzi, "A Mediterranean of Relations for the Medieval Maghrib: Historiography in Question," *Al-Masāq. Journal of the Medieval Mediterranean*, (2017), pp. 1-20.

Ruiz Girela, Francisco, "El acontecimiento que desencadenó la Revuelta del Arrabal, según el Muqtabis II de Ibn Ḥayyān", *Anaquel de Estudios Árabes*, 16 (2005), pp. 219-225.

Signes Codoñer, Juan, "Bizancio y al-Andalus en los siglos IX y X", en Inmaculada Pérez Martín y Pedro Bádenas de la Peña, *Bizancio y la Península Ibérica. De la Antigüedad Tardía a la Edad Moderna* (eds.), CSIC, Madrid, 2004, pp. 177-246.

Simone, Adalgisa de ed., *Nella Sicilia 'araba' tra storia e filología*, Palermo, 1999.

Talbi, Mohamed, *L'Emirat Aghlabide (184-296/800-909). Histoire politique*, Librairie d'Amérique et d'Orient Adrien-Maisonneuve-Publication de la Faculté des Lettres-Tunis, París/Túnez, 1966.

Vasiliev, Alexander, *Byzance et les Arabes. Tome I. La dynastie d'Amorium*, Éditions de l'Institut de Philologie et d'Histoire Orientales, París, 1935.

3.
INFLUENCIAS Y VASOS COMUNICANTES: TIEMPOS DE CRISIS PARA LA MONARQUÍA LEONESA (956-999)

Adrián Díaz-Plaza Casal
Universidad Autónoma de Madrid[1]

INTRODUCCIÓN

El día previo a la Epifanía del año 951, y estando ya gravemente enfermo, Ramiro II, rey de León (931-951), abdicaría en su primogénito: Ordoño III (951-956)[2]. Con esta cesión de la *kadera* regia al infante Ordoño Ramírez se cerraban 20 años de notables éxitos militares, algunas derrotas, y de actuación política sagaz, expeditiva, "centralista", y, también, pactista. Sin embargo, ya durante el propio reinado de Ramiro II, el revolvimiento de algunas fuerzas centrífugas del *regnum* leonés, como la del solar condal castellano (944)[3], ya advertía de los graves problemas que tendría que afrontar la monarquía, máxime si el inquilino del solio real no tenía las aptitudes y fortaleza necesarias para imponer su autoridad y acometer la tarea de aunar a las élites en un proyecto que diese réditos inmediatos, como pudiese ser la guerra[4].

---

[1] Me gustaría agradecer a los coordinadores del volumen la confianza depositada en mi persona para llevar a cabo estas líneas. 0009-0005-2447-6841.

[2] Justo Pérez de Urbel, *Sampiro: Su crónica y la monarquía leonesa en el siglo X*, CSIC-Escuela de Estudios Medievales, Madrid, 1952, (versión *Silense*) § 24, pp. 330-331.

[3] Sobre Ramiro II, véase: Justiniano Rodríguez Fernández, *Ramiro II. Rey de León*, CSIC, Madrid, 1972; Pedro Chalmeta Gendrón, "Simancas y Alhandega", *Hispania. Revista Española de Historia*, 36/133 (1976), pp. 359-446; Gonzalo Martínez Díez, *El Condado de Castilla: la Historia frente a la Leyenda*, tomo I, Marcial Pons-Junta de Castilla y León, León, 2005, pp. 291-414; Juan José García González, *Castilla en tiempos de Fernán González*, Dos Soles, Burgos, 2008, pp. 301-356; Carlos de Ayala Martínez, *Sacerdocio y Reino en la España Altomedieval. Iglesia y poder político en el Occidente peninsular, siglos VII-XII*, Sílex, Madrid, 2008, pp. 191-205.

[4] Desde luego, y ya en épocas tempranas de la monarquía asturleonesa, la conjugación de intereses entre monarca y aristócratas que, con sus fuerzas unidas, podían esperar mejores perspectivas de éxito en lo referente a campañas militares que asolasen territorios andalusíes, resultaba evidente, siendo la principal actividad de enriquecimiento,

De hecho, no es inconsecuente señalar que, a pesar de sus dificultades, causa de un clima político irrespirable promovido por el "partido" castellano-pamplonés, articulado alrededor de su levantisco hermano (el infante Sancho), y por una sección de la aristocracia galaica, Ordoño III ejerció como un auténtico líder militar, hechura de su padre (al menos parcialmente), acabando con la intranquilidad en el reino por la fuerza de las armas tanto contra enemigos internos como externos[5]. Como es sabido, los sucesores de Ordoño III no destacarían por su capacidad militar. Sobrepasados por un califato que, paulatinamente, hizo de la eficiencia bélica bandera complementaria de su legitimidad[6], y por unas élites desairadas, entre otras

asociada a estas acometidas de saqueo, el botín: Amancio Isla Frez, *Ejército, sociedad y política en la península Ibérica entre los siglos VII y XI*, CSIC-Ministerio de Defensa, Madrid, 2010, pp. 147, 159-160. Por otro lado, la cuestión del caudillaje carismático del trono asturleonés, asociado al triunfo militar, resultaría inseparable de una primera ideología reconquistadora, la cual, sin ánimo de entrar en debates, habría comenzado a operar tímidamente en la plenitud del reinado de Alfonso II (en concreto, con el *Testamento* del año 812), hasta su perfeccionamiento discursivo durante la elaboración del ciclo cronístico ovetense (*circa* 900) asociado al monarca Alfonso III el Magno: Carlos de Ayala Martínez, "La Reconquista: ¿ficción o realidad historiográfica?" en Ángel Gordo Molina, y Diego Melo Carrasco (eds.), *La Edad Media peninsular. Aproximaciones y problemas*, Trea, Gijón, 2017, pp. 128-129.

5 Además de la rebelión de su hermano (futuro rey Sancho), bajo amparo castellano-pamplonés, el conflicto galaico y el saqueo de Lisboa, el cronista Sampiro se mostró explícito en lo referente a las buenas cualidades de Ordoño III, siendo este "prudente y muy apto para organizar ejércitos": Justo Pérez de Urbel, *Sampiro...*, (*Silense*) § 25, pp. 332-334. Por otro lado, y en lo referente al ataque navarro-castellano, y las rebeliones, la historiografía ha establecido un nexo entre las labores "centralizadoras" de Ramiro II, continuadas por su hijo Ordoño, y los levantamientos a oriente y occidente del *regnum*, provocados, probablemente, por la desafección de las grandes élites (Castilla), y de los medianos y pequeños linajes aristocráticos (Galicia), ante la concentración de la autoridad regia: Justiniano Rodríguez Fernández, *Ordoño III*, Ediciones Leonesas, León, 1982, pp. 44-69; ídem, "Presencia de la nobleza navarra en la política leonesa del siglo X", *Príncipe de Viana* (dedicado a: *Primer Congreso General de Historia de Navarra*), 49/anejo 8 (1988), pp. 164, 167; Alfonso Ceballos-Escalera, *Reyes de León 2: Ordoño III (951-956), Sancho I (956-966), Ordoño IV (958-959), Ramiro III (966-985), Vermudo II (982-999)*, La Olmeda, Burgos, 2000, pp. 88-92; Gonzalo Martínez Díez, *El Condado de Castilla...*, I, pp. 401-407; Carlos de Ayala Martínez, *Sacerdocio y Reino...*, pp. 205-209. Siguiendo este problema, Amancio Isla no dudó en atribuir el postrero saqueo leonés de Lisboa a la necesidad de cohesionar voluntades, en favor de una campaña que permitiese el enriquecimiento de la monarquía y los magnates a través del botín: Amancio Isla Frez, *Realezas hispánicas del año mil*, Edicios do Castro, La Coruña, 1999, p. 30.

6 Hasta la derrota de Simancas ante los leoneses (939), Abd al-Rahman III proyectó una imagen propia del soberano-*gazi*, es decir, de gobernante-caudillo del *yihad*, al situarse al frente de los ejércitos musulmanes. Con posterioridad, desaparecida la

cosas porque sus vías de ingreso por la guerra fuesen segadas, los reyes Sancho I, Ordoño IV, Ramiro III y Vermudo II apenas tuvieron un control óptimo sobre su política exterior, y "sus" fuerzas militares.

Durante ese contexto, el trono leonés cambiaría parte de sus esencias legitimadoras por vías alternativas a la victoria, ocurriendo, en el plano andalusí, un proceso proporcionalmente inverso, con Córdoba emergiendo como un auténtico Estado militar[7]. Así, ambos regímenes se vieron conectados e influenciados como vasos comunicantes, en el que sus respectivas proyecciones ideológicas se vieron reforzadas, en cierto contrasentido, por la propia debilidad legionense y la solidez bélica cordobesa; pues bien, vamos a exponer sintéticamente los fundamentos de la monarquía leonesa y su diplomacia con al-Andalus en este contexto de crisis.

SANCHO I EL CRASO Y ORDOÑO IV (956-966): SÍNTOMA DE UNA "ENFERMEDAD"

El accidentado reinado de Sancho I bien podría ilustrar el panorama de inestabilidad que sobrevolaba al *regnum* y la necesidad imperiosa de reformular la legitimidad regia. Desde luego, que el trono careciese de medios para imponerse como referencia de autoridad en el reino, que el propio soberano estuviese físicamente limitado, y que la aristocracia fuese capaz de maniobrar para expulsar a Sancho y

necesidad, o no compensando el riesgo, de articular la emanación del poder público a través de la participación directa en la refriega, tanto la organización central de las campañas como las escenificaciones del alarde y la ritualización de la partida a la guerra, permitieron mantener la prosapia ideológica del califa-combatiente. Sin embargo, sería, precisamente, el ascenso de Abu-Amir Almanzor como *hayib* (978), y su paulatina monopolización del poder a costa del califa Hisham II, el que devolviese a la palestra política la proyección ideológica del líder-*muyahid*, dirigiendo Almanzor personalmente continuas y victoriosas aceifas contra los cristianos, asumiendo –o usurpando– el gran chambelán la imagen del soberano-*gazi*, y alzándola a cotas no vistas hasta entonces: Javier Albarrán Iruela, *Ejércitos benditos, Yihad y memoria en al-Andalus (siglos X-XIII)*, EUG, Granada, 2020, pp. 63-74.

[7] Las reformas y profesionalización del ejército andalusí en época de Almanzor ayudarían al incremento del poder bélico del califato y del propio *hayib*, cuyo discurso, como sabemos, se centraba en la utilización de la Guerra Santa: ibídem; Ana Echevarría Arsuaga, *Almanzor. Un califa en la sombra*, Sílex, Madrid, 2011, pp. 119-136, 169-178.

colocar a un rey acorde a sus intereses, Ordoño IV (958-960), son buena muestra del proceso de descomposición que asolaba al régimen leonés. Paradójicamente, serían los intereses de Córdoba, y también de Pamplona, los que entrarían en acción para volver a situar a Sancho I en el solio regio, inaugurando una tradición de injerencia andalusí en León que, desde diferentes prácticas, se extendería hasta el reinado de Alfonso V (999-1028).

LA TRAMA DEL GOLPE Y EL ASCENSO DE CÓRDOBA COMO FACTOR INTERVENCIONISTA

Como es sabido, probablemente tras una derrota contra los musulmanes (957)[8], acaecida unos meses después de su anómala proclamación[9], Sancho I fue expulsado del trono debido a una "conjura del ejército", a decir del *Chronicon Sampiri*[10]. Igualmente, es conocida la anécdota de su incapacitante sobrepeso, sobre el que Sampiro no fue tan explícito como causa de la caída del monarca, aunque, debido a las limitaciones físicas y militares evidentes, bien pudo ser el motivo, o excusa, de las élites para derribarlo. También resulta familiar el famoso periplo de Sancho el Craso hacia el exilio navarro y después a la Córdoba de Abd al-Rahman III, gracias a la mediación de su abuela Toda de Pamplona, y en donde el destronado

---

8 Campaña recogida por Ibn Idari en su *al-Bayan al-Mugrib (II)*, véase: Gonzalo Turienzo, *El reino de León en las fuentes islámicas medievales (Siglos VIII d.C.-XII d.C.)*, Universidad de León, León, 2010, pp. 293-294.

9 Proclamado rey en Santiago, hechura del partido castellano-navarro (que desplazó al hijo de Ordoño III, el infante Vermudo), Sancho I aparece, en su primera donación a Compostela (13 de noviembre del 956), acompañado de una inequívoca nómina de pamploneses, gallegos (principalmente, san Rosendo y Hermenegildo de Lugo), también del conde Fernán González de Castilla, y, probablemente, del prelado leonés Gonzalo: Manuel Lucas Álvarez (ed.), *Tumbo A*, Cabildo de la S.A.M.I. Catedral-Seminario de Estudos Galegos, Santiago de Compostela, 1998, doc. 49, p. 126. Para estas cuestiones: Justiniano Rodríguez Fernández, *Ordoño III*..., pp. 44-69; ídem, *Sancho I y Ordoño IV, reyes de León*, CSIC-Centro de Estudios e Investigación "San Isidoro", León, 1987, pp. 17-19; y "Presencia de la nobleza navarra...", p. 167; Carlos de Ayala Martínez, *Sacerdocio y Reino*..., pp. 211-212; Fermín Miranda García, "Representar al rey, ¿representar al reino? Legados y embajadas de la monarquía navarra (s. X-XIII)" en Javier Llidó Miravé, y Óscar Villarroel González (coords.), *El embajador en la Alta y Plena Edad Media*, Trea, Gijón, 2023, pp. 66-67.

10 Justo Pérez de Urbel, *Sampiro*..., (*Silense*) § 26, p. 335.

fue sometido a tratamiento médico para reducir su peso y, una vez recobrado el tono físico, recuperar el *regnum* con apoyo musulmán ante un Ordoño IV impuesto por los magnates. Resulta ilustrativo contemplar cómo, debido a la inestabilidad regia, Sancho I se puso a disposición de los dictados cordobeses con el objetivo de recobrar el poder, todo ello sin desencadenar después acción de armas alguna contra el califato[11].

Desde luego, una primera fase de la intervención andalusí para reponer a Sancho en el trono tuvo que ser inmediata, aunque no exitosa, a deducir por lo que arroja algún documento[12]. Ya restaurado en el trono por un "ejército pagano"[13], un rehabilitado Sancho I daría

[11] Ibídem, § 26, p. 336. Sobre la deposición, tratamiento y restitución de Sancho I, véase: L. Osorio; y J.B. Salas, "La obesidad del rey Sancho I de León", *Trabajos de la Cátedra de Historia Crítica de la Medicina*, 7 (1936), pp. 197-211; Justiniano Rodríguez Fernández, *Sancho I y Ordoño IV...*, *passim*; Amancio Isla Frez, *Realezas hispánicas...*, pp. 27-31; Alfonso Ceballos-Escalera, *Reyes de León 2...*, pp. 98-128; Adrián Díaz-Plaza Casal, "El trono enfermo: poder real y afección en el reino de León en el s. X, un retrato político-teológico", *Estudios Medievales Hispánicos*, 5 (2016), pp. 135-143. El famoso diploma de Odoino (1 de octubre de 982) hizo descansar el destronamiento de Sancho, y el ascenso de Ordoño IV, en los condes gallegos y los magnates palatinos: Emilio Sáez; y Carlos Sáez (eds.), *Colección Diplomática del monasterio de Celanova*, vol. 2 (943-988), Univ. de Alcalá de Henares, Alcalá, 2000, doc. 191, p. 195. Sobre la autenticidad del diploma de Odoino, véase nota 13 del presente capítulo.

[12] En un documento de Sahagún (5 de agosto del 958) se explica la manera en que Ordoño IV entró en la urbe leonesa tras poner en fuga a tropas andalusíes, introducidas en la capital por Fruela Vigilani, partidario de Sancho: José María Mínguez Fernández (ed.), *Colección Diplomática del Monasterio de Sahagún (ss. IX-X)*, Centro de Estudios e Investigación "San Isidoro", León, 1976, doc. 159, p. 197.

[13] Así lo refiere el extenso documento de Odoino: Emilio Sáez; y Carlos Sáez (eds.), *Colección Diplomática del monasterio de Celanova...*, 2, doc. 191, p. 196. Sobre este polémico diploma hay alguna que otra duda sobre su autenticidad. Además de los editores del documento (que lo consideran auténtico: ibídem, pp. 191-192), hay autores que lo admiten como una fuente fiable (opinión que compartimos): Isidro Bango Torviso, "Arquitectura de la décima centuria: ¿Repoblación o mozárabe?", *Goya*, 122 (1974), pp. 68-75; Claudio Sánchez-Albornoz, "Documentos de Odoario y sus familiares sobre la restauración de Lugo" en *Estudios sobre Galicia en la temprana Edad Media*, Fundación Pedro Barrié de la Maza, La Coruña, 1981, pp. 21-41; Carlos Baliñas Pérez, "La casa de Odoario: una familia nobiliar gallega en los siglos IX y X" en *Medievo hispano: estudios in memoriam del Prof. Derek W. Lomax*, SEEM, Madrid, 1995, pp. 36, 45-51; Manuel Carriedo Tejedo, "La familia de San Rosendo", *Estudios mindonienses: Anuario de estudios histórico-teológicos de la diócesis de Mondoñedo-Ferrol*, 23 (2007), p. 106; Carlos de Ayala Martínez, *Sacerdocio y Reino...*, p. 201. Por otro lado, consideran el diploma como poco fiable: Luis Caballero Zoreda; Fernando Arce; y María Ángeles Utrero, "La iglesia de San Torcuato de Santa Comba de Bande (Orense). Arquitectura y documentación escrita", *Arqueología de la arquitectura*, 2 (2003), pp. 69-73. Por su parte, Ermelindo Portela ha estudiado el documento

cumplidas gracias al califa por su ayuda[14]. Con todo, parece que la situación viró en el momento en que Ordoño, ya depuesto, pasó de huésped incómodo en Burgos a exiliado del máximo interés en la corte del nuevo califa, Al-Hakam II, en donde el ex rey solicitaría apoyo para volver al trono, al tiempo que representó, en una completa letanía de gestos y palabras, su sumisión ante el todopoderoso soberano andalusí, quien dispuso una apabullante recepción para atenderlo[15]. En cierto sentido, la operatividad califal para restablecer a monarcas leoneses había quedado más que contrastada con la vuelta del rey Craso a la *kadera* regia, algo que el propio Sancho no podía ignorar. A tal efecto, el soberano entregaría una carta, del todo sumisa, a una legación enviada por Al-Hakam a León, entre los años 962 y 963, probablemente después de la magnificente recepción de Ordoño, y todo ello con el objetivo de rendir pleitesía al califa y desactivar, en lo posible, el interés cordobés en utilizar al exiliado

considerando que, para todo lo relatado con anterioridad al siglo X, el diploma debiera ser tenido por falso, mientras que "a medida que avanza (...), el crecimiento de información disponible nos permite observar las cosas con más claridad", resultando interesante lo narrado sobre el s. X: Ermelindo Portela, "Galicia y los reyes de Oviedo" en *La época de la monarquía asturiana. Actas del Simposio celebrado en Covadonga (8 al 10 de octubre del año 2001)*, UniOvi, Oviedo, 2002, pp. 354-365.

[14] Así, al menos, parece recogerlo una tardía noticia de Ibn Jaldun (1332-1406): Osvaldo Machado Mouret (ed., y trad.), "Historia de los árabes de España por Ibn Jaldún", *Cuadernos de Historia de España*, 45-46 (1967), pp. 392-393. Ciertamente, el cronista también posterior Al-Maqqari (1578-1632) señaló, poniendo en boca de Al-Hakam II, la "cierta debilidad (de Abd al-Rahman III) con respecto (a Sancho I), y (que) le convirtió en objetivo predilecto de su excelsitud": Gonzalo Turienzo, *El reino de León en las fuentes islámicas...*, p. 354.

[15] Sampiro, muy parco, nos transmite el recorrido de Ordoño tras su expulsión del trono, pasando de Asturias a Burgos y, posteriormente, a Córdoba por destierro: Justo Pérez de Urbel, *Sampiro...*, (*Silense*) § 26, p. 337. En este sentido, puede que un apunte de Al-Maqqari resulte elocuente, toda vez que pareció ser el propio Ordoño IV el que se entregó al general Galib y al califa a comienzos de abril del año 962, quienes se encontraban avanzando desde Medinaceli a territorio castellano, precisamente, para asegurar en el trono a Sancho I frente a su primo. Posteriormente, Ordoño sería recibido en Córdoba con toda solemnidad, no faltando grandilocuentes despliegues de la guardia palatina, ni tampoco majestad y cercanía para con el propio Ordoño, quien, por cierto, nada más llegar al alcázar cordobés, solicitó la ubicación del sepulcro de Abd al-Rahman III, ante cuya tumba se descubrió y arrodilló mientras oraba: Gonzalo Turienzo, *El reino de León en las fuentes islámicas...*, pp. 346-357. Previamente, Ibn Hayyan dio una lectura asimilable de los hechos: Alfonso Ceballos-Escalera, *Reyes de León 2...*, pp. 123-128.

Ordoño IV contra el propio Sancho[16]. Evidentemente, Sancho I había sacrificado el clásico discurso legitimador asturleonés, al hacer descansar su ejercicio del poder en lo que resultara más conveniente para el califato.

HACIA NUEVAS VÍAS DE LEGITIMACIÓN

No en vano, lo incierto de la capacidad del monarca para mantenerse en el trono resultaba problemática. De hecho, Sancho contaría con el sostén militar de sus parientes pamploneses[17], sin que ello resultara una corrección al hecho de que había vuelto al poder por las armas musulmanas. Cercado por partidos hostiles, con la severa hipoteca de haber confiado su regreso al trono a los andalusíes y pamploneses, con la imposibilidad de combatir al califato (intereses diplomáticos y de realismo militar mediante), y, como es lógico, mermado en términos de legitimidad, convenía dar un giro político.

Como han señalado acertadamente los doctores Amancio Isla y Carlos de Ayala, el único actor que podía volver a apuntalar el

[16] Aparte, Ibn Idari, en su *al-Bayan al-Mugrib (II)*, señaló que a lo largo de las fronteras leonesas se ignoró la fidelidad para con el califa, véase: Gonzalo Turienzo, *El reino de León en las fuentes islámicas...*, p. 295. Sobre esta fidelidad fronteriza, seguramente Ibn Idari se refiriese a que Sancho cumpliera con los términos pactados para su restitución en el trono, demoliendo fortalezas, lo que, aun siendo ignorado, no parece que desencadenase hostilidad alguna. De hecho, según Ibn Jaldun, Al-Hakam II parece que siguió manteniendo con Sancho I la relación que este había cultivado con Abd al-Raman III, reconociéndose con plena operatividad al monarca leonés, aunque insistiendo en el desmantelamiento de los enclaves fronterizos: Osvaldo Machado Mouret (ed., y trad.), "Historia de los árabes de España por Ibn Jaldún", *Cuadernos de Historia de España*, 47-48 (1968), p. 357.

[17] Puede constatarse la presencia en León del infante navarro Ramiro, futuro "rey de Viguera", el 20 de enero del año 962 (en una cesión de Fortún ibn García a Sahagún, en el que, además, la nómina de confirmantes resulta en personajes de fuste de origen pamplonés), y en una donación del obispo legionense Gonzalo el 16 de marzo del mismo año (también a Sahagún, y con una lista de confirmantes tan extensa, Sancho I incluido, como significativa, contándose igualmente con otros personajes del llamado "partido navarro"): José María Mínguez Fernández (ed.), *Colección Diplomática del Monasterio de Sahagún...*, docs. 196 y 197, pp. 240-245. Han tratado estos apoyos, y la influencia pamplonesa: Justiniano Rodríguez Fernández, *Sancho I y Ordoño IV...*, pp. 20-22; ídem, "Presencia de la nobleza navarra...", pp. 166-168; y Fermín Miranda García, "Representar al rey...", pp. 66-67 (este último autor, además, lanza la posibilidad de que la presencia de personajes de la dinastía navarro-Jimena en León pudiese ir asistida de efectivos militares).

discurso regio era la Iglesia. A tal efecto, y en un doble dispositivo documental sahagunés que se nos ha conservado (los dos diplomas van fechados a 26 de abril del 960), Sancho I nos es mostrado como un arquetípico rey visigodo situado bajo los parámetros del pactismo hispanogodo e isidoriano. El marco legitimador de ambos diplomas no puede resultar más claro, abogándose por las esencias de una monarquía ministerial, con sentido de "utilidad" y que nos es presentada reproduciendo los basamentos político-eclesiásticos de los concilios visigóticos toledanos III (año 589) y VIII (653). Ciertamente, las referencias canónicas godas, que no resultaban una casualidad, venían a escenificar el retorno de los obispos a la primera línea de la política mediatizadora, o legitimadora si se prefiere, de un trono hispánico, en este caso el leonés, con apoyos mermados, y gravemente debilitado por sus propias actuaciones erráticas y las conjuras magnaticias, y que necesitaba, en mucho, apoyos episcopales[18].

Con todo, ello no significaba que, con un discurso neogodo renovado hechura de la Iglesia leonesa, el rey pudiese aplacar de un modo tangible los problemas que aquejaban a la monarquía. Según parece, Sancho I intentaría la reconducción del conflicto magnaticio gallego, por la vía de las armas para aplacar la situación o, al menos, forzar un margen de negociación ventajoso[19]. Como sabemos, la in-

[18] José María Mínguez Fernández (ed.), *Colección Diplomática del Monasterio de Sahagún*..., docs. 175, 176, pp. 216-220. Específicamente, el primer documento lo suscriben los obispos Rosendo de Mondoñedo, Gonzalo de León, Sisnando II de Iria, Odoario de Astorga y Domingo de Zamora; mientras que, el segundo, lo confirma la misma nómina, salvo Rosendo: Ibídem, pp. 218 y 220. El interesantísimo análisis político del documento, y sus conexiones con el idealizado pasado visigodo, en: Amancio Isla Frez, *Realezas hispánicas*..., pp. 54-57; Carlos de Ayala Martínez, *Sacerdocio y Reino*..., pp. 216-218; e ídem, "Reyes y obispos en la España altomedieval: el modelo ministerial de la realeza (ss. VI-X)" en Ángel Gordo Molina; y Diego Melo Carrasco (eds.), *La Edad Media peninsular*..., pp. 34-36.

[19] Los Velázquez, apoyo de Sancho I en Galicia, se encontraban en conflicto abierto con los Eriz-Menéndez, a cuya cabeza como "líder" anti Velázquez se encontraba Sisnando II de Iria-Compostela, aliado de Ordoño IV. El removimiento regio del prelado apostólico, en favor de Rosendo (significado con el clan rival), al final del reinado de Sancho, no hizo sino agravar la tensión nobiliaria gallega. En cualquier caso, y así lo refiere Amancio Isla, estos conflictos deberían, observarse, más bien, como una pugna entre dos bandos aristocráticos, y no necesariamente como luchas parciales a favor, o en contra, de la monarquía. Todo ello, evidentemente, no era óbice para que, si se daba el caso de que un rey, o un potencial candidato al trono, se apoyara en una de estas facciones las mismas no respondiesen con entusiasmo. Sobre estas cuestiones, véase: Amancio Isla Frez, *La*

tervención real en Galicia acabaría con el envenenamiento y muerte del rey a manos de un noble galaico llamado Gonzalo[20].

Volviendo a la relación con al-Andalus, es conocida la iniciativa de Sancho I, a instancias de su hermana Elvira (infanta-abadesa de Palat de Rey), de reclamar los restos del niño-mártir Pelayo al califato en el año 966, todo ello en un marco de gestiones diplomáticas pacíficas[21]. La petición de las reliquias de san Pelayo (martirizado por orden de Abd al-Rahman III en junio de 925), fue llevada a cabo por el embajador Velasco, futuro obispo leonés[22], y tendría como objetivos mostrar la preponderancia cristiana del trono, sí, pero quizá también un cambio de estrategia en la proyección de la monarquía.

De forma paradójica, y a modo de recapitulación, la debilidad estructural de Sancho I fue paliada, en parte, por el apoyo y colaboración andalusí y pamplonesa, convirtiendo el reino de León en mera comparsa de la voluntad cordobesa, bajo cuya obediencia el Craso se plegó sin problema. Sin embargo, en lo que se refiere a materia legitimadora, Sancho I pudo hacer de su debilidad virtud, al echarse en brazos de un alto clero legionense que diseñó un programa político basado en el espíritu de un neogoticismo renovado, más centrado en el pactismo que en el autoritarismo propio de los reyes asturleoneses precedentes, interesados –únicamente– en la reivindicación de lo visigodo bajo la vía del carismático triunfo bélico como argumento de licitud.

---

sociedad gallega en la Alta Edad Media, CSIC, Madrid, 1992, pp. 79-89, 190-192; ídem, *Realezas hispánicas...*, pp. 35-37; Vicente Ángel Álvarez Palenzuela, "La nobleza del reino de León en la Alta Edad Media" en *El Reino de León en la Alta Edad Media*, tomo VII, Centro de Estudios "San Isidoro"-Caja España-Caja de Ahorros-Monte Piedad-Archivo diocesano, León, 1995, pp. 222-223; Margarita Torre Sevilla, *Linajes nobiliarios en León y Castilla (siglos IX-XIII)*, Junta de Castilla y León-Consejería de Educación y Cultura, Salamanca, 1999, pp. 295-297; Carlos de Ayala Martínez, *Sacerdocio y Reino...*, pp. 219-220.

20 Justo Pérez de Urbel, *Sampiro...*, (*Silense*) § 27, pp. 338-339. Probablemente, estemos hablando de Gonzalo Menéndez: Vicente Ángel Álvarez Palenzuela, "La nobleza del reino de León...", p. 221, not. 99.

21 Justo Pérez de Urbel, *Sampiro...*, (*Silense*) § 26-27, pp. 337-338.

22 Conocemos la identidad del emisario, el prelado leonés Velasco, gracias, en este caso, a la versión pelagiana del *Cronicón* de Sampiro: Ibídem, (versión *Ovetense*) § 27, p. 338. Sobre Velasco, quien fue promocionado a la silla episcopal leonesa tras el fallecimiento de su predecesor, Gonzalo (muerto antes de julio del 967), véase: Justiniano Rodríguez Fernández, *Sancho I y Ordoño IV...*, pp. 87-94; Carlos de Ayala Martínez, *Sacerdocio y Reino...*, pp. 220, y 225.

RAMIRO III (966-985): MINORÍAS, DERROTAS, LEVANTAMIENTOS Y GUERRA "CIVIL"

La prematura muerte de Sancho dejaría en el trono a su hijo Ramiro III, un niño de apenas cinco años. El nuevo marco del reino, novedoso en la Historia hispánica[23], quedó sujeto a la regencia de la infanta-abadesa Elvira. Desde luego, una minoría regia, las acometidas normandas en el noroeste, la continuidad del conflicto gallego y la progresiva presión del califato, ya al final de su vida, convirtieron el reinado de Ramiro III en un periodo crítico. Al final, y como es sabido, la combinación de todos estos factores condujo a la proclamación "ilegítima" de Vermudo II Ordóñez en Compostela, a la consecuente guerra civil, a la entrada cordobesa en el enfrentamiento, y, una vez concluido el conflicto, al cambio de soberano leonés, personificado en el propio Vermudo. Sin embargo, los inicios del reinado de Ramiro III, relativamente tranquilos, recogieron el testigo de la propaganda legitimadora de su malogrado progenitor.

FORMAS DE *REALPOLITIK* DE LA MINORÍA REGIA, Y AL MARGEN DE LA MONARQUÍA

Uno de los primeros actos "institucionales" del rey-niño fue, precisamente, la recepción de los restos de Pelayo mártir. Sampiro deslizaría en su crónica que la llegada de las reliquias pudo suponer para el episcopado del *regnum* el marco ideal de su incontestable autoridad[24], ante una monarquía sujeta a una problemática minoría, y atada de pies y manos en su política militar y exterior. Sea como fuere, no es improbable que la petición de los restos de san Pelayo, y su inhumación en la ciudad de León, hubiesen podido obedecer a

---

[23] Ya refirió esta situación anómala: Claudio Sánchez-Albornoz, *El reino Astur-Leonés (722-1037). Sociedad, economía, gobierno, cultura y vida: Historia de España fundada por Ramón Menéndez Pidal. Dirigida por J. Mª Jover Zamora*, tomo VII/1, Espasa-Calpe, Madrid, 1986, p. 352.

[24] Sampiro menciona que los santos restos fueron inhumados con fastuosidad en León en presencia de obispos y clérigos. Resulta vano buscar la figura del monarca en el acto de recepción: Justo Pérez de Urbel, *Sampiro...*, (*Silense*) § 28, p. 340.

causas más profundas que, en caso de que Sancho no hubiese muerto, favoreciesen la imagen del trono.

Evidentemente, la figura de Pelayo sería valorada como ejemplo de oposición anti-musulmana, tanto en la lógica de resignación martirial, como quizá bajo el arquetipo de una *pugna Dei* personal, la cual abogaría por la muerte ejemplarizante ante la influencia cultural mahometana[25]. Convertir la urbe regia en receptáculo de las reliquias implicaba que León se proyectase como centro de "resistencia" ante el islam, bajo parámetros poco operativos en términos de caudillaje, pero indudablemente elocuentes teniendo en cuenta que el mártir resistió las apetencias de Abd al-Rahman[26]. Sea como fuere, si la monarquía quiso presentar la llegada de los restos pelagianos bajo estas grandilocuentes proyecciones, asociadas a la pugna o al prestigio martirial, esta no pudo materializarlo. La temprana muerte de Sancho I, y la minoría de su hijo, convertirían el acto de recepción en un evento a mayor gloria del colegio episcopal leonés.

Con independencia de la llegada de los santos restos, lo que podría denominarse como "primera fase" de la regencia de Ramiro III debe acogerse a una dialéctica, bien sintetizada por la historiografía, fundamentada en la prosapia neogótica de una monarquía pactista, siguiendo los parámetros ministeriales del retorno de Sancho I al

[25] Esta interpretación del martirio cristiano como una suerte de Guerra Santa ha sido desarrollada, con acierto en mi opinión, por Javier Albarrán, aunque en el contexto de los mártires cordobeses (850-859): Javier Albarrán Iruela, "El martirio voluntario, la obra de san Eulogio y la gestación de la lógica reconquistadora" en Concepción Villanueva Morte, *et al.*, (eds.), *Estudios recientes de Jóvenes Medievalistas. Lorca 2012*, SEEM-Universidad de Murcia, Murcia, 2013, pp. 13, 20-23. Desde luego, la situación y el entorno no son los mismos, pero no creemos que pueda descartarse que, a través de una interpretación "belicosa" del sacrificio de Pelayo, Sancho I hubiese intentado sacar algún tipo de rédito, más allá de recoger la lógica de resistencia pasiva propia de los mártires, máxime teniendo en cuenta la posición servil del *regnum* con respecto al hegemónico califato.

[26] Someramente, la *Pasión de san Pelayo*, compuesta a mediados del siglo x por el presbítero cordobés Raguel, ya es indicativa de la devoción por el mártir en ambientes mozárabes, un culto que también se dio tempranamente en León. Sobre estas cuestiones, "resistencia" frente al islam incluida: Francisco Javier Fernández Conde, *La religiosidad medieval en España. Alta Edad Media (siglos VII-X)*, Trea, Gijón, 2008, pp. 314-332; Carlos de Ayala Martínez, "Fernando I y la sacralización de la Reconquista", *Revista de Historia Medieval Anales de la Universidad de Alicante* (dedicado a: *Guerra Santa Peninsular*), 17 (2011), pp. 81-83.

trono[27]. Por supuesto, esta iniciativa fue una hábil maniobra de continuismo político, cuyo único fin pasaba por la supervivencia –más o menos operativa– del poder regio, aunque la situación real distase en mucho de ser positiva. En este sentido, la necesidad de una cobertura ideológica por parte de la tutora Elvira (personaje que podría encarnar el modelo ministerial por su carácter doble de infanta y abadesa)[28], así como la búsqueda de alianzas aristocráticas en favor del trono[29], y el mantenimiento inicial de una diplomacia

[27] En enero de 968, Elvira donaba a Rosendo algunos términos gallegos, constando entre los confirmantes los obispos de Oviedo, Astorga y León: Emilio Sáez; y Carlos Sáez (eds.), *Colección Diplomática del monasterio de Celanova...*, 2, doc. 171, pp. 152-153. Por si las apoyaturas episcopales resultasen poco elocuentes, en un pleito privado, ante el aula regia (en octubre del 968), se narra que el asunto fue resuelto "en concilio", todo ello en presencia de la infanta-abadesa, el soberano, san Rosendo, los prelados de Astorga y Mondoñedo, y los magnates: ídem (eds.), *Colección documental del Archivo de la Catedral de León (775-1230)*, tomo II (953-985), Centro de Estudios e Investigación "San Isidoro", León, 1990, doc. 410, pp. 198-199. La idealización de este "concilio", y la presencia de rey, obispos y magnates simbolizan un neogoticismo ministerial. De hecho, en el VIII concilio de Toledo, aparte de los prelados, los magnates palatinos estuvieron presentes: José Vives (ed. principal), *et al.*, *Concilios visigóticos e hispano-romanos*, CSIC, Barcelona-Madrid, 1963, C.T. VIII, § Tomo Regio, p. 265. Además, en dos actos con pretensiones de concilio (enero y julio del 974), Ramiro III terminaba con la sede de Simancas. Todo ello quedaría suscrito por Rosendo y los titulares de Lugo, Orense, Mondoñedo, Astorga y León. Las fórmulas empleadas en ambos diplomas no pueden ser más claras: *Tempore serenissimi principis domni Ranimiri, congregato concilio episcoporum ac religiosorum*: Gregoria Cavero Domínguez; y Enrique Martín López (eds.), *Colección documental de la Catedral de Astorga*, tomo I (646-1126), Centro de Estudios e Investigación "San Isidoro", León, 1999, doc. 128, p. 145; (...) *in praesentia, scilicet, regini huius domni Ranimiri principis et Geloira eius amita et omnes pontífices, domnus Rudesindus, domnus Ermegildus, domnus Didagus, seu et domnus Theodemirus aepiscopus atque cunctorum bebe recti magnati palatii*: ibídem, doc. 129, p. 148. Ha tratado la cuestión del apoyo episcopal a la regencia, y las conexiones ideológicas godas, con más detalle: Carlos de Ayala Martínez, *Sacerdocio y Reino...*, pp. 224-227.

[28] Sampiro se refirió a la regente, infanta-abadesa, como "devota" y "prudentísima": Justo Pérez de Urbel, *Sampiro...*, (*Silense*), § 24 y 28, pp. 329, 340. Sobre Elvira, véase: Manuel Carriedo Tejedo, "Una reina sin corona en 959-976: La infanta Elvira, hija de Ramiro II", *Tierras de León: Revista de la Diputación Provincial*, 39/113 (2001), pp. 118-137.

[29] Elvira, rápidamente, iría construyendo y consolidando una red de solidaridades familiares, apoyos magnaticios y relaciones políticas. Hacia el año 970 contaría con el sostén de los Banu-Gómez, con una de las cuales Ramiro III se casaría, todo ello, al tiempo que se mantuvieron las importantes vinculaciones regias con los Ansúrez, a pesar de que la regencia descansara en la tía del rey, Elvira, y no en su madre (Teresa Ansúrez). Igualmente, se conservaría la alianza con los Velázquez (facción "sanchiana" galaica), además de sostener la ligazón con otros personajes del todo interesantes, como el conde salmantino Fernando Flaínez. Ha de mencionarse que, precisamente,

del todo subordinada a Córdoba[30], resultarían factores claramente disgregadores.

Evidentemente, estos elementos del inicio del reinado eran sintomáticos tanto de la provisionalidad de un trono en manos de un niño, como de la desaparición de una autoridad eminentemente caudillista. Un buen ejemplo de esta problemática coyuntura fue la cuestión de las depredaciones vikingas en Galicia (968-969), respondidas a primera hora por el malogrado obispo Sisnando II de Iria-Compostela, y que quedaron frenadas, según Sampiro, por una intervención militar que bien se podría considerar de origen foráneo, sin que haya rastro alguno de una decidida iniciativa de la regencia para expulsar a los saqueadores nórdicos[31].

Poco después, se daría la ruptura de lo que podríamos denominar "monopolio" de la proto-política exterior del trono legionense, con embajadas de magnates leoneses cursadas hacia Córdoba[32]. Efectiva-

---

los Velázquez estaban en conflicto con los Eriz-Menéndez, que alzaron a Vermudo II al trono. Para las apoyaturas de la regencia, véase: Vicente Ángel Álvarez Palenzuela, "La nobleza del reino de León...", pp. 222-223; Margarita Torre Sevilla, *Linajes nobiliarios...*, pp. 249-258, 295-296; Alfonso Ceballos-Escalera, *Reyes de León 2...*, pp. 130-137; Álvaro Carvajal Castro, *Bajo la máscara del* regnum. *La monarquía asturleonesa en León (854-1037)*, CSIC, Madrid, 2017, pp. 193-198.

30 Sampiro nos transmite una información tan generalista como interesante, al referir que, al inicio del reinado, Ramiro III "tuvo paz con los sarracenos": Justo Pérez de Urbel, *Sampiro...*, (*Silense*), § 28, pp. 339-340.

31 Ibídem, § 28, pp. 340-342. Vuelto de forma violenta a su sede, apenas iniciado el reinado de Ramiro III, el obispo Sisnando haría frente a los vikingos, siendo derrotado y muerto en Fornelos (968). Poco después, el prelado Hermenegildo de Lugo dirigiría las operaciones de defensa de la ciudad homónima con éxito. Con todo, los piratas normandos camparon a sus anchas saqueando a placer, hasta que un aristócrata probablemente gascón, y quizá cercano a la regencia, llamado Guillermo Sánchez, pudo derrotar a los nórdicos en el 969: Iván Curto Adrados, *Los vikingos y sus expediciones a la Península Ibérica*, La Ergástula, Madrid, 2017, pp. 141-151.

32 Esta "descentralización" de la diplomacia resulta chocante si tenemos en cuenta al belicista Ramiro II (931-951). Desde luego, Ramiro II fue la única autoridad leonesa que envió embajadas a Córdoba. Buena muestra de ello fueron las legaciones mutuas que se cursaron para negociar la paz, entre el propio Ramiro y Abd al-Rahman III, después del triunfo leonés de Simancas (939): Ibn Hayyan al-Qurtubi, *Crónica del califa Abdarrahman III an-Nasir entre los años 912 y 942 –al-Muqtabis V–* (eds. María José Viguera, y Federico Corriente), Anubar, Zaragoza, 1981, § XXXVII: 314-316, pp. 349-351. La historiografía es unánime en lo que respecta a estas embajadas como síntoma de las limitaciones del trono y de la descomposición del poder regio: Manuel Carriedo Tejedo, "Embajadas califales en León", *Archivos Leoneses*, 75 (1984), pp. 187-206; ídem, "Una embajada de San Rosendo ante el califa en el año 974", *Rudesindus: miscelánea de arte e cultura*, 2 (2007), pp. 145-152; Vicente Ángel Álvarez Palenzuela,

mente, la debilidad progresiva de la institución monárquica (necesitada más que nunca de parcialidades nobiliarias), la novedad de una regencia, el enquistamiento del problema gallego (con el irrespirable añadido normando), y la desaparición de la conflictividad militar contra el islam, son factores que pudieron favorecer que la imagen que se tenía en el *regnum* sobre en dónde descansaba la autoridad, de cara al exterior, hubiera mutado[33]. No en vano, además de dos legaciones enviadas a Córdoba a cargo de la regencia, atendidas el 12 de agosto del año 971 y el 17 de noviembre de 973[34], tampoco faltaron en la corte andalusí embajadas provenientes de miembros de la aristocracia leonesa.

Antes de abordar las legaciones magnaticias, vamos a detenernos en la ya mencionada segunda embajada de Elvira (17 de noviembre de 973). El momento crítico de esta legación se daría por unos comentarios, con "cierta insolencia", de los embajadores de Elvira. La traducción de las expresiones cristianas utilizadas, y que no se han conservado, corrió a cuenta del *cadí* de los cristianos cordobeses, Asbag, y fue literal según los *Anales palatinos*. Todo ello provocó una incómoda situación, en la que los emisarios y el traductor serían reprendidos por el califa. Después, el *cadí*, considerado responsable directo del incidente (al no mediar con los embajadores y prevenirles sobre el uso de ciertas expresiones), fue expulsado de la presencia de Al-Hakam, "vejado", y removido de su cargo, tras lo cual sería advertido de un castigo más severo, al tiempo que los

"La nobleza del reino de León...", p. 223; Alfonso Ceballos-Escalera, *Reyes de León 2...*, pp. 142-144; Carlos de Ayala Martínez, *Sacerdocio y Reino...*, pp. 221-222; Eduardo Manzano Moreno, *La corte del califa. Cuatro años en la Córdoba de los omeyas*, Crítica, Barcelona, 2019, p. 222.

[33] Desde luego, Córdoba ya proyectaba desde mediados del siglo IX una imagen exterior asociable a su grandeza, siendo lugar de gloriosas recepciones, acuerdos, y conflictos diplomáticos, con la llegada de embajadas bizantinas, itálicas, germanas, del norte de África o leonesas y navarras. Una interesante actualización sobre este particular, en: Elsa Cardoso, "Embajadores, misivas e incidentes diplomáticos en la Córdoba de los omeyas y su contexto mediterráneo" en Javier Llidó Miravé, y Óscar Villarroel González (coords.), *El embajador en la Alta y Plena Edad Media...*, pp. 33-57.

[34] Ibn Hayyan al-Qurtubi, *El califato de Córdoba en el «Muqtabis» de Ibn Hayyan: Anales palatinos del Califa de Córdoba al-Hakam II, por Isa ibn Ahmad al-Razi –360-364 Heg=971-975 d.C.–* (ed. Emilio García Gómez), Real Academia de la Historia, Madrid,1967, § 28 y 157, pp. 76 y 185-186.

legados –igualmente echados de la sala– fueron puestos sobre aviso de que, de no ser por su inmunidad diplomática, las consecuencias podrían haber sido peores. Al poco, los emisarios volverían a León acompañados de un embajador califal, Ahmad ibn Arus al-Mawruri (versado en "Derecho Canónico"), y del metropolitano Ubayd Allah ibn Qasim[35]. Este incidente ha sido interpretado más como una imprudencia del propio traductor, quien no habría ejecutado los mecanismos de intermediación adecuados para atemperar el mensaje de los embajadores leoneses, que de los propios legados de Elvira[36].

Volviendo a la "ruptura" del monopolio regio de la diplomacia, todas las legaciones cursadas por elementos nobiliarios fueron enviadas con el objetivo de mantener las treguas y paces con Córdoba[37]. Vamos a describirlas someramente. Una primera ronda de embajadas sería despachada en Madinat al-Zahra, en el año 971, por Al-Hakam II, quien atendió, el 22 de julio, al emisario de Gonzalo Muñoz, que acudía a Córdoba para avisar de las correrías normandas[38], pasándose después a recibir, el 12 de agosto, a los legados de los condse García Fernández de Castilla, Fernando Flaínez, Fernando Ansúrez y de un tal conde

---

[35] Ibídem, § 157, pp. 185-186.

[36] En un reciente e interesante trabajo, Elsa Cardoso ha abordado este incidente diplomático, y otros, en el entorno del califato, prestando especial atención a la cuestión de la inmunidad de los embajadores. Esa inmunidad podía traducirse en caso de incidente, y dependiendo de su gravedad, en una mera amonestación, protección y liberación inmediata de los emisarios (caso de los de Elvira, debido a la culpabilidad última del *cadí* Asbag en el malentendido), o en una retención que podía prolongarse. Buen ejemplo de este último caso sería la famosa embajada de Otón I a cargo de Juan de Gorze, quien estuvo tres años en Córdoba (953-956), después de negarse a entregar los presentes del rey germánico sin una carta que, habiendo sido facilitado su contenido al califa, estaba plagada de blasfemias, solucionándose el entuerto por el cruce de nuevas embajadas y la llegada a la capital andalusí de una misiva más adecuada, véase: Elsa Cardoso, "Embajadores, misivas e incidentes diplomáticos...", pp. 40-49.

[37] Poco antes, la madre del conde Rodrigo Velázquez acudiría a Córdoba con el objetivo de renegociar las paces con el califato: Osvaldo Machado Mouret (ed., y trad.), "Historia de los árabes..." (1968), p. 359.

[38] La degeneración de la política exterior llegó hasta el límite de que un embajador del conde Muñoz advirtiese en Córdoba del avance hacia el sur de los normandos, que serían derrotados por los andalusíes: Ibn Hayyan, *El califato de Córdoba...*, § 11, p. 50; Iván Curto Adrados, *Los vikingos y sus expediciones...*, pp. 150-151. Este Gonzalo Muñoz era, sin duda, partidario de Ramiro III, y no hay que confundirlo con Gonzalo Menéndez, asesino de Sancho I: Vicente Ángel Álvarez Palenzuela, "La nobleza del reino de León...", p. 221, not. 99.

Gonzalo (quizá el asesino del rey Sancho)[39]. Una segunda batería de embajadores enviados por Fernando Ansúrez, los Banu-Gómez y Rodrigo Velázquez fue atendida el 23 de septiembre del 973[40]. En último lugar, un tercer grupo de emisarios alcanzaría Córdoba a fines de junio del año 974, siendo recibidos por el califa el 1 de agosto; entre los embajadores leoneses, cuyo objetivo no era otro que renovar la tregua con Al-Hakam, se distingue a Esteban, legado del obispo de *Y.r.n.s.*, a un tal Nuño González, señalado como "señor de Castilla", y al comisionado de Fernando Ansúrez[41]. Estas recepciones, en donde destacan tanto el misterioso prelado de *Y.r.n.s.* (¿titular de "Iruña", obispo "*Yriense*"?), como ese Nuño González, no son del todo claras. En opinión de Martínez Díez, el tal Nuño sería realmente, y a tenor de un posible error de la cronística musulmana, embajador de García Fernández, conde de Castilla, siendo posible esta hipótesis por los hechos que se describen posteriormente a raíz de la ruptura castellana de la tregua, en septiembre del 974[42].

Descritas las legaciones aristocráticas, cabe preguntarse si el partidismo de alguno de estos magnates en favor de la regencia era compatible con una política exterior "autónoma". A pesar de las

39 Ibn Hayyan, *El califato de Córdoba…*, § 28, p. 76. Todavía quedaría tiempo, antes de la definitiva partida de los embajadores a León, o con una nueva legación cursada ese mismo año, de atender otra vez a los emisarios de Elvira y los Ansúrez el 30 de septiembre: Ibídem, § 32, p. 80. En cualquier caso, estas embajadas fueron reunidas el mismo día que la primera legación de Elvira, aunque atendidas por separado, quizá con el objetivo de "atizar desconfianzas" entre aristócratas y regente: Eduardo Manzano Moreno, *La corte del califa…*, p. 222. La identificación del tal Gonzalo con el conde regicida galaico no ofrece muchos problemas: Carlos de Ayala Martínez, *Sacerdocio y Reino…*, p. 222.

40 Ibn Hayyan, *El califato de Córdoba…*, § 146, p. 174.

41 Ibídem, § 182 y 195, pp. 207, y 221-222.

42 Además de Nuño González como embajador del conde de Castilla, Martínez Díez considera plausible asociar al oscuro prelado de *Y.r.n.s* con la sede de Iruña: Gonzalo Martínez Díez, *El Condado de Castilla…*, tomo II, pp. 468-469. Por su parte, Carriedo valora que el obispo podía ser san Rosendo, titular del asiento episcopal iriense hasta su muerte (977), y el tal Nuño, o Munio, el sobrino del propio obispo compostelano: Manuel Carriedo Tejedo, "Una embajada de San Rosendo…", pp. 152-166. Por supuesto, ambas valoraciones resultan interesantes y es difícil rechazar cualquiera de las dos a priori, máxime si tenemos en cuenta lo parco de las fuentes. Sea como fuere, nos inclinamos ligeramente por las hipótesis de Martínez Díez, precisamente, por el desarrollo posterior de los acontecimientos.

lealtades[43], el procedimiento de abrazar una diplomacia "propia", por parte de estos linajes, podía llegar a ser razonable, máxime si se tiene en cuenta el régimen de provisionalidad de una regencia y la absoluta superioridad militar califal, la cual no podría extender por mucho tiempo la paz contra una monarquía cristiana débil, dispersa en facciones y totalmente inapetente, al menos de momento, en materia bélica. Con todo, podría plantearse si la iniciativa diplomático-aristocrática fue propia o, más probablemente, animada por Córdoba.

En este sentido, sabemos que Al-Hakam II habría tejido una útil malla de informaciones en el reino de León ya en el año 971, recompensado a los embajadores y espías, Ibn abi Amrus y Said, todo ello para tener bien monitoreados los movimientos de la regencia y los magnates, y recomendado a ambos legados acudir a estos poderes indistintamente. El objetivo, sin duda, era ayudar a atomizar la autoridad central –y exterior– leonesa[44]. Sea como fuere, y dejando de lado que las embajadas magnaticias pudieran descansar en una iniciativa particular de ellos mismos o en hábiles maniobras califales, para esta aristocracia mantener la paz con Córdoba, aun en paralelo –o a espaldas– de la monarquía, parecía una opción obvia, al menos hasta que la situación interior del reino fuese más favorable o los andalusíes llegasen a mostrarse débiles.

UN REINADO AGOTADO, CUESTIONADO Y EN GUERRA

Bastaría una chispa, la necesidad de recuperar el discurso del triunfo bélico por parte de la regencia (con el homogeneizador añadido de

[43] Recordemos que la nómina de apoyos aristocráticos de la regencia descansaba en los Ansúrez, la casa de Saldaña y su red, los Velázquez de Galicia y también en el conde salmantino Fernando Flaínez. Véase nota 29 del presente capítulo. Pues bien, de entre todas las embajadas enviadas por la aristocracia a Córdoba, apenas el emisor de una de ellas podría considerarse hostil a la regencia: la del conde Gonzalo relacionado con el asesinato de Sancho I (véase nota 39). Por otro lado, no parece que el castellano García Fernández, a pesar de la privatización –que no independencia– del cargo condal, tuviera una especial hostilidad hacia su señor Ramiro III, más bien todo lo contrario: Gonzalo Martínez Díez, *El Condado de Castilla...*, II, pp. 462-509.

[44] Ibn Hayyan, *El califato de Córdoba...*, § 58, p. 98. Han abordado, brevemente, y con puntos de vista semejantes, la cuestión del espionaje andalusí en León: Alfonso Ceballos-Escalera, *Reyes de León 2...*, pp. 141-142; y Gonzalo Martínez Díez, *El Condado de Castilla...*, II, pp. 464-465.

la asistencia y enriquecimiento de la aristocracia por botín), o un mero incidente en la problemática frontera, para que la seguridad de las paces saltase por los aires. Precisamente, el detonante apareció por dos cuestiones fácilmente rastreables: la atención califal al frente militar norteafricano, con el consecuente despliegue de efectivos en el Magreb[45], y la dilatada política de paces y subordinación leonesa con Córdoba, la cual, como es lógico, tampoco es que hubiera dulcificado mucho la visión norteña para con el secular enemigo islámico[46]. Pues

---

[45] Entre los años 972 y 974, las tropas y recursos califales se dirigieron hacia el norte del actual Marruecos con el objetivo de sojuzgar a los idrisíes, y mantener el área de influencia andalusí en la región a costa de frenar la expansión de sus enemigos fatimíes. Sobre ese contexto, véase: Javier Albarrán Iruela, *Ejércitos benditos...*, pp. 70-71; Ph. Sénac, *Al-Andalus (siglos VIII-XI)*, EUG, Granada, 2021 (2020), pp. 164-168. Por otro lado, no es imposible que, a raíz de su política diplomática autónoma, algunos elementos nobiliarios leoneses tuvieran noticia de las frenéticas actividades militares del califato en el Magreb: Eduardo Manzano Moreno, *La corte del califa...*, p. 223.

[46] Aunque puedan parecer representaciones artísticas aisladas, resulta elocuente la iluminación del *Beato de Tábara* del pasaje del libro de *Daniel*, correspondiente al banquete del rey Baltasar de Babilonia, y la data del *Beato de Gerona*. Con respecto al *Beato de Tábara* y la iluminación del libro de *Daniel*, hay que tener en cuenta que en el mismo se narra cómo el monarca mesopotámico habría utilizado las copas del templo de Jerusalén, botín de guerra de su padre (Nabucodonosor), para agasajar a sus invitados y concubinas con vino. Ante esta blasfemia, una mano emergió de un candelabro escribiendo en la pared de palacio "*Mane, Mane, Thecel, Phares*", fórmula que Daniel aclaró al "engreído" soberano y que profetizaba cómo, por voluntad de Dios, su final estaba próximo (Baltasar sería asesinado esa noche), y que su reino sería entregado a los medos (persas): *Daniel*, 5. Pues bien, en el mencionado *Beato de Tábara*, facturado en el monasterio zamorano homónimo y concluido en julio del 970, la iluminación de este suceso bíblico (f. 143 r.) muestra el palacio del rey babilónico esquemáticamente, con la simple forma de un arco de herradura con dovelas rojas y blancas. Desde luego, la representación del palacio como un arco de la mezquita aljama cordobesa, o de la puerta sur de la fortaleza de Gormaz, además de otras cuestiones señaladas por Williams, como la presencia de otras formas decorativas andalusíes, la existencia de glosas árabes, o la utilización de la fórmula "entender las condiciones y la ley del Anticristo, el impostor" en cúfico, pueden ser sintomáticas de un "renovado sentimiento anti-islámico de los mozárabes". Véase la breve, aunque aclaratoria, explicación de este *Beato*, acompañada de la imagen que nos ocupa (p. 108), en: John Williams, *Los Beatos ilustrados en la España medieval* (ed. Fernando Regueras Grande), Centro de Estudios Benaventanos "Ledo del Pozo", Benavente, 2020, pp. 105-108. Por otro lado, en el *Beato de Gerona*, elaborado también en Tábara, se data la conclusión del códice, el seis de julio del 975 (f. 284), refiriéndose, de modo poco inocente, que por aquellas fechas el conde Fernando Flaínez se encontraba batallando contra los musulmanes en la región toledana. Sobre el *Beato de Gerona*, y la data, véase: Ibídem, pp. 109-112; y Hermenegildo García-Aráez, "El «scriptorium» de Tábara en la Alta Edad Media (y los códices de Beato de Liébana)", *Brigecio: revista de estudios de Benavente y sus tierras*, 4-5 (1994-1995), pp. 155-156. Sea como fuere, en la actualidad Carlos de Ayala, a quien agradecemos la referencia del *Beato de Gerona*,

bien, según parece, el conde García Fernández de Castilla atacaría el 2 de septiembre del año 974 la fortaleza musulmana de Deza y sus alrededores, dando muerte a varios defensores, arrasando cosechas y confiscando ganado como botín[47].

La ruptura unilateral de la tregua por parte del conde García, animada sin duda por una mal calculada percepción de "debilidad" de un al-Andalus dedicado al norte de África, fue respondida con dureza por el califa. El 12 de septiembre del 974 llegaría a Córdoba el parte del saqueo de Deza. Poco antes, Al-Hakam había recibido con solemnidad y amabilidad una legación diplomática del conde de Castilla, cuyo fin no era otro que mantener la paz. Despachados los embajadores castellanos, y habiendo partido estos hacia su tierra el día antes de que llegara el informe del ataque a Deza, el califa estalló en cólera al conocer el revés fronterizo. Contrariado, y sintiéndose engañado, Al-Hakam II decretó la persecución de los legados del conde de Castilla, quienes fueron capturados y arrojados a prisión[48]. La guerra había estallado.

La facilidad con que García Fernández saqueó Deza, la distracción de efectivos califales al Magreb y la necesidad de conflicto militar como medio de enriquecimiento magnaticio, desdibujaron la apreciación cristiana de la capacidad bélica andalusí. Quizá temerosos por la consecuente reorganización musulmana del *limes* medio[49], acaso imprudentes, o, sencillamente, considerando que el califato podía ser fácilmente derrotado por una rotunda coalición

se encuentra desarrollando un estudio sobre estas cuestiones, el cual verá la luz próximamente y que, en colaboración con Alejandro García Sanjuán, llevará el título (provisional) de: *Imágenes enfrentadas y visiones cruzadas. Cristianos y musulmanes vistos por el otro en la España medieval*, a cargo de la Ed. Desperta Ferro. Recomendamos al lector su consulta en el futuro para un marco más exhaustivo sobre esta cuestión.

[47] Ibn Hayyan, *El califato de Córdoba...*, § 201, pp. 226-228.

[48] Ibídem. Acertadamente, Martínez Díez asoció la proyección militar norteafricana del califato como causa de la agresión castellana: Gonzalo Martínez Díez, *El Condado de Castilla...*, II, pp. 468-470.

[49] Galib, proclamado generalísimo poco antes por el califa, y alzado por el propio Al-Hakam por encima de los demás visires en marzo del 975, procedió inmediatamente a ajustar la jurisdicción y control de los *caídes* de la frontera media peninsular. Entretanto, y el 31 de marzo del mismo año, el califa lanzó comisionados por diversas coras para garantizar que los caballos estuviesen prestos para la guerra: Ibn Hayyan, *El califato de Córdoba...*, § 206, 216 y 219, pp. 243, 256, y 259.

de fuerzas, los leoneses, castellanos y pamploneses decidieron mover ficha. Pero, ¿en qué momento la guerra pudo parecerle una buena idea a la regencia leonesa?

Probablemente, en virtud de la ruptura de hostilidades del conde castellano dependiente de León contra el islam, y, quizá, pensando que un contundente ejército podía garantizar una victoria, como en Simancas (939) bajo Ramiro II (quien, no olvidemos, era padre de la regente Elvira), no resultaría descabellado suponer que una agresiva unión de fuerzas animase a la tutoría leonesa a romper la política de paces. El castillo de Gormaz, objetivo prioritario, fue puesto bajo sitio por los coaligados desde el 30 de abril del año 975, aunque el cerco se dilataría hasta que Ramiro III, enfurecido con sus condes y aliados, se presentase con refuerzos, y junto a Elvira, ante la fortaleza. En cualquier caso, las fuerzas sitiadoras terminarían siendo derrotadas y deshechas gracias al buen hacer de los defensores durante el asalto final, a fines de junio del mismo año, y a la inquietante presencia del general Galib y sus ejércitos en la cercana Barahona. La subordinadora coexistencia cristiana con el hegemónico califato quedaba definitivamente desplazada, como la propia regente[50], y todo ello en favor del conflicto militar, el cual abrazaría Ramiro III, ya mayor de edad, con tanta imprudencia como entusiasmo.

Ciertamente, no parece que el carácter del rey ayudase lo más mínimo en un momento en el que la debilidad militar era la tónica general del *regnum*, por más energía o temeridad que el monarca intentase transmitir[51]. Sampiro nos trasladaría una imagen absolutamente negativa de Ramiro III, catalogándolo de pueril y arbitrario[52]. Dejando al margen la parcialidad del cronista, no es descartable que

---

[50] Ibídem, § 218, 219, 234-236, y 239, pp. 258-259, 269-270, y 276-278. La desaparición de Elvira de la escena política favoreció la vuelta al poder de la reina-madre, Teresa Ansúrez. Aunque, casi de inmediato, Ramiro III se haría con las riendas del reino: Alfonso Ceballos-Escalera, *Reyes de León 2*..., pp.146-147.

[51] El retrato musulmán del rey, durante el sitio de Gormaz, no puede ser más elocuente, acusando a sus condes y a los aliados cristianos de "lentitud, impotencia e incapacidad", y lanzándose después, personalmente, a comandar la tropa: Ibn Hayyan, *El califato de Córdoba*..., § 239, pp. 276-278.

[52] Sampiro menciona que, por su *puericia et modica sciencia*, Ramiro III "causó muchas contrariedades a los nobles galaicos, tanto con sus actos, como con sus palabras": Justo Pérez de Urbel, *Sampiro*..., (*Silense*), § 29, p. 342.

su esbozo del soberano pudiese resultar relativamente certero, decidiéndose el rey, quizá, a reconducir el enquistado problema gallego con poco tacto[53]. Sin embargo, con el conflicto galaico abierto, y con un soberano incapaz de frenar las acometidas andalusíes, la situación interna leonesa no tardaría en degenerarse.

En este sentido, el apoyo de los reinos cristianos a Galib, receloso del papel que jugaba su yerno Abu-Amir en la corte califal del menor Hisham II, resultó fundamental. En la batalla de Atienza (julio de 981), Galib alcanzó la muerte, los principados norteños la derrota, y Abu-Amir, Almanzor (*al-Mansur*: "el Victorioso"), el triunfo. Dos meses después, el propio Almanzor asolaría Zamora[54]. Desde luego, las parcialidades nobiliarias de Ramiro III, su carácter problemático, la derrota de Atienza y los saqueos posteriores sellarían el destino de un monarca que, ya entonces, tenía graves problemas de legitimidad.

EPÍLOGO: VERMUDO II (981-999), UNA REALIDAD QUEBRADIZA

A resultas de la inquietante situación militar, y en el marco del conflicto gallego, el partido galaicoportugués de los Menéndez no tuvo demasiado problema en reconocer al infante Vermudo, hijo de Ordoño III[55], como soberano, llegando este a intitularse *rex* el 22 de

---

[53] Notario regio de Vermudo II (año 992), mayordomo real de Alfonso V (1000), y titular de la sede astorgana (1034-1041), Sampiro no podía resultar imparcial. Con todo, la descripción del monarca no resulta muy diferente del despotismo reproducido por Ibn Hayyan. Sobre Sampiro de Astorga, véase: Pablo Dorronzoro Ramírez, *Poder e identidad de los obispos del Reino de León en el siglo XI*, La Ergástula, Madrid, 2012, pp. 17-24.

[54] Sobre el ascenso de Abu-Amir, Almanzor, al poder, y las primeras incursiones contra Ramiro III: José Manuel Ruiz Asencio, "Campañas de Almanzor contra el reino de León (981-986)", *Anuario de estudios medievales*, 5 (1968), pp. 44-54, y 61-64; Ana Echevarría Arsuaga, *Almanzor*..., pp. 86-103, 112-117, y 149-152.

[55] La ascendencia de Vermudo II resultó, incluso para la cronística más cercana, motivo de duda. Sampiro dejaría el contradictorio apunte de que Vermudo era, sin más, "hijo de Ordoño": Justo Pérez de Urbel, *Sampiro*..., (*Silense*) § 30, p. 344. Por otro lado, Pelayo de Oviedo sí menciona de manera específica a Ordoño III como progenitor: ibídem, (*Ovetense*) § 25, p. 333. La *Hª Silense*, por el contrario, señaló que el padre de Vermudo fue Ordoño Froilaz: *Historia Silense* (ed. Justo Pérez de Urbel y Atilano González y Ruiz Zorrilla), CSIC, Madrid, 1959, § 72, p. 176. Vista la ambigüedad del panorama cronístico, las percepciones historiográficas variadas resultan inevitables. Muy crítico con las fuentes, Carriedo Tejedo ha defendido que el monarca pudo ser hijo

diciembre del 981 ante los prelados de Coímbra, Lamego y Viseo[56]. La guerra civil (981-985) era un hecho. La unción de Vermudo II se daría en Compostela el 15 de octubre del 982, con la probable ausencia del obispo apostólico Pelayo, hijo de Rodrigo Velázquez (uno de los apoyos de Ramiro III)[57].

El enfrentamiento entre Vermudo II y Ramiro III contaría, como es sabido, con la poco inocente participación de Almanzor apoyando indistintamente a uno u otro bando, según conviniese[58]. En cualquier caso, además del enfrentamiento abierto con Vermudo Ordóñez, serían las acometidas califales en Zamora (981, 984), el entorno leonés (982), y Simancas (983) las que terminarían con el gobierno de Ramiro, quien, a lo largo del conflicto, contemplaría la defección de los prelados del núcleo central del reino, quienes fueron dejando de lado al monarca. Al final, en el año 985, un derrotado

---

de Ordoño IV: Manuel Carriedo Tejedo, "La ascendencia de Vermudo II (982-999): un rey educado en Santiago a la sombra de san Rosendo", *Annuarium Sancti Iacobi*, 3 (2014), pp. 13-43. Con todo, y a pesar de las valoraciones de Carriedo sobre la cuestión, autores tan acreditados como los siguientes defienden que el padre de Vermudo II fue Ordoño III: Claudio Sánchez-Albornoz, "Sobre la filiación de Bermudo II" en *Estudios sobre las Instituciones Medievales Españolas*, UAMDF, México, 1965, pp. 699-702; Justo Pérez de Urbel, "Los padres de Vermudo II", *Revista de Archivos, Bibliotecas y Museos*, 55 (1949), pp. 289-307; Amancio Isla Frez, *Realezas hispánicas...*, p. 45; Carlos de Ayala Martínez, *Sacerdocio y Reino...*, p. 228; Jaime de Salazar y Acha, "Reflexiones e hipótesis sobre algunas incógnitas genealógicas de la antigua dinastía asturleonesa", *Boletín de la Real Academia de la Historia*, 210/2 (2013), p. 292.

[56] *Veremudus rex, prolix domni Ordonii*: *Portugaliae Monumenta Historica: Diplomata et Chartae*, tomo I/1, Lisboa, 1868, doc. 132, pp. 81-82.

[57] La unción de Vermudo II, y su aclamación por la aristocracia galaica enemistada con Ramiro III, en: Justo Pérez de Urbel, *Sampiro...*, (*Silense*) § 29, p. 342. Sobre la proclamación compostelana de Vermudo II, y la probable ausencia del prelado apostólico, indudablemente comprometido con Ramiro III, véase: Amancio Isla Frez, *La sociedad gallega...*, pp. 89-91; Carlos de Ayala Martínez, *Sacerdocio y Reino...*, p. 229.

[58] Aportaron noticias de este soporte militar al tributario Vermudo II el *Iriense* e Ibn Jaldun: Manuel Rubén García Álvarez, "El *Cronicón Iriense*: estudio preliminar, edición crítica y notas históricas" en *Memorial Histórico Español*, tomo L, Real Academia de la Historia, Madrid, 1963, pp. 120-121; Reinhart P. Dozy, *Historia de los musulmanes de España hasta la conquista almorávide*, Biblok-Desván de Hanta, Barcelona, 2015 (1861), pp. 454-455, not. 296 (p.715). Una aproximación a estas alianzas, en: José Manuel Ruiz Asencio, "Campañas de Almanzor...", pp. 31-64; Juan Castellanos Gómez, *Geoestrategia en la España musulmana. Las campañas militares de Almanzor*, Ministerio de Defensa, Madrid, 2003, p. 88; Ana Echevarría Arsuaga, *Almanzor...*, pp. 152-153. Siguiendo nuevamente a Ibn Jaldun, Dozy ha señalado que, en su último núcleo de resistencia astorgano, Ramiro III pudo entrar en tratos con Almanzor: Reinhart P. Dozy, *Historia de los musulmanes...*, pp. 454-455, not. 296 (p.715).

Ramiro III moriría de forma natural en Astorga[59], mientras que su primo Vermudo, con apoyo musulmán, había triunfado[60].

EL ELOGIO PROPAGANDÍSTICO DE UN SOBERANO EN TIEMPOS DE CRISIS

No parece que la subordinación de Vermudo II, evidente por la debilidad militar –ya endémica– y la situación que atravesaría el reino tras un conflicto civil, fuese a garantizar un futuro tranquilo para el nuevo rey. De hecho, y a pesar de su menor autoritarismo con respecto a su predecesor, ni siquiera la renovación en materia política ministerial del monarca pudo garantizar, a largo plazo, la estabilidad del *regnum*. Con independencia del paradigma ideológico más adecuado para el trono, el discurso regio no podía sostenerse con una política sumisa ante el islam. Así, en el año 986, Vermudo rompería la paz con Almanzor[61], lo que trajo graves consecuencias para la estabilidad leonesa.

Es conocido, y no hace falta descender a ello en detalle, que el reino leonés se vería constantemente atacado por aristócratas desafectos[62], y, sobre todo, por las razias del *hayib* Almanzor, quien, además de contar con un ejército mercenario norteafricano operativo y sujeto a su voluntad, hizo de la reivindicación de la figura del soberano-*gazi*, monopolizada a costa del califa, y del *yihad* sus principales

---

[59] Justo Pérez de Urbel, *Sampiro...*, (*Silense*) § 29, p. 343. Para la desafección episcopal hacia Ramiro III, véase: Carlos de Ayala Martínez, *Sacerdocio y Reino...*, pp. 227-231.

[60] Con independencia de la variable exactitud de la cronística tardía, la imagen de Vermudo II como un rey alzado al trono gracias, en parte, al apoyo militar amirí no le pasó desapercibida a la historiografía oficial castellana de fines del siglo XII: *Crónica Najerense* (ed. Juan Antonio Estévez Solá), Akal, Madrid, 2003, Libro II, § 33, p. 147.

[61] Luis Seco de Lucena, "Acerca de las campañas militares de Almanzor", *Miscelánea de Estudios Árabes y Hebraicos (*Árabe-*Islam)*, 14-15 (1965-1966), pp. 26-27; Ana Echevarría Arsuaga, *Almanzor...*, pp. 152-153.

[62] Quizá el mejor ejemplo de esta grave descomposición política sea la captura de León a cargo de García de Saldaña, quien, con apoyo musulmán, consta en el año 990 en la ciudad como *imperante*: J.M. Ruiz Asencio (ed.), *Colección documental del Archivo de la Catedral de León (775-1230)*, tomo III (986-1031), CSIC-Centro de Estudios e Investigación "San Isidoro", León, 1987, doc. 534, pp. 32-33; ídem, "Rebeliones leonesas contra Vermudo II" en *León y su Historia. Miscelánea Histórica*, tomo I, CSIC-Centro de Estudios e Investigación "San Isidoro", León, 1969, p 227; M. Pérez, "*Rebelles, infideles, traditores*. Insumisión política y poder aristocrático en el reino de León", *Historia. Instituciones. Documentos*, 38 (2011), p. 270.

medios de legitimación[63]. Todo ello, contrastaba gravemente con la situación del *regnum* de Vermudo II, acosado por las rebeliones de grupos magnaticios asociados a su predecesor (ahora alineados con el *hayib*), la inseguridad de los bienes eclesiásticos, y las razias amiríes. Entre los años 987 y 990, las tropas andalusíes asolarían Salamanca y Zamora, "tomarían" León, y conquistarían, en el 990, Coímbra y Osma. En los cuatro años siguientes se volvería a saquear el núcleo del reino, se afirmó el dominio andalusí sobre el oriente castellano (ocupación de San Esteban en el 994), y fueron atacadas Astorga y, otra vez, León (994)[64].

Con un reinado situado entre la crisis y la proyección ideológica, no le ha resultado difícil a la historiografía señalar la ligazón directa entre la grave situación que vivía la monarquía entonces, y las incansables labores legitimadoras de la Iglesia para con Vermudo II. Removidos los miembros díscolos o "ramiristas" del colegio episcopal, los obispos desarrollarían una intensa labor propagandística en favor del monarca, reformulando los principios jurídicos y políticos neogóticos propios de una monarquía ministerial[65]. De hecho, ni siquiera en el 996, en plena tregua con el califato, y dos años después del traslado de emergencia de reliquias leonesas a Oviedo, el apoyo

[63] Javier Albarrán Iruela, *Ejércitos benditos*..., pp. 63-74.

[64] Véase: Luis Seco de Lucena, "Acerca de las campañas militares de Almanzor...", pp. 7-29; José Manuel Ruiz Asencio, "Rebeliones leonesas...", pp. 215-241; Juan Castellanos Gómez, *Geoestrategia en la España musulmana*..., *passim*; M. Pérez, "*Rebelles, infideles, traditores*...", pp. 361-382; Ana Echevarría Arsuaga, *Almanzor*..., pp. 148-161 y *passim*; Ph. Sénac, *Al-Andalus*..., pp. 178-188; Javier Albarrán Iruela, *Ejércitos benditos*..., pp. 63-74.

[65] Sampiro dejaría en su crónica un retrato elogioso del monarca, considerándole discreto, misericordioso y justiciero. Así, Vermudo era un hombre que "rechazaba lo malo para escoger lo bueno", y que sancionó las leyes y cánones dados por Wamba, todo ello, por no mencionar que, en un interesante retorcimiento providencialista, el cronista valoró las aceifas de Almanzor como "culpa de los pecados del pueblo": Justo Pérez de Urbel, *Sampiro*..., (*Silense*) § 30, pp. 344-346. Todo un contraste con el monarca anterior, con quien Sampiro no tuvo tanta amabilidad. Valoraciones cronísticas aparte, el monarca parece que siempre contó con el apoyo del episcopado, reproduciéndose en la documentación argumentos de inspiración conciliar visigoda, reivindicándose la *Lex Gotorum*, y el *Liber Iudiciorum* como mecanismos de oposición a las rebeliones y ocupaciones aristocráticas, e, incluso, siendo mencionado como "rey de los godos". Una aproximación a estas cuestiones, en: José Manuel Ruiz Asencio, "Rebeliones leonesas...", pp. 232-235; Amancio Isla Frez, *La sociedad gallega*..., pp. 47-59; Carlos de Ayala Martínez, *Sacerdocio y Reino*..., pp. 231-240; M. Pérez, "*Rebelles, infideles, traditores*...", pp. 361-382.

episcopal y su proyección propagandística fue cuestionable, llegando incluso el soberano a proclamar, de forma muy optimista, *Ideoque ego seppe dictus Veremundus rex, dum possideret regnum Spaniae*, todo ello, en presencia de tres obispos, siendo uno de ellos el de León[66].

Sin embargo, todavía quedaría tiempo para mostrar de forma evidente ese apoyo episcopal en el destructivo contexto de la ruptura de la paz legio-andalusí. Como es sobradamente conocido, la reanudación de las hostilidades se materializaría en el saqueo amirí del centro referencial ideológico-religioso cristiano peninsular: Santiago de Compostela (997). La operación militar fue facilitada por los Velázquez y, por supuesto, sería utilizada por Almanzor para seguir cimentando su autoridad y legitimidad por la vía del sagrado triunfo militar[67]. Pues bien, en un diploma cuyo contenido se ha conservado gracias a una reproducción documental posterior (de época de Alfonso V), y que podría datarse –en su primera emisión– hacia el 998 (un año antes de la muerte del rey), Vermudo II se mostraría acompañado por cinco obispos: Armentario de Dumio, Pelayo de Lugo, Jimeno de Astorga, Froilán de León y Pedro de Iria-Santiago, lo que resulta altamente significativo pocos meses después del

[66] Francisco Javier Fernández Conde; I. Torrente; y G. de la Noval (eds.), *El monasterio de San Pelayo de Oviedo: Historia y fuentes. Colección diplomática (996-1325)*, tomo I, Monasterio de San Pelayo, Oviedo, 1978, doc. 1, pp. 19-22. Recientemente, ha tratado este documento (auténtico), y su interesante titulación regia, la cual, puede considerarse como uno de los precedentes directos de la definitiva "asociación del título imperial": Carlos de Ayala Martínez, "Realidad y percepción de *Hispania* en la Edad Media", *eHumanista*, 37 (2017), p. 213. Por otro lado, la confirmación del prelado leonés resulta de lo más elocuente en el mencionado diploma del cenobio de ovetense de San Pelayo, toda vez que, precisamente, el monasterio se habría constituido como receptáculo de unas reliquias que el monarca no habría podido "proteger". Dio testimonio de la evacuación de estos restos hacia la seguridad ovetense, precisamente, el obispo Pelayo de Oviedo: *Crónica del obispo Pelayo* (ed. Benito Sánchez Alonso), Centro de Estudios Históricos, Madrid, 1924, pp. 65-66.

[67] Sobre los pormenores de la campaña compostelana, el respeto al sepulcro apostólico, la conocida cuestión del botín de las campanas y su purificación, y la ideologización de esta victoria de Almanzor, véase: Mª I. Pérez de Tudela, "Guerra, violencia y terror. La destrucción de Santiago de Compostela por Almanzor hace mil años", *En la España medieval*, 21 (1998), pp. 9-28; Ana Echevarría Arsuaga, *Almanzor*..., pp. 156-158; Javier Albarrán Iruela, *Ejércitos benditos*..., pp. 72-74, 131, 144-146; Ana María Carballeira Debasa, "Almanzor, Compostela y las rutas jacobeas en la historiografía árabe medieval" en Inés Monteira Arias (coord.), *Almanzor y Carlomagno. El Camino de Santiago ante el islam en época medieval*, Trea, Gijón, 2023, pp. 47-52.

saqueo de Compostela[68]. Contra todo pronóstico, Vermudo pudo ir capeando la crisis.

Recapitulando, el caótico reinado de Vermudo II resulta fácilmente antitético con respecto a los de sus antecesores. Una batalla perdida, un grave sobrepeso, aceifas paralelas a un brote de autoritarismo regio, o un golpe de estado pusieron a los reyes Sancho I y Ramiro III, según el caso, en situaciones del todo insoportables, aunque la Iglesia intentase mediatizar y legitimar el actuar de los monarcas, y estando todo ello en el marco de unas relaciones "favorables" con Córdoba, aun cuando la aristocracia abrazó esa misma dinámica de acuerdos pacíficos con al-Andalus. En contraste, un Vermudo II con unos apoyos episcopales y propagandísticos sólidos, aunque asediado gravemente por enemigos internos y externos, y con un califato intervencionista y cada vez más legitimado alrededor del triunfante discurso militar, resistiría contra viento y marea en el trono de sus antepasados. A partir del reinado de su hijo, Alfonso V, la monarquía comenzaría a dar muestras de recuperación.

BIBLIOGRAFÍA

FUENTES

Cavero Domínguez, G., y Martín López, E. (eds.), *Colección documental de la Catedral de Astorga*, tomo I (646-1126), Centro de Estudios e Investigación "San Isidoro", León, 1999.

Crónica del obispo Pelayo (ed. B. Sánchez Alonso), Centro de Estudios Históricos, Madrid, 1924.

Crónica Najerense (ed. J. A. Estévez Solá), Akal, Madrid, 2003.

Fernández Conde, F. J., Torrente, I., y Noval, G. de la (eds.), *El monasterio de San Pelayo de Oviedo: Historia y fuentes. Colección diplomática (996-1325)*, tomo I, Monasterio de San Pelayo, Oviedo, 1978.

[68] José Manuel Ruiz Asencio (ed.), *Colección documental del Archivo de la Catedral de León*..., III, doc. 581, pp. 97-101.

García Álvarez, M. R., "El *Cronicón Iriense*: estudio preliminar, edición crítica y notas históricas" en *Memorial Histórico Español*, vol. L, Real Academia de la Historia, Madrid, 1963, pp. 1-240.

Historia Silense (ed. J. Pérez de Urbel y A. González y Ruiz Zorrilla), CSIC, Madrid,1959.

Ibn Hayyan al-Qurtubi, *Crónica del califa Abdarrahman III an-Nasir entre los años 912 y 942 –al-Muqtabis V–* (eds. Mª J. Viguera y F. Corriente), Anubar, Zaragoza, 1981.

—, *El califato de Córdoba en el «Muqtabis» de Ibn Hayyan: Anales palatinos del Califa de Córdoba al-Hakam II, por Isa ibn Ahmad al-Razi –360-364 Heg=971-975 d.C.–* (ed. E. García Gómez), Real Academia de la Historia, Madrid, 1967.

Lucas Álvarez, M. (ed.), *Tumbo A*, Cabildo de la S.A.M.I. Catedral-Seminario de Estudos Galegos, Santiago de Compostela, 1998.

Machado Mouret, O. (ed., y trad.), "Historia de los árabes de España por Ibn Jaldún", *Cuadernos de Historia de España*, 45-46 (1967), pp. 374-395.

—, (ed., y trad.), "Historia de los árabes de España por Ibn Jaldún", *Cuadernos de Historia de España*, 47-48 (1968), pp. 353-376.

Mínguez Fernández, J. *Mª (ed.), Colección Diplomática del Monasterio de Sahagún (ss. IX-X)*, Centro de Estudios e Investigación "San Isidoro", León, 1976.

Pérez de Urbel, J., *Sampiro: Su crónica y la monarquía leonesa en el siglo X*, CSIC-Escuela de Estudios Medievales, Madrid, 1952.

Ruiz Asencio, J.M. (ed.), *Colección documental del Archivo de la Catedral de León (775-1230)*, tomo III (986-1031), CSIC-Centro de Estudios e Investigación "San Isidoro", León, 1987.

Sáez, E., y Sáez, C. (eds.), *Colección documental del Archivo de la Catedral de León (775-1230)*, tomo II (953-985), Centro de Estudios e Investigación "San Isidoro", León, 1990.

—, y Sáez, C. (eds.), *Colección Diplomática del monasterio de Celanova*, vol. 2 (943-988), Univ. de Alcalá de Henares, Alcalá, 2000.

Turienzo, G., *El reino de León en las fuentes islámicas medievales (Siglos VIII d.C.-XII d.C.)*, Universidad de León, León, 2010.

Vives, J. (ed. principal); Marín Martínez, T., y, Martínez Díez, G. (eds. col.), *Concilios visigóticos e hispano-romanos*, CSIC, Barcelona-Madrid, 1963.

Portugaliae Monumenta Historica: Diplomata et Chartae, tomo I, vol. 1, Lisboa, 1868.

ESTUDIOS SECUNDARIOS:

Albarrán Iruela, J., "El martirio voluntario, la obra de San Eulogio y la gestación de la lógica reconquistadora" en C. Villanueva Morte; D.A. Reinaldos Miñarro; J. Maíz Chacón; e I. Calderón Medina (eds.), *Estudios recientes de Jóvenes Medievalistas. Lorca 2012*, SEEM-Universidad de Murcia, Murcia, 2013, pp. 11-23.

—, *Ejércitos benditos, Yihad y memoria en al-Andalus (siglos X-XIII)*, EUG, Granada, 2020.

Álvarez Palenzuela, V. A., "La nobleza del reino de León en la Alta Edad Media" en *El Reino de León en la Alta Edad Media*, tomo VII, Centro de Estudios "San Isidoro"-Caja España-Caja de Ahorros-Monte Piedad-Archivo diocesano, León, 1995, pp. 149-329.

Ayala Martínez, C. de, *Sacerdocio y Reino en la España Altomedieval. Iglesia y poder político en el Occidente peninsular, siglos VII-XII*, Sílex, Madrid, 2008.

—, "Fernando I y la sacralización de la Reconquista", *Revista de Historia Medieval Anales de la Universidad de Alicante* (dedicado a: *Guerra Santa Peninsular)*, 17 (2011), pp. 67-115.

—, "Reyes y obispos en la España altomedieval: el modelo ministerial de la realeza (ss. VI-X)" en Á. Gordo Molina, y D. Melo Carrasco (eds.), *La Edad Media peninsular. Aproximaciones y problemas*, Trea, Gijón, 2017, pp. 21-38.

—, "La Reconquista: ¿ficción o realidad historiográfica?" en Á. Gordo Molina, y D. Melo Carrasco (eds.), *La Edad Media peninsular. Aproximaciones y problemas*, Trea, Gijón, 2017, pp. 127-142.

—, "Realidad y percepción de *Hispania* en la Edad Media", *eHumanista*, 37 (2017), pp. 206-231.

Baliñas Pérez, C., "La casa de Odoario: una familia nobiliar gallega en los siglos IX y X" en *Medievo hispano: estudios in memorian del Prof. Derek W. Lomax*, SEEM, Madrid, 1995, pp. 35-51.

Bango Torviso, I. G., "Arquitectura de la décima centuria: ¿Repoblación o mozárabe?", *Goya*, 122 (1974), pp. 68-75.

Caballeira Debasa, A. Mª, "Almanzor, Compostela y las rutas jacobeas en la historiografía árabe medieval" en I. Monteira Arias (coord.), *Almanzor y Carlomagno. El Camino de Santiago ante el islam en época medieval*, Trea, Gijón, 2023, pp. 39-61.

Caballero Zoreda, L., Arce, F., y Utrero, Mª Á., “La iglesia de San Torcuato de Santa Comba de Bande (Orense). Arquitectura y documentación escrita”, *Arqueología de la arquitectura*, 2 (2003), pp. 69-73.

Cardoso, E., “Embajadores, misivas e incidentes diplomáticos en la Córdoba de los omeyas y su contexto mediterráneo” en J. Llidó Miravé, y Ó. Villarroel González (coords.), *El embajador en la Alta y Plena Edad Media*, Trea, Gijón, 2023, pp. 33-57.

Carriedo Tejedo, M., “Embajadas califales en León”, *Archivos Leoneses*, 75 (1984), pp. 187-206.

—, “Una reina sin corona en 959-976: La infanta Elvira, hija de Ramiro II”, *Tierras de León: Revista de la Diputación Provincial*, 39/113 (2001), pp. 118-137.

—, “La familia de San Rosendo”, *Estudios mindonienses: Anuario de estudios histórico-teológicos de la diócesis de Mondoñedo-Ferrol*, 23 (2007), pp. 103-123.

—, “Una embajada de San Rosendo ante el califa en el año 974”, *Rudesindus: miscelánea de arte e cultura*, 2 (2007), pp. 135-172.

—, “La ascendencia de Vermudo II (982-999): un rey educado en Santiago a la sombra de san Rosendo”, *Annuarium Sancti Iacobi*, 3 (2014), pp. 13-43.

Carvajal Castro, Á., *Bajo la máscara del* regnum. *La monarquía asturleonesa en León (854-1037)*, CSIC, Madrid, 2017.

Castellanos Gómez, J., *Geoestrategia en la España musulmana. Las campañas militares de Almanzor*, Ministerio de Defensa, Madrid, 2003.

Ceballos-Escalera, A., *Reyes de León 2: Ordoño III (951-956), Sancho I (956-966), Ordoño IV (958-959), Ramiro III (966-985), Vermudo II (982-999)*, La Olmeda, Burgos, 2000.

Chalmeta Gendrón, P., “Simancas y Alhandega”, *Hispania. Revista Española de Historia*, 36/133 (1976), pp. 359-446.

Curto Adrados, I., *Los vikingos y sus expediciones a la Península Ibérica*, La Ergástula, Madrid, 2017.

Díaz-Plaza Casal, A., “El trono enfermo: poder real y afección en el reino de León en el s. X, un retrato político-teológico”, *Estudios Medievales Hispánicos*, 5 (2016), pp. 117-150.

Dorronzoro Ramírez, P., *Poder e identidad de los obispos del Reino de León en el siglo XI*, La Ergástula, Madrid, 2012.

Dozy, R. P., *Historia de los musulmanes de España hasta la conquista almorávide*, Biblok-Desván de Hanta, Barcelona, 2015 (ed. original de 1861).

Echevarría Arsuaga, A., *Almanzor. Un califa en la sombra*, Sílex, Madrid, 2011.

Fernández Conde, F. J., *La religiosidad medieval en España. Alta Edad Media (siglos VII-X)*, Trea, Gijón, 2008.

García González, J. J., *Castilla en tiempos de Fernán González*, Dos Soles, Burgos, 2008.

García-Aráez, H., "El «scriptorium» de Tábara en la Alta Edad Media (y los códices de Beato de Liébana)", *Brigecio: revista de estudios de Benavente y sus tierras*, 4-5 (1994-1995), pp. 143-166.

Isla Frez, A., *La sociedad gallega en la Alta Edad Media*, CSIC, Madrid, 1992.

—, *Realezas hispánicas del año mil*, Edicios do Castro, La Coruña, 1999.

—, *Ejército, sociedad y política en la península Ibérica entre los siglos VII y XI*, CSIC-Ministerio de Defensa, Madrid, 2010.

Manzano Moreno, E., *La corte del califa. Cuatro años en la Córdoba de los omeyas*, Crítica, Barcelona, 2019.

Martínez Díez, G., *El Condado de Castilla: la Historia frente a la Leyenda*, tomos I y II, Marcial Pons-Junta de Castilla y León, León, 2005.

Miranda García, F., "Representar al rey, ¿representar al reino? Legados y embajadas de la monarquía navarra (s. X-XIII)" en J. Llidó Miravé, y Ó. Villarroel González (coords.), *El embajador en la Alta y Plena Edad Media*, Trea, Gijón, 2023, pp. 59-76.

Osorio, L., y Salas, J. B., "La obesidad del rey Sancho I de León", *Trabajos de la Cátedra de Historia Crítica de la Medicina*, 7 (1936), pp. 197-211.

Pérez, M., "*Rebelles, infideles, traditores.* Insumisión política y poder aristocrático en el reino de León", *Historia. Instituciones. Documentos*, 38 (2011), pp. 361-382.

Pérez de Tudela, Mª I., "Guerra, violencia y terror. La destrucción de Santiago de Compostela por Almanzor hace mil años", *En la España medieval*, 21 (1998), pp. 9-28.

Pérez de Urbel, J., "Los padres de Vermudo II", *Revista de Archivos, Bibliotecas y Museos*, 55 (1949), pp. 289-307.

Portela, E., "Galicia y los reyes de Oviedo" en *La época de la monarquía asturiana. Actas del Simposio celebrado en Covadonga (8 al 10 de octubre del año 2001)*, UniOvi, Oviedo, 2002, pp. 351-365.

Rodríguez Fernández, J., *Ramiro II. Rey de León*, CSIC, Madrid, 1972.

—, *Ordoño III*, Ediciones Leonesas, León, 1982.

—, *Sancho I y Ordoño IV, reyes de León*, CSIC-Centro de Estudios e Investigación "San Isidoro", León, 1987.

—, "Presencia de la nobleza navarra en la política leonesa del siglo X", *Príncipe de Viana* (dedicado a: *Primer Congreso General de Historia de Navarra*), 49/anejo 8 (1988), pp. 161-171.

Ruiz Asencio, J. M., "Campañas de Almanzor contra el reino de León (981-986)", *Anuario de estudios medievales*, 5 (1968), pp. 31-64.

—, "Rebeliones leonesas contra Vermudo II" en *León y su Historia. Miscelánea Histórica*, tomo I, CSIC-Centro de Estudios e Investigación "San Isidoro", León, 1969, pp. 215-241.

Salazar y Acha, J. de, "Reflexiones e hipótesis sobre algunas incógnitas genealógicas de la antigua dinastía asturleonesa", *Boletín de la Real Academia de la Historia*, 210/2 (2013), pp. 275-296.

Sánchez-Albornoz, C., "Sobre la filiación de Bermudo II" en *Estudios sobre las Instituciones Medievales Españolas*, UAMDF, México, 1965, pp. 699-702.

—, "Documentos de Odoario y sus familiares sobre la restauración de Lugo" en *Estudios sobre Galicia en la temprana Edad Media*, Fundación Pedro Barrié de la Maza, La Coruña, 1981, pp. 21-41.

—, *El reino Astur-Leonés (722-1037). Sociedad, economía, gobierno, cultura y vida: Historia de España fundada por Ramón Menéndez Pidal. Dirigida por J. Mª Jover Zamora*, tomo VII, vol. 1, Espasa-Calpe, Madrid, 1986.

Seco de Lucena, L., "Acerca de las campañas militares de Almanzor", *Miscelánea de Estudios Árabes y Hebraicos (*Árabe-*Islam)*, 14-15 (1965-1966), pp. 7-29.

Sénac, Ph., *Al-Andalus (siglos VIII-XI)*, EUG, Granada, 2021 (ed. original de 2020).

Torres Sevilla, M., *Linajes nobiliarios en León y Castilla (siglos IX-XIII)*, Junta de Castilla y León-Consejería de Educación y Cultura, Salamanca, 1999.

Williams, J., *Los Beatos ilustrados en la España medieval* (ed. F. Regueras Grande), Centro de Estudios Benaventanos "Ledo del Pozo", Benavente, 2020.

4.
LAS TRANSFERENCIAS Y LAS ORIGINALIDADES EN LOS SIGNOS REGIOS DEL PODER LEONÉS

Ricardo Chao Prieto
Doctorando ULE

ORIGEN Y EVOLUCIÓN DE LAS SUSCRIPCIONES REGIAS

Aunque ya hay antecedentes en la Grecia clásica[1], fue el emperador bizantino Teodosio II (408-450) quien inició la costumbre de representar las letras de su nombre en un monograma en el anverso de sus monedas. Esta práctica fue prontamente imitada por los emperadores occidentales: las monedas conservadas señalan que el primero fue Libio Severo (461-465).

Algunos de los emperadores bizantinos empleaban su monograma no solo en las monedas, sino también en sus anillos sigilares y en sus sellos de plomo, así como en elementos ornamentales. Veamos dos ejemplos de Justiniano I (525-565)[2]:

Ilustración 1: Sello de plomo de Justiniano I y el mismo monograma en un capitel de Santa Sofía

---

[1] Werner Seibt, "The use of Monograms on Byzantine Seals in the Early Middle-Ages (6th to 9th Centuries)", *Parekbolai*, 6 (2016), p. 2.

[2] Ibídem, p. 4. Fotografía del capitel: Brad Hostetler.

Por su parte, la norma de que los documentos públicos debían ir suscritos por la máxima autoridad surgió mediante una ley del año 470 emitida por el emperador bizantino León I (457-474). El emperador escribía con su propia mano su nombre y cargo al pie del documento, añadiendo la palabra *subscripsi* y la impresión de su sello personal, que solía estar engarzado en uno de sus anillos[3]. Esta costumbre garantizaba la autenticidad y autoría del documento.

Por desgracia, no parece haberse conservado ningún anillo sigilar imperial original, pero varios museos atesoran ejemplares que pertenecieron a funcionarios y a altas personalidades. Gracias a ellos sabemos que había dos tipos principales de monogramas: los que se representaban "en bloque" (al estilo de los imperiales numismáticos), y los cruciformes, es decir, los que adaptaban las letras a la forma de una cruz[4].

No parece descabellado pensar que los emperadores bizantinos emplearan sellos sigilares que contuvieran el monograma de su nombre. En cualquier caso, la costumbre de suscribir los documentos se transmitió a lo largo del tiempo, y fue aceptada por la cancillería pontificia en sus privilegios, e incluso por los pueblos germánicos. Lo mismo ocurrió con el empleo de monogramas en las monedas, que fueron ampliamente utilizados por vándalos, ostrogodos y lombardos[5].

Este uso también fue adoptado por los merovingios en los anillos sigilares, como puede verse en un hermoso ejemplar de oro custodiado en el Museo Británico, que contiene un monograma con la palabra "REGINAE"[6].

---

[3] Carlos Sáez Sánchez, "El signo como emblema", *Anuario de Estudios Medievales,* 33/1 (2003), p. 346.

[4] Brad Hostetler, "Reading and Displaying Monograms on Byzantine Signet Rings", *The Journal of the Walters Art Museum*, 75 (2021), disponible en línea: https://journal.thewalters.org/volume/75/note/reading-and-displaying-monograms-on-byzantine-signet-rings/

[5] Warwick Wroth, *Catalogue of the coins of the Vandals, Ostrogoths and Lombards and of the Empires of Thessalonica, Nicaea and Trebizond in the British Museum*, Order of the Trustees, Londres, 1911.

[6] *British Museum*, AF.488.

Los merovingios también acuñaron monogramas en algunas de sus monedas[7], si bien figuran siempre en el reverso y no parecen representar el nombre de los monarcas[8].

En cualquier caso, lo que más nos interesa de los merovingios es que sus reyes también comenzaron a trazar monogramas en las suscripciones de sus documentos en papiro y en pergamino. Hay algunos ejemplos de auténticos monogramas, pero nos gustaría llamar la atención sobre esta suscripción en un documento de los Archivos Nacionales franceses:

Ilustración 2: Suscripción de Clodoveo II en el año 654 (AN, K2 3)

En este papiro el rey Clodoveo II (639-657) se limita a trazar un signo de suscripción en el que no figura su nombre, sino la abreviatura de *"Sig(num) REX"*, con una "S" en el centro que probablemente signifique *"subscripsi"*. Podría ser un antecedente de algunas de las suscripciones asturleonesas.

La dinastía carolingia inscribió los monogramas de los nombres de sus monarcas en sus monedas. El más claro ejemplo lo constituyen las de Carlomagno[9]. En los diplomas los carolingios también optarán por el uso casi exclusivo de monogramas "puros", con la

---

[7] Maurice Prou, *Catalogue des monnaies françaises de la Bibliothèque Nationale: Les monnaies mérovingiennes*, C. Rollin & Feuardent, París, 1892.

[8] *Bibliothèque Nationale de France*, ejemplares MER-1100, MER-1991, MER-2009 y MER-2071

[9] VV.AA., "Analyses élémentaires de monnaies de Charlemagne et Louis le Pieux du Cabinet des Médailles: l'Italie carolingienne et Venise", *Revue Numismatique*, 164 (2008), pp. 355-406.

representación de la mayor parte de las letras de sus respectivos nombres. Veamos algunos ejemplos[10]:

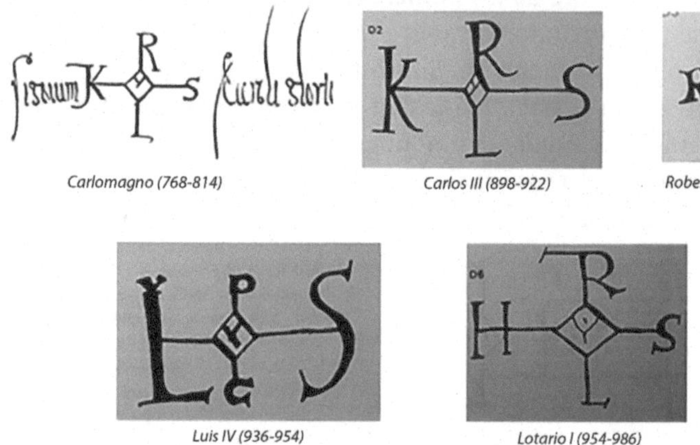

Ilustración 3: Monogramas de varios monarcas carolingios

A las suscripciones de los reyes carolingios las acompaña la suscripción y confirmación de un funcionario de la cancillería regia. Eso sí, adopta una forma totalmente diferente, con varias líneas horizontales y con elementos ornamentales que parecen letras eses entrelazadas, seguramente para remarcar el sentido de *"subscripsi"*, y que suelen llevar el nombre y/o cargo del suscriptor en forma de notas tironianas. Esta práctica parece haber comenzado en épocas anteriores[11], pero el primer ejemplo carolingio es de Pipino el Breve (751-768)[12] que, como podemos apreciar en el documento superior de la ilustración 4, consistía en una sencilla cruz. Carlomagno, su hijo, continuó con este uso diplomático, si bien abandonará la cruz

[10] Ejemplos extraídos de Olivier Guyotjeannin, "Le monogramme dans l'acte royal français (xᵉ-debut du xɪvᵉ siècle)", en Peter Rück (ed.), *Graphische Symbole in mittelalterlichen Urkunden*, Thorbecke, Sigmaringen, 1996, pp. 295-296.

[11] Hartmut Atsma y Jean Vezin, "Aspect matériels et graphiques des documents mérovingiens", en Jan Bistřický, *Typologie der Königsurkunden*, Universidad Palacký, Olmütz, 1998, p. 15.

[12] Franz Steffens, *Paléographie latine: 125 fac-similés en phototypie*, Remi Coulon, París, 1910, lámina 40.

de su padre y, como hemos visto, tanto él como sus descendientes utilizarán un monograma cruciforme. El oficial de la cancillería, por su parte, sigue utilizando una suscripción en tres líneas horizontales, muchas posibles eses entrelazadas, y notas tironianas, como podemos ver en el documento inferior de la ilustración 4[13]:

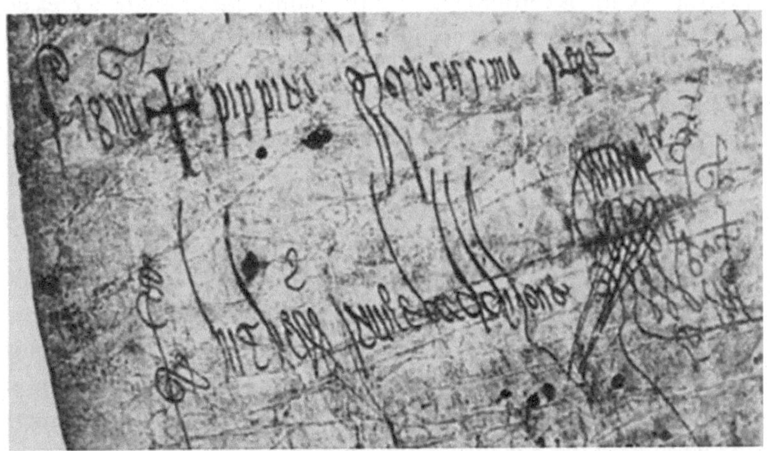

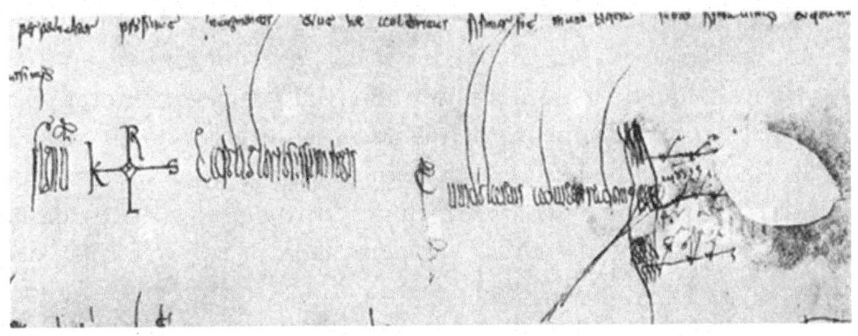

Ilustración 4: suscripciones en tiempos de Pipino y de Carlomagno

Este elemento de suscripción empleado por los oficiales de la cancillería también aparece por la misma época en la documentación

[13] Ibídem, lámina 41.

privada[14]. En todos estos documentos el signo de suscripción integra la palabra *"subscripsi"* o su abreviatura, lo que refuerza la impresión de que los adornos son en realidad eses entrelazadas. Como veremos, los paralelismos con las suscripciones asturleonesas son evidentes, si bien serían necesarios nuevos estudios que profundicen en estos usos diplomáticos carolingios. Por ahora quedémonos con la idea de que estos signos aparecen como una forma de sustituir a la palabra *"subscripsi"*.

En cuanto a los visigodos, en las monedas los monogramas se reservaron para indicar la ceca, y no el nombre del monarca. Sin embargo, existen testimonios del empleo de monogramas onomásticos en varios anillos, y además contamos con el monograma monumental de Teodomiro localizado en el yacimiento de Pla de Nadal.

En cualquier caso, y por desgracia, no conservamos ningún documento regio original de época visigoda, pero todo parece indicar su inclinación por los usos diplomáticos romanos[15]. El Libro de los Juicios (Fuero Juzgo) exige la suscripción de los documentos como elemento de validación, y es muy explícito al respecto: "Las escrituras que llevaren el día y el año claramente expresados, que hayan sido escritas según manda la ley y que sean corroboradas con la signatura o la suscripción (*signis aut suscriptionibus*) del testador (*conditoris*) y de los testigos, han de ser tenidas por válidas con toda firmeza (*stabiles firmitate*)"[16]. Un fragmento de un documento visigodo en pizarra conserva la parte de la suscripción, que consiste en tres eses entrelazadas, y que remite a las suscripciones merovingias y lombardas[17].

En conjunto, todas estas evidencias indican la pervivencia del uso de los monogramas y de los signos de suscripción en el mundo visigodo, lo que explicaría su transmisión a la monarquía asturleonesa.

---

[14] Ibídem, lámina 44. Son dos ejemplos del monasterio de Sankt Gallen (Suiza).

[15] Miguel Calleja-Puerta, "Ecos de las fórmulas visigóticas en la documentación altomedieval astur-leonesa", en *Les formulaires: compilation et circulation des modèles d'actes dans l'Europe Médiévale et Moderne*, École Nationale des Chartes, París, 2016, pp.45-63.

[16] Libro segundo, Título V: *El Libro de los Juicios (Liber Iudiciorum)*, trad. Pedro Ramis Serra y Rafael Ramis Barceló, Agencia Estatal Boletín Oficial del Estado, Madrid, 2015, p. 177.

[17] Concepción Mendo Carmona, "La suscripción altomedieval", *Signo. Revista de historia de la cultura escrita*, 4 (1997), p. 217.

Los primeros documentos conservados de la monarquía astur contienen signos de suscripción regios, aunque no se trata de monogramas propiamente dichos. Apenas se conservan unos siete documentos originales de los reyes asturianos, en los que aparecen solo cuatro monarcas: Silo (774-783), Alfonso II (791-842), Ordoño I (850-866) y Alfonso III (866-910).

La documentación comienza a ser más abundante a partir de la segunda mitad del siglo IX, por lo que conocemos los signos de prácticamente todos los reyes leoneses hasta la época de Alfonso VII (1126-1157). Será en la época de este último cuando se dé el salto del monograma regio al *signum imperatoris*, lo que significó el final de este uso diplomático, y que preparó el terreno para la adopción del signo rodado por parte de su hijo Fernando II.

Como hemos visto, estos signos parten de una tradición bizantina que fue transmitida y transformada por merovingios, carolingios y visigodos. No hemos mencionado la documentación pontificia, porque todo apunta a que los papas no utilizaron monogramas hasta el siglo XI, para abreviar la fórmula final *Bene Valete*, ya que nunca los usaron como forma de suscribir con su nombre[18].

Por otra parte, hay que tener presente que en los documentos privados de todos los territorios de la península ibérica los particulares realizan la suscripción con una sencilla cruz.

TIPOLOGÍA DE LOS SIGNOS REGIOS ASTURLEONESES

Dada su complejidad gráfica, resulta muy difícil interpretar los signos regios asturleoneses: por lo general incluyen una o varias eses que, como hemos visto en otras épocas y lugares, constituían la abreviatura de *"subscripsi"*. Pero en muchas de estas inscripciones parecen ir incluidas varias letras del nombre del monarca, por lo que podrían incluirse, de forma laxa, en la categoría de los monogramas. Tal y como señala el profesor Ruiz Asencio, existe un problema

[18] Herbert Thurston, "Bulls and Briefs", en *The Catholic Encyclopedia*, vol.III, The Encyclopedia Press, Nueva York, 1913, pp. 52-58.

terminológico a la hora de denominar "monograma" a este rasgo gráfico de los documentos regios, ya que un monograma como tal consiste en "la reunión de algunas o todas las letras de un nombre en un solo carácter"[19]. Efectivamente, veremos que hay algunos casos de auténticos monogramas en el caso de la monarquía asturleonesa, pero la mayoría parecen escapar de semejante definición, ya que no incluyen ninguna letra, por lo que nosotros denominaremos a estos sencillamente como rúbricas[20].

Nuestra propuesta terminológica consiste en aplicar la denominación *signum regis* (*signa regum* en plural) o "signo regio" para todos los signos gráficos que representan al rey o a la reina en la validación y suscripción de los instrumentos diplomáticos más solemnes, independientemente de su época; y mantener "monogramas" solo para los signos regios anteriores al *signum imperatoris* de Alfonso VII, independientemente de que sean verdaderos monogramas o no, y tal y como se ha venido haciendo tradicionalmente[21]. Así, los *signa regum* se clasificarían según este cuadro[22]:

1. Monogramas (910-1135), que se subdividirían en:
   a. Monogramas auténticos.
   b. Rúbricas.
2. *Signum imperatoris* o signo imperial (1135-1157):
   a. *Signum* intermedio entre monograma y signo imperial (1135-1140).

[19] José Manuel Ruiz Asencio, "Notas sobre la escritura y monogramas regios en la documentación real astur-leonesa", en José María Fernández Catón, *Monarquía y sociedad en el reino de León. De Alfonso III a Alfonso VII*, Centro de Estudios e Investigación San Isidoro, León, 2007, p. 282. El profesor Ruiz Asencio es partidario de mantener la denominación de "monograma" para todos los signos, al menos hasta época de Urraca I.

[20] "Rasgo o conjunto de rasgos de forma determinada, que como parte de la firma pone cada cual después de su nombre o título, y que a veces va sola, esto es, no precedida del nombre o título de la persona que rubrica". Ángel Riesco Terrero, *Vocabulario científico-técnico de Paleografía, Diplomática y ciencias afines*, Barrero y Azedo, Madrid, 2003, p. 379.

[21] Otra posibilidad sería utilizar el término "suscripciones regias" en lugar de "monogramas" en sentido amplio, pero al igual que Ruiz Asencio consideramos que ya hay cierta tradición en el empleo laxo de este segundo vocablo.

[22] Esta clasificación obedece principalmente a un criterio cronológico, si bien no es el caso de los monogramas auténticos, ya que se van alternando en el tiempo con las

b. *Signum imperatoris* temprano (1140-1142).
c. *Signum imperatoris* definitivo (1142-1157).

3. Signo rodado leonés (1157-1230):
   Signo rodado parlante.
   Signo rodado mudo.
4. Signo heráldico, señal o signo simple (1189-1230)

En cualquier caso, reservaremos la denominación específica de *signum* para el signo gráfico que va adosado a la parte izquierda de la mayor parte de rúbricas y monogramas regios. Hasta donde hemos podido comprobar, este *signum* es original del reino asturleonés y no tiene equivalente en ningún otro lugar. Lo analizaremos más adelante.

SIGNIFICADO DEL *SIGNUM REGIS*

Resulta llamativa la escasez de trabajos monográficos sobre los monogramas y rúbricas regios. Sí que abundan los que analizan los diferentes signos validatorios, o la validación o la suscripción en sí mismas, pero los realmente centrados en este rasgo caligráfico son básicamente los artículos de Ruiz Asencio (a quien usamos como referente), y Rogelio Pacheco y M.ª Elena Sotelo[23]. El primero incluye reproducciones fotográficas de los monogramas procedentes de facsímiles, agrupándolos por los nombres de los monarcas, para facilitar su comparación. Los segundos también incluyen fotografías, si bien agrupadas cronológicamente, y sin indicar la procedencia de los originales. En ambos casos, las fotografías son en blanco y negro, lo que dificulta el estudio de algunos monogramas y rúbricas concretos, si bien por lo general cumplen satisfactoriamente su función.

Según algunos autores, en la península ibérica el *signum regis* servía no tanto para identificar a la persona como para atraer la atención del

rúbricas; ni es el caso tampoco de los signos rodados y los heráldicos, que se mezclan en época de Alfonso IX.

[23] Rogelio Pacheco y M.ª Elena Sotelo Martín, "El signum regis distintivo de la monarquía astur-leonesa desde Alfonso III hasta Alfonso VII", en VV.AA., *Orígenes de las lenguas romances en el reino de León*, Centro de Estudios e Investigación San Isidoro, León, 2004, vol. II, pp. 419-438.

lector hacia la parte de la suscripción[24]. Y es innegable que gráficamente estaba pensado para destacar, tanto por sus diseños como por su tamaño y su localización. La finalidad era claramente ideológica, al resaltar al rey o emperador frente al resto de intervinientes, que por lo general se limitaban a fijar una sencilla y discreta cruz. Pudiera ser que el monograma regio realizara una doble función: sustituir a la impronta del sello personal del otorgante, y constituir una abreviatura de la palabra *subscripsi* o *susbscripsit*, como hemos visto[25].

En los documentos públicos tan solo mostrarán un signo propio el monarca, los miembros más directos de su familia, y el notario o *scriptor*. Con el tiempo solo quedará el monograma o la rúbrica regios, sobre todo a partir de Fernando I[26], lo que servirá como precedente directo de la rota o rueda. No queremos decir que el signo rodado sea una evolución formal de los monogramas, pero sí una evolución simbólica o ideológica, ya que en última instancia ambos signos lo que pretenden es remarcar el poder del rey, ya sea como símbolo personal o como símbolo territorial.

LOS MONOGRAMAS Y RÚBRICAS DE LOS REYES LEONESES: LOS EJEMPLARES DEL TUMBO A

Para una visión de conjunto hemos optado por las reproducciones de las rúbricas y monogramas de quince reyes incluidos en el Tumbo A de Santiago de Compostela, expuestos de forma cronológica según aparecen en el códice. Esto ofrece cierta regularidad en cuanto al trazado de todos ellos, ya que pertenecen a la primera parte del Tumbo, los ff. 1-40, que constituyen una entidad codicológica *per se*[27].

Prescindiremos de los signos que no pertenecen a los monarcas asturleoneses, como los de las reinas consortes, infantas, condes y

[24] Wendy Davies, *Windows on Justice in Northen Iberia, 800-1000*, Routledge, Nueva York, 2016, pp. 94-95.

[25] Concepción Mendo Carmona, "La suscripción altomedieval", p. 212.

[26] Carlos Sáez, "El signo como emblema", p. 348.

[27] Manuel Cecilio Díaz y Díaz, "Ensayo de reinterpretación del Tumbo A", en *Tumbo A. Índice de los privilegios reales que contiene este libro intitulado de la letra A*, Testimonio, Madrid, 2008, p. 27.

reyes no leoneses. En los casos en que hay varios ejemplares, seleccionaremos el que consideremos más representativo, ya que las diferencias entre ellos son anecdóticas. Hay que recordar que, dada la propia naturaleza de este cartulario de la Catedral de Santiago, estos monogramas y rúbricas son copias, pero es fácil cotejar la fidelidad a los originales si los comparamos con los reproducidos por Ruiz Asencio, Rogelio Pacheco, y otros estudiosos.

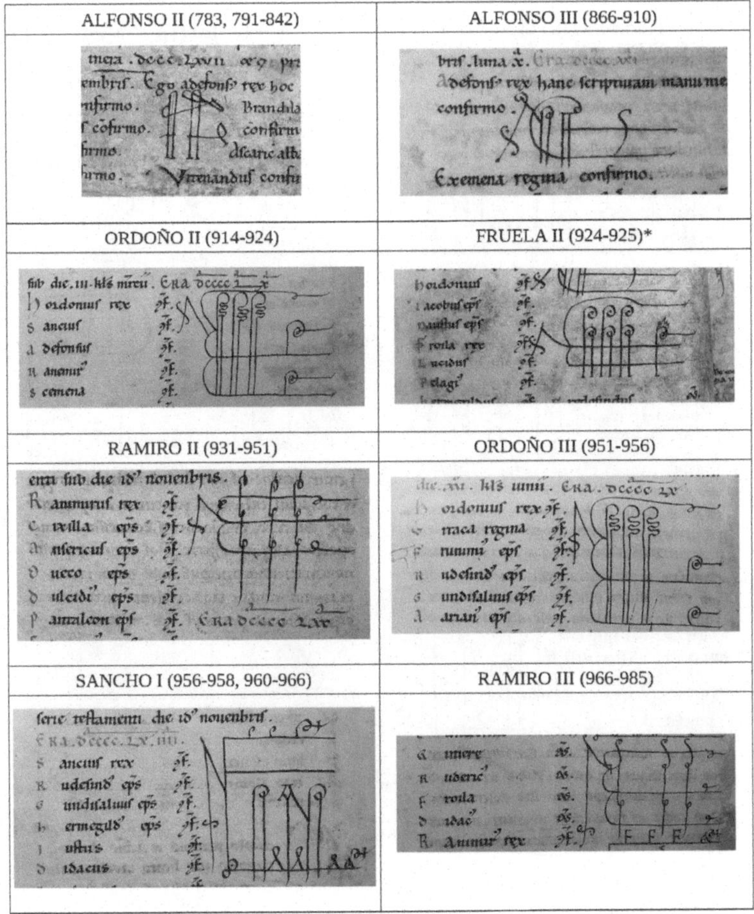

Ilustración 5: monogramas de los reyes asturleoneses desde Alfonso II a Ramiro III

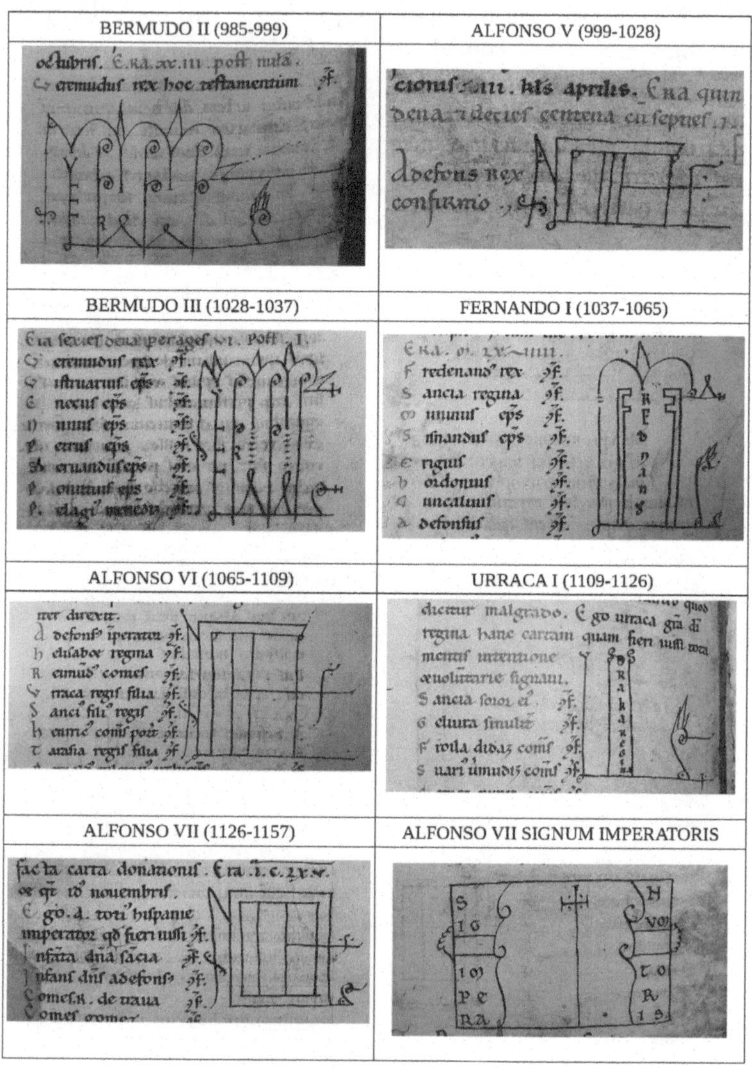

Ilustración 6: monogramas de los reyes leoneses desde Bermudo II a Alfonso VII

Hay varios reyes leoneses ausentes en el Tumbo A: en primer lugar, García I (910-914), que estaba enemistado con Santiago de

Compostela con motivo del testamento de su padre[28], Alfonso III. Tampoco aparecen algunos de los reyes que tuvieron un corto reinado, como Alfonso Froilaz (925-926), Alfonso IV (926-931), y Ordoño IV (958-960).

RASGOS COMUNES DE LOS MONOGRAMAS Y RÚBRICAS LEONESES

Al observar estos signos del Tumbo A, hay varias características comunes que son evidentes y llaman la atención ya en un primer vistazo:

1. Tienen una forma aproximadamente cuadrangular.
2. A cada nombre de rey le corresponde un monograma o una rúbrica determinados. Así, son muy similares entre sí los pertenecientes a los Alfonsos, y lo mismo puede decirse de los Bermudos, de los Ordoños y de los Ramiros. Por lo tanto, estos signos parecen ser onomásticos, tal y como ocurría con los monogramas bizantinos y carolingios.
3. En casi todos aparecen tres elementos verticales que recuerdan a báculos o a la letra efe o ese alta, y que en ocasiones están cubiertos por arquerías.
4. Algunos contienen letras del nombre del monarca (casi siempre las primeras), pero otros aparentemente no.

En los bordes de los monogramas y rúbricas hay elementos gráficos que se repiten con frecuencia: en el extremo izquierdo suele aparecer el *signum*, una línea vertical que remata haciendo un ángulo hacia abajo y la derecha, y que está atravesado por una especie de S tumbada. En la parte superior del extremo derecho suelen aparecer remates en forma de cruz, y en la parte inferior derecha se dibujan elementos espirales que a veces también concluyen en una cruz.

Analicemos uno por uno estos rasgos comunes:

[28] Ricardo Chao Prieto, *Historia de los reyes de León*, Rimpego, León, 2017, p. 100.

FORMA

La forma básica de las rúbricas y de los monogramas se inscribe en un marco cuadrangular, más ancho que alto: incluso los ejemplares enmarcados en arquerías parecen respetar un espacio con esta forma. En los ejemplos del Tumbo A algunos son más largos que anchos, pero se debe al estrecho marco impuesto por las columnas de texto. En cualquier caso, esta disposición parece cumplir la función de llamar la atención del lector sobre el signo.

CORRESPONDENCIA

Como hemos dicho, es evidente que a cada rey le corresponde una rúbrica o monograma concretos. Los modelos se repiten con ligeras variantes tanto en documentos originales como en copias y cartularios. En cualquier caso, está claro que estos modelos concretos se reservaban solo para los reyes y sus familiares. Podemos comprobarlo porque si observamos el Becerro Gótico de Sahagún[29] vemos que abundan las copias de signos y monogramas de los escribanos que realizaban materialmente los documentos originales. Algunos son tocayos de monarcas, y sin embargo emplean signos totalmente diferentes. Por poner solo dos ejemplos, en el folio 110 del BGS hay un notario que se llama Bermudo, y su signo es totalmente diferente de los reyes del mismo nombre. Y ocurre lo mismo en el folio 136, donde el signo de un notario llamado Froila no se parece en nada al de Fruela II.

LOS TRES SIGNOS VERTICALES

Prácticamente todos los estudiosos están de acuerdo en que representan tres letras eses como abreviatura de *subscripsi* o *subscripsit*[30]. Su número puede variar y reducirse a dos, como ocurre en el monograma Sancho I y en el de Urraca, si bien este hecho parece deberse a motivos estéticos. Quizás las rayas verticales de los monogramas de

[29] Referencia AHN Códices, L.989. A partir de ahora lo denominaremos BGS.
[30] José María Ruiz Asencio, "Notas sobre la escritura…", p. 285.

los Alfonsos también sean eses estilizadas y fundidas en un motivo geométrico cuadrangular.

SIGNOS CALIGRÁFICOS (O RÚBRICAS) Y MONOGRAMAS

Floriano ya distinguía entre signos caligráficos (sin letras) y signos monogramáticos (que sí contienen algunas letras del nombre del monarca)[31], lo que se corresponde con nuestra propuesta de dividirlos entre rúbricas y monogramas. Atendiendo a esta distinción, tendríamos que todos son caligráficos o rúbricas, con las excepciones de Sancho I, los dos Bermudos, Fernando I y Urraca I. Hay dudas en el caso de los Alfonsos, porque se podrían identificar algunas letras (A y F), pero en nuestra opinión es un terreno demasiado resbaladizo.

REMATES GRÁFICOS

Los elementos gráficos espirales y/o rematados en cruz que aparecen en el extremo derecho de los monogramas son meramente ornamentales, si bien también pueden cumplir una función religiosa, reafirmando la validez del signo. Quizá incluso fueran realizados en persona por los propios monarcas.

PARTICULARISMO DE ALGUNOS MONOGRAMAS Y RÚBRICAS

El signo de suscripción de Sancho I es el primero en el que de forma unívoca aparecen algunas letras de su nombre, con lo que sería un monograma auténtico. Los de los Ordoños (II y III), los Ramiros (II y III) y Fruela II son muy semejantes entre sí, jugando con las tres eses de "*subscripsi*", y constituyendo rúbricas sin rastro aparente de letras. Bermudo II y III incluyen las letras VER, con lo que

[31] M.ª Isabel Ostolaza Elizondo, "La validación en los documentos hispánicos (ss. X-XII). Del signum crucis al signum manus", en Peter Rück (ed.), *Graphische Symbole in mittelalterlichen Urkunden*, Thorbecke, Sigmaringen, 1996, p. 455. También sigue esta clasificación Elsa de Luca, distinguiendo entre *signa* y monogramas: Elsa de Luca, "Royal misattribution: monograms in the Leon Antiphoner", *Journal of Medieval Iberian Studies*, 9 (2017), p. 32. DOI: 10.1080/17546559.2015.110152132.

nuevamente tendríamos sendos monogramas auténticos. En todos los Alfonsos (III, V, VI y VII) nos queda la duda de si se puede ver una A y una F, con lo que es incierta su adscripción a monogramas auténticos o rúbricas. De todas formas, son prácticamente idénticos, con muy ligeras diferencias entre ellos. Fernando I parece que abandona la aposición del *signum*, aunque figura en al menos una de las suscripciones conservadas. La mayor parte de las veces solo incluye las letras FER o FRE entre dos eses altas o efes, pero en cualquier caso nos encontramos ante un monograma auténtico.

Un monograma que llama la atención es el de Urraca, que no usa el *signum*, y en su lugar utiliza una especie de Y muy alargada: algo que, por otro lado, parece que fue típico de las suscripciones de las infantas y mujeres de la familia real leonesa. La reina desarrolla su nombre completo entre dos eses, e incluso a veces añade el título de *regina*.

¿*SIGNUM REGIS*, O SIMPLEMENTE *SIGNUM*?

Conviene hacer un breve paréntesis para hablar del signo que suele figurar en la esquina superior izquierda de los monogramas regios, ya que merece atención aparte: consiste en una especie de ángulo agudo similar a la letra *lambda* mayúscula que se adosa al resto del cuerpo del monograma, y que va atravesado por una S tumbada o recta. Todos los ejemplares de monogramas presentes en el Tumbo A llevan este signo, con la excepción de Alfonso II, Fernando I y Urraca I. Rogelio Pacheco y M.ª Elena Sotelo le dedicaron un artículo completo, y lo identificaron con las iniciales SR de *Signum Regis*[32]: la S es fácil de identificar, aunque en ocasiones aparezca tumbada, y para ellos el ángulo en forma de letra lambda mayúscula sería la R. Datan su aparición en el reinado de Alfonso III, con el presunto motivo de distinguir su signo del de Alfonso II, pero parecen ignorar que el monograma en el testamento de este último monarca sí que lleva el *signum*. Creen detectar una evolución

[32] Rogelio Pacheco y M.ª Elena Sotelo, "El signum regis distintivo…", pp. 429 y ss.

de este signo a lo largo del tiempo, con cambios en su trazado y la aparición de añadidos, si bien los ejemplares conservados matizan esta afirmación, ya que se aprecian diferencias que impiden hablar de una total estandarización. Ruiz Asencio ha dejado demostrado que, contra lo que sostienen Pacheco y Sotelo, este signo también fue utilizado por nobles ajenos a la familia real[33], lo que desmentiría esa lectura de *Signum Regis*. Nosotros, por nuestra parte, también lo hemos observado en la suscripción del notario Petro Kendulfiz en un diploma de Alfonso V[34], en la del monje Martín en un pergamino de Urraca I[35], y en la del obispo Pedro de Astorga en un documento de Fernando I[36]. También aparece este signo en las suscripciones de múltiples notarios en el BGS. Por poner solo un par de ejemplos, en las de Taion y Ovecco[37], y en la de Amphilocius[38].

Por otro lado, también abundan los ejemplos de monogramas regios en los que se halla ausente este *signum*[39], y cabe preguntarse por qué no se incluía en el de la reina Urraca, ya que se podría haber leído como *Signum Reginae* con las mismas supuestas iniciales SR.

Otra muestra de alteraciones, pero en el sentido contrario, es el monograma de Fernando I, al que le falta ese *signum* como norma general, pero que sin embargo lo muestra de forma excepcional en un ejemplar incluido en el BGS[40].

No compartimos el dictamen de Ruiz Asencio de que el *signum* representa una cruz de tipo San Andrés[41]. Nuestra opinión es que este efectivamente existe como un trazo independiente adosado a los monogramas regios, pero que no respondería a las letras "SR",

---

[33] José María Ruiz Asencio, "Notas sobre la escritura y monogramas regios...", pp. 310-311.

[34] Archivo de la Catedral de Lugo, Privilegios reales, t. X, doc. 7.

[35] AHN Clero 893, 15.

[36] ASIL 283. Resulta revelador que porte el *signum* el monograma de un obispo, y no el del monarca.

[37] BGS fol. 237 r.

[38] BGS fol. 237 v. El Becerro constituye un auténtico filón de monogramas de suscripciones notariales que lo convertiría en una herramienta muy útil para su estudio.

[39] Pueden verse varios ejemplos en Concepción Mendo Carmona, "La suscripción altomedieval", e incluso en varios de los monogramas del Tumbo A no incluidos en la tabla, como algunos ejemplares de Fruela II, Ordoño II, Ordoño III, Alfonso V y García I de Galicia.

[40] BGS, AHN Códices, L.989, folio 170v.

[41] José María Ruiz Asencio, "Notas sobre la escritura y monogramas regios...", p. 312.

sino quizás a "SN", que sería la abreviatura de *signum*. La N parece una mayúscula cuadrada romana normal, pero incluso podría tratarse de la N en visigótica cifrada, que precisamente adopta esa forma de lambda mayúscula[42]. Puede que sea coincidencia, pero son precisamente las letras S y N las primeras que figuran en casi todos los signos de Alfonso VII[43].

El estudio de los monogramas y rúbricas regios merecería un trabajo monográfico. Para ello haría falta una recopilación pormenorizada de todos los que aparecen en la documentación para poder sacar conclusiones más firmes sobre su tipología, su estandarización o no, sus posibles significados, etc. Juega en su contra el hecho de que en las colecciones documentales nunca se reproducen estos signos, por lo que sería necesario acudir a los diplomas originales, y fotografiarlos apropiadamente cuando no hayan sido digitalizados.

LA TRANSICIÓN AL *SIGNUM IMPERATORIS*

Será Alfonso VII quien utilice por última vez un monograma o rúbrica como forma de suscripción. En su reinado se dio toda una transición entre la costumbre de sus antepasados y la aparición de un uso nuevo, al que designaremos, usando sus propias palabras, como *signum imperatoris*. Después de consultar decenas de ejemplares en diferentes archivos y cartularios, podemos proponer los siguientes pasos en esta transición:

---

[42] Juan Carlos Galende Díaz, "*Elementos y sistemas criptográficos en la escritura visigótica*", en Galende Díaz, J.C. y De Santiago Fernández, J. (dir.), *VIII Jornadas Científicas sobre documentación de la Hispania altomedieval (siglos VI-X)*, Universidad Complutense de Madrid, Madrid, 2009, p. 177.

[43] Sirvan como ejemplo ASIL 138, 144, 145, 146, 152, 156, 158, 159, 161 y 162, por citar solo algunos de los ejemplares conservados en San Isidoro.

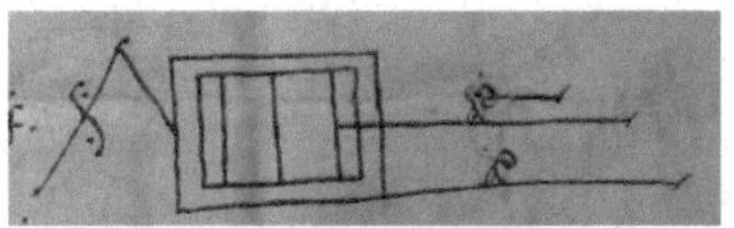

I. Monograma temprano (1126-1130 aprox.)

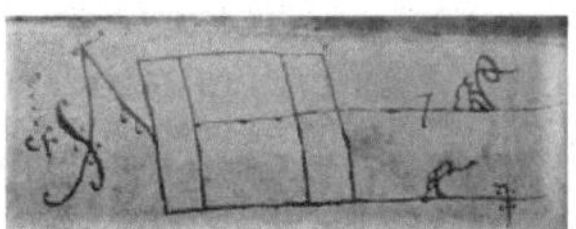

II.Monograma tardío (1130-1135 aprox)

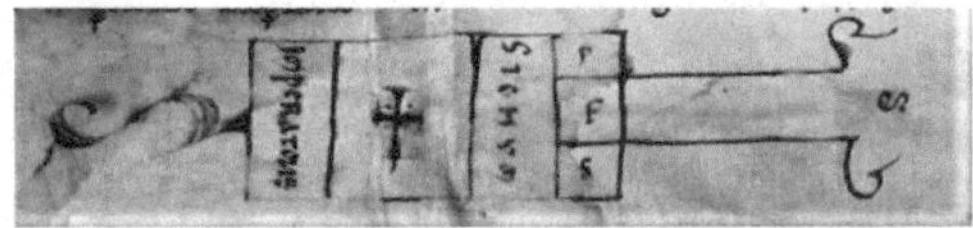

III. Modelo intermedio entre monograma y signo imperial (1135-1140 aprox.)

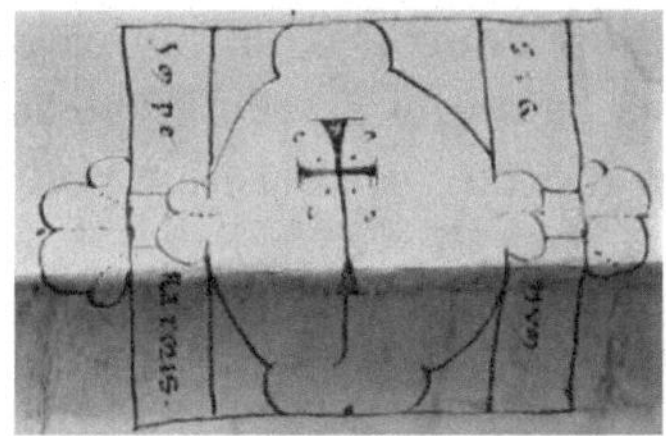

IV.Modelo temprano de Signum imperatoris (1140-1142 aprox.)

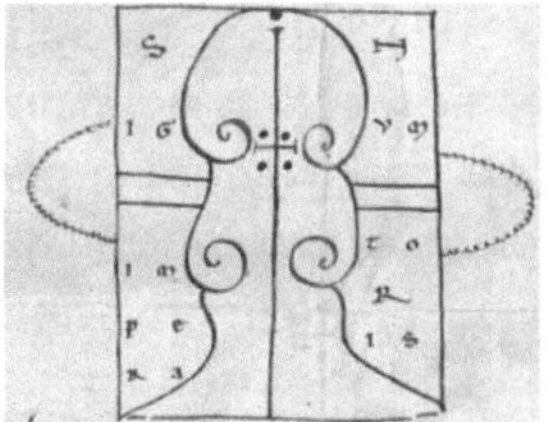

V.Modelo final de Signum Imperatoris (1142-1157 aprox.)

Ilustración 7: Modelos de la evolución del signum de Alfonso VII

a) Al comienzo de su reinado utilizó un monograma o rúbrica muy parecido al de su abuelo Alfonso VI: incluía el *signum*, y un cuerpo central casi cuadrado que en los primeros años se introduce en un marco (modelo I) y que desaparecerá poco después (modelo II).

b) En torno a 1135 cambia el modelo por completo (modelo III): el cuerpo principal sigue teniendo un formato cuadrangular, pero dividido en cuatro partes, y con una inscripción que comienza de derecha a izquierda:

P(ATER) F(ILIVS) S(PIRITVS SANCTI)|SIGNVM|(CRUZ)|IMPERATORIS

A la izquierda del observador se acopla una S tumbada al cuerpo principal (seguramente derivada de la S del *signum* o de la palabra *subscripsi*), y a la derecha figuran dos líneas horizontales rematadas en sendos bucles, entre las cuales se sitúa un signo, posiblemente de confirmación.

c) A partir de 1140 aparece el *signum imperatoris*, con un tamaño muy superior al de los monogramas. Al principio la inscripción se dispone en formato vertical, por lo que podría ser una transición entre los dos modelos (modelo IV). En 1142 ya adopta su disposición definitiva (modelo V), con la inscripción partida SIG|NVM IMPERA|TORIS. El centro está presidido por una cruz patada coronada por un punto grueso, y adornada casi siempre con puntos en sus ángulos.

Por otra parte, a juzgar por el cambio de tinta y la inseguridad del trazado, en varios ejemplares la cruz, y quizá los puntos, parecen haber sido hechos de manera autógrafa por el propio emperador. La cruz está flanqueada por sendos adornos espirales que podrían responder a la estilización de las S de *subscripsi*. A derecha e izquierda del marco figuran dos semicírculos ondulados o trilobulados.

Con el signo imperial Alfonso VII convierte a la cruz en el signo preponderante, lo que lo equiparará a los reinos vecinos. A su muerte en 1157, los reinos de León y de Castilla se separan, y su hijo Fernando II de León introducirá una novedad en los *signa regum*: el signo rodado, mientras que su hermano Sancho III de Castilla continuará con el modelo de su padre, si bien cambiando la inscripción imperial por un más modesto *"signum regis Sancii"*.

ORÍGENES Y APARICIÓN DE LOS SIGNOS RODADOS Y LOS SIGNOS HERÁLDICOS LEONESES

Es bien sabido que Alfonso VII empleó el león como emblema protoheráldico en sus monedas y, según el Poema de Almería también lo llevaba en sus armas y en sus estandartes[44]. Su hijo Fernando II lo

[44] Ricardo Chao Prieto, "La bandera medieval del reino de León", *Banderas*, 98 (2006), pp. 15-30.

heredará como símbolo parlante del reino que le tocó en suerte, y lo integraría en sus documentos más solemnes inscrito en una rueda o *rota*. Ello supone una innovación radical respecto a todos sus antepasados, si bien este uso tiene unos orígenes pontificios que han sido bien estudiados desde antiguo[45]. La rota o rueda como nuevo elemento de validación documental fue creada por la cancillería pontificia en el año 1049, con la llegada al trono del papa León IX (1049-1054), aunque será Pascual II (1099-1118) quien le diera su forma definitiva. Consiste en un doble círculo en el que se inscribe el lema del papa en concreto, y el círculo interior está dividido en cuatro cuarteles por medio de una cruz. En el interior hay una invocación a los santos Pedro y Pablo, y debajo se inscribe el nombre y numeral del papa. Como curiosidad, será también León IX quien introduzca el monograma de *Bene Valete*, quizás imitando a los monogramas de los reyes franceses.

Esta costumbre de añadir la rota al aparato documental fue adoptada a comienzos del siglo XII por parte Diego Gelmírez, obispo y posteriormente arzobispo de Santiago de Compostela. Con ello trataba de imitar a los diplomas papales como forma de autoafirmar a la sede compostelana, e incluso tuvo la osadía de utilizar la misma divisa que el papa Pascual II.

Gelmírez, como arzobispo de Santiago, fue canciller del reino de León, y sus sucesores heredaron este cargo palatino, así como sus usos diplomáticos. Por ello no tiene nada de extraño que, al comenzar a reinar Fernando II en León, sus cancilleres adoptaran el uso de la rueda, inscribiendo un león en su interior como emblema del rey y del reino.

Fernando II utilizó el signo rodado a lo largo de todo su reinado, si bien hubo cierta evolución en la inscripción, dependiendo de las circunstancias políticas. En un primer momento, esta rezaba +SIGNVM|FERNANDI|REGIS|LEGIONENSIS, o bien, +SIGNVM|FERNANDI|LEGIONENSIS|REGIS (Tipo I en la ilustración 9)

---

[45] Anton Josef Hubert Eitel, "Rota und Rueda", en *Archiv für Urkundenforschung*, V (1913-1914), pp. 299-336.

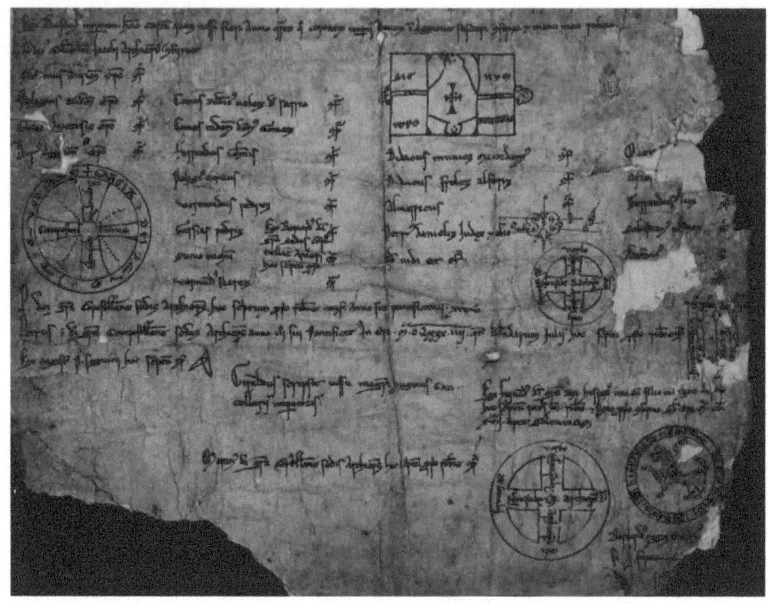

Ilustración 8: AHN CLERO 556, 3. En este interesante diploma se observan los signos rodados de varios arzobispos de Santiago, así como el *signum* de Alfonso VII y el signo rodado de Fernando II

Aunque hay precedentes anteriores, en 1162 Fernando cambia la inscripción: continúa la cruz inicial (posible recuerdo del signo imperial de su padre), y la leyenda se convierte en + SIGNVM | FERNANDI | REGIS | HISPANORVM (Tipo II en la ilustración 9). Ello se debe a que en ese preciso año Fernando II, que ya ejercía la tutoría sobre su sobrino Alfonso VIII de Castilla, también se convertirá en el tutor de Alfonso II de Aragón[46], con lo que el rey leonés alcanzaba la hegemonía sobre los demás reinos cristianos peninsulares.

En 1165 se cambiará "HISPANORVM" por "HISPANIARVM", y en 1166 desaparecerá la cruz definitivamente. A partir de 1181 retorna al uso de "HISPANORVM", que no abandonará ya hasta su muerte en 1188 (Tipo III de la ilustración 9).

[46] Ricardo Chao Prieto, "La tutoría leonesa de Fernando II sobre Alfonso II de Aragón", *ProMonumenta*, 12 (2015), pp. 104-105.

Con Alfonso IX (1188-1230) se irán sucediendo las novedades. En su primer año de reinado, reincorpora la cruz inicial, y utiliza la inscripción +SIGNVM|ALDEFONSI|REGIS|LEGIONENSIS, abandonando el HISPANIARVM e HISPANORVM de su padre. (Tipo I de Alfonso IX en la ilustración 9).

Pero al año siguiente, en 1189, su cancillería comienza a emitir documentos eliminando la rota y su inscripción, y dejando solamente la figura del león (Tipo II). Ello da lugar a la aparición del llamado "privilegio signado"[47], por lo que el *signum regis* pasa de ser un signo rodado a un emblema heráldico, sin más adornos[48].

SIGNOS RODADOS DE FERNANDO II (1157-1188)

Tipo I. (AHN, Clero 1437, 16)

Tipo II. (ACL 1033)

Tipo III. (ACL 1066)

SIGNOS DE ALFONSO IX (1188-1230)

Tipo I. (AHN, Clero 1618, 3)

Tipo II. (AHN Clero 531, 16)

Tipo III. (AHN Clero 1431, 4)

Ilustración 9: Evolución de los signa regum de Fernando II y Alfonso IX

---

[47] José Antonio Martín Fuertes, "El signum regis en el reino de León (1157-1230): notas sobre su simbolismo", en Peter Rück (ed.), *Graphische Symbole in mittelalterlichen Urkunden*, Thorbecke, Sigmaringen, 1996, p. 475.

[48] De ahí nuestra propuesta de denominarlo "signo heráldico", "señal" o "signo simple".

Signos rodados y heráldicos se suceden sin orden aparente a lo largo de todo su reinado. Pero además también aparecerán signos rodados mudos, es decir, sin inscripción (Tipo III), y al final de su reinado abundarán los privilegios sin ningún tipo de signo, pero conservando el hueco para una posterior realización de la ilustración que, evidentemente, nunca llegó. Quizás haya que relacionar todo esto con el comienzo del empleo del sello de plomo, que seguramente desplazó iconográficamente a los signos dibujados en el documento.

En cualquier caso, el empleo de un emblema heráldico como *signum regis* es una originalidad del reino leonés que lo diferencia de todos los reinos peninsulares, pues, como veremos a continuación, los demás por lo general se limitaron al empleo de la cruz. Este uso heráldico del signo real no volverá a verse hasta los tiempos de Alfonso X (1252-1284), cuando incluya el cuartelado de castillos y leones en sus signos rodados.

Ilustración 10: El último *signum regis* de un rey leonés, y el único en color. Alfonso IX, año 1229. ACL 5036

LOS *SIGNA REGUM* DE LOS DEMÁS REINOS PENINSULARES

PAMPLONA-NAVARRA

A pesar de su dilatada existencia, no conservamos muchos diplomas reales con *signum regis* de este reino. Por si fuera poco, todo apunta a que algunos reyes utilizaron diferentes diseños. En cualquier caso, la mayoría utilizan una sencilla cruz y, como veremos, este uso lo heredará el reino de Aragón.

Pero también los hay que se inspiran en los monogramas carolingios, como un ejemplar de Sancho Garcés III (1004-1035)[49], pero ello constituye algo excepcional. Sancho VII (1194-1234) introdujo un signo heráldico, el águila, que sin embargo no tuvo mayor fortuna, ya que no fue adoptado por sus sucesores.

Podemos ver una recopilación de *signa regum* navarros en una obra de Jesús Muñoz y Rivero[50], pero por desgracia los signos vienen sin referenciar, y algunos son francamente sospechosos: por ejemplo, el águila de Sancho IV seguramente sea un error, ya que no tenemos indicios de que se usara ese emblema con anterioridad al rey Sancho VI. En cualquier caso, esta colección apunta la posibilidad de que los monarcas pamploneses utilizaran diferentes *signa*, y de que incluso siguieran la estela de los asturleoneses en ocasiones (Sancho II y Sancho III). También sirve para comprobar que en la mayoría de los casos estos reyes se decantaron por la cruz como *signum regis*. Sería conveniente un estudio sistemático de los diplomas regios navarros para comprobar estos usos.

ARAGÓN

Aragón surge como reino independiente en 1035, con Ramiro I, que, si bien no llegó a intitularse rey en vida, sí fue reconocido como tal por sus sucesores. Este reino pasó por distintas uniones y separaciones con el reino de Pamplona, y acabó dando lugar a la Corona

[49] ES/ACHU - P02/0170
[50] Jesús Muñoz y Rivero, *Firmas de los reyes de España (desde el siglo IX hasta nuestros días)*, Madrid, 1887.

de Aragón en 1150 con la unión del propio reino de Aragón y de los principales condados catalanes con el matrimonio de Petronila y Ramón Berenguer IV.

Al igual que en el reino de León, cada monarca aragonés utilizará un *signum regis* propio, si bien siempre serán diseños muy sencillos, inspirados en la cruz que usaban sus súbditos en la documentación privada y/o en figuras geométricas básicas. Como novedad, algunos reyes incluirán la suscripción en lengua árabe.

Ramiro I (1035-1063), por ejemplo, usa una cruz patada con puntos en los ángulos[51], mientras que Sancho Ramírez (1063-1094), que también fue rey de Pamplona (1076-1094), sustituye la cruz por un cuadrado lobulado en las esquinas[52].

Pedro I de Aragón y Pamplona (1094-1104) regresa al uso de la cruz patada[53], pero Alfonso I el Batallador (1104-1134), rey de Aragón y Pamplona, une los dos usos anteriores, inscribiendo una cruz patada en un rectángulo con lóbulos en los ángulos y, en ocasiones, añadiendo un punto en cada lóbulo[54].

Ramiro II el Monje (1134-1157) fue rey solo de Aragón, ya que Pamplona se independizó en 1134 con García Ramírez. Ramiro inscribió la cruz patada en un círculo, lo que casi podría considerarse un precedente de los signos rodados, pero era de muy pequeño tamaño, sin inscripción, y además este uso no fue adoptado por sus sucesores. A este círculo le acompañan las letras alfa y omega, que penden de líneas verticales. Hay muchos ejemplares de los *signa regum* de Ramiro II, todos muy similares[55].

El matrimonio de Petronila I de Aragón y Ramón Berenguer IV, conde de Barcelona (1157-1164), significó el nacimiento de la Corona de Aragón, que se vio ratificada con el reinado de su hijo Alfonso II. Ambos utilizan signos cruciformes, con puntos en los ángulos: en el caso de Ramón Berenguer, es una cruz patada. Todos se inician con una S a la izquierda del observador: no existe duda de que significa

---

[51] ES/ACHU - P02/0915
[52] ES/ACHU - P02/0300 y ES/AMJ - P1-1/23
[53] ES/ACHU - P02/1068
[54] ES/ACHU - P02/0226, ES/AMEJEA - 00HISA4/007, y ES/AMJ - P1-8/24.
[55] Por poner solo un ejemplo, AHN Clero 713, 4

signum, ya que los signos de Petronila[56] incluyen la abreviatura de esa palabra: S(ig)(CRUZ)nu(m). Uno de Ramón Berenguer de 1160 también incluye un par de enes en los ángulos izquierdos de la cruz[57]. Estos detalles podrían confirmar nuestra sospecha de que el *signum* que acompaña a los monogramas regios asturleoneses debe leerse precisamente como *signum*, y no como *signum regis* u otras alternativas, tal y como se ha expuesto con anterioridad.

Alfonso II (1164-1196) regresa en cierto modo al modelo de Alfonso I: una cruz patada inscrita en un rectángulo con lóbulos en los ángulos[58]. Quizás se sintiera vinculado con él, al compartir el mismo nombre, de la misma manera que los reyes asturleoneses usaban casi siempre el mismo monograma o rúbrica para un mismo nombre regio.

Pedro II (1196-1213) iniciará un modelo de signo regio que tendrá mucho éxito entre los reyes aragoneses del s. XIII: consiste en un rombo horizontal partido por una cruz que tiene puntos en sus ángulos, y cuyos vértices van rematados por una cruz patada[59].

Jaime I (1213-1276), "el Conquistador", empleará un signo muy similar, pero sin puntos, y con dos diagonales que cruzan sobre la cruz central[60]. Este modelo creará escuela, y será copiado con exactitud por sus herederos Pedro III (1276-1285), Alfonso III (1285-1291), Jaime III (1291-1327) y Alfonso IV (1327-1336).

CASTILLA

Castilla surge como reino en el año 1065, con la división del reino leonés propiciada por Fernando I. Esta etapa durará tan solo siete años, hasta la muerte en Zamora de su primer soberano, Sancho II. De este monarca hemos encontrado dos *signa regum* que siguen la tradición asturleonesa[61], y de hecho son prácticamente idénticos a los

---

[56] ACA, CANCILLERÍA, Pergaminos, Ramon Berenguer IV, Serie general, 250, y ACA, CANCILLERÍA, Pergaminos, Alfonso I-II, Carpeta 42,15

[57] AHN Clero 624, 11

[58] AHN, OM 605, 8

[59] AHN OM 705, 6

[60] ES/AHPZ, Pergaminos 22/2

[61] MS 8 Catedral de León (Antifonario), y ACS CF 34 (Tumbo A)

de Sancho I de León. Sin embargo, otro es totalmente diferente, y engarza con los signos empleados por los reyes merovingios[62], como el de Clodoveo II.

Castilla no volverá a ser un reino independiente hasta la muerte de Alfonso VII, en 1157. Sancho III adoptó el signo imperial de su padre, si bien cambiando el título imperial por el real. No se conservan apenas ejemplares de este rey, debido a la corta duración de su reinado (1157-1158).

Su hijo y sucesor, Alfonso VIII, introducirá en Castilla el empleo del signo rodado, si bien en su interior se dibujará una cruz patada, y nunca se usaría con el emblema heráldico del reino. La inscripción evolucionará de un sencillo "SIGNVM REGIS" a "SIGNVM ADEFONSI REGIS CASTELLE"[63]. A finales del s. XII este mismo rey introducirá el uso castellano de rodear la rueda con los nombres y cargos del mayordomo y el alférez. Con el tiempo esta segunda inscripción rodeará por completo a la rueda, convirtiéndose en un segundo anillo del signo.

Fernando III (rey de Castilla de 1217 a 1252, y de León de 1230 a 1252) también heredará este uso diplomático de su abuelo, y la única novedad será que en la inscripción central incluirá al reino de Toledo y, a partir de 1230, a los reinos de León y de Galicia.

Su hijo Alfonso X (1252-1284) introduce algunos cambios: la inscripción de los oficiales reales la inserta en un nuevo círculo, y retoma el uso del color que había iniciado su abuelo Alfonso IX de León en su último privilegio signado. En la mayoría de los privilegios rodados solo usa una cruz en el centro, pero en contadas ocasiones insertará el cuartelado heráldico de castillos y leones, regresando a la costumbre leonesa de convertir al *signum regis* en un emblema. Si bien la cruz central siempre estará presente, cederá el protagonismo a los castillos y a los leones.

Este uso del escudo cuartelado será institucionalizado por Sancho IV (1284-1295), y por todos los reyes que le sucedieron, hasta los Reyes

[62] AHN, CODICES, L.989 (Becerro Gótico de Sahagún)

[63] José María de Francisco Olmos, "La emblemática castellana de Alfonso VIII: signos reales, monedas y sellos", *Anales de la Real Academia Matritense de Heráldica y Genealogía*, 17 (2014), pp. 215-249.

Católicos, en una abierta competición en cuanto a la espectacularidad de la rueda. La única novedad reseñable será la incorporación de una corona a los leones, que se inicia en los tiempos del mencionado Sancho IV.

PORTUGAL

El condado portucalense comienza a dar sus primeros pasos hacia la independencia con el infante Afonso Henriques ya en 1128[64], aunque este no será proclamado como rey hasta 1139, convirtiéndose en Afonso I de Portugal.

La evolución del *signum* condal y del posterior *signum regis* está perfectamente estudiada por José María de Francisco Olmos[65]. Al principio usará una cruz patada que en ocasiones se integra en un diseño floral.

Cuando alcanza reconocimiento internacional, el rey portugués imitará en sus documentos el uso de la rueda o rota que estaban utilizando los arzobispos de Santiago de Compostela y otros obispos gallegos. Sin embargo, en todo su largo reinado (1139-1185) no adoptó un modelo estable, e incluso extendió su uso a los demás miembros de la familia regia. Todos incluyen el diseño de una cruz, aunque en ocasiones queda camuflada en una flor tetrapétala trazada a compás, que probablemente imita un diseño del arzobispo Bernardo I de Compostela (1151-1152).

Su hijo Sancho I (1185-1211) continúa con esta indeterminación y con estos usos del *signum regis*, si bien en una ocasión emplea las cinco quinas, que ya se estaba convirtiendo en el emblema heráldico de Portugal. No se conocen más tentativas en este sentido.

Afonso II (1211-1223) parece decidirse por el modelo de cruz templaria trazada a compás en el medio de una flor tetrapétala. También

---

64 Ricardo Chao Prieto, “La “memoria de treguas” de los tres Alfonsos: un paso en el camino a la independencia de Portugal”, *Añada: revista d’estudios llioneses*, 1 (2019), pp. 89-100. En línea: https://doi.org/10.18002/ana.v0i1.6163

65 José María de Francisco Olmos, *El signo rodado regio en España. Origen, desarrollo y consolidación. Siglos XII-XV*, Real Academia Matritense de Heráldica y Genealogía, Madrid, 2009. Disponible en https://www.ramhg.es/images/stories/pdf/silografia-articulos/SIGNO-RODADO.pdf.

será el empleado por su sucesor Sancho II (1223-1248), quien introducirá la novedad de enmarcar la inscripción en el anillo de la rueda.

Tras este rey, desaparece el uso del signo rodado en la documentación regia, ya que será sustituido por el sello de plomo, que se limitará a usar los emblemas heráldicos del reino portugués.

CONCLUSIONES

El *signum regis* leonés podría tener su origen más lejano en los monogramas y suscripciones bizantinos, que con el tiempo se comunicarían a varios pueblos germánicos, como los ostrogodos y los lombardos, y quienes a su vez los transmitirían a merovingios y carolingios. De todas formas, el origen más cercano en cuanto al uso y la forma parecen ser las suscripciones de los reyes merovingios, y las de los oficiales regios que suscribían los documentos más solemnes de los monarcas carolingios. Seguramente los visigodos heredaron esta práctica, pero por desgracia no conservamos casi ningún testimonio de este último reino.

Tampoco conservamos muchos documentos regios del periodo del reino astur (718-910), pero al final de esta etapa ya apreciamos que sus últimos reyes suscriben con unos signos que recuerdan mucho a los de los oficiales carolingios. Estos elementos gráficos juegan con varias eses altas como abreviatura de la palabra *subscripsi*, aunque también pueden incluir letras del nombre del monarca. Cada nombre de monarca parece tener su propio *signum regis*, y así será hasta la aparición del signo imperial de Alfonso VII. Se fueron alternando las rúbricas con los auténticos monogramas, pero en cualquier caso queda clara la originalidad de esta solución asturleonesa respecto a otros territorios.

Otra originalidad es el *signum* en sí, denominación que hemos reservado para el elemento gráfico que figura a la izquierda del *signum regis* y que, en nuestra opinión, consiste en el entrelazamiento de las letras S y N, es decir, una auténtica abreviatura de la palabra "*signum*".

También constituye una novedad el signo y la inscripción imperiales acuñados por Alfonso VII (1126-1157), si bien la preponderancia de la cruz lo aproxima a los usos de los reinos vecinos.

Con la introducción los signos rodados de Fernando II (1157-1188) y Alfonso IX (1188-1230), el reino de León optó por mezclar un elemento heredado o transferido de las cancillerías pontificias (la rota o rueda) con una innovación como fue dibujar el emblema heráldico del reino. Alfonso IX fue más allá con la creación de los privilegios signados, que prescinden de la rueda y ceden todo el protagonismo a la figura del león pasante. Como hemos ido viendo, y salvo contadas excepciones, ningún otro reino peninsular introdujo señales o emblemas heráldicos. Ni siquiera Castilla se apropió de esta costumbre, y hubo que esperar a los tiempos de Alfonso X para que se reintrodujeran emblemas, esta vez en la forma del cuartelado de castillos y leones tan propio de la Corona de Castilla.

BIBLIOGRAFÍA

Atsma H. y Vezin, J., "Aspect matériels et graphiques des documents mérovingiens", en J. Bistřický, *Typologie der Königsurkunden*, Universidad Palacký, Olmütz, 1998, pp. 9-20.

Calleja-Puerta, M., "Ecos de las fórmulas visigóticas en la documentación altomedieval astur-leonesa", en *Les formulaires: compilation et circulation des modèles d'actes dans l'Europe Médiévale et Moderne*, Ecole Nationale des Chartes, París, 2016, pp. 45-63.

Chao Prieto, R., *Historia de los reyes de León*, León, Rimpego, 2017.

—, "La bandera medieval del reino de León", *Banderas*, 98 (2006), pp. 15-30.

—, "La "memoria de treguas" de los tres Alfonsos: un paso en el camino a la independencia de Portugal", *Añada: revista d'estudios llioneses*, 1 (2019), pp. 89-100. DOI: 10.18002/ana.v0i1.6163

—, "La tutoría leonesa de Fernando II sobre Alfonso II de Aragón", *ProMonumenta*, 12 (2015), pp. 104-105.

Davies, W., *Windows on Justice in Northen Iberia, 800-1000*, Routledge, Nueva York, 2016.

Díaz y Díaz, M. C., "Ensayo de reinterpretación del Tumbo A", en *Tumbo A. Índice de los privilegios reales que contiene este libro intitulado de la letra A*, Testimonio, Madrid, 2008, pp. 9-45.

Eitel, A.J.H., "Rota und Rueda", en *Archiv für Urkundenforschung*, V (1913-1914), pp. 299-336.

El Libro de los Juicios (Liber Iudiciorum), Pedro Ramis Serra y Rafael Ramis Barceló (trad.), Agencia Estatal Boletín Oficial del Estado, Madrid, 2015.

Francisco Olmos, J. M. de, *El signo rodado regio en España. Origen, desarrollo y consolidación. Siglos XII-XV*, Real Academia Matritense de Heráldica y Genealogía, Madrid, 2009. https://www.ramhg.es/images/stories/pdf/silografia-articulos/SIGNO-RODADO.pdf.

—, "La emblemática castellana de Alfonso VIII: signos reales, monedas y sellos", *Anales de la Real Academia Matritense de Heráldica y Genealogía*, 17 (2014), pp. 215-249.

Galende Díaz, J. C., "Elementos y sistemas criptográficos en la escritura visigótica", en J.C. Galende Díaz y J. De Santiago Fernández (dir.), *VIII Jornadas Científicas sobre documentación de la Hispania altomedieval (siglos VI-X)*, Universidad Complutense de Madrid, Madrid, 2009, pp. 173-185.

Guyotjeannin, O., "Le monogramme dans l'acte royal français (x[e] - debut du XIVe siècle)", en Rück, P. (ed.), *Graphische Symbole in mittelalterlichen Urkunden*, Thorbecke, Sigmaringen, 1996, pp. 295-296.

Hostetler, B., "Reading and Displaying Monograms on Byzantine Signet Rings", *The Journal of the Walters Art Museum*, 75 (2021). https://journal.thewalters.org/volume/75/note/reading-and-displaying-monograms-on-byzantine-signet-rings/

Kent, J. P. C., *The divided Empire and the fall of the western parts. AD 395-491*, en VV.AA., *The Roman Imperial coinage*, Spink, Londres, vol. X, 1994, 10 vols.

Luca, E. de, "Royal misattribution: monograms in the Leon Antiphoner", *Journal of Medieval Iberian Studies*, 9 (2017), pp. 25-51. DOI: 10.1080/17546559.2015.110152132.

Martín Fuertes, J.A., "El signum regis en el reino de León (1157-1230): notas sobre su simbolismo", en P. Rück (ed.), *Graphische Symbole in mittelalterlichen Urkunden*, Thorbecke, Sigmaringen, 1996, pp. 463-478.

Martínez de Aguirre y Aldaz, J., "El signo del águila en los documentos de Sancho VII el Fuerte, rey de Navarra (1194-1234)", *Anales de las Real Academia Matritense de Heráldica y Genealogía*, 8, vol. II (2004), pp. 557-574.

Mendo Carmona, C., "La suscripción altomedieval", *Signo. Revista de historia de la cultura escrita*, 4 (1997), pp. 207-229.

Muñoz y Rivero, J., *Firmas de los reyes de España (desde el siglo IX hasta nuestros días)*, Madrid, 1887.

Ostolaza Elizondo, M.ª I., "La validación en los documentos hispánicos (ss. x-xii). Del signum crucis al signum manus", en P. Rück (ed.), *Graphische Symbole in mittelalterlichen Urkunden*, Thorbecke, Sigmaringen, 1996, pp. 453-462.

Pacheco, R. y Sotelo Martín, M.ª E., "El signum regis distintivo de la monarquía astur-leonesa desde Alfonso III hasta Alfonso VII", en VV.AA., *Orígenes de las lenguas romances en el reino de León*, Centro de Estudios e Investigación San Isidoro, León, 2004, vol. II, pp. 419-438.

Prou, M., *Catalogue des monnaies françaises de la Bibliothèque Nationale: Les monnaies mérovingiennes*, C. Rollin & Feuardent, París, 1892.

Riesco Terrero, A., *Vocabulario científico-técnico de Paleografía, Diplomática y ciencias afines*, Barrero y Azedo, Madrid, 2003.

Ruiz Asencio, J. M., "Notas sobre la escritura y monogramas regios en la documentación real astur-leonesa", en J. M. Fernández Catón, *Monarquía y sociedad en el reino de León. De Alfonso III a Alfonso VII*, Centro de Estudios e Investigación San Isidoro, León, 2007, pp. 265-314.

Sáez Sánchez, C., "El signo como emblema", *Anuario de Estudios Medievales*, 33/1 (2003), pp. 339-363. https://doi.org/10.3989/aem.2003.v33.i1.204

Seibt, W., "The use of Monograms on Byzantine Seals in the Early Middle-Ages (6th to 9th Centuries)", *Parekbolai*, 6 (2016), pp. 1-14.

Steffens, F., *Paléographie latine: 125 fac-similés en phototypie*, Remi Coulon, París, 1910.

Thurston, H., "Bulls and Briefs", en *The Catholic Encyclopedia*, vol.III, The Encyclopedia Press, Nueva York, 1913, pp. 52-58.

VV.AA., "Analyses élémentaires de monnaies de Charlemagne et Louis le Pieux du Cabinet des Médailles: l'Italie carolingienne et Venise", *Revue Numismatique*, 164 (2008), pp. 355-406.

Wroth, W., *Catalogue of the coins of the Vandals, Ostrogoths and Lombards and of the Empires of Thessalonica, Nicaea and Trebizond in the British Museum*, Order of the Trustees, Londres, 1911.

5.
ARQUITECTURA Y CULTURA VISUAL COMO INSTRUMENTOS DE PODER EN EL REINO ASTURLEONÉS[1]

Francisco J. Moreno Martín
Depto. Historia del Arte, UCM
Marta Rielo Ricón
Contratada Programa "Margarita Salas", Depto. de Prehistoria y Arqueología, UAM

Hace ya más de un siglo que Gómez-Moreno publicó su monumental obra *Iglesias Mozárabes. Arte español de los siglos* IX *a* XI [2]. En ella, el maestro granadino definió con gran precisión los caracteres técnicos y formales de un arte híbrido surgido en tierras cristianas cuya máxima expresión arquitectónica fueron unos edificios levantados en torno a la ciudad de León, a la postre capital del reino que, nacido en Asturias, extendía entonces sus dominios hasta el Duero. La visión regeneracionista de Gómez-Moreno, propia de la cultura del 98, concebía la etapa del cenobitismo mozárabe como una fuerza creativa de inigualable esplendor constructivo solo derrotada por la llegada del monacato romano benedictino, preludio de decadencia y condena hacia la extinción de la vida comunitaria. Esta perspectiva consideraba a los "monjes mozárabes" como agentes transmisores de la cultura andalusí quienes, incendiados de celo cristiano y huyendo de las persecuciones desatadas por los emires, encontraron refugio en tierras del norte al amparo del deseo repoblador de los reyes de León[3]. Para Gómez-Moreno, la raíz oriental de la naciente

---

[1] Este texto se inscribe dentro del proyecto "Arqueología de las iglesias hispánicas del siglo x: la circulación de modelos arquitectónicos y decorativos III", PID2020-116931GB-I00, dirigido por M. Á. Utrero.

[2] Manuel Gómez-Moreno, *Iglesias Mozárabes. Arte español de los siglos* IX *a* XI, Centro de Estudios Históricos, Madrid, 1919, p. 143.

[3] Anteriormente, José Amador de los Ríos, había descrito este estilo como combinación de elementos romanos, visigodos e islámicos, al tiempo que identificaba sus

cultura medieval hispana era otro capítulo más de la plurisecular relación entre las dos orillas opuestas del mar Mediterráneo, una relación que don Manuel resumía con la expresión "vino nuevo en odres viejos"[4]. En la actualidad, gracias al incremento de los datos documentales y al desarrollo de la actividad arqueológica, es posible matizar y redimensionar el impacto de este caudal cultural islámico en el paisaje edilicio de la alta Edad Media leonesa. A lo largo de este capítulo exploramos la posibilidad de que la apropiación del léxico ornamental y constructivo andalusí llevado a cabo por las élites laicas y eclesiásticas fuera, en realidad, otro componente más de la estrategia "neovisigotista" diseñada desde el trono astur para autolegitimarse frente a los emergentes poderes locales.

"NEOVISIGOTISMO" Y COLONIZACIÓN MONÁSTICA

Para cualquier análisis relativo a los monasterios durante la alta Edad Media, conviene subrayar que su papel a lo largo de este periodo trasciende con mucho del de ser simples lugares de oración comunitaria y cura pastoral. A su condición de células espirituales, sin duda fundamental en el contexto humano en el que nos desenvolvemos, se le suman otras de igual o mayor relevancia. A nivel económico, actuaron como propietarios de dominios que, en ocasiones, superaban a los de las aristocracias laicas de manera que su labor fue fundamental para lograr la vertebración del espacio y el encuadramiento social al norte del Duero en estos siglos[5]. La fundación de

---

características arquitectónicas: arcos de herradura, bóvedas de cañón y columnas y capiteles corintios. En cuanto a los agentes creadores del mismo propuso la presencia de artesanos cuyos conocimientos partían de una hibridación cultural, José Amador de los Ríos, *El estilo mudéjar en la arquitectura. Discurso leído en junta pública de 19 de junio de 1859*, Real Academia de Bellas Artes de San Fernando, Madrid, 1859. En la misma línea Vicente Lampérez, "La iglesia de San Millán de la Cogolla de Suso (Logroño)", *Boletín de la Sociedad Castellana de Excursiones,* 59/5 (1907), pp. 245-247.

4 Francisco J. Moreno Martín y Margarita Díaz-Andreu, "Vino rancio en odres nuevos. La arquitectura y el espíritu nacional en la obra de Manuel Gómez-Moreno", *Manuel Gómez-Moreno y los dólmenes de Antquera*, Consejería de Truismo, Cultura y Deporte, Junta de Andalucía, Sevilla, 2023, p. 70.

5 Álvaro Carvajal, *Bajo la máscara del "regnum": la monarquía asturleonesa en León (854-1037)*, CSIC, Madrid, 2017, p. 208.

monasterios como fórmula de agrupamiento social y explotación económica durante el proceso de expansión de los reinos cristianos explica la desorbitada nómina de menciones documentales registradas para los siglos que nos ocupan[6]. En ese sentido, el desarrollo en el conocimiento arqueológico de los contextos aldeanos en algunos territorios, especialmente el País Vasco y Cataluña, ha puesto de manifiesto cómo la construcción de iglesias/monasterios respondía a un modelo en el que el edificio eclesiástico era consecuencia de la consolidación previa del asentamiento laico[7]. Aunque en la cuenca del Duero este patrón está todavía por confirmarse[8], desde el registro escrito se observa cómo la fundación y dotación de monasterios constituyó una apuesta de la monarquía, en connivencia con los obispos leoneses, por articular bajo su mandato algunos territorios en torno a la sede regia.

La lectura atenta de la documentación disponible relativa a la implantación del fenómeno cenobítico alrededor de la capital del reino de León sugiere, al menos, tres tipos de iniciativas. Iglesias o monasterios[9] surgieron al amparo de ciertas comunidades aldeanas[10] y también protegidas por algunas élites locales. Estas fundaciones

---

[6] José Ángel García de Cortázar, "Estructuras del poder y el poblamiento en el solar de la monarquía asturiana (años 711-910)", *La época de la Monarquía Asturiana. Actas del simposio celebrado en Covadonga (8-10 de octubre de 2001)*, Universidad de Oviedo, Oviedo, 2002, p. 440.

[7] Juan Antonio Quirós *et al.*, "Arqueología de la Alta Edad Media en el Cantábrico Oriental", *Medio siglo de arqueología en el Cantábrico Oriental y su Entorno: actas del Congreso Internacional*, Diputación Foral de Vitoria, Álava, 2009, p. 472; Jordi Roig, "Silos, poblados e iglesias: almacenaje y rentas en época visigoda y altomedieval en Cataluña (siglos VI al XI)", *Horrea, barns and silos. Storage and incomes in Early Medieval Europe*, UPV, Vitoria, 2013, p. 163.

[8] Álvaro Carvajal, *Bajo la máscara del "regnum"*..., p. 210.

[9] Términos utilizados indistintamente en la documentación altomedieval. Esta confusión testimonial deriva de la ausencia de reglamentación eclesiástica al respecto de ambos fenómenos, por un lado, y de la similitud de las funciones que estas instituciones ejercen, a medio camino entre el ascetismo de cuño tardoantiguo y la actividad pastoral de momentos posteriores Francisco J. Moreno, *La arquitectura monástica hispana entre la Tardoantigüedad y la Alta Edad Media*, Archaeopress, Oxford, 2011, p. 92.

[10] Álvaro Carvajal, *Bajo la máscara del "regnum"*... pp. 212 y 217. Estos monasterios pudieron desempeñar, además de funciones espi,rituales, otras de carácter social o económico en un radio de acción relativamente corto difíciles de precisar documentalmente, pero ya constatadas arqueológicamente en otras zonas como en Cataluña, donde han aparecido silos de almacenamiento de cereal en el interior de algunos templos prerrománicos, Jordi Roig, "Silos, poblados e iglesias...", p. 168.

pugnaron por su supervivencia con aquellas otras que contaron con el favor de la aristocracia –con el monarca a la cabeza– y de las autoridades eclesiásticas.

Los reyes, nobles y obispos contribuyeron de forma decidida a la consolidación de determinados dominios monásticos cuyo control garantizaba la extensión de su poder en las zonas rurales. La escenificación y el refrendo de esta relación jerárquica se producía, ocasionalmente, a partir de determinados actos públicos en los que los edificios que constituían el núcleo del cenobio o de la iglesia ofrecían un marco inmejorable para proyectar la autoridad regia[11]. De esta forma, la estructura arquitectónica y su complemento ornamental constituían una prolongación simbólica de aquellos que las concibieron y promocionaron. En síntesis, un monasterio era una eficaz herramienta de legitimación política para quien lo fundaba, pues señalaba directamente su ascendencia sobre aquellos que se favorecían espiritualmente de dicha fundación. Por otro lado, este hecho resultaba doblemente efectivo para nobles y obispos, quienes, al revestirlo de naturaleza piadosa, afianzaban su posición preeminente dentro de la comunidad de fieles[12]. Esta eficacia resultaba especialmente útil en el contexto de la restauración que subyace tras el discurso político emitido desde la monarquía asturleonesa[13].

Aunque la vertiente política y económica desarrollada por determinadas casas monásticas pueda resultar chocante desde una perspectiva meramente religiosa, hemos de recordar que en ningún caso tales funciones se apartan de la legislación vigente. Es más, era la reglamentación conciliar hispana la que garantizaba el éxito de este modelo en el que el obispo se alzaba como única autoridad y en el que asumía como función asegurar la "independencia" económica

---

[11] Álvaro Carvajal, *Bajo la máscara del "regnum"*..., p. 216.

[12] Fernando Arce y Francisco J. Moreno, "La construcción de iglesias como herramienta para el conocimiento del territorio tardoantiguo y altomedieval en la Meseta Norte", *Visigodos y Omeyas. El Territorio*, CSIC, Mérida, pp. 97-122; Iñaki Martín Viso, "Organización campesina y dominios políticos en la cuenca del Duero altomedieval", *Sociedades Precapitalistas*, 7/2 (2018), p. 10.

[13] Juan Ignacio Ruiz de la Peña, "*Eclesia Crescit Et Regnum Ampliatur.* Teoría y práctica del programa político de la monarquía astur-leonesa en torno al 900", *San Miguel de Escalada (913-2013)*, Universidad de León, León, 2014, pp. 26 y 32.

del cenobio[14]. Esta es la razón por la cual las élites civiles procuraban granjearse el apoyo de la curia episcopal, tan interesada como ellos en integrar nuevos territorios al control de sus respectivas diócesis[15]. En el caso que nos ocupa merece la pena subrayar que fueron Genadio, Froilán y Cixila, ocupantes de las sedes de Astorga y de León, quienes desempeñaron el papel de restauradores de la vida monástica en torno a la capital del reino y, con ello, contribuyeron a afianzar el poder del monarca más allá de las murallas de la sede legionense.

Genadio profesó en el monasterio de Ageo (Ayóo de Vidrales, Zamora) y, tras ser nombrado obispo de Astorga, logró confeccionar un sistema de control del territorio berciano a partir de la fundación y restauración de cenobios. Tanto es así que se alzó en representante de las pretensiones regias en la zona occidental del reino[16], dado que estos monasterios actuaron indirectamente como agentes dependientes del poder monárquico hasta finales del siglo x[17]. La *Vita* de San Froilán, por su parte, nos cuenta cómo este prelado desempeñó un papel similar al sur de León. Tras abandonar la vida eremítica, fundó monasterios en Viseu, Tábara y Moreruela, lo cual le valió ser nombrado obispo de la sede legionense el año 900 con el beneplácito de Alfonso III[18]. Un patrón similar parece que siguió Cixila,

[14] Concilio de Barcelona I (540), en su canon X, haciendo referencia a lo aprobado en el sínodo de Calcedonia (451), cuyos cánones octavo y vigesimocuarto habían establecido la sumisión del monasterio a la autoridad del obispo de la diócesis. José Vives, *Concilios Visigóticos e Hispano-Romanos*, CSIC, Barcelona-Madrid, 1963, p. 58.

[15] Ibídem, p. 208.

[16] Álvaro Carvajal, *Bajo la máscara del "regnum"*...p. 237.

[17] Ibídem, p. 251. El análisis de la zona del Bierzo confirma la convergencia de los poderes aristocráticos, eclesiásticos y regios. En el momento en el que Genadio revitalizaba la actividad monástica con la fundación o restauración de casas (San Pedro de Montes o Santiago de Peñalba), las élites locales levantaban sus propios cenobios (Santa Leocadia de Castañeda, Santos Cosme y Damián de Burbia y San Salvador de Bárcena). Finalmente, el poder de la monarquía leonesa acabará parcialmente desviado a la zona gallega mediante la dotación de San Julián de Samos, Iñaki Martín Viso, "Monasterios y redes sociales en el Bierzo altomedieval", *Hispania. Revista española de historia*, 71/237 (2011), pp. 9-38.

[18] Carlos Reglero, "Iglesia y monasterios en el Reino de León en el siglo x", In principio erat verbum. *El Reino de León y sus beatos*, Sociedad Estatal de Conmemoraciones Culturales, León, 2010, p. 35; Rose Walker, "Artistic Dialogue Between León and Castile in the 10th Century", *Journal of the British Archaeological Association*, 170/1, (2017), p. 9.

monje toledano que restauró la vida monástica en Abellar en 905 y que ocupó la cátedra leonesa desde el año 911[19].

La documentación conservada permite vislumbrar dos impulsos consecutivos en el desarrollo de esta fórmula de colonización monástica[20]. En un primer momento, que se sitúa en torno a las últimas décadas del siglo IX y comienzos del siguiente, se registran una serie de iniciativas locales al margen del poder episcopal o monárquico. En cierto modo, las fundaciones de Genadio, Froilán y Cixila (previas a su acceso al obispado) pueden considerarse dentro de este grupo y habríamos de sumarle otras como los eremitorios documentados en la zona de Pardomino, cerca de Boñar[21].

El segundo impulso llegó con la definitiva implantación de la corte en León y el avance del proceso de recuperación territorial hacia el sur. Los ocupantes del trono asturleonés, especialmente desde Alfonso III hasta Ramiro II, desarrollaron una política destinada a integrar las casas existentes dentro de la recientemente reinstaurada autoridad episcopal, al tiempo que patrocinaron la fundación de nuevos cenobios[22]. Escalada, Sahagún, Dueñas e, incluso, Abellar, fueron concebidas como piezas clave dentro de esta estrategia política que ayudó a la consolidación de la monarquía frente a las aristocracias locales instaladas en la zona que va del norte de León al este del río Esla[23]. No es casualidad que en un documento del año 906 se registre la donación de Alfonso III de la mitad de las iglesias y monasterios entre Astorga y el río Carrión a la catedral de Oviedo. En virtud de ese mismo documento, la otra mitad, pasaba a la sede de León lo que indica la condición real de tales fundaciones[24]. El traspaso de dichas

---

[19] María J. Carbajo, *El monasterio de los santos Cosme y Damián de Abellar. Monacato y sociedad en la época astur-leonesa*, CSIC, León, 1988, p. 53.

[20] Manuel Gómez-Moreno, *Iglesias Mozárabes...* p. 108, Álvaro Carvajal, *Bajo la máscara del "regnum"...*, p. 233.

[21] Carlos Reglero, "Iglesia y monasterios...", p. 35; Iñaki Martín Viso, "Monasterios y redes...", p. 37; La abundante onomástica árabe registrada para clérigos y monjes leoneses en ese momento provocó que algunos autores consideraran dichas iniciativas como prueba de la "repoblación" de la zona con monjes mozárabes Manuel Gómez-Moreno, *Iglesias Mozárabes...*, p. 108.

[22] Iñaki Martín Viso, "Organización campesina...", p. 10.

[23] Álvaro Carvajal, *Bajo la máscara del "regnum"...*, p. 235.

[24] Gregorio del Ser, *Documentación de la Catedral de León (Siglos IX-X)*, Universidad de Salamanca, Salamanca, 1981, p. 46.

propiedades desde la corona a los obispados más importantes del reino culminaba un proceso de apropiación cuyo pilar fundamental debió sustentarse en la reivindicación de la legitimación visigoda que la monarquía astur había confeccionado algunos años antes. Dicha autoproclamación "neovisigotista" resulta difícil de seguir al margen de los mecanismos discursivos del ciclo cronístico alfonsí y todavía mucho más complicado es trazar su proyección material. ¿Cómo es posible que las élites locales sucumbieran frente a la reivindicación del monarca? ¿Qué mecanismos permitirían visibilizar dicha legitimación? Creemos que los edificios pudieron desempeñar un papel trascendental en este proceso.

LAS FUNDACIONES REGIAS Y EL ARTE MOZÁRABE

La complejidad de este panorama territorial en el que convergen comunidades aldeanas, élites locales y aristocracias suprarregionales debió exigir el diseño de una sutil estrategia de apropiación y legitimación por parte de los obispos y de la casa real. Esta estrategia pasaba, en primer lugar, por reconocer la existencia de movimientos ascéticos precedentes al asentamiento definitivo del control episcopal sobre el territorio de su diócesis. Tal y como propuso Iñaki Martín Viso, el principio básico para lograr dicha legitimidad pasaría por la recuperación la estructura de la antigua iglesia hispánica, cuya jerarquía garantizaba la sumisión espiritual de los monasterios al obispo de la diócesis en la que estos se situaban[25]. Con este objetivo, los obispos de León, ciudad que –conviene subrayar– jamás había sido sede episcopal, pusieron en marcha una serie de mecanismos que contaron con el beneplácito y el apoyo de los ocupantes del trono[26].

La primera medida debía ir encaminada a garantizar la extensión de la legislación conciliar hispana en sus territorios y asegurar así la aceptación de un marco normativo que, desde el siglo v, había ido consolidando el poder de los obispos sobre los distintos movimientos

[25] Iñaki Martín Viso, *Poblamiento y estructura sociales en el norte de la Península Ibérica (siglos VI-XIII)*, Universidad de Salamanca, Salamanca, 2000, p. 155.
[26] Carlos Reglero, "Iglesia y monasterios...", p. 32.

ascéticos[27]. La presencia en tierras leonesas de un buen número de códices que contaban entre sus páginas con la colección canónica hispana es buen indicio para valorar el éxito de esta iniciativa[28].

Al mismo tiempo que se asienta el poder episcopal y se recuperan las normas hispanas, diversas fuentes atestiguan la llegada de grupos de monjes procedentes de al-Andalus[29]. Este hecho, pese a que no hay argumentos que lo certifiquen, fue considerado por la historiografía española como consecuencia de la *fitna* y del episodio de los martirios voluntarios protagonizados por cristianos cordobeses[30]. Sin embargo,

[27] Francisco J. Moreno, "Arquitectura y usos monásticos en el siglo VII. De la recreación textual a la invisibilidad material", *El siglo VII frente al siglo VII. Arquitectura*, CSIC, Madrid, 2009, p. 276.

[28] Conservamos referencias a tres libros de cánones en el siglo X y otros dos en el XI en los territorios leoneses, con seguridad ejemplares de la *Colección Canónica Hispana*. Manuel C. Díaz y Díaz, *Códices visigóticos en la monarquía leonesa*, CSIC, León, 1983, p. 194.

[29] Cyrille Aillet, "La formación del mozarabismo y la remodelación de la península ibérica", *De Mahoma a Carlomagno. Los primeros tiempos (siglos VII-IX)*, Gobierno de Navarra, Pamplona 2012, p. 290.

[30] La lectura que Risco hace de la inscripción de Escalada, donde considera el "bárbaro furor de los árabes" como el motivo por el que los monjes llegaron al lugar en busca de libertad, forma parte de una interpretación sostenida en el tiempo, Manuel Risco, *España Sagrada. Tomo XXXV. Memorias de la santa Iglesia esenta de León, concernientes a los siglos XI, XII y XIII, fundadas en Escrituras y Documentos originales, desconocidos en la mayor parte hasta ahora, y muy utiles para la Historia de esta Ciudad, del Reyno de León, y de la España en general*, Oficina de Pedro Marín, Madrid, 1798, p. 310. También el preámbulo redactado por su declaración como Monumento Nacional de esta misma iglesia en 1886 alimenta esta idea. En líneas generales la supuesta intransigencia islámica y las consiguientes persecuciones de cristianos sirvió habitualmente como explicación a la llegada de estos monjes mozárabes, Juan E. Díaz-Jiménez, "Inmigración mozárabe en el reino de León. El monasterio de Abellar ó de los santos mártires Cosme y Damián", *Boletín de la Real Academia de la Historia*, 20 (1892), p. 123; Gregoria Cavero, "La dedicación de la iglesia en el monasterio de San Miguel de Escalada el 20 de noviembre de 913", *San Miguel de Escalada (913-2013)*, Universidad de León, León, 2104, pp. 48 y 57; Artemio M. Martínez Tejera, "La organización de los monasterios hispanos en la alta Edad Media (ss. IX-X): los espacios de la "aldea espiritual"", *Hortus Artium Medievalium*, 23/1 (2017), p. 203. En contra M. Ángeles Utrero, "Modelos arquitectónicos y decorativos a inicios del siglo X. Algunas certezas y varias hipótesis", *Arqueología y Territorio Medieval*, 24 (2017), p. 200. Al menos, la interpretación de estas migraciones como parte de una estrategia repobladora contribuyó a suavizar la justificación de la intolerancia islámica como su único detonante Manuel Gómez-Moreno, *Iglesias Mozárabes...* p. 106; Jacques Fontaine, *El Mozárabe*, Zodiaque, Madrid, 1978, p. 21; Juan Ignacio Ruiz de la Peña, "La monarquía asturiana (718-910)", *El Reino de León en la Alta Edad Media, III. La monarquía astur-leonesa. De Pelayo a Alfonso VI (718-1109)*, CSIC, León, 1995, p. 97; Gregoria Cavero, "La dedicación...", p. 55; Juan Ignacio Ruiz de la Peña, "*Eclesia Crescit* ...", p. 36. Afortunadamente, en los últimos años han surgido otras interpretaciones que, tomando en consideración la

consideramos que esta migración bien pudo haber estado planificada desde la corte leonesa, a tenor del beneficio que suponía la presencia de estos monjes como instrumento de cohesión del poder religioso y político del reino frente a los intereses territoriales de élites locales y comunidades aldeanas.

Fig. 1. Pórtico meridional de la iglesia de San Miguel de Escalada (Gradefes, León): Autor, Francisco J. Moreno

Los monjes mozárabes habrían sido especialmente aclamados por su labor de preservación de las normas y usos de la iglesia hispano-visigótica en territorio islámico. Es más, el hecho de que ciertos documentos insistan en presentarlos como reintegradores la vida comunitaria en aquellos lugares destruidos por los musulmanes debe ser interpretado, en nuestra opinión, como parte de la estrategia

situación de los mozárabes en al-Andalus, explican estas migraciones dentro de una realidad histórica mucho más compleja, Cyrille Aillet, *Les mozarabes. Christianisme, islamisation et arabisation en péninsule Ibérique (IXe – XIIe siècle)*, Casa de Velázquez, Madrid, 2010, p. 261. Se valora, incluso por encima de otras razones, el hecho de que su presencia en el entorno de León favoreciera los intereses políticos y religiosos de la corte, Carlos de Ayala, *Sacerdocio y reino en la España altomedieval. Iglesia y poder político en el occidente peninsular, siglos VII-XII*, Sílex, Madrid, 2008, p. 159; Cyrille Aillet, *Les mozarabes*...p. 60.

restauradora forjada a lo largo del siglo IX en la corte de Oviedo y trasladada ahora a territorios meridionales. Estos serían los casos conocidos –pero seguro no los únicos– de Santa María de Husillos, San Martín de Castañeda, San Miguel de Escalada [Fig. 1] y Santos Cosme y Damián en Abellar[31].

Desde un punto de vista material, los monasterios implicados en la política regia de control del territorio vieron aumentados sus dominios a través de donaciones que, a su vez, permitieron la obtención de excedentes con los que embellecer sus fábricas y adquirir bienes de lujo[32]. La mayoría de las producciones conocidas que podemos datar en León y su entorno próximo en las primeras décadas del siglo X configuran una realidad material denominada "mozárabe", por sus vínculos con el universo artístico islámico[33] [Fig. 2]. Queda

[31] Álvaro Carvajal, *Bajo la máscara del "regnum"*...p. 228.

[32] Ibídem, p. 243. La documentación disponible complementa las noticias proporcionadas por las inscripciones y permite vislumbrar de forma clara cuáles fueron los intereses regios en lo que se refiere a algunas de estas restauraciones mozárabes. La primera mitad de la décima centuria refleja cómo el favor de la casa real se dirigió hacia los monasterios de Dueñas, Abellar y Sahagún. En este último caso contamos con dos diplomas, de 945 y 980, que reconstruyen la historia del cenobio en los mismos términos fijados por la epigrafía de Escalada y Castañeda: un abad de nombre Alfonso habría llegado de *Spania* con sus compañeros para habitar la región y para el cual, el príncipe serenísimo Alfonso, construyó un monasterio, Cyrille Aillet, *Les mozarabes*...p. 255. Al margen de esta reconfiguración de su propia historia, el hecho objetivo es que, de acuerdo con el registro documental, el monasterio de San Facundo y San Primitivo de Sahagún fue el más beneficiado por las donaciones regias hasta tiempos de Ramiro III, Álvaro Carvajal, *Bajo la máscara del "regnum"*...p. 239.

[33] Idea discutida por una parte de la historiografía. Camón Aznar criticó el uso del término "mozárabe" por dar demasiada importancia a la influencia califal y reducir el papel de los cristianos del norte, cuya tradición se basaba en lo visigodo y lo asturiano. Agrupó las iglesias mozárabes junto a las de San Pedro de la Nave y Santa Comba de Bande considerándolas "de repoblación", argumentando que fueron construidas por los repobladores cristianos del norte y no por mozárabes, José Camón Aznar, "Arquitectura española del siglo X, mozárabe y de la repoblación", *Goya*, 52 (1963), pp. 206-219. Bango minimizó la aportación andalusí en el grupo de edificios mozárabes, a los que retira dicha denominación al considerar los elementos orientales como de tradición clásica recuperados por los contingentes repobladores para sumarlos con los usos visigodos y asturianos, Isidro G. Bango, "Arquitectura de la décima centuria: ¿repoblación o mozárabe?", *Goya*, 122 (1974), pp. 68-75. Esta línea ha sido transitada últimamente, con algunos matices, por Fernando Regueras, "Promotores, clasicismo y estilo en el arte mozárabe leonés", *Brigecio: revista de estudios de Benavente y sus tierras*, 28 (2018), pp. 27-45, Jerrilynn Dodds, "Mozárabe y románico", *Repensando el canon. Modelos, categorías y prestigio en el arte medieval hispano*, Silex, Madrid, 2022, pp. 59-90 y J. Alberto Morais y Gerardo Boto, "La construcción del canon estético e historiográfico de la arquitectura leonesa del siglo X", *Repensando el canon. Modelos,*

demostrado, por tanto, la relación históricamente constatable entre la elección voluntaria de un léxico artístico de raíz oriental y la situación política del reino leonés a comienzos de la décima centuria[34].

Fig. 2. Detalle del friso de estuco sobre el cancel alto de San Miguel de Escalada (Gradefes, León): Autora, Marta Rielo

La recepción de objetos, técnicas constructivas y decorativas cuya procedencia es indiscutiblemente andalusí, por paradójico que parezca, puede ser considerada como un componente más de la estrategia para reimplantar el modelo hispano de control episcopal/regio del territorio leonés. Al fin y al cabo, a los ojos de los fieles y

categorías y prestigio en el arte medieval hispano, Silex, Madrid, 2022, pp. 139-159. Estos últimos apuestan por la conservación de elementos tardorromanos aplicados a la arquitectura del x, si bien no explican cómo los constructores pudieron conservar una "herencia edilicia" a partir de formas y técnicas abandonadas y amortizadas desde hacía varias centurias.

[34] Rose Walker, "Artistic Dialogue...", p. 26; Alejandro Villa, *Talleres de escultura cristiana en la península ibérica (siglos VI-X). Análisis arqueológico*, vol. I, BAR publishing, Oxford, 2021, pp. 270-271; Marta Rielo, *Arquitectura eclesiástica en León (siglos IX-XI). Arqueología, Construcción y Contexto*, Tesis doctoral inédita Universidad Autónoma de Madrid, 2021. Esta misma idea para Galicia, Manuel Núñez Rodríguez, "San Rosendo y una arquitectura con mentalidad fronteriza", *Simposi Internacional d'Arquitectura a Catalunya. Segles IX, X i primera meitat del XI*, Universitat de Girona, Girona, 1994, pp. 37-64 y Sabine Noack-Haley, "Galicia fronte ó Islam. Arte e cultura en Galicia durante o século x", *Santiago y Al-Andalus. Diálogos artísticos para un milenio*, Xerencia de Promoción do Camiño de Santiago, Santiago de Compostela, 1997, pp. 159-180. En el ámbito portugués, Manuel Luis Real, "Inovaçâo e Resistência: dados sobre a antiguidad cristâ no occidente peninsular", *IV Reunión de Arqueología Cristiana Hispánica (Lisboa, 1992)*, Institut d'Estudis Catalans-UB, Barcelona, 1995, pp. 17-68.

de los súbditos, los arcos de herradura, alfices y decoración en estuco formaban parte del lenguaje cultural que acompañaba a aquellos hombres santos que, huidos de al-Andalus, habían sabido mantener el cristianismo primitivo en territorio hostil. En definitiva, todos estos elementos eran tan hispanos como las reliquias meridionales que usaban para consagrar sus altares[35].

Es más, cabe la posibilidad de que precisamente con la intención de ensalzar el carácter excepcional de dichas (re)fundaciones, los monarcas disimularan o relativizaran su papel como promotores. Así, por ejemplo, en el caso de Castañeda y de Escalada, sus abades Juan y Alfonso tan solo actuaron "sub ualente sereno Adelfonso Principe", siendo los "verdaderos artífices" de la construcción los monjes de sus respectivas comunidades. Sin embargo, esta aparente independencia no les impidió vincularse al entorno político de la monarquía y la consiguiente aceptación de un marco simbólico de sometimiento al trono y a la cátedra leonesa[36].

Aunque las casas beneficiadas por la magnanimidad regia fueron varias, por el interés que revisten los datos relativos a su construcción y dotación, nos detendremos a analizar el caso de la fundación del monasterio de los Santos Cosme y Damián de Abellar. Este cenobio comparte con los de Sahagún, Escalada y Castañeda una cierta indefinición en su origen. Un documento del año 927 cuenta cómo el cenobio habría sido fundado por Cixila[37]. Fueron este abad y sus compañeros quienes adecuaron a sus necesidades un conjunto, de función desconocida, que había sido cedido en 905 por Alfonso III, lo que conllevó la construcción de una iglesia y un edificio residencial[38]. A lo largo del siglo x, y gracias al patrocinio directo de la corona, alcanzó un importante papel en la red eclesiástica tejida en torno a

[35] La recepción de reliquias procedentes de al-Andalus fue frecuente en el siglo x, algunas de las cuales pertenecían a los despojos de cristianos ejecutados por los musulmanes tras la radicalización de los primeros, Ariel Guiance, "Traslados de reliquias y espacios fronterizos en la España medieval", *Intus-Legere Historia*, 12/2 (2018), pp. 32-57.

[36] Álvaro Carvajal, *Bajo la máscara del "regnum"*..., pp. 231 y 233.

[37] Ibídem, p. 230.

[38] La antigüedad del monasterio donado a Cixila se ha remontado, en el mejor de los casos, al año 904, Juan E. Díaz-Jiménez "Inmigración mozárabe...", p. 136; María J. Carbajo *El monasterio*...., pp. 34 y 36.

la capital, siendo objeto de donaciones por parte de las élites laicas quienes, a cambio de estas, recibían el cuidado espiritual de sus almas ofrecido por los monjes[39].

Aunque no contamos con un testimonio directo que lo corrobore, hay indicios que garantizan el origen mozárabe de Cixila y sus compañeros[40]. Un análisis superficial de su biblioteca, descrita por el propio abad al testar en favor del monasterio en el año 927, ya permitía intuirlo, pero un estudio profundo de la misma no deja lugar a la duda[41]. En su biblioteca abundaban las obras de poetas clásicos, tanto cristianos como paganos, los códices formativos, los libros litúrgicos y los textos de Eugenio e Ildefonso. Esta composición resulta concluyente para situar su origen en bibliotecas del entorno de Toledo entre los siglos VIII y IX[42]. Esta vinculación es coherente con la dedicación de la casa a los santos orientales Cosme y Damián, misma advocación que el famoso monasterio *agaliense* que, desde los alrededores de Toledo, se convirtió en semillero de la cátedra metropolitana[43].

Nada sabemos de cómo se articularon sus edificios ni mucho menos de si estos pudieron tener elementos constructivos u ornamentales de raigambre andalusí[44]. Sin embargo, el mismo testamento de Cixila nos proporciona una referencia de gran valor que puede alumbrarnos un modelo de topografía monástica basada en la instalación de dos núcleos principales: la iglesia, "edificada nuevamente desde sus cimientos", y lo que se denomina "el edificio", pensado para cubrir todas las necesidades de la comunidad[45]. El espacio que separaba

[39] Álvaro Carvajal, *Bajo la máscara del "regnum"*..., p. 220.

[40] Tras analizar su cartulario, no lo consideró como tal Manuel Gómez-Moreno, *Iglesias Mozárabes*..., p. 107, nota 5.

[41] Juan E. Díaz-Jiménez, "Inmigración mozárabe...", p. 129; Jacques Fontaine, *El Mozárabe*, p. 32.

[42] Manuel C. Díaz y Díaz, *Códices visigóticos*..., p. 239.

[43] María J. Carbajo *El monasterio*...., p. 36.

[44] Actualmente se desconoce la ubicación del cenobio. Se ha propuesto situarlo en el valle del río Torío en las proximidades del pueblo de Canaleja, al norte de León. Ibídem, p. 31.

[45] El hecho de levantar un edificio religioso, al menos dentro de la alta Edad Media hispana, no debe ser considerado un mero acto piadoso. Dicha actividad, encierra otros propósitos sociales, entre los cuales destaca el afianzamiento de la posición de quien los sufraga y dirige, Fernando Arce y Francisco J. Moreno, "La construcción...", p

estas construcciones estaba ocupado por cultivos y, previsiblemente, el conjunto habría estado rodeado por una cerca[46]. Esta distribución resulta sospechosamente parecida a la del complejo cenobítico de Santa María de Melque [Fig. 3], situado apenas a un par de jornadas de Toledo y cuya cronología de construcción y uso hace perfectamente compatible su conocimiento por parte de la comunidad *apeliarense*[47].

Aunque carecemos de pruebas para confirmarlo, el contexto cultural, los intereses políticos y el ambiente tecnológico apuntan a que los edificios de Abellar pudieran haber sido realizadas por los mismos talleres que ejecutaban, en aquel entonces, el denominado arte mozárabe. La elección de un taller y, al mismo tiempo, de una opción material, tecnológica y ornamental, es un reflejo directo de la voluntad de proyección política y social sobre quienes iban a frecuentar sus muros[48]. Previsiblemente, como sucede en otros ejemplos mozárabes, debió ser la iglesia del conjunto monástico el soporte elegido para la codificación visual de esos elementos presuntamente hispanos[49]. El potencial que la arquitectura monumental poseía como resorte y marcador del nuevo orden surgido tras la colonización regia

99. La dicotomía entre edificios monumentales vinculados a fundaciones regias o nobiliarias y aquellos otros surgidos al amparo de iniciativas aldeanas es muy evidente en el reino asturiano del siglo IX, Juan A. Quirós y Margarita Fernández, "Para una historia social de la arquitectura monumental altomedieval asturiana", *Asturias entre visigodos y mozárabes*, CSIC, Madrid, 2015, pp. 27-53. La inexistencia de estos poderes supralocales es indiciaria de la pobreza material de las primeras iglesias en la zona alavesa, Alfonso Vigil-Escalera y Juan A. Quirós, "Arqueología de los paisajes rurales altomedievales en el noroeste peninsular", *Visigodos y Omeyas. El territorio*, CSIC, Mérida, 2012, p. 89. También en la Marca Hispánica, Jordi Roig, "Silos, poblados e iglesias…", p. 162.

[46] María J. Carbajo *El monasterio…*,. p. 40.

[47] Luis Caballero y Francisco J. Moreno, "Balatalmelc, Santa María de Melque. Un monasterio del siglo VIII en territorio toledano", *Lo que vino de Oriente. Horizontes, praxis y dimensión material de los sistemas de dominación fiscal en Al-Andalus (ss. VII-IX)*, Archaeopress, Oxford, 2013, p. 183.

[48] Luis Caballero y M. Ángeles Utrero, "Cómo funcionaban los talleres constructivos en la alta Edad Media hispánica", *Mundos medievales: espacios y sociedades y poder. Homenaje al profesor José Ángel García de Cortázar y Ruiz de Aguirre*, vol. 1, Universidad de Cantabria, Santander, 2012, p. 428.

[49] Además de las funciones que les son propias, por su naturaleza cultural, las iglesias en la alta Edad Media fueron lugares de reunión pública y, por ello, espacios excepcionales para la proyección social de sus patrocinadores, Jesús Rodríguez et al., "La posible iglesia rural altomedieval de La Solana I (Móstoles, Madrid). El carácter central de su emplazamiento y sus vínculos con el poblamiento aldeano", *Lucentum*, 34 (2015), p. 359.

del espacio del Duero debió ser bien conocido por los monarcas leoneses[50]. Es más, el soporte edilicio facilitaba la utilización de un mecanismo propagandístico todavía más eficaz: la epigrafía.

Fig. 3. Monasterio de Santa María de Melque en el siglo VIII (San Martín de Montalbán, Toledo): Autores, Fernando Sáez y Luis Caballero

[50] Así se manifiesta en tiempos de Ordoño III, monarca que en el 953 entregó al obispo de León las iglesias del alfoz de Salamanca que habían sido construidas por leoneses durante el reinado de Ramiro II, Iñaki Martín Viso, "Comunidades locales, lugares centrales y espacios funerarios en la Extremadura del Duero Altomedieval: las necrópolis de tumbas excavadas en la roca alineadas", *Anuario de Estudios Medievales*, 46/2 (2016), p. 880.

El deseo por alcanzar una distinción social hizo que fuera habitual la codificación del patrocinio de la monarquía mediante un acto epigráfico y simbólico diseñado para perdurar en la memoria visual del lugar[51]. Para la zona que nos ocupa, contamos con inscripciones en Castañeda [Fig. 4], Escalada y, aunque notablemente distinta a las dos anteriores, Tábara. Su contenido, de mayor calidad literaria a las coetáneas asturianas, ha querido ser explicado a partir de la intervención en las mismas de mozárabes cuya formación era superior a la de sus correligionarios del norte[52]. Las narraciones de fundación/abandono/restauración que recogen pudieron inspirarse en relatos bercianos de refundación de monasterios como el de San Pedro de Montes e incurren en el tópico de presentar procesos fulgurantes –tres meses para Castañeda y doce para Escalada– solamente posibles gracias al esfuerzo de los monjes y sin oprimir al pueblo[53].

Apuntalada la hipótesis de que la promoción y monumentalización de estos cenobios ayudó a la proyección de la figura regia y a la consolidación del episcopado leonés en los primeros años del siglo x, aún falta por desentrañar el porqué de la elección consciente de sistemas constructivos y ornamentales de raíz andalusí[54]. En definitiva, cómo y con qué propósito las producciones culturales

---

[51] Maurilio Pérez González, "La escritura y los escritos durante el siglo x", In principio erat verbum. *El Reino de León y sus beatos*, Sociedad Estatal de Conmemoraciones Culturales, León, 2010, p. 49.

[52] Ibídem, p. 51. La cultura escrita en dichas fundaciones abarca también el ámbito de los manuscritos. Conocemos el nombre de escribas e iluminadores procedentes o relacionados con estas casas que participan activamente en la confección de algunos de los más bellos códices altomedievales de procedencia leonesa, Rose Walker, "Artistic Dialogue…", p. 5.

[53] Carlos Reglero, "Iglesia y monasterios…", p. 37; Gregoria Cavero, "La dedicación…", p. 56.

[54] Últimamente Rose Walker ha explorado la interesante vía de conexión entre fórmulas ornamentales con soporte en pergamino y otras insertas en las fábricas mozárabes (piedra o estuco), llegando a proponer que ciertas imágenes de iglesias en los beatos se inspiran en modelos como Escalada. Por otro lado, resulta incuestionable que algunos motivos decorativos utilizados tanto en producciones librarías como en decoraciones y mobiliario litúrgico leonés son habituales en objetos muebles de procedencia andalusí, Rose Walker, "Artistic Dialogue…", pp. 10 y 16. Sobre la circulación de personas y mercancías sur-norte, Richard Hitchcock, *Mozarabs in Medieval and early Modern Spain. Identities and Influences*, Ashgate. Aldershot, 2008, pp. 55-59.

leonesas surgidas al amparo de las élites nobiliarias y religiosas se vieron inmersas en un universo formal de procedencia islámica.

Fig. 4. Inscripción fundacional de San Martín de Castañeda (Zamora): Autor, Francisco J. Moreno

EL ARTE MOZÁRABE Y SU USO PROGRAMÁTICO

Un hecho confirmado a través de la documentación epigráfica es que los agentes encargados de "restaurar" la vida monástica en torno a la capital del reino de León procedían de Toledo y Córdoba[55]. Su presencia ha de considerarse un nuevo estímulo para la vida comunitaria, la organización eclesiástica y el panorama cultural. Resulta lógico pensar que estas comunidades actuaran como introductoras de novedades tecnológicas y repertorio ornamentales de procedencia andalusí que influirían en el desarrollo del ambiente técnico local[56]. Esta combinación debió cristalizar en construcciones singulares a

[55] Topónimo aplicable de forma amplia, no a la capital del emirato/califato omeya, sino a todo al-Andalus, Gregoria Cavero, "La dedicación...", p. 57.

[56] Definición tomada de Giovanna Bianchi, "Trasmissione dei saperi tecnici e analisi dei procedimenti costruttivi di etá medievale", *Archeologia dell'Architettura*, 1 (1996), pp. 53-64; Tiziano Manonni, "Il problema complesso delle murature storiche in pietra. Cultura materiale e cronotipologia", *Archeologia dell'Architettura*, 2 (1997), pp. 15-24; Luis Caballero y M. Ángeles Utrero, "Cómo funcionaban los talleres...".

los ojos de los espectadores del siglo x y, sobre todo, distintivas del poder de quienes las habían patrocinado[57].

Tras la elección consciente del repertorio artístico oriental pudo estar alguien dentro de círculo palatino, cuando no el mismo monarca. Al fin y al cabo, la cultura andalusí no fue ajena a los reyes leoneses ni a sus más estrechos colaboradores[58]. En cuanto a los agentes que ejercieron de transmisores directos de las capacidades constructivas y el saber necesario para ejecutar las obras leonesas apenas contamos con referencias útiles. Sí sabemos, en cambio, que existió una cierta movilidad sur-norte para la fecha que nos concierne. De hecho, Ibn Hayyan menciona la llegada de constructores toledanos para la reconstrucción de Zamora por expreso deseo del rey Alfonso III[59].

Los monasterios actuaron como receptores del léxico constructivo y ornamental andalusí, como se evidencia en los ejemplos conservados de Escalada o Peñalba. El caso de Abellar, pese a la ausencia de restos materiales, resulta enormemente ilustrativo. A las evidencias de filiación mozárabe ya expuestas se le suman otras que corroboran la presencia entre sus muros de monjes conocedores de la cultura de al-Andalus. Otro de sus abades, de nombre Martino, era de origen cordobés y su biblioteca guardó códices procedentes del otro lado de la frontera[60]. Por el principio básico de emulación, sabemos que otras

---

[57] Recientemente, Jerrilynn Dodds ha apuntado una idea similar, en lo referido a la diferente percepción de estas arquitecturas por los habitantes del norte y los transmisores del sur. Jerrilynn Dodds, "Mozárabe y románico", pp. 67 y 74. Sin embargo, tal y como exponemos a lo largo del presente texto, discrepamos radicalmente con su interpretación acerca de la filiación cultural tardoantigua de las formas constructivas y ornamentales definidas por Gómez-Moreno como mozárabes.

[58] Alfonso III llegó a adentrarse en territorio andalusí el año 881, atravesando el valle del Guadiana y alcanzando Sierra Morena, Juan Ignacio Ruiz de la Peña, "La monarquía asturiana...", p. 107. Según la crónica albeldense, este mismo monarca envió a su hijo Ordoño a la marca superior de al-Andalus para ser educado junto a los Banu Qasi lo que, con seguridad, garantiza la familiaridad del futuro rey con la cultura islámica, Manuel Gómez-Moreno, *Iglesias Mozárabes...* p. 129. Vale la pena recordar, además, al presbítero toledano Dulcidio quien, además de acarrear hasta Oviedo las reliquias de los santos cordobeses Eulogio y Leocricia, pudo desempeñar un papel de cierta relevancia en el programa neovisigotista desarrollado por este monarca, Carlos de Ayala, *Sacerdocio...*, p. 183.

[59] Juan Ignacio Ruiz de la Peña, "La monarquía asturiana...", p. 110.

[60] María J. Carbajo *El monasterio....* p. 34; Juan E. Díaz-Jiménez, "Inmigración mozárabe...", p. 131. En la catedral de León se conserva un libro que perteneció a Samuel, quien profesó en Abellar. En su folio 33v suscribe "Samuel librum ex Spania veni",

fundaciones cercanas a Abellar solicitaron su ayuda para levantar sus fábricas, lo que debió contribuir a la irradiación del mozarabismo en su entorno más próximo[61].

¿Por qué los reyes leoneses contribuyeron con su patrocinio a la utilización de formas y elementos procedentes de al-Andalus?, ¿no es contradictorio utilizar como exponente de su poder político elementos culturales desgajados de una cultura "enemiga"? En la tradición historiográfica se ha impuesto la tesis según la cual las formas islámicas del arte mozárabe fueron parte de una asimilación consciente de la cultura andalusí, una suerte de arabización antropo-lógico-constructiva[62] en cuya base se encontraba un reconocimiento explícito de superioridad[63]. Indirectamente, esta idea lleva a interpretar el arte mozárabe como mera traslación de fórmulas constructivas y decorativas extirpadas de al-Andalus por grupos de eclesiásticos que, paradójicamente, llegarían a León tras la persecución desatada por la misma cultura que contribuyen a exportar.

Bajo nuestro punto de vista, esta contradicción da pie a una nueva lectura del significado que cobran las referencias visuales andalusíes en el León de comienzos del siglo X[64]. El patronazgo regio de muchos de los edificios mozárabes debe ser considerado como una acción

---

Zacarías García Villada, *Códices y Documentos de la Catedral de León*, Imprenta Clásica Española, Madrid, 1919, p. 56. Una vía muy transitada para la difusión de estos elementos andalusíes debió ser la circulación de códices y de escribas que, tal y como apunta Rose Walker, situó a algunos monasterios como Tábara entre los lugares destacados en el tráfico de obras entre norte y sur, actuando además como vehículo de transmisión hacia zonas orientales del reino, Rose Walker, "Artistic Dialogue...", p. 8.

[61] Álvaro Carvajal, *Bajo la máscara del "regnum"*..., p. 220; M. Ángeles Utrero, "Modelos arquitectónicos...", p. 198.

[62] Fidel Fita, "San Miguel de Escalada. Inscripciones y monumentos", *Boletín de la Real Academia de la Historia*, 31 (1897), pp. 466-515; Manuel Gómez-Moreno, *Iglesias Mozárabes...*, p. XIV; Jacques Fontaine, *El Mozárabe*, pp. 12 y 85; Artemio M. Martínez Tejera, *El templo del* Monasterium *de San Miguel de Escalada:* arquitectura de fusión *en el reino de León (siglos X-XI)*, Asociación para el Estudio y Difusión del Arte Tardoantiguo y Medieval, Rivas Vaciamadrid, 2005, p. 105.

[63] Cyrille Aillet, *Les mozarabes*..., p. 277. Otra lectura es la de la apropiación de objetos islámicos como botín de guerra Avinoam Shalem, "From Royal Caskets to Relic Containers: Two Ivory Caskets from Burgos and Madrid", *Muqarnas*, 12 (1995), pp. 24-38.

[64] Francisco J. Moreno, "La vida monástica en San Miguel de Escalada a través de los textos y la arqueología", *El monasterio de San Miguel de Escalada (Léon): arquitectura y canteras a lo largo de su historia*, CSIC, Madrid, 2022, pp. 231-254.

interesada que forma parte de la estrategia de recuperación de la autoridad episcopal. Así, dichos modelos se insertaron en el paisaje monumental leonés, no como reconocimiento de una cultura superior andalusí, sino como las formas auténticamente hispanas que, surgidas en momentos anteriores al 711, habrían sido preservadas como una suerte de reliquias por las comunidades monásticas, aquellas que se reintegran a la estructura del reino de León en esas mismas fechas. La imposibilidad –y, tal vez el desinterés– de recuperar las formas auténticamente hispánicas de los siglos VI y VII, llevó a utilizar las que eran coetáneas y dominantes desde el punto de vista técnico, es decir, las puestas en marcha en al-Andalus. Si estamos en lo cierto, el arte etiquetado por la historiografía como mozárabe por su incuestionable vínculo con lo andalusí, a ojos de los habitantes del reino de León formaría parte de la restauración de las tradiciones culturales hispanas también llevada a cabo en otros ámbitos como la liturgia[65] o el propio ceremonial regio[66].

Esta interpretación, no obstante, también debe enfrentarse a sus propias contradicciones. Una primera cuestión gira en torno al nivel de conocimiento de la cultura islámica entre los súbditos leoneses y a cómo "hispanizar" estas manifestaciones si la población residual arabizada de la zona podía ser conocedora de su origen andalusí. Por otro lado, si la estrategia diseñada consistía en reintroducir los

---

[65] Sobre el mantenimiento de la ortodoxia hispánica en la liturgia bajo la vigilancia de Roma en el León del siglo X, véase Carlos de Ayala, *Sacerdocio*..., p. 178.

[66] Carlos Reglero, "Iglesia y monasterios...", p. 31. Síntoma del anhelo de los reyes asturleoneses por reintroducir en la corte estos usos hispanos fue la recuperación de la ceremonia de unción regia. La crónica Silense llega a remontar la utilización de este acto a época de Alfonso II, siendo repetida por Alfonso el Magno, Juan Ignacio Ruiz de la Peña, "*Eclesia Crescit* ...", p. 21. En 910, en presencia de obispos y nobles, fue ungido Ordoño II como antes lo habían sido los reyes visigodos, Justiniano Rodríguez Fernández, "La monarquía leonesa de García I a Vermudo III (910-1037)", *El Reino de León en la Alta Edad Media, III. La monarquía astur-leonesa. De Pelayo a Alfonso VI (718-1109)*, CSIC, León, p. 160; Carlos de Ayala, *Sacerdocio*..., p. 176. Isidro G. Bango, "*Hunctus Rex*. El imaginario de la unción de los reyes en la España de los siglos VI al XI", *Cuadernos de Prehistoria y Arqueología de la Universidad Autónoma de Madrid*, 37-38 (2011-2012), pp. 749-766.

usos monásticos peninsulares ¿por qué algunas de estas comunidades incorporan la regla benedictina?

Con respecto a la primera, la opinión mayoritaria considera a estos grupos los herederos de las tropas bereberes instaladas más allá del Sistema Central durante los primeros tiempos de conquista[67]. Se trataba de grupos de islamización débil cuyo conocimiento de las producciones andalusíes –monumentalizadas a partir del siglo VIII en centros urbanos como Córdoba, Toledo o Mérida– debió ser prácticamente nulo y, desde luego, insuficiente como para interpretar las formas mozárabes como propias de la cultura cordobesa.

Respecto al protagonismo de la regla benedictina o su imposición como normativa única[68], este es un fenómeno parejo al de la introducción en cenobios septentrionales de textos exegéticos de la misma, como la *Expositio in Regulam Sancti Benedicti* redactada por Smaragdo de Saint-Mihiel[69]. El conocimiento profundo y la aplicación de las normas monásticas concierne a la jerarquía eclesiástica, en el caso leonés unida a una élite abacial cercana a los postulados regios, por lo que, la introducción de normas extrahispanas no significaría la alteración de una estrategia diseñada para el control político de súbditos y del bajo clero.

Solamente a finales de la décima centuria se produjo un viraje político que reordenó las prioridades de los prelados y de los reyes

[67] José M. Mínguez, "Colonización y presencia mozárabe en el reino asturleonés. Un tema de debate", *Simposio Internacional. El legado de al-Andalus. El arte andalusí en los reinos de León y Castilla durante la Edad Media*, Fundación del Patrimonio Histórico de Castilla y León, Valladolid, 2007, p. 64; Damiano Anedda, "La scultura decorativa di San Miguel de Escalada: plutei, fregi e stucchi", *ArcheoArte. Rivista elettronica di Archeologia e Arte*, 2 (2013), p. 212.

[68] No podemos hablar en este momento de la aplicación de una única regla, sino del uso de una miscelánea de ellas. Un "codex regularum" que proporcionaría al abad diferentes soluciones para la gestión cotidiana del monasterio. Existen referencias a los usos benedictinos en San Pedro de Montes y Boñar, Gregoria Cavero, "La dedicación...", p. 56. Abellar es una vez más el caso más representativo. Cuando Alfonso III donó la casa para su restauración en 905, se hizo referencia a la observancia de la regla de San Benito, pero entre los libros donados por Cixila a la comunidad en 927 se documenta un "codex regularum". M. Jesús Carbajo *El monasterio*.... pp. 42 y 43). Por fin, en una donación de Ordoño II se explicita el seguimiento exclusivo de la regla benedictina, Antonio Linage, "Los caminares de la benedictinización", *El reino de León en la Alta Edad Media*, Centro de Estudios e Investigación San Isidoro, León, 1997, p. 45.

[69] Antonio Linage, "El papel de Andalucía en la benedictinización del monacato peninsular", *En la España Medieval*, 2 (1982), pp. 583-594.

leoneses dejando fuera de foco a buena parte de los monasterios mozárabes. En la capital del reino surgieron nuevos cenobios que fueron objeto de numerosas donaciones que les permitieron articular grandes dominios distribuidos por toda la diócesis. De entre los vetustos centros mozárabes, solo Sahagún continuó en el punto de mira del favor regio, mientras que otros, como Abellar o Escalada sucumbieron paulatinamente frente al empuje de las nuevas fundaciones urbanas[70]. Con su declive también se debió apagar el refulgir del mozarabismo leonés que, en nuestra opinión, estuvo vinculado a un intento por restaurar la organización eclesiástica hispana que garantizase el poder de los obispos y, por consiguiente, del monarca frente a nobleza y comunidades aldeanas.

BIBLIOGRAFÍA

Aillet, Cyrille, *Les mozarabes. Christianisme, islamisation et arabisation en péninsule Ibérique (IXe-XIIe siècle)*, Casa de Velázquez, Madrid, 2010.

—, "La formación del mozarabismo y la remodelación de la península ibérica", *De Mahoma a Carlomagno. Los primeros tiempos (siglos VII-IX)*, Gobierno de Navarra, Pamplona 2012, pp. 286-310.

Amador de los Ríos, José, *El estilo mudéjar en la arquitectura. Discurso leído en junta pública de 19 de junio de 1859*, Real Academia de Bellas Artes de San Fernando, Madrid.

Anedda, Damiano, "La scultura decorativa di San Miguel de Escalada: plutei, fregi e stucchi", *ArcheoArte. Rivista elettronica di Archeologia e Arte*, 2 (2013), pp. 199-221.

Arce, Fernando y Moreno, Francisco J., "La construcción de iglesias como herramienta para el conocimiento del territorio tardoantiguo y altomedieval en la Meseta Norte", *Visigodos y Omeyas. El Territorio*, CSIC, Mérida, pp. 97-122.

Ayala, Carlos de, *Sacerdocio y reino en la España altomedieval. Iglesia y poder político en el occidente peninsular, siglos VII-XII*, Sílex, Madrid, 2008.

Bango, Isidro G., "Arquitectura de la décima centuria: ¿repoblación o mozárabe?", *Goya*, 122 (1974), pp. 68-75.

[70] Álvaro Carvajal, *Bajo la máscara del "regnum"*...p. 249.

Bango, Isidro G., "*Hunctus Rex*. El imaginario de la unción de los reyes en la España de los siglos VI al XI", *Cuadernos de Prehistoria y Arqueología de la Universidad Autónoma de Madrid*, 37/38 (2011-2012), pp. 749-766.

Bianchi, Giovanna, "Trasmissione dei saperi tecnici e analisi dei procedimenti costruttivi di etá medievale", *Archeologia dell'Architettura*, 1 (1996), pp. 53-64.

Caballero, Luis, y Utrero, M. Ángeles, "Cómo funcionaban los talleres constructivos en la alta Edad Media hispánica", *Mundos medievales: espacios y sociedades y poder. Homenaje al profesor José Ángel García de Cortázar y Ruiz de Aguirre*, vol.1, Universidad de Cantabria, Santander, 2012, pp. 427-440.

—, y Moreno, Francisco J., "Balatalmelc, Santa María de Melque. Un monasterio del siglo VIII en territorio toledano", *Lo que vino de Oriente. Horizontes, praxis y dimensión material de los sistemas de dominación fiscal en Al-Andalus (ss. VII-IX)*, Archeopress, Oxford, 2013, pp. 182-204.

Camón Aznar, José, "Arquitectura española del siglo x, mozárabe y de la repoblación", *Goya*, 52 (1963), pp. 206-219.

Carbajo, M. Jesús, *El monasterio de los santos Cosme y Damián de Abellar. Monacato y sociedad en la época astur-leonesa*, CSIC, León, 1988.

Carvajal, Álvaro, *Bajo la máscara del "regnum": la monarquía asturleonesa en León (854-1037)*, CSIC, Madrid, 2017.

Cavero, Gregoria, "La dedicación de la iglesia en el monasterio de San Miguel de Escalada el 20 de noviembre de 913", *San Miguel de Escalada (913-2013)*, Universidad de León, León, 2104, pp. 39-65.

Díaz-Jiménez, Juan E., "Inmigración mozárabe en el reino de León. El monasterio de Abellar ó de los santos mártires Cosme y Damián", *Boletín de la Real Academia de la Historia*, 20 (1892), pp. 123-150.

Díaz y Díaz, Manuel C., *Códices visigóticos en la monarquía leonesa*, CSIC, León, 1983.

Dodds, Jerrilynn, "Mozárabe y románico", *Repensando el canon. Modelos, categorías y prestigio en el arte medieval hispano*, Sílex, Madrid, 2022.

Fita, Fidel "San Miguel de Escalada. Inscripciones y monumentos", *Boletín de la Real Academia de la Historia*, 31 (1897), pp. 466-515.

Fontaine, Jacques, *El Mozárabe*, Zodiaque, Madrid, 1978.

García de Cortázar, José Ángel, "Estructuras del poder y el poblamiento en el solar de la monarquía asturiana (años 711-910)", *La época de la Monarquía Asturiana. Actas del simposio celebrado en Covadonga (8-10 de octubre de 2001)*, Universidad de Oviedo, Oviedo, 2002, pp. 415-450.

García Villada, Zacarías, *Códices y Documentos de la Catedral de León*, Imprenta Clásica Española, Madrid, 1919.

Gómez-Moreno, Manuel, *Iglesias Mozárabes. Arte español de los siglos IX a XI*, Centro de Estudios Históricos, Madrid, 1919.

Guiance, Ariel, "Traslados de reliquias y espacios fronterizos en la España medieval", *Intus-Legere Historia*, 12/2 (2018), pp. 32-57.

Hitchcock, Richard, *Mozarabs in Medieval and early Modern Spain. Identities and Influences*, Ashgate. Aldershot, 2008.

Lampérez, Vicente, "La iglesia de San Millán de la Cogolla de Suso (Logroño)", *Boletín de la Sociedad Castellana de Excursiones*, 59/5 (1907), pp. 245-247.

Linage, Antonio, "El papel de Andalucía en la benedictinización del monacato peninsular", *En la España Medieval*, 2 (1982), pp. 583-594.

—, "Los caminares de la benedictinización", *El reino de León en la Alta Edad Media*, Centro de Estudios e Investigación San Isidoro, León, 1997, pp. 39-217.

Manonni, Tiziano, "Il problema complesso delle murature storiche in pietra. Cultura materiale e cronotipologia", *Archeologia dell'Architettura*, 2 (1997), pp. 15-24.

Martínez Tejera, Artemio M., *El templo del* Monasterium *de San Miguel de Escalada:* arquitectura de fusión *en el reino de León (siglos X-XI)*, Asociación para el Estudio y Difusión del Arte Tardoantiguo y Medieval, Rivas Vaciamadrid, 2005.

—, "La organización de los monasterios hispanos en la alta Edad Media (ss. IX-X): los espacios de la "aldea espiritual"", *Hortus Artium Medievalium*, 23/1 (2017), pp. 199-221.

Martín Viso, Iñaki, *Poblamiento y estructura sociales en el norte de la Península Ibérica (siglos VI-XIII)*, Universidad de Salamanca, Salamanca, 2000.

—, "Monasterios y redes sociales en el Bierzo altomedieval", *Hispania. Revista española de historia*, 71/237 (2011), pp. 9-38.

—, "Comunidades locales, lugares centrales y espacios funerarios en la Extremadura del Duero Altomedieval: las necrópolis de tumbas excavadas en la roca alineadas", *Anuario de Estudios Medievales*, 46/2 (2016), pp. 859-898.

—, "Organización campesina y dominios políticos en la cuenca del Duero altomedieval", *Sociedades Precapitalistas*, 7/2 (2018), pp. 1-15.

Mínguez, José M., "Colonización y presencia mozárabe en el reino asturleonés. Un tema de debate", *Simposio Internacional. El legado de al-Andalus. El arte andalusí en los reinos de León y Castilla durante la Edad Media*, Fundación del Patrimonio Histórico de Castilla y León, Valladolid, 2007, pp. 43-71.

Morais, J. Alberto y Boto, Gerardo, "La construcción del canon estético e historiográfico de la arquitectura leonesa del siglo x", *Repensando el canon. Modelos, categorías y prestigio en el arte medieval hispano*, Silex, Madrid, 2022, pp. 139-159.

Moreno, Francisco J., "Arquitectura y usos monásticos en el siglo VII. De la recreación textual a la invisibilidad material", *El siglo VII frente al siglo VII. Arquitectura*, CSIC, Madrid, 2009, pp. 275-308.

—, *La arquitectura monástica hispana entre la Tardoantigüedad y la Alta Edad Media*, Archaeopress, Oxford, 2011.

—, "La vida monástica en San Miguel de Escalada a través de los textos y la arqueología", *El monasterio de San Miguel de Escalada (Léon): arquitectura y canteras a lo largo de su historia*, CSIC, Madrid, 2022, pp. 231-254.

—, y Díaz-Andreu, Margarita, "Vino rancio en odres nuevos. La arquitectura y el espíritu nacional en la obra de Manuel Gómez-Moreno", *Manuel Gómez-Moreno y los dólmenes de Antquera*, Consejería de Truismo, Cultura y Deporte, Junta de Andalucía, Sevilla, 2023, p. 70.

Noack-Haley, Sabine, "Galicia fronte ó Islam. Arte e cultura en Galicia durante o século x", *Santiago y Al-Andalus. Diálogos artísticos para un milenio*, Xerencia de Promoción do Camiño de Santiago, Santiago de Composela, 1997, pp. 159-180.

Núñez Rodríguez, Manuel, "San Rosendo y una arquitectura con mentalidad fronteriza", *Simposi Internacional d'Arquitectura a Catalunya. Segles IX, X i primera meitat del XI*, Universitat de Girona, Girona, 1994, pp. 37-64.

Pérez González, Maurilio, "La escritura y los escritos durante el siglo x", In principio erat verbum. *El Reino de León y sus beatos*, Sociedad Estatal de Conmemoraciones Culturales, León, 2010, pp. 43-52.

Quirós, Juan Antonio *et al.*, "Arqueología de la Alta Edad Media en el Cantábrico Oriental", *Medio siglo de arqueología en el Cantábrico Oriental y su Entorno: actas del Congreso Internacional,* Diputación Foral de Vitoria, Álava, 2009, pp. 449-500.

—, y Fernández, Margarita, "Para una historia social de la arquitectura monumental altomedieval asturiana", *Asturias entre visigodos y mozárabes*, CSIC, Madrid, 2015, pp. 27-53.

Luis Real, Manuel, "Inovaçâo e Resistência: dados sobre a antiguidad cristâ no occidente peninsular", *IV Reunión de Arqueología Cristiana Hispánica (Lisboa, 1992)*, Institut d'Estudis Catalans-UB, Barcelona, 1995, pp. 17-68.

Reglero, Carlos, "Iglesia y monasterios en el Reino de León en el siglo x", In principio erat verbum. *El Reino de León y sus beatos*, Sociedad Estatal de Conmemoraciones Culturales, León, 2010, pp. 31-40.

Regueras, Fernando, "Promotores, clasicismo y estilo en el arte mozárabe leonés", *Brigecio: revista de estudios de Benavente y sus tierras*, 28 (2018), pp. 27-45.

Rielo, Marta, *Arquitectura eclesiástica en León (siglos IX-XI). Arqueología, Construcción y Contexto*, Tesis doctoral inédita Universidad Autónoma de Madrid, 2021.

Risco, Manuel, *España Sagrada. Tomo XXXV. Memorias de la santa Iglesia esenta de León, concernientes a los siglos XI, XII y XIII, fundadas en Escrituras y Documentos originales, desconocidos en la mayor parte hasta ahora, y muy utiles para la Historia de esta Ciudad, del Reyno de León, y de la España en general*, Oficina de Pedro Marín, Madrid, 1798.

Rodríguez Fernández, Justiniano, "La monarquía leonesa de García I a Vermudo III (910-1037)", *El Reino de León en la Alta Edad Media, III. La monarquía astur-leonesa. De Pelayo a Alfonso VI (718-1109)*, CSIC, León, pp. 343-362.

Rodríguez, Jesús *et al.*, "La posible iglesia rural altomedieval de La Solana I (Móstoles, Madrid). El carácter central de su emplazamiento y sus vínculos con el poblamiento aldeano", *Lucentum*, 34 (2015), pp. 343-361.

Roig, Jordi, "Silos, poblados e iglesias: almacenaje y rentas en época visigoda y altomedieval en Cataluña (siglos VI al XI)", *Horrea, barns and silos. Storage and incomes in Early Medieval Europe*, UPV, Vitoria, 2013, pp. 145-170.

Ruiz de la Peña, Juan Ignacio, "La monarquía asturiana (718-910)", *El Reino de León en la Alta Edad Media, III. La monarquía astur-leonesa. De Pelayo a Alfonso VI (718-1109)*, CSIC, León, 1995, pp. 9-127.

—, "*Eclesia Crescit Et Regnum Ampliatur*. Teoría y práctica del programa político de la monarquía astur-leonesa en torno al 900", *San Miguel de Escalada (913-2013)*, Universidad de León, León, 2014, pp. 17-37.

Ser, Gregorio del, *Documentación de la Catedral de León (Siglos IX-X)*, Universidad de Salamanca, Salamanca, 1981.

Shalem, Avinoam, "From Royal Caskets to Relic Containers: Two Ivory Caskets from Burgos and Madrid", *Muqarnas*, 12 (1995), pp. 24-38.

Utrero, M. Ángeles, "Modelos arquitectónicos y decorativos a inicios del siglo x. Algunas certezas y varias hipótesis", *Arqueología y Territorio Medieval*, 24 (2017), pp. 185-206.

Vigil-Escalera, Alfonso y Quirós, Juan A., "Arqueología de los paisajes rurales altomedievales en el noroeste peninsular", *Visigodos y Omeyas. El territorio*, CSIC, Mérida, 2012, pp. 79-95.

Villa, Alejandro, *Talleres de escultura cristiana en la península ibérica (siglos VI-X). Análisis arqueológico*, vol. I, BAR publishing, Oxford, 2021.

Vives, José, *Concilios Visigóticos e Hispano-Romanos*, CSIC, Barcelona-Madrid, 1963.

Walker, Rose, "Artistic Dialogue Between León and Castile in the 10th Century", *Journal of the British Archaeological Association*, 170/1, (2017), pp. 1-29.

6. TRANSCULTURALIDAD BÉLICA: CONEXIONES, INFLUENCIAS Y PARALELISMOS EN LOS DISCURSOS Y RITUALES DE GUERRA. AL-ANDALUS Y MÁS ALLÁ[1]

Javier Albarrán
Universidad Autónoma de Madrid

El estudio comparativo de la guerra –una de las principales herramientas de la cultura política medieval– entre diferentes tradiciones en contacto, como el cristianismo y el islam, no es algo novedoso. Ni siquiera desde el punto de vista de las posibles conexiones e influencias mutuas. Por ejemplo, José Antonio Conde, uno de los arabistas pioneros en España, argumentó con poca fortuna que las órdenes militares tendrían su origen en los *murabitun* musulmanes, es decir, aquellos que hacían *ribat*[2]:

> Estos rabitos, o fronterizos muslimes, profesaban mucha austeridad de vida, y se ofrecían voluntarios al continuo ejercicio de las armas, y por voto se obligaban a defender sus fronteras de las algaras, entradas o cabalgadas de los Almogávares, o campeadores cristianos. Eran todos caballeros muy escogidos, y de suma constancia en las fatigas; que no debían huir, sino pelear intrépidos y morir antes que abandonar su estación. Parece verosímil que de estos rabitos procedieron así en España, como entre los Cristianos de Oriente, las Órdenes militares tan célebres por su valor, y por

---

[1] El presente estudio forma parte del proyecto de investigación *Conflictividad religiosa en la Edad Media peninsular: confrontación, coexistencia y convivencia* (PID2021-123762NB-I00), codirigido por Carlos de Ayala y J. Santiago Palacios.

[2] Para un estudio actualizado de esta práctica/institución véase Javier Albarrán y Enrique Daza, "Hacia la construcción de una geografía del *ribat* en al-Andalus: práctica y materialidad", *Cuadernos de Arquitectura y Fortificación*, 6 (2021), pp. 57-107.

> los distinguidos servicios prestados a la cristiandad. El instituto de unos y otros era muy semejante[3].

No obstante, en la última década estos planteamientos comparativos se han multiplicado. Uno de los autores más prolíficos en este sentido ha sido Thomas Sizgorich[4], quien ha tratado de poner en relación el nacimiento de la guerra santa islámica con formas de violencia religiosa y ascetismo militante existentes en la Tardoantigüedad. No solo pretendió demostrar que la noción bélica de *yihad* daba continuidad a fenómenos ya existentes en el mundo bizantino y cristiano oriental, sino que también apuntó que los propios musulmanes consideraban que la guerra contra la infidelidad que estaban realizando era una prolongación de la llevada a cabo, por ejemplo, por Heraclio[5]. Y este, sin duda, es uno de los aspectos más interesantes del enfoque transcultural del estudio de la guerra: entender hasta qué punto las diferentes tradiciones culturales percibían, comprendían e, incluso, adoptaban los discursos y prácticas bélicas del "otro".

En este sentido, en el contexto ibérico medieval, aunque se han publicado algunos estudios al respecto[6], todavía queda mucho trabajo por hacer. De forma muy breve, centraremos este ensayo a alguna de estas cuestiones. Para ello, dividiremos el texto en tres partes. La primera de ellas estará dedicada a algunas influencias y paralelismos en los discursos de guerra cristiano e islámico, en especial en los de

---

[3] José Antonio Conde, *Historia de la dominación de los árabes en España: sacada de varios manuscritos y memorias arábigas*, Imprenta que fue de García, Madrid, 1820, p. 619.

[4] Thomas Sizgorich, *Violence and Belief in Late Antiquity. Militant Devotion in Christianity and Islam*, University of Pennsylvania Press, Filadelfia, 2009.

[5] Thomas Sizgorich, *Violence and Belief...*; Ídem, "Sanctified Violence: Monotheist Militancy as the Tie That Bound Christian Rome and Islam", *Journal of the American Academy of Religion*, 77/4 (2009), pp. 895-921. Otro ejemplo es Christian Sahner, "'The Monasticism of My Community is Jihad': A Debate on Asceticism, Sex, and Warfare in Early Islam", *Arabica*, 64/2 (2017), pp. 149-183.

[6] Por ejemplo, Manuela Marín, "Crusaders in the Muslim West: the view of Arab writers" *The Maghreb Review*, 17 (1992), pp. 95-102; Javier Albarrán, "Holy War in Ibn Khald n. A Transcultural Concept?", *Journal of Medieval Worlds*, 1/1 (2019), pp. 55-78; Ídem, "Las órdenes militares en perspectiva islámica: percepciones, paralelismos y comparaciones", en I. C. Fernandes (ed.), *Ordens militares identidade e mudança*, Gabinete de Estudos sobre a Ordem de Santiago, Palmela, 2021, vol. I, pp. 247-266.

guerra santa[7]. La segunda parte estará dedicada a una somera presentación de algunas percepciones del "otro" relacionadas con las cuestiones antes tratadas[8]. Y, por último, la tercera parte la dedicaremos a analizar algunas cuestiones relativas a la ritualización de la guerra, a su significado y a sus influencias, paralelismos y conexiones transculturales[9].

INFLUENCIAS Y PARALELISMOS DISCURSIVOS

Son numerosos los elementos que tienen en común la tradición cristiana e islámica en torno a los discursos bélicos y su dimensión religiosa. Por ejemplo, en la ideología de cruzada está muy presente la idea, de tradición agustiniana, de la guerra santa como acto de piedad, bondad y amor hacia el enemigo[10]. Pues bien, esta noción está también presente en el imaginario andalusí. El intelectual cordobés Ibn Hazm (m. 1064), por ejemplo, describe en su *Kitab al-Muhalla* la expansión militar del islam como un acto piadoso y bondadoso para los infieles que son islamizados[11].

Igualmente, dentro de toda la tradición clásica y cristiana de guerra justa, que se exportará a la de guerra santa, un elemento de vital importancia es la intención. Según Tomás de Aquino, existían

[7] Para una historia global y comparativa de la violencia sacralizada véase Alfred J. Andrea y Andrew Holt, *Sanctified Violence. Holy War in World History*, Hackett, Indianapolis, 2021. Para un estudio comparativo en el contexto medieval, Jean Flori, *Guerra Santa, Yihad, Cruzada: violencia y religión en el cristianismo y el Islam*, Universidad de Granada y Universitat de València, Granada, 2004.

[8] Para un estudio de la concepción del "otro" en las fuentes andalusíes véase, por ejemplo, Eva Lapiedra, *Cómo los musulmanes llamaban a los cristianos hispánicos*, Instituto de Cultura Juan Gil Albert, Alicante, 1997.

[9] Algunos estudios sobre ritualización de la guerra son: Martín Alvira, *Las Navas de Tolosa 1212. Idea, liturgia y memoria de la batalla*, Sílex, Madrid, 2012; Cecilia Gaposchkin, *Invisible Weapons: Liturgy and the Making of Crusade Ideology*, Cornell University Press, Ithaca y Londres, 2017; Elsa Cardoso y Javier Albarrán, "De puertas, banderas y súplicas a Dios: ceremonial y guerra santa en al-Andalus (s. x)", *Intus-Legere Historia*, 15/2 (2021), pp. 216-256.

[10] Véase Jonathan Riley-Smith, "Crusading as an act of love", *History*, 65 (1980), pp. 177-192.

[11] Ibn Hazm, *Kitab al-muhallà bi-al-athar*, ed. al-Bandari, Dar al-Kutub al-'Ilmiyya, Beirut, 2003, vol. V, p. 352.

tres requerimientos inexcusables para que una guerra fuera justa. Uno de ellos era la recta intención de los contendientes: es decir, una intención encaminada a promover el bien o evitar el mal[12].

Pues bien, esta importancia de la intención aparece también desde muy temprano en el discurso de *yihad*, la guerra justa y santa por antonomasia en el mundo islámico[13]. El iraquí al-Fazari (m. c. 800)[14], por ejemplo, incluía en su obra sobre reglas del *yihad*, el *Kitab al-siyar*, fragmentos sobre la importancia de que la única *niyya*, intención, a la hora de llevar a cabo el *yihad* fuese la defensa del islam y la lucha en el camino de Dios[15]. En una de las *responsa* que transmite, se pregunta por un hombre que sale de campaña con la intención del mérito de la propia expedición (*niyya fi fadl dhalik*), pero que también tenía el deseo del botín. La respuesta es clara: si solo tuviera el deseo material de los despojos de guerra, sería una acción reprobable. Por tanto, la única intención lícita por sí misma es la del mérito que otorga la realización del *yihad*[16].

Ya en al-Andalus, el *Kitab qudwat al-gazi*, "Libro del Modelo del Combatiente", de Ibn Abi Zamanin (m. 1008)[17], dedica a toda esta cuestión la segunda sección, titulada *al-niyya fi al-gazw*, "La intención en la expedición". Queda clara esta idea con un curioso ejemplo relativo a una de las batallas del Profeta: un hombre le preguntó al Profeta el día de Jaybar: "Oh Mensajero de Dios, si yo mato a tal judío, ¿será para mí su asno?". El Profeta contestó afirmativamente. Después, aquel hombre mantuvo una disputa con el judío por algún asunto desconocido y murió a manos del israelita. Entonces la gente exclamó: "Oh, Fulano ha muerto en el camino de Dios", refiriéndose a que estaría en el Paraíso. Pero el Profeta,

---

[12] Francisco García Fitz, *La Edad Media: Guerra e ideología. Justificaciones jurídicas y religiosas*, Sílex, Madrid, 2004, p. 32.

[13] Sobre la intención en el *yihad* en al-Andalus véase Javier Albarrán, *Ejércitos benditos. Yihad y memoria en al-Andalus (siglos X-XIII)*, Editorial Universidad de Granada, Granada, 2020, pp. 106 y ss.

[14] Michael Bonner, *Aristocratic Violence and Holy War. Studies in the Jihad and the Arab-Byzantine Frontier*, American Oriental Society, New Haven, 1996, pp. 113 y ss.

[15] Al-Fazari, *Kitab al-siyar*, ed. Hamada, Mu'asasat al-Risala, Beirut, 1987, pp. 124 y 276.

[16] Ibídem, p. 219.

[17] Véase María Arcas Campoy, "Teoría jurídica de la guerra santa: el *Kitab qidwat al-Gazi* de Ibn Abi Zamanin", *Al-Andalus-Magreb*, 1 (1993), pp. 51-65.

corrigiéndoles, dijo: "Fulano ha muerto en el camino del asno (*fi sabil al-himar*)"[18].

En el periodo almohade, un periodo en el que el discurso de *yihad* alcanza una notable complejidad[19], esta cuestión de la intención está también muy presente. Para empezar, en el capítulo sobre la guerra santa añadido a la obra atribuida a Ibn Tumart, comienza el epígrafe titulado *al-Targib fi-l-yihad* con un aviso de la necesidad de la recta intención a la hora de realizar la guerra santa, cuestión sobre la que se insiste varias veces: la única *niyya* debe ser la de propagar la palabra de Dios[20]. De esta forma, los ejércitos *mu'minies* son descritos en las fuentes pro-almohades como portadores de esa pura intención. Por ejemplo, en julio de 1162 y antes de partir en campaña, los soldados unitarios renovaron su propósito de hacer la guerra santa y purificaron su intención ante Dios (*yaddadu fi-l-yihad al-niyya*)[21]. Asimismo, el *sayyid* Abu Hafs se lanzó contra las tropas de Ibn Mardanish "y no se le adelantó ningún campeón en los tiempos pasados en la vida, porque se lanzó con una intención pura (*nahada bi-niyya li-llah safiya*) y con un ejército puro para el triunfo (*wa-'asakir bi-l-nasr safiya*) y con unos soldados de Dios (*aynad min Allah*) unidos a él"[22].

Además, los preparativos para la guerra santa se llevaban siempre a cabo con pureza de intención (*julus niyyati-him fi-l-yihad*)[23], y el propio califa, ejemplo para sus tropas, "marchaba con la *niyya* de hacer la guerra a los infieles y defender a los súbditos (*fa-tamadà mashi-hu 'alà niyyat gazw al-kufar wa-hamayat al-dhukar*)"[24]. Más

---

[18] Ibn Abi Zamanin (1986-1987): *Kitab qudwat al-gazi*, ed. al-Sulaymani, Umm al-Qurà, La Meca, 1986-1987, p. 132.

[19] Pascal Buresi, "La réaction idéologique almoravide et almohade à l'expansion occidentale dans la péninsule Ibérique (fin XIe-mi XIIIe siècles)", en *L'expansion occidentale (XIe - XVe siècles) Formes et conséquences XXXIIIe Congrès de la S.H.M.E.S.*, Publications de la Sorbonne, París, 2003, pp. 229-241; Javier Albarrán, *Ejércitos benditos...*, pp. 271 y ss.; Ídem, "Arengas de *yihad* en época almohade", *Talia Dixit. Revista Interdisciplinar de Retórica e Historiografía*, 15 (2020), pp. 33-55.

[20] Ibn Tumart, *Le libre de Mohammed Ibn Toumert, Mahdi des almohades*, ed. I. Goldziher, Imprimerie Orientale Pierra Fontana, Argel, 1903, pp. 377-389.

[21] Ibn Sahib al-Salat, *al-Mann bi-l-imama*, ed. 'A. H. al-Tazi, Dar al-Garb al-Islami, Túnez, 1964, p. 133.

[22] Ibídem, p. 197.

[23] Ibn Idhari, *Al-Bayan al-mugrib fi ajbar al-Andalus wa al-Magrib*, eds. G. S. Colin y É. Lévi-Provençal, Dar al-Kutub al-'Ilmiyya, Beirut, 2009, vol. IV, p. 213.

[24] Ibídem, p. 332.

aún, se intenta que esa recta intención no decaiga. Al-Mansur, tras una parada en Algeciras en la marcha hacia Alarcos, "se dirigió contra el enemigo antes de que se enfriase el ardor de los soldados (*muyahidin*) y se adulterase su buena intención (*niyya*)"[25]. Y es que, si la intención decaía o se corrompía, la derrota se desencadenaba. Así ocurrió, por ejemplo, en Huete, donde un guerrero comprendió que la intención de la guerra santa se había pervertido y que la expedición había fracasado (*fa-'alamtu anna al-niyya fi-l-yihad qad fusidat*)[26].

Esta última cuestión, la explicación y justificación de la derrota, es otro de los puntos en común que encontramos en los discursos de guerra cristianos e islámicos. La permanente intervención de Dios en el devenir histórico, es decir, la visión providencialista de la historia que compartían cristianos y musulmanes en la Edad Media, hace que la voluntad de la divinidad sea la causa más importante para el triunfo o la pérdida. Es Dios quien otorga la victoria al igual que es Él quien decreta la derrota, un planteamiento que hunde sus raíces en la perspectiva veterotestamentaria de la historia[27]. Quizá el ejemplo más evidente de esto, en la tradición cristiana, es la propia pérdida de Hispania a manos de los musulmanes, que se convierten en instrumentos de ese castigo divino[28]. Otro ejemplo muy conocido

---

[25] Ibn Abi Zar', *Kitab al-anis al-mutrib rawd al-qirtas fi ajbar muluk al-Magrib wa ta'rij madinat Fas*, Dar al-Mansur, Rabat, 1972, p. 222.

[26] Ibn Sahib al-Salat, *al-Mann…*, p. 408.

[27] Sobre esta concepción de la historia, conocida entre los exégetas bíblicos como "historia deuteronomista", véase, por ejemplo, Martin Noth, *Überlieferungsgeschichtliche Studien: Die sammelnden und bearbeitenden Geschichtswerke im Alten Testament*, M. Niemeyer, Tubinga, 1957.

[28] Aunque, como hemos dicho, en el Antiguo Testamento aparecen nociones similares, en el contexto cristiano esta idea – conocida como *peccatis exigentibus* – estará ya totalmente presente en la patrística tardía, concretamente en Gregorio Magno. En el ámbito peninsular y en referencia a los musulmanes, ya aparece en el himno litúrgico *Tempore Belli*, probablemente contemporáneo a la conquista de al-Andalus o muy poco posterior, y la fórmula explícita la hallamos por primera vez en documentación catalana y aragonesa del siglo XI, debido a que, fundamentalmente, había tenido mucho éxito en el mundo carolingio. Véase Eustaquio Sánchez Salor, "El provindencialismo en la historiografía cristiano-visigótica de España." *Anuario de Estudios Filológicos*, 5 (1982), pp. 179-192; Stefano M. Cingolani, "Estratègies de legitimació del poder comtal: l'abat Oliba, Ramon Berenguer I, la Seu de Barcelona i les *Gesta Comitum Barchinonensium*", *Acta historica et archaeologica mediaevalia*, 29 (2008), pp. 135-175; Martín Alvira, *Las Navas…*, pp. 132, 365 y ss. Igualmente, la idea de la pérdida territorial – en concreto de Hispania – como causa de los pecados de los godos, será uno de los elementos principales del discurso reconquistador medieval. Véase, por

es el de la batalla de Alarcos. Según Juan de Soria, esta gran derrota fue consecuencia de la ira de Dios, porque los cristianos, llenos de soberbia, creyeron que vencerían sin su ayuda[29].

Pues bien, esta idea está también muy presente en la tradición andalusí. Por ejemplo, en el *Siray al-Muluk*, al-Turtushi (m. 1127) defendía que los musulmanes posibilitaban su propia derrota si no seguían las normas divinas[30]. Esta concepción deuteronomista de la historia, en la que el castigo de Dios por los pecados de los creyentes desempeña un papel fundamental, estaba tan arraigada que llevó a autores como Ibn al-Abbar (m. 1260) a confeccionar discursos en los que se preguntaba qué faltas habían cometido los andalusíes para tamañas desgracias. En una epístola dedicada a la pérdida de su ciudad natal, Valencia[31], el ulema entremezcla el dolor por el aciago destino, con la incomprensión de lo que está ocurriendo, debido a que él entiende que los andalusíes, en especial durante la época omeya[32], no han hecho otra cosa que defender la ortodoxia, las fronteras y el recuerdo del Profeta y su familia, y, por tanto, no habrían pecado. No obstante, tras esa glorificación de la memoria andalusí, acepta su papel como víctimas propiciatorias a través de unos pecados que no llega a comprender, y pide a Dios que les perdone[33].

También la pérdida de Hispania, de al-Andalus en este caso, es culpa de los pecados de los musulmanes, como se ve en este texto de ʻAbd al-Wahid al-Marrakushi en el que el emir Yusuf b. Tashufin

ejemplo, Carlos de Ayala, "¿Reconquista o reconquistas? La legitimación de la guerra santa peninsular", *Revista del Centro de Estudios Históricos de Granada y su Reino*, 32 (2020), pp. 3-20.

[29] Martín Alvira, *Las Navas…*, pp. 365 y ss.

[30] Al-Turtushi, *Siray al-muluk*, ed. Y. Al-Bayati, Riad el-Rayyes Books, Londres, 1990, p. 691.

[31] María Jesús Rubiera, "La conquesta de Valencia per Jaume I com a tema literari en un testimoni de l'esdeveniment: Ibn-al-Abbar de Valencia", *L'Aiguadolç. Revista de Literatura*, 7 (1988), pp. 33-44.

[32] Sobre el recuerdo glorificado de los omeyas véase Josep Suñé, "Was the Umayyad Caliphate of Cordoba as Strong as Arab Chroniclers Claimed?", *Al-Masa q: Journal of the Medieval Mediterranean*, 31/1 (2019), pp. 35-49; Javier Albarrán, *Ejércitos benditos…*, pp. 361 y ss.; Ídem, "The Battles of the Umayyads. Remembering War from West to East", *Der Islam*, en prensa.

[33] Al-Himyari, *Rawd al-miʻtar fi jabar al-aqtar*, ed. I. ʻAbbas, Maktabat Lubnan, Beirut, 1975, pp. 97 y ss.

describe la situación de al-Andalus en el momento previo a la conquista almorávide[34]:

> Mi único propósito, al apoderarme de esta península, era sacarla de manos de los cristianos, por ver cómo se habían apoderado de su mayor parte y por el descuido de sus reyes, por su abandono de la guerra, por delegar el gobierno, por su indolencia y por su afición al bienestar, pues la única preocupación de cada uno era el vino que bebían, las cantoras a quienes oían y las diversiones en que pasaban los días. Si viviese, devolvería a los musulmanes todo el país de que se han apoderado los cristianos a lo largo de esta revuelta (*fitna*) y lo llenaría contra ellos, esto es, contra los cristianos, de jinetes e infantes, que no se dan a la holganza ni se conoce entre ellos la buena vida y la única preocupación de cada uno de ellos son los caballos que doman y les dan brío o las armas que seleccionan o el socorro que llevan al que se lo pide.

Igualmente, también se recurre a esta idea a la hora de explicar hechos concretos. Uno de los mejores ejemplos es el del descalabro almohade en Las Navas de Tolosa. Esta derrota estaba ya encarrilada desde que poco antes, en el ataque a Salvatierra, la intención con la que habían iniciado los almohades la guerra santa se había pervertido. Y, así, la batalla del 1212 es descrita como un juicio divino. En este sentido, el ejército cristiano es retratado en términos veterotestamentarios, en concreto como una nube de langostas. Asimismo, cuando la contienda estaba ya decidida, un combatiente árabe le habría dicho al califa *mu'miní*, quien había quedado paralizado por los acontecimientos[35]:

> ¿Hasta cuándo vas a seguir sentado? ¡Oh Príncipe de los Creyentes!, se ha realizado el juicio de Dios (*hukm Allah*), se ha cumplido su voluntad y han perecido los musulmanes.

[34] 'Abd al-Wahid al-Marrakushi, *Kitab al-mu'yib fi taljis ajbar al-Magrib*, ed. J. 'I. Al-Mansur, Dar al-Kutub al-'Ilmiyya, Beirut, 2005, pp. 114-115.

[35] Ibn Abi Zar', *Kitab al-anis...*, pp. 237-239.

Este mismo cronista, Ibn Abi Zar', también había representado a través de estos *topoi* providencialistas la conquista cristiana de Zaragoza en el año 1118[36]. Sobre esta cuestión de la batalla como juicio divino volveremos más adelante.

No obstante, siguiendo este esquema providencialista, a pesar del castigo divino, Dios es misericordioso y finalmente salva a sus fieles, que obtienen la victoria. Esta idea se suele presentar mediatizada por la noción del "resto justo" veterotestamentario, muy presente ya en la Biblia con un importante significado escatológico[37]. Es decir, una doctrina que expresa la fidelidad que minoritariamente encarna una parte del pueblo elegido, y que será capaz de garantizarle la salvación una vez apaciguada la ira de Dios. La dimensión mesiánica y escatológica está muy presente en este esquema, que está también muy visible en los discursos islámicos. Por ejemplo, en la carta enviada por Yusuf b. Tashufin al emir de Mahdiyya Tamim b. al-Mu'izz b. Badis anunciando la victoria en Zallaqa/Sagrajas (1086)[38], se introduce, a través del versículo C. 14: 42[39], aleya que se refiere al Juicio Final, la idea providencialista de que Dios era quien había vencido en Zallaqa, habiendo sido esta batalla una gran ordalía, así como la visión escatológica de que finalmente los justos triunfarían.

En el contexto oriental "contra-cruzado", muy similar al andalusí en su respuesta discursiva ante el avance cristiano, encontramos expresiones análogas. Por ejemplo, al-Sulami, en su tratado sobre el *yihad* escrito tras la llegada de los cruzados (1105), se muestra convencido de la victoria final islámica a través de una serie de pasajes escatológicos, representados a través de una serie de hadices, en los que se presenta la idea de un grupo de la comunidad musulmana

[36] Ibídem, p. 163. Es posible que, con el paso del tiempo y la progresiva pérdida de al-Andalus, los discursos providencialistas presentes en las crónicas se intensificasen pasando de la idea de castigo divino a la de juicio de Dios.

[37] Véase, por ejemplo, Is. 10:22-23 y 37:30-32.

[38] Emilio García Gómez, Évariste Lévi-Provençal y Oliver Asín, "Novedades sobre la batalla llamada de al-Zallaqa", *Al-Andalus*, 15/1 (1950), pp. 111-156.

[39] "Y no contéis con que Allah está descuidado de lo que hacen los injustos. Simplemente los aplaza hasta un día en el que las miradas se quedarán fijas".

que está destinado a luchar y triunfar sobre los enemigos de Dios hasta el tiempo de Su poder, es decir, hasta el Día del Juicio[40].

En todos estos casos comentados existe un elemento compartido entre ambas tradiciones: la herencia común judeocristiana, sobre todo veterotestamentaria. Es decir, en estos casos no estamos ante influencias o intercambios directos, sino ante fenómenos y esquemas mentales con un origen común, que hacen que ambas tradiciones sean tremendamente similares y que se nos escapan cuando no hacemos análisis de conjunto.

PERCEPCIONES DEL OTRO

En este sentido, y teniendo en cuenta esa familiaridad de discursos e ideología en torno a la guerra, ¿cómo eran estos percibidos por el "otro"?

En las fuentes islámicas hay fragmentos muy interesantes en este sentido. Una de las cuestiones que más llama la atención cuando se estudian estos textos es el hecho de que destaquen, casi en forma de alabanza, una vinculación muy cercana entre religión y guerra. En el caso oriental, 'Imad al-Din al-Isfahani (m. 1201), por ejemplo, comentaba lo siguiente sobre la movilización de los ejércitos cruzados con cierta admiración y probablemente a modo de crítica a sus correligionarios[41]:

> No ha quedado ningún rey en sus países e islas, ningún gobernante o gran hombre, que no haya mantenido el ritmo con sus vecinos en la constitución de ejércitos y que no haya superado a su par en esfuerzo. Han sacrificado como si nada la sangre y vida

---

40 Al-Sulami, *The Book of the Jihad of 'Ali ibn Tahir al-Sulami (d. 1106): Text, Translation and Commentary*, ed. y trad. N. Christie, Ashgate, Aldershot, 2015, p. 51. Véase un detallado análisis de estos pasajes en Niall Christie, "Jerusalem in the *Kitab al-Jihad* of 'Ali ibn Tahir al-Sulami", *Medieval Encounters*, 13/2 (2007), pp. 209-221; Kenneth Goudie, *Reinventing jihad: jihad ideology from the conquest of Jerusalem to the end of the Ayyubids (c. 492/1099-647/1249)*, Brill, Leiden, 2019, pp. 87 y ss.

41 VV.AA., *Recueils des historiens des croisades. Historiens orientaux (RHC Or.)*, Académie des inscriptions et belles-lettres, París, 1872-1906, vol. III, pp. 429-430.

de sus corazones en la defensa de su religión [...] Hicieron lo que hicieron y sacrificaron lo que sacrificaron para defender aquello que veneran y para honrar sus creencias.

Recuerda este fragmento a uno de Ibn 'Idhari relativo a la conquista portuguesa de Silves –suceso que es calificado como uno de los acuerdos de los decretos de Dios (*muwafiqa qadr Allah*)–, donde se dice que los cristianos luchaban "para librar sus cuellos, según sus ideas, del compromiso de sus creencias (*'ahdan fi adiyani-him*) y para salir de la obligación que se les había condicionado y que se les había impuesto por sus monjes (*yajruyu 'ahd ma shurita 'alay-him wa nufidha ilay-him ma' ruhbani-him*)". Asimismo, el cronista califica esta campaña como un *yihad* contra los musulmanes[42]. Estas referencias a los actos bélicos cristianos como "guerra santa" contrastan con perspectivas como la de al-Qurtubi (m. 1273), quien señalaba que una de las causas de la pérdida de al-Andalus era el abandono del *yihad*. Los cristianos, en cambio, sí estarían combatiendo por la expansión de su religión[43].

En el *Ta'rij Mayurqa* de Ibn 'Amira (m. 1260) también se puede observar esta vinculación de religión y guerra a través de la presencia de eclesiásticos en el bando enemigo. Por ejemplo, cuando Ibn

[42] Ibn 'Idhari, *Al-Bayan...*, vol. IV, pp. 271-272.

[43] Esta idea está también presente en textos islámicos del contexto cruzado. Por ejemplo, Abu al-Hasan al-Harawi (m. 1215), viajero y consejero de Saladino, escribió para el sultán ayyubí un tratado sobre la guerra en el que llamaba a los miembros de las órdenes militares "monjes", *ruhban*, y los describía como poseedores de un gran fervor religioso y un especial alejamiento del mundo, lo que les convertía en una peligrosa amenaza en el enfrentamiento por su total devoción a la causa cristiana. Al-Harawi, *Al-Tashkirat al-Harawiyya fi al-Hiyal al-Harbiyya*, ed. M. al-Murabit, Wizarat al-Thaqafa, Damasco, 1972, pp. 104-105. Igualmente, al-Sulami, en su *Kitab al-Yihad* (1105), afirmaba que "la interrupción en la realización del *yihad*" por parte de los musulmanes había "incitado a sus enemigos a apoderarse de sus territorios", quienes "condujeron con celo el *yihad* contra los musulmanes". Como se puede observar, el discurso en torno a la pérdida territorial a un lado y otro del Mediterráneo era idéntico. Para esta comparativa, véase Javier Albarrán, "'He was a Muslim knight who fought for religion, not for the world'. War and religiosity in Islam: A comparative study between the Islamic east and west (12th century)", *Al-Masaq: Islam and the Medieval Mediterranean*, 27/3 (2015), pp. 191-206; Ídem, "Una *reconquista* de la *reconquista*: la reacción ideológica islámica al avance cristiano (ss. XI-XIII)", en C. Ayala, I. C. Fernandes y S. Palacios (eds.), *La Reconquista. Ideología y justificación de la guerra santa peninsular*, La Ergástula, Madrid, 2019, pp. 233-257.

'Amira está describiendo la actividad de los zapadores cristianos para intentar abrir una brecha en las murallas mallorquinas, acción que a su vez está intentando ser contrarrestada por zapadores musulmanes, el cronista indica que había un religioso entre los excavadores infieles que había hecho un voto[44] y tenía el firme propósito de esforzarse para llevar la desdicha los musulmanes[45].

En este sentido, hay otro pasaje, sumamente interesante, que revela el grado de participación de las élites eclesiásticas en la conquista de Mallorca y la percepción que los musulmanes tenían de ello, así como de la violencia generada por los cristianos y su vinculación con la fe. Nos referimos al episodio en el que "el más influyente de los sacerdotes de los cristianos" –¿Berenguer de Palou, obispo de Barcelona?–[46], tras la conquista, decretó: "'Quien saque un muerto de la ciudad tendrá la misma recompensa que aquel que lo mató'".[47] El cronista se muestra extrañado por esta ley, inventada en ese momento y ante tal coyuntura por el cronista, pero no por la existencia de recompensas –presumiblemente espirituales– por el hecho de matar al enemigo en el contexto de una cruzada, cuya doctrina, a esas alturas del siglo XIII, los musulmanes conocían bien[48]. Interesantemente, Bernat Desclot cita también en su crónica este episodio, detallando que la recompensa era una promesa de indulgencia de mil días, y que los cadáveres fueron arrastrados por caballos y mulas[49]. Esta coincidencia entre ambas crónicas evidencia

---

[44] Esta cuestión de los votos, que veíamos también reflejada en el pasaje de Ibn 'Idhari referido a Silves, es significativa de hasta qué punto los musulmanes tenían conciencia de cómo operaba la cruzada.

[45] Ibn 'Amira, *Kitab ta'rij Mayurqa*, ed. M. b. Ma'mar, Dar al-Kutub al-'Ilmiyya, Beirut, 2007, p. 121.

[46] Martín Alvira, "*Destruir aquels qui reneguen lo nom de Jhesuchrist*: el obispo de Barcelona Berenguer de Palou (1212-1241)", en C. Ayala y S. Palacios (eds.), *Hombres de religión y guerra. Cruzada y guerra santa en la Edad Media peninsular X-XV*, Sílex, Madrid, 2018, pp. 361-418.

[47] Ibn 'Amira, *Kitab ta'rij...*, p. 135.

[48] Sobre esta cuestión véase, por ejemplo, Paul Chevedden, "The Islamic View and the Christian View of the Crusades: A New Synthesis", *History*, 93 (2008), pp. 181-200; Ídem, "The View of the Crusades from Rome and Damascus: The Geo-Strategic and Historical Perspectives of Pope Urban II and 'Ali ibn Tahir al-Sulami", *Oriens*, 39/2 (2011), pp. 257-329.

[49] Bernat Desclot, *Crònica*, ed. M. Coll i Alentorn, Edicions 62, Barcelona, 1982, cap. 47.

la verosimilitud de este excepcional episodio, e incluso también el uso de fuentes comunes por los cronistas musulmanes y cristianos.

Ciertamente, los autores musulmanes conocían que la cruzada otorgaba a sus participantes ciertos beneficios espirituales, por lo que podían justificar de forma lógica el fervor de los guerreros cristianos y el interés que tenían en participar en esas campañas. El sirio Abu Shama (m. 1267) dice así: "Todos aquellos que marchen a combatir al islam obtendrán el perdón por sus pecados y serán purificados de toda mancha"[50].

Esta percepción y comprensión de los discursos del "otro", y, lo que es más importante al analizar la comunicación dentro de la cultura política, de la que la guerra formaba parte, la traducción del discurso del "otro" a los esquemas mentales propios, es muy visible en el caso del Occidente islámico medieval. Un ejemplo paradigmático y muy conocido es el de la descripción que Ibn 'Idhari hizo sobre la fortaleza de Salvatierra[51]:

> La fortaleza conocida por Salvatierra, que había sido cogida en las redes de la Cruz y por cuyo deseo, pues estaba en medio del país, sufría el corazón de la fe musulmana, la había puesto la Cristiandad como unas alas para todo objetivo y la había preparado para las puertas de las ciudades como una llave; en sus alturas y hondonadas eran despreciados los ritos de Dios y la religión de la verdad estaba a su derecha y a su izquierda y delante y detrás de ella. La consideraban los infieles como su peregrinación (*hayy*) y su guerra santa (*yihad*) y la servían sus reyes, sus monjes (*ruhban*) y sus ciudades y fluían a ella sus dírhemes y sus dinares y creían que ella protegía su morada y alejaba sus crímenes (*awzar*).

Como se puede observar, el castillo de Salvatierra es descrito como un lugar de peregrinación y, por tanto, de veneración, así como de guerra santa, de *yihad*, para los cristianos. Es decir, se produce una combinación de conceptos –peregrinación y guerra santa– que nos

[50] Emmanuel Sivan, *L'Islam et la Croisade, idéologie et propagande dans les réactions musulmanes aux Croisades*, Adrien Maisonneuve, París, 1968, p. 115.

[51] Ibn 'Idhari, *Al-Bayan*..., vol. IV, pp. 333-334.

acerca a las ideas de espiritualidad militar y del acto bélico como práctica ascética tan propias del islam medieval pero también de la cruzada y de las órdenes militares, quienes en ese momento controlaban la fortaleza y a quienes posiblemente se estaba haciendo referencia con el término *ruhban*[52]. Y, como vemos, la idea de que esta combinación servía para contrarrestar las faltas, es decir, para obtener el perdón, está también presente.

Esta idea, a la que volveremos más adelante, no solo aparece en las fuentes islámicas referida a los cristianos, sino también al revés. Por ejemplo, en la *Crónica de Veinte Reyes*, haciendo referencia a un ataque de Almanzor a Castilla, se utiliza la noción de "perdón" como sinónimo de guerra santa: "Almançor [...] pasóse aquén la mar a tierra de Africa e mandó predicar por toda la tierra quel viniesen ayudar contra los cristianos de España. Los moros quando oyeron la pedricaçión que andaua por la tierra, viniéronse a él como a perdón"[53].

Otra de las cuestiones en las que estas percepciones, si bien no son prolíficas sí son de sumo interés, es la de la liturgia bélica. Por ejemplo, cuenta el iraquí Ibn Shaddad (m. 1234), biógrafo de Saladino, que en una de las escaramuzas que tuvieron lugar durante la batalla de Acre, los cruzados maniobraron y formaron en posición de combate. En el centro estaba el rey con los evangelios delante de él, cubiertos con una tela de satín y sujetados por cuatro personas[54]. Este relato recuerda, por ejemplo, a las descripciones que hacen las crónicas cristianas del uso del Corán en batalla por parte de los califas almohades[55].

En este mismo sentido, es muy interesante el relato que presenta al-Maqqari (m. 1632) –a partir de una narración de al-Himyari– sobre los momentos previos a la batalla de Zallaqa. Estando ya los dos ejércitos formados y frente a frente, los obispos y monjes de Alfonso VI alzaron sus cruces en el aire y recitaron sus Evangelios, dispuestos a morir por su religión. Ante semejante despliegue espiritual, y

---

[52] Javier Albarrán, "Las órdenes militares...", pp. 247-266.

[53] *Crónica de Veinte Reyes*, Ayuntamiento de Burgos, Burgos, 1991, Libro III, cap. 3.

[54] Ibn Shaddad, *The rare and excellent history of Saladin*, trad. D. S. Richards, Ashgate, Aldershot, 2004, p. 101.

[55] Por ejemplo, Jiménez de Rada, *Historia de los Hechos de España*, ed. y trad. J. Fernández Valverde, Alianza Editorial, Madrid, 1989, Libro 8, cap. 9.

quizá temiendo que la plegaria cristiana tuviera éxito, Ibn Tashufin y al-Mu'tamid exhortaron a los suyos, y sus alfaquíes erigieron "lugares de predicación" (*maqam al-wagz*) desde donde urgieron a sus soldados a mostrar determinación y les avisaron de los males de la cobardía y la huida[56].

Este breve relato nos lleva a una batería de preguntas sobre las que reflexionaremos en las próximas páginas a través del fenómeno de la ritualización de la guerra: ¿hasta qué punto se conocían y, sobre todo, reconocían entre sí las diferentes tradiciones? ¿Hasta qué punto se comprendían? ¿Qué paralelismos existían y si estos se potenciaban de forma consciente? ¿Hasta qué punto se pensaba que estos discursos y esta liturgia podían ser efectivos –incluso que Dios podía beneficiar a los infieles– y, por tanto, necesitaban ser contrarrestados? ¿Hasta qué punto existían no solo paralelismos e influencias, sino también una retroalimentación entre ambas culturas? En definitiva, ¿hasta qué punto podemos hablar de una transculturalidad bélica en el sentido de síntesis mediante la cual confluye el contacto de dos o más elementos culturales y pasa a ser un referente más allá de las unicidades identitarias?

INFLUENCIAS, PARALELISMOS Y CONEXIONES EN LA RITUALIZACIÓN DE LA GUERRA

Las fuentes andalusíes y magrebíes nos aportan bastante información acerca de la liturgia de guerra islámica y los significados que esta podía tener[57]. Veamos algunos de sus elementos.

Las banderas y estandartes desempeñaron un importante papel muy importante en esta ritualización. Por ejemplo, fueron los protagonistas de un ritual propio del discurso de guerra santa: la ceremonia del anudamiento de banderas. Las fuentes nos han legado una descripción muy detallada del mismo, correspondiente a la expedición contra los normandos liderada por el general omeya Galib

[56] Al-Maqqari, *Nafh al-tib min gusn al-Andalus al-ratib*, ed. I. 'Abbas, Dar al-Sadir, Beirut, 1988, vol. IV, pp. 364-365.

[57] Véase Elsa Cardoso y Javier Albarrán, "De puertas, banderas...", pp. 216-256.

en julio del año 971. En la mañana del jueves 15 de ramadán (13 julio 971), al-Hakam II ordenó que fueran anudadas en unas lanzas las enseñas que se entregarían a su general, para que así pudiese encaminarse al encuentro del enemigo[58]. Entre ellas se encontraban tres banderas de las más estimadas por el soberano: 'Uqda, el 'Alam y el Shatrany. Para esta ceremonia de anudamiento se había convocado también al cadí de Cabra, Muhammad b. Yusuf, quien era el *imam* que dirigía la oración del califa al-Hakam II, así como a los *imames* supererogatorios que rodeaban al gobernante durante el mes de ramadán, acompañados de sus almuédanos. También participaron en la ceremonia Muhammad b. Qasim b. Tumlus y Ziyad b. Aflah, dos jefes del *hasham*, el cuerpo de tropas mercenarias que actuaba como tropa de élite del soberano.

En este ambiente de máxima religiosidad, y mientras las insignias eran anudadas, se recitó la *surat al-Fath*, un capítulo del Corán (48) que[59], según los exégetas, hace referencia al pacto de Hudaybiyya y a la posterior conquista de La Meca. En este sentido, está repleto de referencias relativas a la guerra santa, como la función auxiliadora de Dios en la guerra y su imagen como caudillo de los ejércitos[60], o a la idea de martirio[61]. Es decir, se sacralizaba así la campaña que estaba a punto de comenzar, otorgando una sanción divina a través de la palabra de Allah, y se recordaba a todos los presentes la ideología de *yihad*.

Terminado el anudamiento de las banderas, los hombres de religión presentes se dirigieron en procesión, mientras proclamaban frases jaculatorias, exclamaciones piadosas y oraciones, hacia la puerta de la

---

[58] Ibn Hayyan, *Al-Muqtabas VII. Al-Muqtabas fi ajbar balad al-Andalus*, ed. A. R. A. al-Hayyi, Dar al-Thaqafa, Beirut, 1965, pp. 24-25.

[59] Según al-Tabari, tras la batalla de Badr era habitual que el Profeta recitase capítulos del Corán relativos a la guerra santa, en concreto la *surat al-Anfal* (8). Al-Tabari, *The History of al-Tabari vol. II: The Challenge to the Empires*, trad. Kh. Y. Blankinship, State University of New York Press, Albany, 1993, p. 94.

[60] "Él es Quien hizo descender el sosiego a los corazones de los creyentes para afianzar su creencia. Y a Allah pertenecen los ejércitos de los cielos y de la tierra. Allah es Conocedor, Sabio". C. 48: 4.

[61] "Para hacer entrar a los creyentes y a las creyentes en jardines por cuyo suelo corren los ríos, donde serán inmortales. Y cubrir sus malas acciones. Eso es ante Allah un gran triunfo". C. 48: 5.

Sudda del alcázar de Madinat al-Zahra'[62], donde les esperaba un regimiento del *yund* perfectamente equipado, armado y engalanado, que procedería a rodear a los porteadores de las banderas. En esta formación, se encaminarían todos a la puerta de la residencia de Galib. Una vez allí, el general se montó a su caballo y dio comienzo a la campaña[63].

Asimismo, los estandartes llevaban asociado un fuerte simbolismo en el imaginario y ritualización de la guerra santa: como objetos que representaban al califa y a Dios –no en vano era "Su" palabra la que se recitaba mientras se anudaban las banderas–, eran portadores de la victoria. Un poema de Ibn Darray acerca de la expedición de ʻAbd al-Malik en el año 1003 en la que también se celebró la ceremonia del anudamiento, muestra claramente esta idea[64]:

> El viento de buen augurio sopló y salió a su encuentro el éxito.
> ¡Conquista, pues, por Dios! La victoria ya ha llegado a ti.
> La ayuda del poderoso ha ido por delante de su estandarte.
> Así como antes de la salida del sol clarea la aurora,
> Guía por el camino de Dios un ejército como si
> Se tratase de la supresión de una parte de la noche sobre la tierra.
> Escuadrones en cuyos pies está la justicia y la piedad,
> Y en sus estandartes están anudados el éxito y la prosperidad.

Es decir, los estandartes son representados como indicadores del auxilio divino y como símbolos de victoria en los que el éxito y la prosperidad iban anudados, haciendo así una clara referencia a la ceremonia que hemos comentado.

Si miramos más allá del contexto andalusí, observamos cómo este simbolismo en torno a las insignias se encuentra también en el ritual de guerra santa cristiana iniciado en el siglo IV por Constantino, que consistía en marchar a la batalla guiado por el lábaro con el monograma de Cristo en él, entendiendo que era este quien otorgaba el

---

[62] Sobre esta puerta y su significado, véase Elsa Cardoso, *The Door of the Caliph. Concepts of the Court in the Umayyad Caliphate of al-Andalus*, Routledge, Londres y Nueva York, 2023.
[63] Ibn Hayyan, *Al-Muqtabas VII...*, pp. 24-26.
[64] Ibn ʻIdhari, *Al-Bayan...*, vol. III, pp. 9.

triunfo militar. La cruz, convertida en estandarte, se llamará *vexillum triumphale*, es decir, "pendón victorioso", trasladando de forma clara la idea del auxilio divino[65]. En este sentido, el estandarte califal almohade era conocido como al-Mansur, el victorioso[66]. E, igualmente, antes de dedicarse a pregonar las excelencias de la cruzada en 1188, Balduino de Forde compuso un sermón titulado *De Sancta Cruce* en el que describía la Cruz en términos espirituales diciendo que era un "estandarte militar, un trofeo de victoria y un signo de triunfo"[67].

Asimismo, en el *Ordo quando rex cum exercitu ad prelium egreditur*, incluido en el *Liber Ordinum* visigodo, vemos cómo el rey, tras la postración y una oración en la que se alaba a Dios como el conductor de los ejércitos, el protector frente a los enemigos, y el que concede la victoria, recibía de manos del obispo una cruz dorada con una reliquia de Cristo que acompañaría de forma constante al monarca en campaña, y este se la entregaba a su vez a un sacerdote que la portaba delante de él. A continuación, los jefes militares se dirigían al altar, donde recibían los estandartes que se habían custodiado en el templo y consagrado. Esta entrega de emblemas sagrados se entendía como una declaración de guerra santa. Entonces, frente a la iglesia, el obispo impartía una bendición para que se le concediese al rey la victoria bajo el signo de la cruz, señal que aparece en este pasaje de forma bien detallada como estandarte de guerra y garante de victoria. Igualmente, esa cruz que acompañaba al gobernante era el símbolo del caudillaje divino[68].

---

[65] Véase Lactancio, *Sobre la muerte de los perseguidores*, trad. R. Teja, Gredos, Madrid, 1982, p. 189; José Fernández Ubiña, "Constantino y el triunfo del cristianismo en el imperio romano", en José Fernández Ubiña y Manuel Sotomayor (eds.), *Historia del cristianismo I. El mundo antiguo*, Trotta-Universidad de Granada, Madrid, 2003, pp. 329-397; Rosa Valverde, *Los viajes de los reyes visigodos de Toledo (531-711)*, La Ergástula, Madrid, 2017, pp. 104-105. Sobre la ayuda divina a Constantino en la batalla y la aparición de símbolos cristianos véase Santiago Castellanos, *Constantino. Crear un emperador*, Sílex, Madrid, 2010, pp. 154 y ss. Sobre estandartes y su despliegue bélico en el mundo medieval véase Robert Jones, *Bloodied Banners: Martial Display on the Medieval Battlefield*, The Boydell Press, Woodbridge, 2010.

[66] Javier Albarrán, *Ejércitos benditos...*, pp. 302 y ss.

[67] Christopher Tyerman, *Cómo organizar una cruzada: El trasfondo racional de las guerras de Dios*, Crítica, Barcelona, 2016, p. 158.

[68] *Liber Ordinvm Episcopal*, ed. J. Janini, Abadía de Silos, Silos, 1991, p. 148. Véase Alexander Bronisch, *Reconquista y Guerra Santa. La concepción de la guerra en la*

Como se puede observar, numerosos son los puntos en común con la ceremonia omeya del anudamiento de banderas: los hombres de religión desempeñan un papel protagonista en el ritual, se producen oraciones en las que Dios es representado como conductor de los ejércitos y auxilio de las huestes, o se entregan emblemas que, bendecidos, simbolizan el acto de guerra santa, así como el caudillaje divino de las tropas. Además, aunque el anudamiento de banderas de julio del 971 se produjese en Madinat al-Zahra', parece que, según un fragmento referido al 'amirí 'Abd al-Malik, este solía llevarse a cabo, "conforme a la costumbre", en la aljama cordobesa.

Es decir, al igual que en el caso visigodo, donde la liturgia de guerra tenía lugar en la iglesia de Pedro y Pablo, la *ecclesia praetorensis* del reino que evocaba a la de los Apóstoles fundada por Constantino en Constantinopla[69], iglesia donde se custodiaban, consagrados, la cruz y los estandartes, la entrega de las insignias bélicas se producía en el templo más importante de al-Andalus, símbolo de poder de la dinastía omeya[70]. Quizá los pendones andalusíes destinados a este ritual del *yihad* se guardaban en el mismo habitáculo de la mezquita –a la izquierda del *mihrab*– donde se depositaba el presunto Corán de 'Uthman que 'Abd al-Rahman III habría utilizado también en contexto bélico, como por ejemplo en la batalla de Simancas[71].

Es interesante observar cómo todo este simbolismo continuaría vivo en época almohade, un periodo en el que la utilización de la

---

España cristiana desde los visigodos hasta comienzos del siglo XII, Universidad de Granada, Granada, 2006, pp. 101 y ss.

[69] Isabel Velázquez Soriano y Gisela Ripoll López, "Toletum. La construcción de una Vrbs Regia", en G. Ripoll López y J. Mª Gurt i Esparraguera (eds.), *Sedes Regiae, ann. 400- 800*, Real Academia de Buenas Letras de Barcelona, Barcelona, 2000, pp. 521-578.

[70] Susana Calvo Capilla, "The Visual Construction of the Umayyad Caliphate in Al-Andalus through the Great Mosque of Cordoba", *Arts*, 7/36 (2018), pp. 1-21.

[71] Este Corán estaba, junto a su pabellón y a su cota de malla preferida, entre los enseres del califa que fueron saqueados por Ramiro II tras la victoria cristiana de la batalla de Simancas. Ibn Hayyan, *Al-Muqtabas V. Al-Muqtabas li-Ibn Hayyan al-Qurtubi (al-yuz al-jamis)*, eds. P. Chalmeta, F. Corriente y M. Subh, Instituto Hispano-Árabe de Cultura-Kulliyat al-Adab, Madrid-Rabat, 1979, p. 435. Véase, por ejemplo, Amira Bennison, "The Almohads and the Qur'an of 'Uthman: the legacy of the Umayyads of Cordoba in twelfth century Maghrib", *Al-Masaq: Journal of the Medieval Mediterranean*, 19/2 (2007), pp. 131-154; Pascal Buresi, "Une relique almohade: l'utilisation du Coran (attribué a 'Utman b. 'Affan) de la Grande Mosquée de Cordoue", *Oriente*

memoria del califato omeya se convirtió en uno de los ejes de legitimación de la dinastía *mu'mini*[72]. Relata al-Himyari cómo, a principios de 1190, el califa al-Mansur dio comienzo a una expedición para recuperar la ciudad de Silves, recientemente conquistada por los portugueses. Pues bien, el soberano almohade pasó con su ejército por Córdoba, "donde se celebró en la gran mezquita la ceremonia de colocación de banderas"[73]. Con ocasión de semejante liturgia bélica, prosigue el cronista, Abu Bakr b. Mugbar pronunció un poema donde, nuevamente, se transmite la idea de que los pendones son portadores del triunfo:

> Qué alegría para mí, pues hay aquí estandartes que raramente han sido atados a sus astas sin que el espíritu favorable los haya desplegado.
>
> Aquel que es la victoria en persona ha avanzado sin olvidar la menor región, pues allá donde se dirigen sus banderas, se dirige él también.
>
> Los estandartes van a su encuentro como mensajeros de victoria, en tal cantidad, que son como un manto espeso sobre sus espaldas.

Estos paralelismos nos indican la existencia de un discurso de guerra santa transcultural con un idioma ritual común –no solo en el campo bélico, como demuestra el capítulo de Elsa Cardoso en este mismo volumen–, fenómeno que probablemente tenga que ver esa presencia de un sustrato veterotestamentario en la sacralización de la guerra y con una influencia romano-bizantina común a ambas tradiciones[74]. No es casualidad que, al dar cuenta del protocolo a observar en Constantinopla antes y durante la salida en expedición militar del emperador, el *Libro de las Ceremonias* atribuya a Constantino

Moderno, 88/2 (2008), pp. 297-309; Travis Zadeh, "From Drops of Blood: Charisma and Political Legitimacy in the translatio of the Uthm nic Codex of al-Andalus", *Journal of Arabic Literature*, 39 (2010), pp. 321-346.

[72] Javier Albarrán, *Ejércitos benditos...*, pp. 361 y ss.

[73] Al-Himyari, *Rawd al-mi'tar...*, p. 342.

[74] Michael McCormick, *Eternal Victory: Triumphal Rulership in Late Antiquity, Byzantium, and the Early Medieval West*, Cambridge University Press-Editions de la Maison des Sciences de l'Homme, Cambridge-París, 1986, pp. 80 y ss., 131 y ss., 297 y ss. Véase también Thomas Sizgorich, *Violence and Belief...*

el Grande y a Julio Cesar los rituales de preparación que preceden a las campañas, a pesar de que esa presunta herencia sea más bien ficticia y literaria, con una clara intención de legitimar prácticas que, de hecho, reflejan un contexto mucho mas tardío[75]. También en Constantinopla los pendones junto con la cruz formaban parte de las insignias de guerra, símbolos que aparecen citados en el *De Ceremoniis*, por ejemplo, con ocasión de las conmemoraciones de victorias militares llevadas a cabo en el Foro de Constantino.

Otro elemento habitual en la liturgia bélica eran los rezos previos a la campaña. Por ejemplo, el ritual por el que el ejército almohade ponía rumbo a la guerra santa comenzaba con un sermón y/o una serie de oraciones: antes de la salida hacia la campaña de Alarcos, el predicador Abu ʻAli b. Hayyay proclamó una *jutba* en la mezquita mayor de Sevilla, en presencia del soberano y en viernes, sobre la *surat Qaf* (50), capítulo coránico que se presenta como un juicio –y la cercana batalla, por tanto, como una ordalía– en el que los infieles irán al infierno y los creyentes al Paraíso[76].

Esta idea de la batalla, en especial la campal, como una ordalía, será omnipresente en la ritualización de la guerra medieval[77]. Es por ello que las fuentes y los ritos hacen hincapié en la necesidad de que los guerreros estuvieran en estado de pureza al entrar en combate, para así obtener el favor divino. En este sentido, por ejemplo, el viernes aparece como el momento más idóneo para combatir y obtener la victoria. El rezo comunitario del viernes era el instante más apropiado para alcanzar un estado de pureza ritual y para realizar peticiones a Dios[78], y así lo describe la carta que anunciaba el triunfo sobre Ibn Mardanish en 1165, éxito que habría llegado en ese preciso instante:

[75] Constantino VII Porphyrogennetos, *The Book of Ceremonies*, trad. A. Moffat y M. Tall, Australian Association for Byzantine Studies, Camberra, 2012, vol. I, p. 450, esp. nota 3.

[76] Ibn ʻIdhari, *Al-Bayan...*, vol. IV, pp. 288-289. Véase Javier Albarrán, "Arengas de *yihad...*", pp. 33-55.

[77] Para el contexto cristiano, véase, por ejemplo, William J. Purkis, *Crusading Spirituality in the Holy Land and Iberia, c. 1095-c. 1187*, The Boydell Press, Woodbridge, 2008.

[78] Muslim, *Sahih Muslim*, trad. Siddiqi, Kitab Bhavan, Lahore, 1972, nº 233. Sobre "temporalidad sagrada" y guerra santa véase Javier Albarrán, *Ejércitos benditos...*, pp. 99-102. Entre los cristianos, esta "temporalidad sagrada" implicaba no combatir en domingo, cuestión que no siempre se respetaba. Véase Georges Duby, *Le dimanche de Bouvines 27 juillet 1214*, Gallimard, París, pp. 7-8.

"es el día en que es aceptado el arrepentimiento, en el que se perdonan los pecados y se humilla el corazón y es adorado el Señor"[79].

Esta idea de la necesidad de acudir a la batalla en un estado de pureza espiritual como condición necesaria para la victoria la encontramos también en otros contextos rituales de guerra santa, como en el visigodo: en el *Ordo* antes citado, se describe cómo antes de partir hacia la batalla, el rey entraba en la iglesia de los apóstoles Pedro y Pablo y allí, extendido sobre el suelo, rezaba. Esta ceremonia servía al monarca para representar la negación de sí mismo ante Dios, reconocer su condición de pecador y su culpa, y proceder a rogar por su purificación, quedando así facultado para, posteriormente, conducir un contingente conceptualizado como un ejército de Dios[80].

Encontramos nociones similares en las ceremonias bélicas relativas a la cruzada de Las Navas, que, como ha señalado Martín Alvira, más que como un evento militar, se organizó como una liturgia y como un examen a las almas de los cristianos[81]. Esta concepción transcultural de la guerra santa confería a los rituales bélicos un marcado sentido penitencial. Si se quería vencer, había que purgar las faltas. Por ello, con la convicción de que la divinidad solo concede su ayuda a aquellos que son dignos, se celebraron numerosas ceremonias propiciatorias como donaciones, oraciones, invocaciones a Dios y a los santos, confesiones, misas, o veneración de reliquias. Abundantes procesiones en las que los pendones fueron muy importantes tuvieron lugar antes de Las Navas, como la del estandarte de la ciudad de Palencia, donde este fue bendecido[82]. Hubo también un desfile propiciatorio en Roma que tuvo un claro carácter penitencial. Era necesario pedir perdón por los pecados y reconciliarse con Dios para que los cristianos merecieran su favor en la inminente batalla[83]. Asimismo, se llevó a

---

[79] Ibn Sahib al-Salat, *al-Mann…*, pp. 201-208.

[80] *Liber Ordinvm Episcopal*, p. 148. Véase Alexander Bronisch, *Reconquista y Guerra Santa…*, pp. 101 y ss.

[81] Martín Alvira, *Las Navas…*, p. 129.

[82] Ibídem, pp. 139 y ss.

[83] Demetrio Mansilla, *La documentación pontificia hasta Inocencio III, 965-2016*, Instituto Español de Estudios Eclesiásticos, Roma, 1955, doc. 473; Christopher Maier, "Mass, the Eucharist and the Cross: Innocent III and the Relocation of the Crusade", en J. C. Moore, *Pope Innocent III and his World*, Ashgate, Aldershot, 1999, pp. 351-360; Martín Alvira, *Las Navas…*, pp. 143 y ss.

cabo una liturgia en el campo de batalla el día antes de la misma[84]. Quizá esta idea compartida de la batalla como una ordalía nos puede dar alguna clave interpretativa para el episodio de Zallaca, narrado por al-Maqqari, en el que los sacerdotes y alfaquíes protagonizaron su particular duelo de oraciones en busca del favor divino.

Por otro lado, esta perspectiva transcultural nos señala también que la importancia de la ritualización de la guerra santa, y de los objetos y símbolos a través de los cuales se manifestaba, era bien conocida por el "otro". Es por ello que, por ejemplo, en algunas de las ceremonias de victoria de los ejércitos cristianos, emblemas representativos para la fenomenología del *yihad* como los estandartes fueron ritualizados y resignificados para representar el triunfo de la Cruz y la derrota del islam.

Un ejemplo de esto es el de la batalla de El Salado, librada en octubre de 1340 entre las fuerzas castellano-portuguesas y las meriníes-granadinas en el contexto de la guerra del Estrecho[85]. El papa Benedicto XII se involucró de forma notable dotando el 7 de marzo de 1340 a la campaña de una bula, *Exaltamus in te*, que elevó el acontecimiento a la categoría de cruzada[86]. Es por ello que, tras la victoria, se envió alguno de los estandartes meriníes capturados a Aviñón, sede pontificia por aquel entonces. La *Crónica dos sete primerios reis de Portugal* relata que el papa "recibió todo con mucho placer y al otro día que salió a decir Misa, trajo delante de sí, muy baja, aquella bandera cautiva [...] comenzando por sí el himno *Vexilla regis prodeunt*"[87], cántico en el que los pendones son símbolo del éxito de la Cruz. Asimismo, en la procesión triunfal tras la batalla

[84] Julio González, *El Reino de Castilla en la época de Alfonso VIII*, CSIC, Madrid, 1960, vol. III, doc. 897; Maurilio Pérez González, "Sobre la edición de textos latinos medievales: la carta de Alfonso VIII a Inocencio III en 1212", *Veleia*, 17 (2000), pp. 231-266; Martín Alvira, *Las Navas...*, pp. 172 y ss., 193 y ss., 316 y ss.

[85] Véase Wenceslao Segura González, "El desarrollo de la Batalla del Salado (año 1340)", *al-Qantir. Monografías y documentos sobre la Historia de Tarifa*, 9 (2010), pp. 1-44.

[86] Joseph O'Callaghan, *The Gibraltar Crusade. Castile and the Battle for the Strait*, University of Pennsylvania Press, Filadelfia, 2011, pp. 173 y ss. José Goñi Gaztambide, *Historia de la bula de la cruzada en España*, Editorial del Seminario, Vitoria, 1958, pp. 282-289.

[87] *Crónica dos sete primerios reis de Portugal*, ed. C. Silva Tarouca, Academia Portuguesa da Història, Lisboa, 1952, p. 348. Véase Wenceslao Segura González, "Los pendones de la batalla del Salado", *Aljaranda*, 66 (2007), pp. 9-16.

acaecida en Sevilla, los emblemas de los sultanes de Fez habían sido atados al cuello de los prisioneros musulmanes[88].

Hemos incluso conservado algunas evidencias materiales de este fenómeno propio de la guerra sacralizada. En la mezquita al-Qarawiyyin de Fez se ubica una lámpara fabricada a partir de la campana de una iglesia, tomada probablemente como botín por el ejército meriní de Abu-l-Hasan (m. 1351) en Gibraltar (1333). La campana/lámpara conserva una inscripción latina de carácter religioso así como la imagen de un caballero, y fue resignificada mediante el grabado de varias referencias coránicas que, por ejemplo, hacen referencia a la luz de Dios y a su guía en el Día del Juicio (C. 24: 35-37), aleyas muy adecuadas al tratarse de una lámpara fabricada a partir de un objeto vinculado a la religiosidad infiel[89].

Volviendo a la liturgia de guerra y a la batalla como acto de penitencia y perdón, en el momento previo a la batalla de Alarcos se produjo una situación "ritual" de sumo interés: el califa almohade solicitó a los combatientes musulmanes que se pidieran perdón entre ellos, buscando quizá que encontrasen la muerte en paz y arrepentidos de sus errores y pecados, y les ordenó que apaciguasen sus almas y purificasen sus intenciones hacia Dios[90]. Estas ideas, presentadas de forma muy elocuente en la cronística andalusí y magrebí de los siglos XII-XIV, son las que quizá motivaron que en la *Crónica de Veinte Reyes*, compuesta, al menos los fragmentos que nos interesan, a finales del siglo XIII, se describiese el *yihad* de Almanzor como el "perdón". Pero es que la guerra santa cristiana de contextos previos es descrita en la crónica atendiendo a las mismas ideas y mediante rituales similares no solo a los de, por ejemplo, Las Navas, sino también a los almohades. Un buen ejemplo es este, relativo a una expedición contra los musulmanes liderada por Fernán González[91]:

---

[88] *Gran Crónica de Alfonso XI*, ed. D. Catalán, Gredos, Madrid, 1977, vol. II, p. 442.

[89] Emilio García Gómez y Manuel Gómez-Moreno, "Campanas cautivas", *Al-Andalus*, XVIII (1953), pp. 430- 433; Antonio Fernández-Puertas, "Tipología de lámparas de bronce en al-Andalus y el Magrib", *Miscelánea de Estudios Árabes y Hebraicos, Sección árabe-islam*, 48 (1999), pp. 379-392.

[90] Ibn 'Idhari, *Al-Bayan…*, vol. IV, pp. 289-290.

[91] *Crónica de Veinte Reyes*, Libro III, cap. 4.

> E desde que cantó el callo leuantáronse todos e oyeron misa e fizieron su confisión e arrepintiéronse de quanto mal avían fecho, e rrogaron a Dios que les ouiese merçed e los ayudase contra los moros. Des y comulgaron e tomaron la senal de la cruz ante sus caras e rrogaron a Dios de todos sus coraçones que les ayudase contra los moros. Des y abaxaron las lanças e fueron ferir en ellos llamando "Santiago".

Esta idea del "arrepentimiento" antes de la batalla aparece también en la exhortación que el jeque Abu Muhammad 'Abd al-Wahid b. 'Umar realizó en julio del 1172, en el contexto de la campaña de Huete, a las huestes almohades afirmando que tenían una obligación que cumplir de cara a Dios y a su califa, y que, comprometidos a ello, de no cumplirla no serían más que traidores[92]:

> Y les dijo al hablarles en lengua bereber: 'cuando estabais en Marrakech decíais: si llegamos a luchar con los cristianos, haremos la guerra santa para Dios (*li-yahadna Allah*), y nos esforzaremos en ella (*iytahadna*); pero cuando os habéis encontrado con ellos, habéis faltado y os habéis desvariado y habéis traicionado a Dios y habéis retrocedido y no habéis sido sinceros; no sois vosotros creyentes ni almohades, cuando oís a las campanas que doblan y veis a los infieles, y no rechazáis lo prohibido. El *amir al-mu'minin* no puede veros, por vuestra negligencia por la causa de Dios en la guerra santa, a pesar de vuestro gran número'. Entonces los exhortó a arrepentirse y dijeron: "nos arrepentimos".

En esta misma campaña de Huete, ocurrió un fenómeno que puede ser útil a modo de reflexión final sobre esta idea de influencias, paralelismos, contactos y transculturalidad bélica que he intentado presentar hoy. Como hemos visto, en el asedio almohade de la localidad, Dios apartó las manos de los musulmanes de la victoria sobre la ciudad debido a que su intención se había corrompido,

[92] Ibn Sahib al-Salat, *al-Mann...*, p. 411.

como comprendió uno de los soldados almohades[93]. Más aún, en Dios ayudó a los sedientos cristianos asediados haciendo que lloviera tras las súplicas y oraciones de estos, según narra 'Abd al-Wahid al-Marrakushi:

> Se les oyó una noche un gran griterío y ruido de voces; era que sacaron sus evangelios y se reunieron sus sacerdotes y sus monjes orando y el resto del pueblo respondiendo, amén. Vino una gran lluvia con la que llenaron sus odres y colmaron las cisternas que tenían y bebieron hasta saciarse, fortaleciéndose contra los musulmanes. Se retiró de ellos el príncipe de los creyentes, volviendo a Sevilla, después que hizo treguas con Alfonso por siete años.

Aunque la lluvia aparece ya en Ibn Sahib al-Salat, cronista coetáneo a los hechos, la lectura providencialista no aparece hasta 'Abd al-Wahid al-Marrakushi, quien redactó su crónica en torno al año 1224. Es curioso ver cómo esta información apareció también en clave de intervención divina en fuentes cristianas, en concreto en los *Anales Toledanos I*, compuestos cerca de 1219[94]. Por tanto, lo más probable es que, efectivamente, aquel día la lluvia contribuyese a desbaratar los planes del ejército almohade y, posteriormente, este fenómeno fuese interpretado como un auxilio de Dios por parte de los autores cristianos y como un castigo divino por parte de los musulmanes. Los esquemas mentales e ideológicos de ambas tradiciones ofrecían respuestas muy similares ante los mismos hechos, aunque la coincidencia cronológica en los relatos quizá indique que en este caso pudo haber una influencia interpretativa directa[95].

Sea como fuera, lo que parece evidente es que todas estas ideas analizadas, y su materialización ritual, formaban parte de un vocabulario

[93] Ibídem, p. 408.
[94] 'Abd al-Wahid al-Marrakushi, *Kitab al-mu'yib...*, pp. 177-178; *Los Anales Toledanos I y II*, ed. J. Porres Martín-Cleto, Diputación Provincial, Toledo, 1993, pp. 144-145.
[95] Sobre las narrativas transculturales presentes en la cronística cristiana e islámica véase, por ejemplo, Emma Snowden, *Bridging the Strait: The Shared History of Iberia and North Africa in Medieval Muslim and Christian Chronicles*. Tesis Doctoral, University of Minnesota, Minneapolis, 2021; y Javier Albarrán y Santiago Palacios, "Narrating Conquest and Loss: Justifications and Emotions on the Fall of Majorca (1229-1231) and Beyond", *Journal of Medieval Iberian Studies*, en prensa.

bélico y litúrgico mucho más amplio, transcultural no solo en la península Ibérica, sino en todo el Mediterráneo medieval. Un vocabulario que no solo era compartido, percibido y comprendido, sino que también podía ser aprehendido y reconocido, y que sin duda formó parte de la cultura política del momento y de sus vías de comunicación entre tradiciones y contextos.

FUENTES

'Abd al-Wahid al-Marrakushi, *Kitab al-mu'yib fi taljis ajbar al-Magrib*, ed. J. 'I. Al-Mansur, Dar al-Kutub al-'Ilmiyya, Beirut, 2005.

Crónica de Veinte Reyes, Ayuntamiento de Burgos, Burgos, 1991.

Crónica dos sete primerios reis de Portugal, ed. C. Silva Tarouca, Academia Portuguesa da Història, Lisboa, 1952

Constantino VII Porphyrogennetos, *The Book of Ceremonies*, trad. A. Moffat y M. Tall, Australian Association for Byzantine Studies, Camberra, 2012.

Desclot, Bernat, *Crònica*, ed. M. Coll i Alentorn, Edicions 62, Barcelona, 1982.

Al-Fazari, *Kitab al-siyar*, ed. Hamada, Mu'asasat al-Risala, Beirut, 1987.

Gran Crónica de Alfonso XI, ed. D. Catalán, Gredos, Madrid, 1977.

Al-Harawi, *Al-Tashkirat al-Harawiyya fi al-Hiyal al-Harbiyya*, ed. M. al-Murabit, Wizarat al-Thaqafa, Damasco, 1972.

Al-Himyari, *Rawd al-mi'tar fi jabar al-aqtar*, ed. I. 'Abbas, Maktabat Lubnan, Beirut, 1975.

Ibn Abi Zamanin (1986-1987): *Kitab qudwat al-gazi*, ed. al-Sulaymani, Umm al-Qurà, La Meca, 1986-1987.

Ibn Abi Zar', *Kitab al-anis al-mutrib rawd al-qirtas fi ajbar muluk al-Magrib wa ta'rij madinat Fas*, Dar al-Mansur, Rabat, 1972.

Ibn 'Amira, *Kitab ta'rij Mayurqa*, ed. M. b. Ma'mar, Dar al-Kutub al-'Ilmiyya, Beirut, 2007.

Ibn Hayyan, *Al-Muqtabas VII. Al-Muqtabas fi ajbar balad al-Andalus*, ed. A. R. 'A. al-Hayyi, Dar al-Thaqafa, Beirut, 1965.

—, *Al-Muqtabas V. Al-Muqtabas li-Ibn Hayyan al-Qurtubi (al-yuz al-jamis)*, eds. P. Chalmeta, F. Corriente y M. Subh, Instituto Hispano-Árabe de Cultura-Kulliyat al-Adab, Madrid-Rabat, 1979

Ibn Hazm, *Kitab al-muhallà bi-al-athar*, ed. al-Bandari, Dar al-Kutub al-'Ilmiyya, Beirut, 2003.

Ibn 'Idhari, *Al-Bayan al-mugrib fi ajbar al-Andalus wa al-Magrib*, eds. G. S. Colin y É. Lévi-Provençal, Dar al-Kutub al-'Ilmiyya, Beirut, 2009

Ibn Sahib al-Salat, *al-Mann bi-l-imama*, ed. 'A. H. al-Tazi, Dar al-Garb al-Islami, Túnez, 1964.

Ibn Shaddad, *The rare and excellent history of Saladin*, trad. D. S. Richards, Ashgate, Aldershot, 2004.

Ibn Tumart, *Le libre de Mohammed Ibn Toumert, Mahdi des almohades*, ed. I. Goldziher, Imprimerie Orientale Pierra Fontana, Argel, 1903.

Jiménez de Rada, *Historia de los Hechos de España*, ed. y trad. J. Fernández Valverde, Alianza Editorial, Madrid, 1989.

Lactancio, *Sobre la muerte de los perseguidores*, trad. R. Teja, Gredos, Madrid, 1982.

Liber Ordinvm Episcopal, ed. J. Janini, Abadía de Silos, Silos, 1991.

Los Anales Toledanos I y II, ed. J. Porres Martín-Cleto, Diputación Provincial, Toledo, 1993.

Al-Maqqari, *Nafh al-tib min gusn al-Andalus al-ratib*, ed. I. 'Abbas, Dar al-Sadir, Beirut, 1988.

Muslim, *Sahih Muslim*, trad. Siddiqi, Kitab Bhavan, Lahore, 1972.

Al-Sulami, *The Book of the Jihad of 'Ali ibn Tahir al-Sulami (d. 1106): Text, Translation and Commentary*, ed. y trad. N. Christie, Ashgate, Aldershot, 2015.

Al-Tabari, *The History of al-Tabari vol. 11: The Challenge to the Empires*, trad. Kh. Y. Blankinship, State University of New York Press, Albany, 1993.

Al-Turtushi, *Siray al-muluk*, ed. Y. Al-Bayati, Riad el-Rayyes Books, Londres, 1990.

VV.AA., *Recueils des historiens des croisades. Historiens orientaux (RHC Or.)*, Académie des inscriptions et belles-lettres, París, 1872-1906.

BIBLIOGRAFÍA

Albarrán, Javier, "'He was a Muslim knight who fought for religion, not for the world'. War and religiosity in Islam: A comparative study between the Islamic east and west (12th century)", *Al-Masaq: Islam and the Medieval Mediterranean*, 27/3 (2015), pp. 191-206.

—, "Una *reconquista* de la *reconquista*: la reacción ideológica islámica al avance cristiano (ss. XI-XIII)", en C. Ayala, I. C. Fernandes y S. Palacios (eds.), *La Reconquista. Ideología y justificación de la guerra santa peninsular*, La Ergástula, Madrid, 2019, pp. 233-257.

—, "Holy War in Ibn Khaldūn. A Transcultural Concept?", *Journal of Medieval Worlds*, 1/1 (2019), pp. 55-78.

—, *Ejércitos benditos. Yihad y memoria en al-Andalus (siglos X-XIII)*, Editorial Universidad de Granada, Granada, 2020.

—, "Arengas de *yihad* en época almohade", *Talia Dixit. Revista Interdisciplinar de Retórica e Historiografía*, 15 (2020), pp. 33-55.

—, "Las órdenes militares en perspectiva islámica: percepciones, paralelismos y comparaciones", en I. C. Fernandes (ed.), *Ordens militares identidade e mudança*, Gabinete de Estudos sobre a Ordem de Santiago, Palmela, 2021, vol. I, pp. 247-266.

—, "The Battles of the Umayyads. Remembering War from West to East", *Der Islam*, en prensa.

— y Daza, Enrique, "Hacia la construcción de una geografía del *ribat* en al-Andalus: práctica y materialidad", *Cuadernos de Arquitectura y Fortificación*, 6 (2021), pp. 57-107.

— y Palacios, Santiago, "Narrating Conquest and Loss: Justifications and Emotions on the Fall of Majorca (1229-1231) and Beyond", *Journal of Medieval Iberian Studies*, en prensa.

Alvira, Martín, *Las Navas de Tolosa 1212. Idea, liturgia y memoria de la batalla*, Sílex, Madrid, 2012.

—, "*Destruir aquels qui reneguen lo nom de Jhesuchrist*: el obispo de Barcelona Berenguer de Palou (1212-1241)", en C. Ayala y S. Palacios (eds.), *Hombres de religión y guerra. Cruzada y guerra santa en la Edad Media peninsular X-XV*, Sílex, Madrid, 2018, pp. 361-418.

Andrea, Alfred J. y Holt, Andrew, *Sanctified Violence. Holy War in World History*, Hackett, Indianapolis, 2021.

Arcas Campoy, María, "Teoría jurídica de la guerra santa: el *Kitab qidwat al-Gazi* de Ibn Abi Zamanin", *Al-Andalus-Magreb*, 1 (1993), pp. 51-65.

Ayala, Carlos de, "¿Reconquista o reconquistas? La legitimación de la guerra santa peninsular", *Revista del Centro de Estudios Históricos de Granada y su Reino*, 32 (2020), pp. 3-20.

Bennison, Amira, "The Almohads and the Qur'an of 'Uthman: the legacy of the Umayyads of Cordoba in twelfth century Maghrib", *Al-Masaq: Journal of the Medieval Mediterranean*, 19/2 (2007), pp. 131-154

Bonner, Michael, *Aristocratic Violence and Holy War. Studies in the Jihad and the Arab-Byzantine Frontier*, American Oriental Society, New Haven, 1996.

Bronisch, Alexander, *Reconquista y Guerra Santa. La concepción de la guerra en la España cristiana desde los visigodos hasta comienzos del siglo XII*, Universidad de Granada, Granada, 2006.

Buresi, Pascal, "La réaction idéologique almoravide et almohade à l'expansion occidentale dans la péninsule Ibérique (fin XIe-mi XIIIe siècles)", en *L'expansion occidentale (XIe - XVe siècles) Formes et conséquences XXXIIIe Congrès de la S.H.M.E.S.*, Publications de la Sorbonne, París, 2003, pp. 229-241.

—, "Une relique almohade: l'utilisation du Coran (attribué a 'Utman b. 'Affan) de la Grande Mosquée de Cordoue", *Oriente Moderno*, 88/2 (2008), pp. 297-309.

Calvo Capilla, Susana, "The Visual Construction of the Umayyad Caliphate in Al-Andalus through the Great Mosque of Cordoba", *Arts*, 7/36 (2018), pp. 1-21.

Cardoso, Elsa, *The Door of the Caliph. Concepts of the Court in the Umayyad Caliphate of al-Andalus*, Routledge, Londres y Nueva York, 2023.

Cardoso, Elsa y Albarrán, Javier, "De puertas, banderas y súplicas a Dios: ceremonial y guerra santa en al-Andalus (s. X)", *Intus-Legere Historia*, 15/2 (2021), pp. 216-256.

Castellanos, Santiago, *Constantino. Crear un emperador*, Sílex, Madrid, 2010.

Chevedden, Paul, "The Islamic View and the Christian View of the Crusades: A New Synthesis", *History*, 93 (2008), pp. 181-200.

—, "The View of the Crusades from Rome and Damascus: The Geo-Strategic and Historical Perspectives of Pope Urban II and Ali ibn Tahir al-Sulami", *Oriens*, 39/2 (2011), pp. 257-329.

Christie, Niall, "Jerusalem in the *Kitab al-Jihad* of 'Ali ibn Tahir al-Sulami", *Medieval Encounters*, 13/2 (2007), pp. 209-221.

Cingolani, Stefano M. "Estratègies de legitimació del poder comtal: l'abat Oliba, Ramon Berenguer I, la Seu de Barcelona i les *Gesta Comitum Barchinonensium*", *Acta historica et archaeologica mediaevalia*, 29 (2008), pp. 135-175.

Conde, José Antonio, *Historia de la dominación de los árabes en España: sacada de varios manuscritos y memorias arábigas*, Imprenta que fue de García, Madrid, 1820.

Duby, Georges, *Le dimanche de Bouvines 27 juillet 1214*, Gallimard, París.

Fernández-Puertas, Antonio, "Tipología de lámparas de bronce en al-Andalus y el Magrib", *Miscelánea de Estudios Árabes y Hebraicos, Sección árabe-islam*, 48 (1999), pp. 379-392.

Fernández Ubiña, José, "Constantino y el triunfo del cristianismo en el imperio romano", en José Fernández Ubiña y Manuel Sotomayor (eds.), *Historia del cristianismo I. El mundo antiguo*, Trotta-Universidad de Granada, Madrid, 2003, pp. 329-397.

Flori, Jean, *Guerra Santa, Yihad, Cruzada: violencia y religión en el cristianismo y el Islam*, Universidad de Granada y Universitat de València, Granada, 2004.

Gaposchkin, Cecilia, *Invisible Weapons: Liturgy and the Making of Crusade Ideology*, Cornell University Press, Ithaca y Londres, 2017.

García Fitz, Francisco, *La Edad Media: Guerra e ideología. Justificaciones jurídicas y religiosas*, Sílex, Madrid, 2004.

García Gómez, Emlio y Gómez-Moreno, Manuel, "Campanas cautivas", *Al-Andalus*, XVIII (1953), pp. 430- 433.

García Gómez, Emilio, Lévi-Provençal, Évariste y Asín, Oliver, "Novedades sobre la batalla llamada de al-Zallaqa", *Al-Andalus*, 15/1 (1950), pp. 111-156.

González, Julio, *El Reino de Castilla en la época de Alfonso VIII*, CSIC, Madrid, 1960.

Goñi Gaztambide, José, *Historia de la bula de la cruzada en España*, Editorial del Seminario, Vitoria, 1958.

Goudie, Kenneth, *Reinventing jihad: jihad ideology from the conquest of Jerusalem to the end of the Ayyubids (c. 492/1099-647/1249)*, Brill, Leiden, 2019.

Jones, Robert, *Bloodied Banners: Martial Display on the Medieval Battlefield*, The Boydell Press, Woodbridge, 2010.

Lapiedra, Eva, *Cómo los musulmanes llamaban a los cristianos hispánicos*, Instituto de Cultura Juan Gil Albert, Alicante, 1997.

Maier, Christopher, "Mass, the Eucharist and the Cross: Innocent III and the Relocation of the Crusade", en J. C. Moore, *Pope Innocent III and his World*, Ashgate, Aldershot, 1999, pp. 351-360.

Mansilla, Demetrio, *La documentación pontificia hasta Inocencio III, 965-2016*, Instituto Español de Estudios Eclesiásticos, Roma, 1955.

Marín, Manuela, "Crusaders in the Muslim West: the view of Arab writers" *The Maghreb Review*, 17 (1992), pp. 95-102.

McCormick, Michael, *Eternal Victory: Triumphal Rulership in Late Antiquity, Byzantium, and the Early Medieval West*, Cambridge University Press-Editions de la Maison des Sciences de l'Homme, Cambridge-París, 1986.

Noth, Martin, *Überlieferungsgeschichtliche Studien: Die sammelnden und bearbeitenden Geschichtswerke im Alten Testament*, M. Niemeyer, Tubinga, 1957.

O'Callaghan, Joseph, *The Gibraltar Crusade. Castile and the Battle for the Strait*, University of Pennsylvania Press, Filadelfia, 2011.

Pérez González, Maurilio, "Sobre la edición de textos latinos medievales: la carta de Alfonso VIII a Inocencio III en 1212", *Veleia*, 17 (2000), pp. 231-266.

Purkis, William J. *Crusading Spirituality in the Holy Land and Iberia, c. 1095-c. 1187*, The Boydell Press, Woodbridge, 2008.

Riley-Smith, Jonathan, "Crusading as an act of love", *History*, 65 (1980), pp. 177-192.

Rubiera, María Jesús, "La conquesta de Valencia per Jaume I com a tema literari en un testimoni de l'esdeveniment: Ibn-al-Abbar de Valencia", *L'Aiguadolç. Revista de Literatura*, 7 (1988), pp. 33-44.

Sahner, Christian, "'The Monasticism of My Community is Jihad': A Debate on Asceticism, Sex, and Warfare in Early Islam", *Arabica*, 64/2 (2017), pp. 149-183.

Sánchez Salor, Eustaquio, "El provindencialismo en la historiografía cristiano-visigótica de España." *Anuario de Estudios Filológicos*, 5 (1982), pp. 179-192.

Segura González, Wenceslao, "Los pendones de la batalla del Salado", *Aljaranda*, 66 (2007), pp. 9-16.

—, "El desarrollo de la Batalla del Salado (año 1340)", *al-Qantir. Monografías y documentos sobre la Historia de Tarifa*, 9 (2010), pp. 1-44.

Sivan, Emmanuel, *L'Islam et la Croisade, idéologie et propagande dans les réactions musulmanes aux Croisades*, Adrien Maisonneuve, París, 1968.

Sizgorich, Thomas, *Violence and Belief in Late Antiquity. Militant Devotion in Christianity and Islam*, University of Pennsylvania Press, Filadelfia, 2009.

—, "Sanctified Violence: Monotheist Militancy as the Tie That Bound Christian Rome and Islam", *Journal of the American Academy of Religion*, 77/4 (2009), pp. 895-921.

Snowden, Emma, *Bridging the Strait: The Shared History of Iberia and North Africa in Medieval Muslim and Christian Chronicles*. Tesis Doctoral, University of Minnesota, Minneapolis, 2021

Suñé, Josep, "Was the Umayyad Caliphate of Cordoba as Strong as Arab Chroniclers Claimed?", *Al-Masāq: Journal of the Medieval Mediterranean*, 31/1 (2019), pp. 35-49.

Tyerman, Christopher, *Cómo organizar una cruzada: El trasfondo racional de las guerras de Dios*, Crítica, Barcelona, 2016.

Valverde, Rosa, *Los viajes de los reyes visigodos de Toledo (531-711)*, La Ergástula, Madrid, 2017.

Velázquez Soriano, Isabel y Ripoll López, Gisela, "Toletum. La construcción de una Vrbs Regia", en G. Ripoll López y J. Mª Gurt i Esparraguera (eds.), *Sedes Regiae, ann. 400- 800*, Real Academia de Buenas Letras de Barcelona, Barcelona, 2000.

Zadeh, Travis, "From Drops of Blood: Charisma and Political Legitimacy in the translatio of the 'Uthmānic Codex of al-Andalus", *Journal of Arabic Literature*, 39 (2010), pp. 321-346.

7.
ARQUETIPOS EPISCOPALES DE ÍNDOLE MILITAR EN LOS DISCURSOS DEL PODER DEL OCCIDENTE CRISTIANO PENINSULAR DE LOS SIGLOS CENTRALES DE LA EDAD MEDIA[1]

Iván Curto Adrados
Universidad Complutense de Madrid

INTRODUCCIÓN

El conocimiento de las positividades de una realidad que los textos nunca muestran objetivamente es, desde una perspectiva foucaultiana, la mayor dificultad a la que se enfrenta un historiador. La palabra escrita es un objeto construido dentro de los discursos de las distintas fuerzas e instituciones de cada época, por ello, en muchos casos, lo principal que queda al alcance de los historiadores son las técnicas, estrategias y mecanismos ideológicos empleados en su composición. El sistema reticular de poderes medievales –tanto eclesiásticos como laicos– reprimirá y rechazará ofrecer en sus discursos escritos una imagen integral y objetiva de las complejas realidades episcopales en favor de la presentación de unos ámbitos parciales o normalizados, al tiempo que administrará la verdad o múltiples verdades que luchan en su contra. La variedad de visiones –algunas antagónicas, otras complementarias– se revela como producto de los intereses en conflicto, y en ellas se entretejen delicadamente un pensamiento y una realidad que pueden resultar difíciles de desenmarañar. El análisis que se presentará a continuación tiene como objetivo la identificación, categorización y comparación de los distintos modelos de

[1] Este trabajo forma parte de una investigación posibilitada por un contrato de investigación Margarita Salas para la formación de jóvenes doctores de la UCM (CT18/22) financiada por el Ministerio de Universidades a través del Plan de Recuperación, Transformación y Resiliencia y la Unión Europea-Next Generation.

aproximación a la actividad militar de los obispos que se formularon dentro de algunas de las prácticas discursivas del occidente hispánico a lo largo de los siglos centrales del periodo medieval.

EL PARADIGMA DEL OBISPO IRÉNICO PROPIO DEL DISCURSO DE LA LEGISLACIÓN ECUMÉNICA

Las disposiciones tanto pontificias como conciliares mantuvieron, durante todo el periodo medieval, la dispensa a los obispos del servicio militar, vedando su protagonismo activo en el uso brutal de la fuerza y en la efusión de sangre a través de las armas. En dicha constante pesaron, especialmente, las directrices de las Sagradas Escrituras, así como la tradición jurídica romana[2]. El esfuerzo intelectual que el cristianismo postniceno realizó para armonizar –desde un punto de vista ético– la participación de los laicos en las guerras *aduersus paganos*, resucitado en el siglo XII para dar cabida a los *milites regulares*, jamás se amplió para justificar moralmente la participación voluntaria y armada de los prelados en las luchas contra hombres de carne y hueso[3].

No obstante, la prohibición de derramar sangre y la recomendación al clero de no inmiscuirse en las luchas seculares no limitó, a pesar de lo incoherente que pueda parecer a primera vista, la prédica obispal favorable a la lucha en los conflictos en defensa de la fe, o la presencia de eclesiásticos en los campos de batalla en tanto que su participación quedara circunscrita al ámbito espiritual y al empleo de la plegaria como única arma en contra de los enemigos de Cristo. Este tipo de implicación eclesiástica en lo militar debió tolerarse en base a ciertos pasajes bíblicos, como las leyes sobre la

[2] Véanse pasajes bíblicos tan explícitos como 1 Cr. 22, 8; Rom. 12, 18-19; 2 Tim. 2, 4-5; Ef. 6, 11-17; Mt. 26, 51-52; o Jn. 18, 10-11. Asimismo, disposiciones como las del *Codex Theodosianus* XVI, 2.

[3] Un estado de la cuestión en Ana Arranz Guzmán, "Lorigas y báculos: la intervención militar del episcopado castellano en las batallas de Alfonso XI", *Revista de Historia Militar*, 112 (2012), pp. 12-24; Ídem, "El episcopado y la guerra contra el infiel en las Cortes de la Castilla Trastámara" en José M. Nieto Soria (coord.), *La monarquía como conflicto en la Corona castellano-leonesa (c. 1230-1504)*, Sílex, Madrid, 2006, pp. 259-260. Véase también Ana B. Sánchez Prieto, *Guerra y Guerreros en España según las fuentes canónicas de la Edad Media*, E.M.E., Madrid, 1990.

guerra del Deuteronomio (20, 1-4) –en las cuales se atribuye a los sacerdotes del pueblo elegido la labor de arengar a las tropas antes del combate, ayudar a su moral a través de la afirmación en Dios y prometerles la salvación– o al relato de las acciones de Moisés, Jur y Aarón en la guerra contra Amalec (Ex. 17) –que daban a entender que las deprecaciones que los eclesiásticos dirigían a la Divinidad constituían un factor determinante para la obtención de la victoria militar–. Dichos exponentes debieron inspirar responsabilidades como las que encomienda el papa Calixto II a los obispos en su bula de 25 de marzo de 1123 –"Mandamos que todos los obispos y prelados en sus sínodos y concilios y en las solemnidades de las iglesias no dejen de anunciar principalmente y sobre los demás mandatos apostólicos, esto [refiriéndose a la cruzada y a los beneficios espirituales para los combatientes]"[4]–, o a las que fueron decretadas por el IV Concilio de Letrán de 1215 (VIII, 71) –"Los sacerdotes y demás clérigos incorporados a la armada cristiana, ya sean clérigos inferiores o prelados, se dedicarán a la plegaria y a la predicación procurando instruir a los cruzados con la palabra y el ejemplo"[5]–.

En el caso peninsular, a pesar de sus particularidades históricas, se percibe el desarrollo de un modelo paralelo a través de la legislación canónica. Desde el I Concilio de Toledo (400) se veta el acceso al diaconado de aquellos que se hubieran alistado en el ejército después de ser bautizados, aunque en su vida militar no hubieran cometido ningún pecado grave[6]. El canon I del Concilio de Lérida de 536 prohíbe la colaboración en los oficios litúrgicos, no solo a los que hubieran derramado sangre, sino a cualquiera que se hubiera manchado con ella, castigándose dicho contacto con dos años de excomunión, penitencias y privación del oficio. El canon XIX del IV Concilio de Toledo (633) cierra el ascenso al episcopado de estos

[4] Abelardo Moralejo, Casimiro Torres y Julio Feo, *Liber Sancti Iacobi Codex Calixtinus*, Xunta de Galicia-Consellería de Cultura, Santiago de Compostela, 2004, p. 522. Sobre la polémica en torno a la autenticidad de la bula calixtina, cuyo veredicto resulta intranscendente para nuestro estudio sobre ideología discursiva, *cf.* Fidel Fita Colomé y Aureliano Fernández Guerra, *Recuerdos de un viaje a Santiago de Galicia*, Arenas, Madrid, 1993, p. 57; y Ulysse Robert, *Bullaire du pape Calixte II, 1119-1124. Essai de restitution,* Georg Olms, Hildesheim, 1979, vol. I, p. 81.

[5] Raimunda Foreville, *Lateranense IV*, Eset, Vitoria, 1973, p. 204.

[6] Canon VIII.

clérigos impuros, al tiempo que el canon XLVII exime a todos los miembros de la clerecía de responder a cualquier convocatoria pública que les apartase de sus deberes eclesiásticos, incluido ir a la guerra[7]. La legislación recogida en la *Hispana* tampoco aprobó la participación voluntaria de eclesiásticos en el conflicto bélico, quedando prohibida en el canon XLV del IV Concilio de Toledo (633) la toma deliberada de las armas por parte de los clérigos en caso de motín, así como su disposición a participar por propia voluntad en cualquier clase de guerra. La obligación eclesiástica de luchar quedó limitada al ámbito de la oración según lo establecido en el canon III del Concilio de Mérida (666). Un acotamiento de la implicación episcopal en la guerra que, sin embargo, contribuyó a la sacralización del fenómeno bélico según atestiguan materialidades como, por ejemplo, las *missae de hostibus* –cuya plasmación posterior se halla en la *missa de Cruce*[8]–, juntamente con otras ceremonias como las recogidas en el *Liber Ordinum* episcopal bajo el título de *Ordo quando rex cum exercitu ad prelium egreditur* y *Orationes de regressu regis*[9].

En consonancia con esta tradición, el empleo por parte del clero secular de instrumental bélico diseñado para causar daño al prójimo se mantuvo vedado en el occidente peninsular de forma constante por la legislación conciliar y las actas sinodales de los siglos subsiguientes. Así, el canon III del Concilio de Coyanza (1055) prohibió a presbíteros y diáconos portar "*arma belli*"[10],

7 Una prohibición que se repite en el canon XV del Concilio de Palencia de 1129.

8 Sobre la antigüedad de este texto perteneciente al oracional de San Pedro de Cardeña remitimos a las opiniones de Alexander P. Bronisch, *Reconquista y Guerra Santa. La concepción de la guerra en la España cristiana desde los visigodos hasta comienzos del siglo XII*, Universidad de Granada, Granada, 2006, pp. 379-500. Puede hallarse transcripción del texto en Francisco de Berganza, *Antigüedades de España, propugnadas en las noticias de sus reyes, en la corónica del real monasterio de San Pedro de Cardeña*, Francisco del Hierro, Madrid, 1721, vol. II, p. 685.

9 Jose Janini, *Liber Ordinvm episcopal. (Cod. Silos, Arch. Monástico, 4)*, Abadía de Silos, Burgos, 1990, pp. 146-149. Sobre la continuidad del *Ordo* en tiempos asturleoneses véase la argumentación A.P. Bronisch, *Reconquista y Guerra Santa*, pp. 381-493. Como ejemplo de la difusión del *Liber Ordinum* sacerdotal y episcopal en la Galicia altomedieval remitimos al trabajo de Manuel R. García Álvarez, "Los libros en la documentación gallega de la Alta Edad Media", *Cuadernos de Estudios Gallegos*, 65 (1965), pp. 292-329.

10 Juan Tejada y Ramiro, *Colección de cánones de la Iglesia de España y América*, Imprenta de Pedro Montero, Madrid, 1859, vol. III, p. 96.

ampliándose la prohibición a todos los que ministran en la Iglesia a través del canon II del Concilio de Compostela (1056). El canon XV del Concilio de Palencia (1129) volvió a pronunciarse contrario a que el clero se viera obligado por los poderes seculares a llevar armas, mientras que el Concilio de Valladolid de 1228 estableció que los clérigos "non quieran usar de venganza de muerte, nin deben estar en los logares do vean matar omes, nin traian cuchiellos nin armas"[11]. El Concilio de León de 1267 repitió el veto clerical al acarreo de armas con las siguientes palabras: "Item defendemos que los clérigos non vayan a las tabiernas, nen tragan armas, nen joguen los dados..."[12], lo mismo que el canon XIV del Concilio de Peñafiel (1302), que reconoce que los herederos de san Pedro tienen proscrito el empleo de armas físicas –"*quibus armis uti veritate eis in persona prohibente cum dixit: converte gladium tuum in locum suum. Et alibi: Mihi vindictam, et ego retribuam*"[13]–. El cumplimiento del modelo establecido por dichos dictámenes conciliares también se trató de imponer a nivel diocesano bajo dirección episcopal como atestiguan las actas sinodales tanto noroccidentales como de otros ámbitos peninsulares[14].

Este ejemplar irenismo episcopal que la legislación eclesiástica aspiró a instaurar es el mismo que ya había venido infusionando escritos de amplia influencia en el occidente medieval como las *Sententiae* de san Isidoro, donde el Hispalense recordaba que: "Frente a la obstinación de los paganos y herejes, la santa Iglesia se esfuerza

[11] J. Tejada y Ramiro, *Colección de cánones*, p. 326.

[12] Ibídem, p. 389.

[13] Ibídem, p. 444.

[14] Para el caso gallego véanse, entre otros, las constituciones antiguas del obispado de Orense, 18; el sínodo compostelano de Rodrigo González de León de 17 de agosto de 1289, 5; el sínodo compostelano de Rodrigo de Padrón de 27 de mayo de 1309, 16; o el sínodo compostelano de Rodrigo de Padrón de 27 de mayo de 1309, 35; editados por Antonio García y García (dir.), *Synodicon Hispanum I. Galicia*, Biblioteca de Autores Cristianos, Madrid, 1981, pp. 118, 274, 283 y 287. Para otros ámbitos geográficos peninsulares remitimos a los estudios de A. Arranz Guzmán, "Cuando el clérigo va a la guerra: algunos ejemplos de obispos peleadores", en Ídem, María del P. Rábade Obradó y Óscar Villarroel González, *Guerra y paz en la Edad Media*, Sílex, Madrid, 2013, pp. 275-308; Ídem, "Don Álvaro Pérez de Biedma, un obispo guerrero en tiempos de Alfonso XI de Castilla", en María I. del Val Valdivieso y Pascual Martínez Sopena (dirs.), *Castilla y el Mundo Feudal. Homenaje al Profesor Julio Valdeón*, Junta de Castilla y León-Universidad de Valladolid, Valladolid, 2009, pp. 331-340.

con gran empeño en responder con sabiduría y paciencia; mas ejercita su sabiduría cuando se la acosa con palabras; la paciencia, cuando se la ataca con la espada"[15]. Un ideal de *Ecclesia* ascética y mansa, apartada de las vanidades y conflictos mundanos, que sigue presente en el noroccidente peninsular más allá del siglo XII. Como prueba, baste examinar las influencias homiléticas recogidas en el *Liber Sancti Iacobi*, que establecen como modelo de obispo a un Santiago Alfeo que ni monta a caballo ni emplea armadura –"*De hoc Iacobo scribitur quod uinum et siceram non bibit, nec animal ascendit, nec carnem manducauit, ferrum in capite eius non ascendit, oleo non est unctus, balneis non est usus. Huic soli licebat introire in sancta sanctorum*" –, respetando así la tradición ejemplar de aquel que había sido calificado por san Pablo (Gal. 2, 9) de pilar de la Iglesia[16].

MODELOS DISCURSIVOS EN LA HISTORIOGRAFÍA DE FACTURA ECLESIÁSTICA

Las crónicas eclesiásticas, aunque frecuentemente sometidas al patrocinio del poder secular, tuvieron presente en su discurso tanto las disposiciones canónicas como la ideología providencialista, al tiempo que su naturaleza histórica las obligó a lidiar con la plasmación de las realidades militares episcopales situadas en los márgenes de la norma o en conflicto directo con ella. En consecuencia, a través de la lectura de estas obras se hace patente la existencia de varios modelos discursivos de aproximación al hecho histórico empleados por sus autores en función de la imagen que quisiesen hacer llegar al lector. Principalmente, los tres arquetipos episcopales –cuyos elementos definitorios se discutirán a continuación– que se identifican son: el del *dux*, el del *miles Christi* y el del peleador.

---

[15] Isidoro de Sevilla, *Sententiae,* libro I, 16, 2-4. Isidoro Roca Meliá (ed.), *Los tres libros de las Sentencias,* Biblioteca de Autores Cristianos, Madrid, 2009, p. 34.

[16] *Liber Sancti Iacobi-Codex Calixtinus,* libro I, 2. Klaus Herbers y Manuel Santos Noia, *Liber Sancti Jacobi. Codex Calixtinus,* Xunta de Galicia, Santiago de Compostela, 1998, p. 23.

EL ARQUETIPO DEL *DUX* EPISCOPAL: LA CONCILIACIÓN ENTRE LAS INICIATIVAS MILITARES LIDERADAS POR OBISPOS Y LA NORMATIVA CANÓNICA

El desempeño del cargo episcopal fue una actividad compleja que tuvo manifestaciones heteróclitas en momentos de fragmentación o debilitamiento de las superestructuras políticas, como ocurrió durante la caída del Imperio romano occidental, el fin del Reino visigodo de Toledo, momentos de minoría regia, conflictividad dinástica, etc. Las primeras invasiones bárbaras sujetaron, en muchas ciudades del Occidente europeo, no solo las responsabilidades espirituales, sino también las civiles y militares al criterio episcopal[17]. Estas atribuciones fueron llevadas, en ocasiones, hasta sus últimas consecuencias por parte de los obispos, hallándose constatación escrita de participación bélica, por ejemplo, en los casos de dispar devenir de los mitrados Paciente de Lyon, Exuperio de Toulouse, Aniano de Orleans o Aravatio de Tongres[18]. Bajo el poder político godo, la ostentación episcopal de una *auctoritas* espiritual propia, así como de unos poderes temporales que rivalizaron con los de otras autoridades seculares, los convirtió en protagonistas activos del juego político en tanto que su comandancia sobre unos recursos humanos y materiales, en muchos casos de dimensiones considerables, les otorgó una notable capacidad de actuación militar autónoma, equiparable a la de un *dux* o *comes ciuitatis*[19]. Esta realidad explicaría el interés de algunos monarcas toledanos por elevar a la mitra a personajes con experiencia castrense capacitados para administrar de manera eficiente los medios militares propios de una diócesis –como parece haber sido el caso

[17] Sobre esta cuestión: Santiago Castellanos, "Obispos y murallas: patrocinio episcopal y defensa urbana en el contexto de las campañas de Atila en las Galias (a. 451 d.C.)", *Iberia*, 1 (1998), pp. 167-174.

[18] San Jerónimo, *Epistolae*, CXXIII, 16. Bruno Krusch y Guillermo Levison, *Monumenta Germaniae Historica. Scriptores rerum Merovingicarum, I,1: Gregorii Turonensis opera. 1: Libri historiarum X*, Impensis Bibliopolii Hahniani, Hanover, 1951, pp. 45-49. Dionisio Pérez Sánchez, *El ejército en la sociedad visigoda*, Universidad de Salamanca, Salamanca, 1989, pp. 54-55.

[19] Las obligaciones militares episcopales en *Leges Visigothorum* IX, 2, 8. A la provocación de sediciones por parte de los obispos o a sus intentos de imponerse por la violencia remite el canon XII del Concilio de los Padres Orientales según lo recogió el II Concilio de Braga de 572.

del obispo Agapio de Córdoba[20]–, o los testimonios de iniciativas marciales, conjuras y rebeliones acaudilladas a finales del siglo VII por prelados como Jacinto de Elne, Argebado de Narbona, Sisiberto de Toledo, Amador de Gerona, Wilesindo de Agde, Ramiro de Nimes o Gumildo de Maguelone[21]. El conocimiento de esos precedentes históricos da explicación a la indignación que muestra el clérigo autor de la *Crónica mozárabe de 754* hacia los titulares de las sedes hispanas –incluidas las noroccidentales[22]– por su la falta de dirección militar ante el avance imparable de los ejércitos invasores de Tariq y Musà. Este retrata a todo el alto clero godo en términos opuestos al modelo del *dux episcopalis,* es decir, como colaboracionista y cobarde, a través del binomio ejemplar representado en su narración por el traidor obispo Oppas –quien maniobró para acabar con los magnates laicos locales que aún se resistían a los invasores–, y el desertor obispo Sinderedo –que abandonó su patria y a su grey a merced de los enemigos como si de un vulgar "*mercennarius*" se tratara[23]–.

Las obras historiográficas emanadas de las plumas de los eclesiásticos de la plenitud medieval perpetuaron el arquetipo del *dux* eclesiástico en sus discursos como consecuencia de las virtudes que propugnaba esta figura. Estos *duces*, ante un vacío o deficiencia del poder secular, no abandonaban a los fieles ni optaban por el transfuguismo, sino que asumían –casi siempre de manera reticentemente y en cumplimiento de la voluntad divina– el mando sobre los recursos militares a su cargo. Aunque las circunstancias providenciales les implicaran en las guerras del siglo, este prelado modélico se mantiene

---

[20] Véase el canon VII del Concilio de Sevilla (619).

[21] A este respecto véase: canon V del Concilio de Narbona (589), canon XXX del IV Concilio de Toledo (633), canon II del X Concilio de Toledo de (656), y canon IX del XVI Concilio de Toledo (693). Los testimonios cronísticos en san Julián de Toledo, *Historia Wambae,* 6-8, 11, 13, 21; y *iudicium*, 3-4.

[22] Cuyos episcopologios quedan interrumpidos, salvo en el caso iriense (*Chronicon Iriense*, 2). No obstante, debe tenerse en consideración que la arqueología no confirma la ocupación de Iria durante el siglo VIII. Véase Jorge López Quiroga y Mónica Rodríguez Lovelle, "El mundo urbano en la Gallaecia (conventus lucense-conventus bracaraugustano) entre la Antigüedad tardía y la Alta Edad Media (siglo IV-X)" en VV.AA., *IV Congreso de Arqueología Medieval Española. Sociedades en transición. Actas II: Comunicaciones,* Diputación provincial de Alicante, Alicante, 1994, pp. 51-52.

[23] *Crónica Mozárabe de 754*, 44 y 55. El calificativo de 'mercenario' que emplea el autor es paráfrasis de Jn 10, 12.

respetuoso con la doctrina de la paz a ultranza al aparecer siempre alejado del protagonismo en la efusión de sangre y el acarreo de armas, a la par que prioriza sus obligaciones y responsabilidades espirituales sobre las seculares –o, al menos, no antepone las segundas a las primeras–. Este arquetipo de '*dux* episcopal' encuentra empleo en el discurso cronístico cuando la intención es presentar ante el lector a ciertas figuras mitradas cuya labor se pretende ensalzar, pero cuyas acciones podrían resultar cuestionables a ojos de la ortodoxia por su cariz bélico.

Ejemplos de este perfil episcopal se multiplican por las páginas de obras como la *Historia Compostellana.* Como parte de su estrategia de engrandecimiento de la figura del obispo Diego II, la crónica gallega admite y critica abiertamente la predilección por las armas y la milicia de los aseglarados predecesores de Gelmírez en la mitra –"*Verum enimuero qui prius fuerant episcopi in ecclseia beati Iacobi [...] in armis et in militia uersabantur*"[24]–, mientras que, por razones de afinidad con ciertos personajes en las que no viene al caso detenerse, cambia el enfoque del discurso para encajar sus actuaciones belicistas con las del perfil del '*dux* episcopal'. Véase, por ejemplo, el trato que recibe el obispo Cresconio –del cual se sabe que estuvo presente en el asedio y toma de Coímbra en 1064 y fue víctor sobre los normandos que todavía pululaban por Galicia a mediados del siglo XI–, a quien no se critica por su denuedo, sino que se le presenta como un líder militar vigoroso –"*strenuus in militia floruit*"[25]– de iniciativas justas en la medida que apelaban a la idea clásica y agustiniana de la guerra por haber estado orientadas contra invasores infieles –"*Normanos qui hanc terram inuaserant*"[26]– y en defensa de la cristiandad –"*ad defensionem Christianitatis*"[27]–.

[24] *Historia Compostellana,* libro II, III, 2. Emma Falque Rey, *Historia Compostellana. Corpus Christianorum. Continuatio mediaevalis LXX,* Brepols, Turnhout, 1988, pp. 223-224.

[25] Ibídem, libro III, XXXVI, 1, p. 482. Repite el mismo concepto en el libro I, II, 10. El escueto testimonio de su participación en el asedio de Coímbra lo conocemos también por Pierre David, "Annales Portugalenses Veteres", *Revista Portuguesa de Historia,* 3 (1945), p. 110.

[26] *Historia Compostellana,* libro I, II, 10. E. Falque Rey, *Historia Compostellana,* p. 14.

[27] Ibídem.

No obstante, en la *Historia Compostellana* el principal sujeto de aplicación de este discurso justificativo y laudatorio será el propio Diego II Gelmírez. Reconocido participante en múltiples empresas de cariz militar –campañas de Alfonso VII, construcción de una flota de galeras, formación de sus propias milicias, etc.[28]–, el retrato que de él se ofrece borra toda tacha de sus actuaciones, principalmente en virtud de tres factores, a saber: la equiparación de sus adversarios con enemigos de la fe[29], su elusión del uso directo de las armas[30] y su atención a los asuntos seglares sin descuidar los eclesiásticos –"*Sed quamuis dominus Compostellanus tot et tantis difficultatibus esset circumuentus, ecclesiastica tamen negotia propter secularia, nec secularia propter ecclesiastica minime pretermittebat*"[31]–.

Idéntico modelo discursivo se identifica en la semblanza que el monje Ordoño del monasterio de Celanova, bajo el auspicio del cardenal Jacinto, elabora del obispo dumiense san Rosendo (925-ca.977) en el siglo XII[32]. En el texto hagiográfico, el santo prelado aparece acaudillando una respuesta armada –más fabulada que real, como ya demostraron trabajos anteriores[33]– contra los normandos y musulmanes que asolaban el solar galaico-portucalense. El obispo es presentado, nuevamente, no como un guerrero armado, sino como un caudillo eclesiástico que ejerce un liderazgo militar forzado por las circunstancias, aunque sin perder de vista sus responsabilidades episcopales –"*regias uices secularibus, episcopales uero in ecclesiastivis meruit optinere*"[34]–. Dicha actuación se realiza en cumplimiento de la voluntad de un Dios –"*Rudesindus exercitu congregato [...] normanos*

[28] Ibídem, libro II, LXXV y LXII, 2; libro III, XXVIII y XXIX; etc.

[29] Independientemente de su confesión, pues a los cruzados ingleses los llama moabitas sacrílegos, a la reina Urraca I la llama Jezabel y a los compostelanos los califica de traidores impíos. Ibídem, libro I, LXXVI, 1 y 2; libro II, XLII, 4 y L, 4.

[30] Ibídem, libro II, LIII, 1 y LXXX, 1.

[31] Ibídem, libro II, LXVIII, 1, p. 364.

[32] Damian J. Smith., "Saint Rosendo, Cardinal Hyacinth and the Almohads", *Journal of Medieval Iberian Studies*, 1 (2009), p. 61.

[33] Ibídem. Véase también: Iván Curto Adrados, *Actividad bélica y violencia del episcopado gallego (siglos VIII-X)*. Tesis doctoral dirigida por A. Arranz Guzmán, Universidad Complutense, Madrid, 2021, pp. 642-646.

[34] Manuel C. Díaz y Díaz, María V. Pardo Gómez y Daría Vilariño Pintos, *Ordoño de Celanova. Vida y milagros de san Rosendo*, Fundación Barrié de la Maza, La Coruña, 1990, p. 132.

fabente Deo ex Gallecia expulit, Maurus sic represit ut intra términos suos contineri coegerit"[35]– que emplea al obispo como herramienta para castigar los pecados de los infieles –"*Portugalensium patriam liberauit a paganorum perfidia, et Galleciam tutam reddidit a Gallorum superbia*"[36]–.

Más ejemplos de aplicación de este arquetipo se hallan en la *Historiae de rebus Hispanie* del arzobispo Rodrigo Jiménez de Rada, cuyo discurso alaba la iniciativa militar de sus antecesores. Véase, por ejemplo, el retrato que presenta de Bernardo de Sedirac, de ferviente espíritu cruzadístico y protagonista de la toma de Alcalá en 1118[37], a quien el Toledano evita representar con la espada en la mano, quedando ulteriormente sus acciones limpias de culpa por el amparo de la anuencia divina, confirmada a su muerte por la obtención "*beneplacitis Deo actibus gloriosus*"[38]. No obstante, la loa más inspirada de Jiménez de Rada se la dedica a su predecesor inmediato en la mitra, Martín López de Pisuerga (†1208), a quien aplica literalmente el término '*dux*' cuando alude a su participación en la campaña contra la Bética, y de quien dice que sus armas –sin especificar si físicas o espirituales– fueron "el castigo de los blasfemos":

> *Exercitus eius transiuit Bethim et dux eius presul Toleti. Magnates regni in consiliis presulis et exercitus omnis sub presule dignitatis. Nomen eius Martinus Magnus et genus eius a Pisorica. Honor gentis uita eius et stola eius diadema Ecclesie. Sapiencia eius ad subsidium pauperum et cor eius ad compassionem humilium. Cingulum eius zelus fidei et arma eius ad persecucionem blasphemie. Agmen omne ad nutum illius et sanguis Arabum in conspectu illius. Regio Bethica flammis succeditur et factum presulis prosperatur. Processit enim per*

[35] Ibídem, p. 295.

[36] Ibídem, p. 132.

[37] Rodrigo Jiménez de Rada, *Historiae de rebus Hispanie*, libro VI, XXVI y XXVIII. Más evidencias del protagonismo del arzobispo en la toma de Alcalá en los *Anales Toledanos Primeros*. Véase Ambrosio Huici Miranda, *Las crónicas latinas de la Reconquista. Estudios prácticos de latín medieval*, Hijos de F. Vives Mora, Valencia, 1913, vol. I, p. 345.

[38] Rodrigo Jiménez de Rada, *Historia de rebus Hispanie*, libro VII, IIII. Juan Fernández Valverde (ed.), *Roderici Ximenii de Rada. Historia de rebus Hispanie sive Historia Gothica*, Brepols, Turnhout, 1987, p. 225.

castra Bethice terras et oppida succendendo. Feliciter autem ad propria est reuersus[39].

Cualquier aparente avance de superación del modelo discursivo que pudiera percibirse en la obra de Jiménez de Rada no encuentra continuidad al constatarse aún en textos eclesiásticos del siglo XIV esfuerzos patentes por ocultar y disculpar realidades de implicación episcopal en actos de violencia armada. Como prueba, basta acudir a la llamada *Gesta Berengarii de Landoria archiepiscopi Compostellani,* la cual narra el conflicto sostenido por el arzobispo Berenguel de Landoria con el concejo compostelano y con los rebeldes liderados por Alfonso Suárez de Deza[40]. Nuevamente, el discurso del anónimo cronista se centra en desproveer a los enemigos del obispo de su condición de cristianos, calificándolos, en su lugar, de *infideles*, *indeouoti*, ministros de satanás y aliados del diablo[41]. El rol del prelado es equiparado al de un padre, que actúa lleno de paciencia y severidad en la corrección de los hijos descarriados, pero que bajo ninguna circunstancia toma la espada personalmente para derramar su sangre[42]. El prelado, a pesar de verse involucrado en este enfrentamiento, nunca abandona sus responsabilidades eclesiásticas, las cuales son el ulterior motivo de sus actuaciones beligerantes, pues estas se presentan encaminadas hacia la defensa del patrimonio y la honra de su Iglesia, así como a la corrección de los malos[43]. Sus acciones más controvertidas se defienden como un último recurso tras haberse favorecido y agotado la vía de la negociación, la cual se desestima ante la imposibilidad de razonar con aquellos que, si hubieran tenido oportunidad, no habrían dudado en matar al prelado[44]. A pesar de todo, las actuaciones de Berenguel

[39] Ibídem, libro VII, XXVIII, pp. 250-251.
[40] Las disputas fueron estudiadas por Carlos J. Galbán Malagón y Jorge Rouco Collazo, "Berenguel de Landoria. Maestro de armas, maestro de obras" en VV.AA, B*erenguel de Landoria. Actas del XI Congreso Internacional de Estudios Jacobeos*, Turismo de Galicia, Santiago de Compostela, 2021, pp. 127-147.
[41] *Gesta Berengarii de Landoria,* 20, 54, 55 y 57. VV.AA., *Hechos de don Berenguel de Landoria, arzobispo de Santiago,* Universidad de Santiago de Compostela, Santiago de Compostela, 1983, pp. 94 y 126-130.
[42] Ibídem, 15, p. 92.
[43] Ibídem, 11, 21 y 32, pp. 90, 94 y 106.
[44] Ibídem, 13, 17, 25 y 30, pp. 90, 92, 98 y 102.

en el conflicto resultan complicadas de justificar ante el lector, pues implican el asesinato de cristianos, entre ellos el del rebelde Alfonso Suárez de Deza y varios de sus acólitos, a manos de hombres del arzobispo. En este caso, la crónica exculpa al prelado aduciendo que dichos actos se cometieron si su conocimiento –"*fuerunt uiro Dei ignorante totaliter adinpleta*"[45]– al tiempo que recurre, como en casos anteriores de aplicación de este mismo modelo, al providencialismo como argumento de exoneración definitivo. A través de la narración de cuatro *signa* o milagros celestiales ocurridos a diferentes personajes, la masacre de los rebeldes se identifica, no con una infracción prelaticia, sino con un acto de justicia divina, realizado por la virtud del apóstol Santiago y con la ayuda de Dios[46].

EL OBISPO *MILES CHRISTI*: LA PLASMACIÓN ESCRITA DE LA IMAGEN REGLADA DE LOS OBISPOS QUE ACOMPAÑAN A LAS HUESTES EN BATALLA

La sanción, consejo y apoyo prelaticios, tanto *ad bellum* como *in bello*[47], fue una costumbre aceptable y aceptada desde el momento del desarrollo –bajo el auspicio intelectual de otros obispos como san Ambrosio de Milán y san Agustín de Hipona– de una ética cristiana de la guerra. Al no confligir con el discurso de la Iglesia, este ideal de '*episcopus consiliarius*' es, en el caso hispánico, aceptado por las posturas más pacifistas, como ejemplifica la plasmación por el Hispalense del episodio de la aparición del obispo Leto de Nepta al emperador Justiniano incitándole a castigar a los paganos por las armas[48]. El ideal neogótico perpetuó este arquetipo episcopal tanto de manera literal como adaptado a los nuevos proyectos políticos[49].

Se encuentran ya en la crónica del obispo asturicense Sampiro ilustrativas referencias a la presencia de obispos en batalla, en concreto

[45] Ibídem, 61, p. 130.
[46] Ibídem, 55 y 61-66, pp. 128 y 130-134.
[47] Tomamos prestadas las categorías del derecho internacional contemporáneo al considerar que ilustran perfectamente la doble dimensión de la actuación episcopal a la que estamos aludiendo.
[48] Isidoro de Sevilla, *De Origine Gothorum, Historia Wandalorum, Historia Sueborum*, 78-79.
[49] Véase la *Crónica Najerense*, libro I, 144 y 148.

la de Hermoigio de Tuy y Dulcidio de Salamanca en compañía de las huestes de Ordoño II durante la debacle de Valdejunquera de 920, desastre tras el cual fueron hechos prisioneros: "*et ut adsolet, peccato inpediente, multi corruerunt ex nostris; eciam duo episcopi, Dulcidius et Ermogius, ibidem sunt comprehensy, et Cordubam sunt aducti*"[50]. Aunque el cronista no se detiene a dar explicación para la presencia en la batalla de estos dos prelados *in partibus infidelium*, su mención a las causas providencialistas de la derrota sugiere al lector que estaban cumpliendo una labor espiritual y rogativa según los usos y costumbres cristianos. Una presencia en batalla canónicamente tolerada –como ya se demostró en apartados anteriores– que los discursos histórico-eclesiásticos más depurados no tienen problema en reflejar, como es el caso de la *Pasión de san Pelayo*, donde se lee textualmente: "*mos est regis fidelium christianorum ut sua simul secum in expeditione episcopos habeat*"[51].

Por ello, no es inusual encontrar referencias a la presencia de obispos en batalla en las crónicas eclesiásticas, aunque los detalles de las razones de esa asistencia resulten elusivos, así como cualquier referencia a iniciativas episcopales contrarias a las disposiciones canónicas. Véase, por ejemplo, el *Chronicon Complutense* (post. 1065), que no duda en enumerar a los obispos que acompañaron a Fernando I en el asedio de Coímbra, al tiempo que evita especificar las funciones y actividades de esos prelados durante los seis meses que duró la campaña: "*rex Fernandus cum coniuge eius Sancia regina, imperator fortissimus, simul cum suis episcopis Cresconio Iriensi apostolice sedis, Vestruario Lucensis sedis, Sisnando Visensis sedis, Suario Minduniensis seu Dumiensis Sedis, [...] obsedit ciuitatem Colimbriam; et iacuit ipse Rex cum suo exercitu usque VI menses*"[52]. La influencia de este modelo también se halla presente en la reelaboración burgalesa del siglo XII de la historia mítica de la batalla de Clavijo, la cual, incluso en su formato documental, incorpora la presencia de arzobispos, obispos,

[50] *Sampiro*, 18. Justo Pérez de Urbel y Atilano González Ruíz-Zorrilla, *Historia Silense*, CSIC, Madrid, 1959, pp. 163-164.
[51] M. C. Díaz y Díaz, "La Pasión de San Pelayo y su difusión", *Anuario de Estudios Medievales*, 6 (1969), p. 113.
[52] P. David, "Annales Portugalenses Veteres", p. 110.

abades y religiosos en a las huestes de Ramiro I, a los cuales muestra actuando como consejeros espirituales del monarca ante la visión premonitoria recibida, pero sin aludir a su posible intervención activa en el derramamiento de sangre[53]. Una acostumbrada presencia episcopal junto a los ejércitos regios en las campañas contra los infieles que también reconoce la *Historia Compostellana* con las siguientes palabras: "*Cum rex Hispanorum ad extirpandam perfidorum Hysmahelitarum gentem cum exercitu suo irrueret, episcopus ecclesie sancti Iacobi cum toto sui regni exercitu nullatenus se absentabat*"[54].

A mediados del siglo XII, la *Chronica Adefonsi Imperatoris*, de probable factura clerical, menciona en diversas ocasiones la presencia de prelados en las huestes de Alfonso VII, por ejemplo, junto a las tropas gallegas, leonesas y castellanas que participaron en el asedio del castillo de Oreja en 1139[55]. No obstante, tanto en ese caso como en otros, el autor evita involucrar a los titulares de sedes castellanoleonesas en la violencia armada, afectando esta manipulación discursiva a narraciones como la defensa de Toledo efectuada por el arzobispo Bernardo de Sedirac, cuya extensa y reconocida iniciativa militar ya se ha mencionado anteriormente. Esta vez, la crónica le presenta, no como un '*dux*', sino bajo el arquetipo del '*miles Christi*' que lucha exclusivamente mediante la oración y consigue que Dios y sus arcángeles libren sus batallas. El pasaje no puede resultar más ilustrativo:

> *Dum ista bella geruntur, archiepiscopus domnus Bernardus Toletane ecclesie cum clericis et monachis et senibus et mulieribus et pauperibus postrati in terram in ecclesia sancte Marie unanimiter rogabant Dominum Deum et sanctam Mariam ut peccata regum ne*

[53] "*Ego, autem, pro tanta et tali uisione uehementer somno excitatus, archiepiscopis, episcopis, abbatibus et religiosis uiris seorsum uocatis, quidquid mihi fuerat reuelatum, lacrymis et singultibus et nimia contritione cordis, eodem ordine propallaui*". José M. Garrido Garrido, *Documentación de la catedral de Burgos (804-1183)*, Gráficas Cervantes, Salamanca, 1983, p. 8, doc. 2.

[54] *Historia Compostellana,* libro II, I. E. Falque Rey, *Historia Compostellana,* p. 220.

[55] *Chronica Adefonsi Imperatoris,* libro II, 59. Antonio Maya Sánchez, "Chronica Adefonsi Imperatoris" en Ídem, Emma Falque y Juan Gil, *Chronica Hispana Saeculi XII. Corpus Christianorum. Continuatio Mediaeualis LXXI,* Brepols, Turnhout, 1990, p. 222.

> *rememorarentur et populorum, ne ipsi darentur in captiuitatem et gladium et mulieres in diuisionem et infantes eurum in predam et ciuitas eorum in exterminium et sancta lex Dei in opprobrium et in polutionem et conculcationem. Sed Dominus Deus excelsus exaudiuit orationes eorum et misertus est populo suo et misit Michaelem archangelum, qui custodiret ciuitatem Toletanam et firmaret muros eius, ne rumperentur, et confortaret animos uirorum bellantium et defenderet corpora Christianorum, quod fieri non poterat, nisi Dominus eos custodiret, sicut David ait: Nisi Dominus custodierit ciuitatem, in uanum uigilant qui custodiunt eam*[56].

Empero, este discurso de la *Chronica Adefonsi Imperatoris* que evita reflejar el protagonismo guerrero de los obispos castellanoleoneses, mostrándoles exclusivamente como '*milites Christi*' que combaten mediante la plegaria, acaba entrando en contradicciones al reconocer la muerte de algunos mitrados en lides[57]. La rigurosa aplicación del modelo se diluye a la hora de describir las actividades de los titulares de las sedes aragonesas que acompañaban al ejército de Alfonso el Batallador. A estos, el autor de la *Chronica* no tiene problema en retratarlos como "*uiros fortissimos et potentes*"[58], en vez de como clérigos piadosos centrados en la lucha espiritual. Bien es verdad que representa a estos prelados del reino vecino actuando como consejeros militares del monarca, celebrando misa sobre las reliquias que acompañaban al ejército y suplicando la ayuda de Dios en la batalla[59]. No obstante, y dado que pertenecen al reino vecino, el cronista se permite reflejar la participación de estos obispos en la lucha con la espada en la mano. Una desviación del modelo del '*milites Christi*' que, bajo el discurso providencialista, sirve para justificar ante el lector la derrota aragonesa experimentada en Fraga (1134), como se verá a continuación.

---

[56] Ibídem. libro II, 6. pp. 197-198.
[57] Ibídem, libro II, 106, p. 246.
[58] Ibídem, libro I, 51, p. 173.
[59] Ibídem, libro I, 15, 52 y 55, pp. 157, 174 y 175-176.

OBISPOS PELEADORES: EL ARQUETIPO DEL PRELADO ARMADO Y SECULAR CUYOS PECADOS ACARREAN EL CASTIGO DE DIOS

Ana Arranz Guzmán, en su estudio dedicado a los obispos guerreros del siglo XIV, definió a los 'obispos peleadores' como eclesiásticos expertos en materia bélica, volcados en las armas, que abandonaban totalmente o relegaban a un plano muy secundario sus obligaciones litúrgicas y pastorales[60]. Un perfil que –según ella misma reconoce– raramente correspondía con la realidad de las polimórficas trayectorias biográficas episcopales. A pesar de todo, este paradigma del 'obispo peleador' existe a nivel discursivo en la historiografía eclesiástica. Al salirse de lo normativo, el arquetipo es empleado por los cronistas para realizar auténticas *pollutio memoriae* de mitrados desafines al poder, así como plataforma de enjuiciamiento histórico desde la que aplicar el providencialismo a los hechos del pasado.

El caso más paradigmático sería el del obispo Sisnando II Menéndez de Iria-Santiago, muerto en batalla en 968 mientras defendía su sede de un ataque vikingo. El fatídico episodio aparece reflejado de manera aséptica por Sampiro –"*Anno secundo regno sui, centum classes normanorum cum rege suo nomine Gunderedo, ingresse sunt urbes Gallecie, et strages multas facientes in giro sancti Iacobi, episcopum loci illius gladio peremerunt nomine Sisinandum*"–[61], quien no tienen ningún interés en denostar a un coepíscopo. Sin embargo, el mismo hecho sirve al autor o autores anónimos del *Chronicon Iriense* para perfilar al titular jacobeo como un prelado 'peleador' e incumplidor de los cánones. Dado que este mitrado, en vida, empleó las armas, experimentó roces con el rey Sancho I, el obispo san Rosendo y el clero de Santa Eulalia de Iría[62], y como halló la derrota y la muerte en combate, desde el discurso del providencialismo histórico no existe duda de que Sisnando II debió de ser un pecador. En consecuencia, el obispo debía aparecer (y aparece) retratado como un personaje irrespetuoso con su cargo y con las normas canónicas –"*sui ordinis inmemor ast canonice censure expers*"–, poderoso y secularizado

[60] A. Arranz Guzmán, "Cuando el clérigo va a la guerra", pp. 307-308.
[61] *Sampiro*, 28. J. Pérez de Urbel y A. González Ruíz-Zorrilla, *Historia Silense*, p. 171.
[62] Sobre esto puede leerse I. Curto Adrados, *Actividad bélica y violencia*, pp. 713-721.

–"*nimium secularis et potens erat*"–, soberbio y de alta cuna –"*superbus et alti sanguinis erat*"–, arrogante y exaltado –"*tumidus et elatus*"–, puesto que no dudó en equiparse para la guerra y emplear las armas físicas para amenazar a otros obispos –"*indutus armis et torace [...] cum spiculo ensis coopertorium inmense leuaret*"–, o en adoptar el protagonismo en la batalla con funestas consecuencias –"*et intrans per medias acies, occiditur*"–[63].

La *Historia Compostellana* perpetuó este discurso condenatorio del obispo Sisnando II, quien aparece incluido entre esos predecesores de Gelmírez "*rudes et imperitos*"[64] que "*fuerant militaribus armis protecti ad bella etiam incedere*"[65]. No obstante, el admirable progreso histórico de la sede compostelana desde sus inicios hasta mediados del siglo XII debía, para los autores de la *Compostellana*, recibir una explicación desde esa misma perspectiva providencialista. Por ello, la discusión sobre el tradicional belicismo episcopal jacobeo se clausura con un sintético refrán: "*Episcopus sancti Iacobi baculus et balista*"[66]. Un lema que define la implicación militar del episcopado compostelano con más lenidad que sus versiones actuales[67], pues la *balista* era un arma de asedio –y por tanto, no podía ser acarreada por el obispo, ni operada por él dada su complejidad técnica, respetándose así las disposiciones canónicas–, con connotaciones más defensivas que ofensivas[68], mientras que su equiparación con el báculo constata que en ningún caso los titulares jacobeos abandonaron de las actividades litúrgicas y pastorales en favor de las militares.

El autor de la *Chronica Adefonsi Imperatoris* –como se adelantaba arriba–, al describir la batalla de Fraga, también muestra unos prototipos de obispos 'peleadores' que, en contra de las disposiciones

[63] Todas las citas latinas provienen de la edición realizada por M.R. García Álvarez, "El Cronicón Iriense", *Memorial Histórico Español,* 50 (1963), pp. 116, 118 y 119.
[64] *Historia Compostellana,* libro II, I. E. Falque Rey, *Historia Compostellana,* p. 220.
[65] Ibídem.
[66] Ibídem.
[67] Nos referimos al dicho popular: "Obispo de Santiago, ora la espada, ora el blago". Sobre este refrán véase Fermín Bouza Brey, "Un proverbio evangélico popular en boca de san Rosendo", *Cuadernos de estudios gallegos,* 26 (1971), p. 328.
[68] Lo que alude claramente al concepto de guerra justa. Asimismo, al leer la *Gesta Berengarii de Landoria,* 27 uno se pregunta si la *balista* no pudo ser una predecesora de esa *machina* que los del consejo de Santiago montan en la ciudad para repeler a las tropas del mitrado mientras este se encontraba pernoctando en Bonaval.

canónicas, acaban tomando las armas por orden del rey: "*Sed rex mandauit archiepiscopis et principibus et militaribus et peditibus ut in castris essent parati et armati defendere se et castra*"[69]. Esta violación del derecho canónico hace, según el discurso providencialista, incurrir al rey aragonés en pecado mortal, alejando cualquier posibilidad de recibir auxilio celestial en la batalla –"*Hoc uidentes episcopi et clerici et omnis populos Christianorum ceperunt rogare Dominum Deum ut eos eriperet de manibus Sarracenorum et ne reminisceretur peccatorum regis [...]. Sed, peccatis exigentibus, orationes eorum non sunt exaudite ante Deum; quia Gabriel archangelus, summus nuntius Dei, non tulit eas ante tribunal Christi neque Michael, princeps militie celestis, missus est a Deo, ut eos adiuuaret in bello*"[70]–. Un hecho que emplea el cronista para explicar tanto la derrota de los ejércitos cristianos como la muerte en la lid de los titulares de las sedes de Jaca y San Vicente de Rodas[71].

MODELOS DE BELIGERANCIA EPISCOPAL EN DISCURSOS AJENOS AL ECLESIÁSTICO

En el discurso laico –entendido como aquel alejado de la influencia doctrinal de la Iglesia–, la participación militar del clero no parece haber estado sometida a una censura específica. El uso y acarreo de armas por parte de los prelados, su caudillaje militar, así como su protagonismo en el derramamiento de sangre, hallaron, en muchos casos, reflejo y juicio favorable. Sobre esta postura debió influir de manera determinante la tradición legal laica –que exhortaba a los obispos a acudir a las convocatorias militares en defensa del reino y de la fe–, la santificación definitiva de la guerra dentro de la ética cristiana occidental, así como la imagen favorable que, entre los legos, tuvo el clero activamente comprometido con la lucha armada

[69] *Chronica Adefonsi Imperatoris*, libro I, 54. A. Maya Sánchez, "Chronica Adefonsi Imperatoris", p. 175.
[70] Ibídem.
[71] Ibídem. libro I, 55 y 56, pp. 175-176.

ante el islam[72]. Ello justifica que, en el *Pseudo-Turpín*, se presenten perfiles episcopales como el que afecta al prelado remés, a quien, sin censura alguna, se le hace describir con sus propias palabras la doble naturaleza de su labor en el campo de batalla:

> *Et quos rex sibi sociabat ad expugnandam gentem perfidiam, ego Turpinus, dominica auctoritate et nostra benedictione et absolutione, hos a peccatis cunctis relaxabam. Tunc coadunatis sibi C.XXXa. IIIIor. milibus uirorum bellatorum, profectus est Hyspaniam contra Agiolandum. Hec sunt nomina pugnatorum maiorum qui tuere cum eo. Ego Turpinus archiepiscopus remensis, qui dignis monitis Christi fidelem populum ad debellandum fortem et animatum, et a peccatis absolutum reddebam et Sarracenos propriis armis sepe expugnabam*[73].

Este arquetipo de prelado armado, activo tanto en la lucha física como en la espiritual, que no teme incurrir en la ira providencial por su incumplimiento de los cánones, es contrario al discurso eclesiástico –como se ha demostrado– y no pudo haberse generado dentro del mismo. Su presencia en pseudo-crónicas de fuerte influencia ultramontana, así como en ejemplares de la lírica latina y romance, sería, por tanto, indicativo de la intervención de plumas laicas en la elaboración dichas obras. Una autoría que se escondería tras versos como los que el *Poema del Mio Cid* dedican al mitrado de Valencia, Jerónimo de Perigueux, descrito como el más belicoso y valiente de los hombres, siempre solícito a la hora de celebrar misa o de entablar combate, y capaz de matar impunemente con sus propias manos a siete enemigos en una sola batalla[74]; o tras estrofas como las que el desafortunadamente incompleto *Prefatio de Almaria* consignan a los

---

[72] Véase, por ejemplo, *Leges Visigothorum* IX, 2, 8; *Partidas* I, VI, 52 o Juan Manuel, *Libro de los Estados*, parte 2, 3. Sobre la guerra santa remitimos a Francisco García Fitz, *La Edad Media. Guerra e ideología: justificaciones jurídicas y religiosas*, Sílex, Madrid, 2003, p. 142 y Jean Flori, *Guerra Santa, Yihad, Cruzada: violencia y religión en el cristianismo y el islam*, Universidad de Granada, Granada, 2004, p. 136.

[73] *Liber Sancti Iacobi-Codex Calixtinus*, libro IV, XI. K. Herbers y M. Santos Noia, *Liber Sancti Iacobi*, pp. 206-207.

[74] *Poema de Mio Cid*, cantar II, 93 y 95; y cantar III, 116-117.

prelados que, armados con espadas físicas, oran, arengan y confortan a los soldados cristianos antes de la batalla:

> *Pontifices omnes Toleti siue Legionis, / Exempto gladio diuino corporeoque, / Orant maiores inuitant atque minores / Vt ueniant cuncti fortes ad prelia tuti. / Crimina persoluunt, uoces ad sidera tollunt, / Mercedem uite spondent cunctis utriusque. / Argenti dona promittunt, cumque corona / Quicquid habent Mauri rursus promittitur auri. / Pontificum clangor tantus fuit et pius ardor, / Nunc promittendo, nunc lingua uociferando, / Vt uix iam teneri possent a matre teneri. / [...] Inter pontifices praesentes Astoricensis / Hoc cernens praesul, cuius micat inclytus ensis / Plus quam consortes, confortans uoce cohortes, / Alloquitur gentem iam prorsus deficientem. / Vocibus et dextra sunt magna silentia facta*[75].

A pesar de todo, la ausencia a priori de un veto laico a la hora de narrar el acarreo de armas y el derramamiento de sangre por parte de los obispos no implica que todo prelado retratado en el discurso no eclesiástico aparezca realizando gestas con una espada en la mano. El laconismo del género historiográfico es, por definición, contrario a la profusión en detalles. Sirvan como ejemplo las descripciones que los *Anales Toledanos Primeros* hacen de las proezas bélicas del arzobispo Bernardo de Toledo, de las algaradas protagonizadas por Rodrigo Jiménez de Rada[76] –cuyas hazañas se extienden por las páginas de los *Anales Toledanos Segundos* y *Terceros*[77]–, o el protagonismo militar que la *Crónica de Alfonso Onceno* atribuye al obispo minduniense Álvaro Pérez de Biedma durante la defensa de Lebrija en 1339 y la batalla del Salado de 1340[78]. En ninguno de estos últimos testimonios,

---

[75] *Poema de Almería*, 38-48 y 374-378. J. Gil, "Prefatio de Almaria" en Ídem, E. Falque y A. Maya, *Chronica Hispana Saeculi XII. Corpus Christianorum. Continuatio Mediaeualis LXXI*, Turnhout, Brepols, 1990, pp. 256 y 267.

[76] A. Huici, *Las crónicas latinas*, I, p. 356.

[77] Ibídem, pp. 361 y 364.

[78] Capítulos CCVI, CCLIX, CCLXII y CCCXX[X]. Diego Catalán, *Gran Crónica de Alfonso XI*, Gredos, Madrid, 1977, vol. II, pp. 182-183, 270-271, 276-278 y 430. El mejor y más actualizado estudio de este prelado en A. Arranz Guzmán, "Don Álvaro Pérez de Biedma", pp. 331-340.

de incógnita o discutida autoría[79], se detalla el empleo de armas o el derramamiento de sangre por parte de los obispos, en la misma medida que tampoco ocurre cuando se habla de otros tantos caudillos y caballeros que protagonizaron la lucha plurisecular contra los musulmanes peninsulares.

CONCLUSIONES

A lo largo de las páginas superiores se ha podido ver que los discursos de los distintos poderes ofrecieron imágenes parciales e interesadas de la actividad militar episcopal en función de los intereses en juego. La normativa canónica intentó imponer un ejemplar irenismo que no se ajustó a las realidades del ejercicio episcopal. La necesidad del clero de materializar el relato histórico dentro de un discurso canónico y providencialista les obligó a ajustar la heterodoxa realidad dentro de tres modelos o arquetipos en función de la idea que deseasen trasladar al lector. Emplearon el arquetipo del '*dux*' para justificar las iniciativas de caudillaje militar episcopal, el del 'peleador' para condenarlas, y el paradigma del '*miles Christi*' para reflejar una presencia reglada de los prelados en la batalla. En cuanto al discurso de los poderes no eclesiásticos, este admitió y alentó la figura del obispo armado y batallador pues fomentaba la implicación total del clero con la derrota del islam, aunque no fue necesariamente la única imagen que proporcionó en sus relatos. En definitiva, y tras este análisis, queda patente que ninguno de los discursos medievales del occidente peninsular ofrece al historiador una imagen objetiva e imparcial del fenómeno de la participación eclesiástica en la guerra y la violencia.

[79] Sobre esta cuestión véase Felipe Maillo Salgado, "Del mudejarismo de los Anales Toledanos Segundos", *Studia Histórica. Historia Medieval*, 7 (1989), pp. 209-215. También D. Catalán, *Gran Crónica*, vol. I, pp. 15-29.

8.
ORBIS CONDITOR Y *ALMA SOLLEMNITAS*. DOS PROSAS LITÚRGICAS COMO AGENTES DE CONTRASTE PARA EL SEGUIMIENTO DE LA TRANSMISIÓN CULTURAL CLUNIACENSE TEMPRANA EN TERRITORIO PENINSULAR

Arturo Tello Ruiz-Pérez
UCM
Patricia Peláez Bilbao
UAM/UCM

INTRODUCCIÓN

Este artículo tiene sobre todo un carácter empírico, más que expositivo o especulativo. Basándose en criterios filológico-musicológicos, su propósito es el de mostrar y demostrar de manera lo más precisa posible, a través del canto litúrgico, el alcance de la presencia cluniacense en el norte de la Península Ibérica a finales del siglo XI, justo en los momentos en los que se articuló a nivel político y efectivo la sustitución de la vieja liturgia hispánica por la francorromana o romano-franca[1], fuera de lo que había sido la antigua Marca Hispánica[2].

El hecho de tomar para tal fin estas dos prosas litúrgicas como "agentes de contraste" –es decir, como posibilitadoras de resalte y

[1] En adelante, por comodidad y dada la época en la que estamos situados, nos referiremos con frecuencia a esta liturgia francorromana simplemente como romana, sin que, gracias a esta aclaración, exista riesgo alguno de que sea confundida con la liturgia viejo-romana, es decir, con la existente en Roma y en las áreas de influencia de los territorios pontificios antes del impulso carolingio definitivo en pro de la unificación litúrgica a través de la *Admonitio generalis* de 789.

[2] La cuestión es compleja y poliédrica, y así ha sido tratada, de manera que nos parece más productivo citar solo unos pocos trabajos referenciales y recientes que la abordan –junto a su historiografía– de forma sintética y actualizada. Así, Ludwig Vones, "La sustitución de la liturgia hispana por el rito romano en los reinos de la Península Ibérica", en Susana Zapke (ed.), *Hispania Vetus. Manuscritos litúrgico-musicales de los orígenes visigóticos a la transición francorromana (siglos IX-XII)*, Fundación BBVA,

seguimiento– responde a varias circunstancias, tanto intrínsecas como extrínsecas. Entre las intrínsecas, está la misma naturaleza de esta categoría de canto. En tanto que la prosa o secuencia forma parte de los repertorios que podemos englobar dentro de la denominación "canción litúrgica", junto a tropos, *versus*, dramas litúrgicos y un largo etcétera de otras tipologías brotadas del genio carolingio y post-carolingio, su esencia subyace en la condición de ser un canto variable, accesorio y electivo, en cuanto a presencia y uso, ligado al Alleluia de la celebración romana –porque, hay que aclararlo desde el principio, estamos ante un fenómeno netamente francorromano[3]–; una celebración que, por lo demás, está dominada por una universalidad preceptiva en el grueso del resto de cantos que la conforman y que conocemos de forma común como canto gregoriano[4]. Tal condición local o regional dota a la prosa litúrgica de la capacidad de opacificar las estructuras anatómicas de los procesos de transmisión e intercambio de cantos, denotando tantos otros de transferencia cultural, así como de relación política y social, entre centros e instituciones medievales. A partir de ella, en consecuencia, es posible rastrear y definir perfiles regionales y tradiciones.

Dentro del conjunto de circunstancias extrínsecas, destaca que la elección concreta de las prosas *Orbis conditor regressus est* y *Alma*

Bilbao, 2007, pp. 43-59; Juan Pablo Rubio Sadia, OSB, *La recepción del rito francorromano en Castilla (ss. XI-XII). Las tradiciones litúrgicas locales a través del Responsorial del* Proprium de Tempore, Libreria Editrice Vaticana, Ciudad del Vaticano, 2011; e ídem, "Introducción del rito romano y reforma de la Iglesia hispana en el siglo XI: de Sancho III el Mayor a Alfonso VI", en José María Magaz y Nicolás Álvarez de las Austrias (eds.), *La reforma gregoriana en España: seminario de historia de la iglesia*, Publicaciones San Dámaso, Madrid, 2011, pp. 55-75.

3 Como veremos, llevado por su escritura y notación musical hispánica, Brou identificó cuatro textos –incluido el de *Alma sollemnitas*– como "séquences mozarabes", cuando en realidad son casos muy particulares e interesantes de permeabilidad de la liturgia romana en libros hispánicos. Louis Brou, OSB, "Séquences et tropes dans la liturgie mozarabe", *Hispania Sacra*, 4 (1951), pp. 28-37; e ídem, "L'Alleluia dans la liturgie mozarabe. Étude liturgico-musicale d'après les manuscrits de chant", *Anuario musical*, 6 (1951), pp. 57-66.

4 Una vez más, dada la ingente cantidad de bibliografía acerca de la secuencia o prosa como género litúrgico, así como los diversos matices que implica en el seno del gran corpus gregoriano, nos limitamos aquí a remitir a la actualización hecha (también historiográfica) sobre la cuestión en dos estudios recientes: Lori Kruckenberg, "Sequence", en Mark Everist y Thomas Forrest Kelly (eds.), *The Cambridge History of Medieval Music*, Cambridge University Press, Cambridge, 2018, pp. 300-358; y Patricia Peláez Bilbao y Arturo Tello Ruiz-Pérez, "Hacia un concepto de la secuencia (o prosa) litúrgica medieval", *Cuadernos de Música Iberoamericana*, 34 (2021), pp. 431-491.

sollemnitas viene determinada por el interés que nos ha suscitado su presencia en un códice facticio hispánico, Cor 123, fechable entre finales del siglo x y principios del siglo xi, al menos en lo que a su cuerpo principal se refiere, y cuya procedencia se ha debatido entre Córdoba y el norte castellano-leonés. Pero más allá incluso de la mera presencia de estas dos prosas romanas en un códice hispánico, se da la curiosa coyuntura de que ambas se añadan en escritura y notación musical también hispánica (adiastemática o *in campo aperto*, a saber, sin indicación de la altura interválica de los sonidos), en vez de hacerlo en la letra carolina y la notación musical aquitana (diastemática y de puntos o, lo que es lo mismo, interválica)[5] venidas del sur de la actual Francia y habituales en los libros del nuevo rito impuesto conjuntamente por la voluntad política y religiosa de los monarcas y de Roma. Inmediatamente ello nos sitúa de plano en un clima de cambio, de asunción sobrevenida y asimilación de un repertorio nuevo y, por tanto, en el contexto de transición de una liturgia a otra. Es decir, que junto a Lo 30850 (precisamente, en su f. 2r, única concordancia para *Alma sollemnitas*, igualmente en letra y notación hispánica), este manuscrito parece darnos las coordenadas exactas de un espacio intersticial y mixto de transferencia litúrgica, de *frontera* cultural de un repertorio romano –las prosas– en escritura hispánica[6], en cuyo despliegue y desarrollo, como la densidad historiográfica ha demostrado, la orden cluniacense tuvo mucho que ver como uno de los brazos operativos para dicho cambio.

---

[5] Para una visión de conjunto reciente y una recopilación bibliográfica sobre las características y problemáticas de ambas notaciones en la Península Ibérica baste citar a Elsa de Luca, "From Old Hispanic to Aquitanian Notation: Music Writing in Medieval Iberia", *Anuario de estudios medievales*, 50/2 (2020), pp. 827-864.

[6] Ampliamente aceptado, nos parece del todo adecuado emplear el término *frontera* a este marco cultural que planteamos, ya que, desde una óptica de la teoría de la recepción, implica la tensión producida por la lucha entre una actitud de resistencia y otra de aceptación. Un ejemplo de aplicación de las diferentes actitudes frente a la transmisión de objetos culturales como el canto puede encontrarse en sendos artículos complementarios: Arturo Tello Ruiz-Pérez, "Tras el rastro de tropos y prosas en el *Codex Calixtinus*", *Quodlibet*, 75/1 (2021), pp. 131-168 e ídem y Patricia Peláez Bilbao, "La prosa *Gratulemur et laetemur*. Una edición crítica", *Quodlibet*, 75/1 (2021), pp. 221-271. Acerca de la conceptualización de *frontera*, véanse los estudios –ya clásicos– de Charles Julian Bishko, *Studies in Medieval Spanish Frontier History*. Ashgate, Aldershot, 1980 y Robert Bartlett (ed.), *Medieval Frontier Societies*, Clarendon Press, Oxford, 1989.

Ahora bien, ceder casi la totalidad del protagonismo al flujo de monjes cluniacenses que, desde allende los Pirineos, comenzaron a poblar los monasterios de los reinos hispanos del norte sería, quizá, una manera demasiado simplificada de ver las cosas. Por ejemplo, siendo innegable y decisiva la intervención directa de Cluny en tierras castellano-leonesas, antes y después de ese punto decisivo de inflexión que supuso el Concilio de Burgos (1080) y su consiguiente decreto oficial de sustitución litúrgica, también es cierto que, décadas antes, como ha probado Rubio Sadia, la restauración de la diócesis de Palencia (culminada en 1034) se articuló igualmente en base a unos usos litúrgicos romanos, aunque merced no tanto al influjo reformista de una observancia cluniacense, cuanto sí a la que llegó con una avanzadilla de eclesiásticos catalanes en cuyas manos estaba encomendada dicha restauración[7]. Realidades semejantes denotan, como poco, la coexistencia de una diversidad de sensibilidades, incluso respecto a la propia liturgia romana, que dista bastante de cualquier intento de reducir a términos simplistas la naturaleza dramática que supuso todo este proceso de sustitución.

Dentro de esta complejidad, la hipótesis que planteamos consiste en verificar, por vez primera, a través de la comparación crítica y sinóptica de las lecturas y variantes en nuestras dos prosas de Cor 123 –dada además su posición preferente como agentes de contraste–, cuáles son las filiaciones que se establecen entre los distintos manuscritos que las transmiten y, por consiguiente, cuáles son aquellas que se dan y en qué momento entre los centros a los que tales manuscritos se adscriben. Así, en primer término, mientras *Alma sollemnitas* tuvo una difusión muy restringida (Cor 123 y Lo 30850), *Orbis conditor regressus est*, en más de una quincena de fuentes, puede rastrearse desde el corazón de Aquitania, inundada de reformismo cluniacense, hasta el occidente peninsular, escenario de la batalla por la supresión

[7] Juan Pablo Rubio Sadia, OSB, *La recepción del rito francorromano en la provincia eclesiástica de Toledo (ss. XI-XII). Configuración de las tradiciones litúrgicas locales a través del Responsorial del* Proprium de Tempore, Tesis Doctoral, Facultad de Teología San Dámaso, Madrid, 2009, pp. 88-109; ídem, "La penetración de la tradición litúrgica catalano-narbonense en el obispado de Palencia en el siglo XI", *Miscel·lània Litúrgica Catalana*, 18 (2010), pp. 243-278; e ídem, "De Urgell a Palencia, o el primer camino del rito romano a Castilla", *Ecclesia orans*, 30 (2013). pp. 119-155.

de la liturgia hispánica, pasando por una Cataluña que ya asumiera los usos francorromanos allá en el siglo IX. Todo ello nos ofrece un mapa de relaciones que aporta información sobre el estado concreto del proceso de transferencia litúrgica para la sustitución del rito, así como datos para acotar con mayor exactitud la datación y procedencia de algunos manuscritos hasta ahora en cuestión, especialmente en el caso de los que tienen escritura y notación hispánica (Cor 123 y las guardas de Lo 30850).

A tal efecto, metodológicamente hablando, nos valdremos de herramientas y estrategias habituales de la *stemmatica*, tales como el principio del "error común" o el concepto de variante "significativa", ya sea "conjuntiva" o "disyuntiva", al igual que de enfoques y razonamientos propios de la teoría de la recepción, para interpretar los datos y comprender con mayor certeza los tipos de relaciones que se establecen[8]. Por tanto, será necesario que remitamos constantemente a las tablas y a sendas Ediciones sinópticas (1 y 2 en el Anexo) en aras de facilitar y aclarar la explicación de nuestros argumentos[9].

ORBIS CONDITOR REGRESSUS EST[10]

De manera fundamental, la primera característica que hay que tener presente de esta prosa es que se basa en la melodía de *sequentia* –es

[8] Una exposición completa de esta metodología ecléctica puede encontrarse en Arturo Tello Ruiz-Pérez, *Transferencias del canto medieval. Los tropos del* Ordinarium Missae *en los manuscritos españoles*, Universidad Complutense de Madrid, Madrid, 2006, vol. I, pp. 1-16.

[9] A grandes rasgos, los criterios seguidos en las Ediciones sinópticas son: 1) la presentación de la distribución y orden de los elementos de todos los testimonios, así como la asignación de la festividad en cada una y rúbrica; 2) la elección de una fuente modelo para hacer el parangón (en función, por este orden, de completud, antigüedad y legibilidad); 3) la consignación únicamente de las variantes con respecto a este modelo en el resto de las fuentes; y 4) la ordenación de las fuentes por grandes tradiciones y, en cada una, del manuscrito más antiguo al más moderno.

[10] El texto de esta secuencia ha sido editado de forma íntegra en AH 7, n.º 82, pp. 95-96 y AH 53, n.º 77, pp. 134-136 y, a partir de él, por otros como Louis Brou, OSB, "Séquences et tropes...", pp. 35-37, para la versión de Cor 123, o Miquel dels Sants Gros i Pujol, *Els tropers prosers de la Catedral de Vic: estudi i edició*, Institut d'Estudis Catalans, Barcelona, 1999, pp. 175-176, para las versiones ausonenses. Pasando por la presentación del íncipit que hicieran Richard Lincoln Crocker, *The Repertoire*

decir, sin texto– *Planctus cygni* (Imagen 1 y Ejemplo 1)[11], sin que el material melódico de esta última esté vinculado a ningún Alleluia "oficial" conocido. Sin embargo, afirmar que *Planctus cygni* sea una melodía pura o no textuada, no es lo mismo que asumir que no tuviera una secuencia o prosa raíz –indistintamente de que una fuera anterior, simultánea o posterior a la otra en términos compositivos–, tal cual parece indicar el mismo apelativo "llanto del cisne". En este caso, como ya propusieran Blume y Bannister, parece lógico pensar, sobre todo en base a su comienzo y temática, que el esquema básico de la melodía lo diera originalmente la prosa *Plangant (Clangam) filii prolatione una alitis cygni*[12],

---

of Proses at Saint Martial de Limoges (Tenth and Eleventh Centuries), Tesis doctoral inéd., Yale University, New Haven, 1957, vol. II, 208 y Patricia Peláez Bilbao, *La secuencia en España. Un estudio preliminar*, Diploma de Estudios Avanzados, Universidad Complutense de Madrid, Madrid, 2023, pp. 119, 126, 135, 139, 150, 155, 159 y 163, la única edición textual y musical completa a día de hoy, aunque solo para las fuentes de origen peninsular (a excepción de Cor 123), es la de ídem, *Las secuencias del manuscrito Tortosa, Archivo Capitular, Cód. 135. Estudio y edición crítica*, Tesis doctoral inéd., Universidad Complutense de Madrid, Madrid, 2021, vol. II, pp. 242-251. Remitimos a este último trabajo para una bibliografía pormenorizada de *Orbis conditor regressus est*.

[11] Anselm Hughes, OSB, MA, (ed.), *Anglo-French Sequelae. Edited from the Papers of the Late Dr. Henry Marriott Bannister*, The Plainsong & Mediaeval Music Society, London, 1934, n.º 44, pp. 63-64; Bruno Stäblein, "Die Schwanenklage: Zum Problem Lai - Planctus - Sequenz", en Heinrich Hüschen (ed.), *Festscrift Karl Gustav Fellerer zum sechzigsten Geburtstag am 7. Juli 1962*, Bosse, Regensburg, 1962, pp. 491-502; y Christian Meyer, *Les sources manuscrites des séquences et proses notées. IXe-XVIe siècles, vol. 1: France, Catalogue descriptif* (RISM B/XVIII/1), G. Henle Verlag, München, 2022, CthS 416, p. 682.

[12] AH 7, n.º 230, p. 253 y AH 53, n.º 89, p. 155. Damos, a continuación, el texto normalizado y su traducción en apoyo del argumento:

1. Clangam, filii, ploratione una	[Lloraré, hijos míos, con un lamento propio
2a. Alitis cygni, qui transfretavit aequora.	Del cisne alado, que emigró allende el mar.
2b. O quam amare lamentabatur, arida,	¡Oh! Qué amargamente se lamentaba de haber abandonado
3a. Se dereliquisse florigera et petisse alta maria;	las floridas soledades y haberse dirigido hacia altamar,
3b. Ajens: "Infelix sum avicula, heu mihi, quid agam misera.	Diciendo: "Soy una avecilla desdichada, ¡ay de mí! ¿Qué haré, desventurada?
4a. Pennis soluta inniti lucida non potero hic in stilla.	Al sobrevenir la noche apoyarme en mis alas no podré, aquí, en medio de la lluvia.

una secuencia dominical de cuño aquitano[13] que, desde la órbita de St. Martial de Limoges, se difundiera hacia la zona

4b. Undis quatior, procellis hinc inde nunc allidor exsulata.	Las olas me golpean, la tormenta ora aquí ora allá me zarandea, a mí, exiliado.
5a1. Angor inter arta gurgitum cacumina.	Angustia siento entre las opresoras crestas de los remolinos.
5a2. Gemens alatizo intuens mortifera, non conscendens supera.	Vuelo gimiendo, al par que intuyo mortales peligros, sin poder remontarme a las alturas.
5b1. Cernens copiosa piscium legumina.	Observo la abundante parva de peces,
5b2. Non queo in denso gurgitum assumere alimenta optima.	mas no puedo, en la densidad de las olas, encontrar el apropiado alimento.
6a. Ortus, occasus plagae poli, administrate lucida sidera.	¡Orto, ocaso, regiones celestiales, gobernad los astros luminosos!
6b. Sufflagitate Oriona, effugitantes nubes occiduas".	Soplad hacia Orión, poniendo en fuga las nubes de occidente".
7a. Dum haec cogitarem tacita, venit rutila adminicula aurora.	Mientras en silencio tales cosas cavilaba, apareció, rosada, la servicial aurora.
7b. Oppitulata afflamine coepit virium recuperare fortia.	Asistido por el viento, comenzó a recuperar la integridad de sus fuerzas.
8a. Ovatizans jam agebatur inter alta et consueta nubium sidera.	Triunfante, ya se deslizaba entre los familiares y altos astros de los cielos.
8b. Hilarata ac jucundata nimis facta penetrabatur marium flumina.	Alegre y gozoso sintióse en extremo, y hendía de los mares las corrientes.
9a. Dulcimode cantitans volitavit ad amoena arida:	Con armonía cantando, voló hacia las amenas soledades.
9b. Concurrite omnia alitum et conclamate agmina:	Acudid todas las aves y entonad a coro:
10. "Regi magno sit gloria". Amen.	"Al Rey supremo, ¡gloria!". Amen]

Todas las traducciones son nuestras, pero en este caso hemos preferido tomar, por su plasticidad, la versión poética (aunque la presentemos en prosa) que realizaran José Oroz Reta y Manuel-A. Marcos Casquero, *Lírica latina medieval. Vol. 1. Poesía profana*, Biblioteca de Autores Cristianos, Madrid, 1995, pp. 150-153.

[13] No obstante, y quizá por su presencia en Lo 13, sin más explicación, Blume y Bannister afirman: "Wahrscheinlich stammt die Sequenz aus der Abtei Fleury", AH 53, p. 155. Stäblein, por ejemplo, achaca directamente esto como un error ("irrtümlicher Provenienz"), dado que, en algunas secuencias editadas en los *Analecta Hymnica*, el tropario-prosario moissacense Pa 1177 se identificó equivocadamente como "Floriacensis", pero sobre todo está el hecho de que esta fuente no recoja la melodía *Planctus cygni* en ninguna de sus formas. Bruno Stäblein, "Die Schwanenklage...", p. 502, nota 9.

meridional (al norte de los Pirineos)[14], Nevers[15], Normandía[16] o Winchester[17].

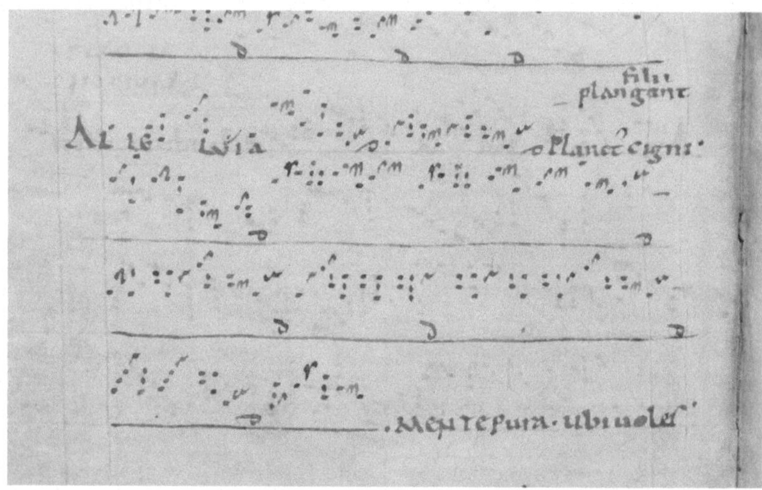

Imagen 1. *Sequentia* melódica *Planctus cygni* en Pa 1121, detalle del f. 67v (fuente: gallica.bnf.fr / BnF)

Algo importante a tener en cuenta es que, aparte de esta existencia autónoma como *sequentia* puramente melódica en la forma *Planctus cygni*, y haciendo una clara exégesis del alma desterrada en el mundo y errante en sombra de muerte y de pecado a partir de la imagen del lamento del cisne, *Plangant (Clangam) filii prolatione* reúne de manera prototípica buena parte de los ingredientes habituales de la secuencia temprana aquitano-occidental. Así, por ejemplo, el valerse de la prosa de arte (*Kunstprose*) o "prosa poética"; dentro de ella, el uso recurrente de la asonancia en "a" para concluir cada hemistiquio y vincularse –aun nominalmente– con el canto del Alleluia; la combinación de unidades estróficas simples

[14] Pa 1240 (f. 53r), Pa 1118 (f. 198r), Pa 1121 (f. 196v), Pa 887 (f. 117v), Pa 1120 (f. 142v) y Pa 1084 (f. 280r).
[15] Pa 9449 (f. 87v, *s.n.*).
[16] Lo 13 (f. 22r).
[17] Ox 775 (f. 176v).

Ejemplo 1. Transcripción de *Planctus cygni* en Pa 1121 (f. 67v)

(sobre todo, al principio y al final) y dobles (pareados); que en las unidades dobles, de manera razonable, se impone el isosilabismo como tendencia motivada por la repetición de la melodía; la reiteración de cadencias rítmicas entre hemistiquios, así como la búsqueda puntual en ellos del *isocolon* o de la "tipología verbal"[18] (como puede observarse muy bien, por ejemplo, entre 8a y 8b); la presencia de fórmulas doxológicas, a la manera de los himnos, en las últimas unidades estróficas y, como consecuencia de ellas, la habitual conclusión con la interjección *amen*; etc.

Enumeramos como importantes todas estas características por la sencilla razón de que, sobre el modelo literario y el esquema

[18] Término que nos parece del todo apropiado para las prosas tempranas, tal cual lo propone Eva Castro Caridad, "La Tipología Verbal en las Secuencias Litúrgicas y Profanas", en Michael W. Herren, Christopher James McDonough y Ross G. Arthur (eds.), *Latin Culture in the Eleventh Century*, Brepols, Turnhout, 2002, vol. I, pp. 109-134.

melódico de *Plangant (Clangam) filii prolatione* / *Planctus cygni*, se construyeron cuatro prosas más, a saber: por un lado, *Altissime Deus qui gubernas omnia*[19] y *Coelos et arva qui regis atque maria*[20], para la festividad de los Santos Inocentes y que no circularon más allá del ámbito aquitano-meridional; y, por otro, *Cantantibus hodie cunctis una*[21] y, ante todo, nuestra prosa *Orbis conditor regressus est* (Tabla 1), las cuales estuvieron presentes a ambos lados de la barrera pirenaica para Pentecostés. Y en este punto, no es necesario forzar las cosas para suponer que el mero hecho de emplear la melodía *Planctus cygni*, además, hilvanara una conexión de estas cinco prosas en una especie de red significante que las unía intencionadamente, no solo, sino a través de lo formal[22]. De manera que, de un modo u otro, el significado de la metáfora del lamento del cisne inmanente a la melodía, como trasunto de la caída del hombre en pecado, vinculaba el tema de estas prosas con distintas dimensiones de entender y explicar, según la festividad en la que se emplearan, la acuciante necesidad de salvación.

Orbis conditor regressus est, como decimos, se concibe para Pentecostés. Desde su comienzo, centra la festividad alrededor de los acontecimientos esenciales que la dotan de sentido en el marco de la historia de la salvación, valiéndose para ello abundantemente de paráfrasis y citas bíblicas, al igual que de referencias a otros cantos litúrgicos[23]. Así, la Resurrección, Ascensión y la vuelta a la derecha del

---

[19] Pa 1118 (f. 160v), Pa 1084 (f. 237v), Pa 1138 (f. 64r), Pa 779 (f. 23v), Pa 1871 (f. 108v) y Pa 903 (f. 185r). AH 7, n.º 138, p. 153.

[20] Pa 1338 (f. 20v) y Pa 1871 (f. 107v). AH 7, n.º 139, p. 154.

[21] Vic 105 (f. 18r), Mst 73 (f. 64r), Pa 778 (f. 95r), Vic 106 (f. 70r), Tsa 135 (f. 60r) y BarD fr. 16 (f. 2v). AH 7, n.º 85, pp. 99-100 y AH 53, n.º 77, p. 135; y Patricia Peláez Bilbao, *Las secuencias del manuscrito Tortosa...*, vol. II, pp. 252-262.

[22] A este respecto, no se puede pasar por alto que, tanto en el manejo de lo macro y microestructural de la melodía, Stäblein extiende convincentemente esta red significante también hacia un intercambio de materiales y procedimientos con otros ámbitos compositivos seculares, como el *lai* o, inclusive, la *chanson de geste*. Bruno Stäblein, "Die Schwanenklage...", pp. 491-502.

[23] Un procedimiento literario casi idéntico para la misma solemnidad, aunque con otra melodía (sin identificar), lo encontramos, por ejemplo, en la prosa *Hodie completi sunt dies pentecostes* que, siendo única de Apt 18 (f. 53v, Pentecostés), justo precede a *Orbis conditor regressus est* en el manuscrito. Gunilla Björkvall, *Les deux tropaires d'Apt, mss. 17 et 18. Corpus Troporum V*, Almqvist & Wiksell, Stockholm, 1986, pp. 318-319.

Padre por parte del Hijo ("orbis conditor"), tras su Pasión y muerte, lleva consigo el cumplimiento de la promesa explícita que hiciera el mismo Cristo en Io. 14, 16, "rogabo Patrem et alium paracletum dabit vobis" (véase 3a)[24]. Tal envío del Espíritu Santo conlleva, en primera instancia, que el mundo sea convencido de sus malas acciones (3b) o, lo que es lo mismo, que le sea posible dejar de vivir bajo la tiranía del pecado, como fuente constante de todas sus tristezas e injusticias (Io 16, 8); hemos aquí la naturalización explicativa del empleo de la melodía *Planctus cygni*, con toda su carga simbólica. A continuación, mediante una anacefaleosis o recapitulación no exenta de literalidad, se da cuenta de los sucesos principales acaecidos en Pentecostés y narrados en Act. 2, 1-11 (véanse 4a-7b), intercalando puntalmente la recensión habitual que de ellos se hace en algunas antífonas y responsorios del Oficio (véanse 5b1-2 y 6b)[25]. Finalmente, en base al esquema general conferido por *Plangant (Clangam) filii prolatione*, que se ve arrastrado por la melodía, se clama a las alturas y a sus habitantes para elevar una súplica de intercesión y salvación, la cual desemboca en la pertinente petición doxológica al "Ihesu, redemptor bone" y su correspondiente *amen* (8a-10). Aquí, el texto normalizado:

1. Orbis conditor regressus est in sinu patris,	[El creador del mundo ha regresado al seno del padre
2a. Promissa munera dare patris gratia	Para dar los dones prometidos por la gracia de este
2b. Et almum spiritum, sicuti praedixerat:	Y al espíritu pródigo, como había predicho:
3a. "Rogabo patrem meum, alium dabit vobis paraclitum".	"Rogaré a mi padre y os dará otro paráclito".
3b. "Et cum venerit, arguet mundum de sordida facinora".	"Y con su venida, convencerá al mundo de sus malas acciones".

[24] De manera significativa, también encontramos el texto como antífona para las Horas de Ascensión-Pentecostés. René-Jean Hesbert, *Corpus Antiphonalium Oficii*, Casa Editrice Herder, Roma, 1963-1979, vol. III, n.º 4662, pp. 446-447.

[25] Así en René-Jean Hesbert, OSB, *Corpus Antiphonalium Oficii*..., vol. IV, n.º 6053, p. 13, para 5b1-2; o ibídem, vol. III, n.º, 3634, p. 19 y vol. IV, n.º 6110, p. 27, n.º 6936, p. 235, n.º 7100, p. 276, etc., para 6b.

4a. Et cum complerentur dies pentecostes erant omnes pariter	Y al llegar el día de Pentecostés, estaban todos los discípulos
4b. Discipuli loco uno exspectantes promissa triumphantes.	Reunidos en un mismo lugar, esperando, triunfantes, [el cumplimiento de] las promesas.
5a1. De coelo factus est subito sonus tamquam torrens,	De repente, se produjo desde el cielo un ruido como el de un torrente,
5a2. Replevit spiritus totam domum, ubi erant sedentes.	Que llenó de viento toda la casa en la que estaban sentados.
5b1. Ignis advenit divinus non comburens,	Vino un fuego divino que no quemaba,
5b2. Illuminans, nec consumens sed lucens, tribuit carismatum dona.	Sino que iluminaba, ni se consumía, sino que brillaba, y otorgaba los dones de los carismas.
6a. Repleti sunt spiritu sancto et coeperunt loqui	Los apóstoles quedaron llenos de espíritu santo y comenzaron a hablar
6b. Variis linguis apostoli Christi magnalia.	En diferentes lenguas sobre las grandezas de Cristo.
7a. Facta autem hac voce convenit multitudo et mente est confusa	Al producirse aquel ruido, la gente se congregó y se llenó de estupor
7b. Audiebat unusquisque linguam suam loquentes Dei potentia.	Al oírles hablar cada uno en su propia lengua por el poder de Dios,
8a. Quae nulla valet omnium comprehendi solertia; cuncta clara sidera,	El cual ninguna capacidad [humana] puede comprender por completo. ¡Todas las estrellas brillantes,
8b. Potestates et virtutes, intercedite pro nobis omnibus ad Dominum.	Potestades y virtudes, interceded por todos nosotros ante el Señor!
9a. Ut digni accipere mereamur regna coelestia sancta.	Para que seamos dignos de recibir los santos reinos celestiales.
9b. Ihesu, redemptor bone, da nobis, quod te petimus in saecula.	¡Oh, Jesús!, buen redentor, concédenos por siempre lo que te pedimos.
10. Laus tibi sit et gloria. Amen.	Alabanza y gloria a ti. Amén]

TRANSMISIÓN

Dado nuestro propósito, no nos ocuparemos aquí de las muchas e interesantes cuestiones que, en el plano compositivo, brotan de esta prosa *per se*, salvo, eso sí, las que atañan directamente a aspectos relativos a su transferencia. Antes, no obstante, es necesario establecer una premisa *stemmatica* con respecto a la transmisión: cada manuscrito lo consideramos un "original" en sí mismo, con una intención y uso particular de acuerdo a la comunidad que lo emplea; es decir, que no partimos del hecho de que alguno sea copia directa de otro, ni de que quede comprometida su validez como testimonio por el grado de perfección o imperfección respecto a un supuesto arquetipo primero que, como antecesor único, hubiera que encontrar o reconstruir.

Así, formando parte de la familia melódica *Plactus cygni*, parece razonable pensar que el texto *Orbis conditor regressus est* surgiera en algún lugar entre Aquitania y lo que hemos denominado área meridional (al norte de los Pirineos). La nómina de centros de estas zonas (véase Tabla 1) revela un punto en común entre ellos: el estar todos impregnados del espíritu de la Reforma Gregoriana y, en el caso de los centros monásticos, la dependencia –no necesariamente siempre jurídica– de los usos cluniacenses. De esta manera, partiendo de la epicentral abadía de St. Martial de Limoges (cluniacense, desde 1062, y en la que recalaron finalmente algunos de los manuscritos de esta zona), encontramos cenobios tan significativos como St. Orens de Auch, St. Géraud d'Aurillac o St. Pierre de Moissac. Todavía una segunda rama reformista, esta vez para la disciplina canónica, tanto regular como secular, sería la que emanase de modelos agustinos de vida común, tal cual era vivida, por ejemplo, en la catedral de St. Just et St. Pasteur de Narbonne o en la abadía borgoñona de St. Ruf d'Avignon. Este sería el caso de la catedral de St. Anne d'Apt y, por extensión, de la de S. Maria Assunta de Volterra.

Gracias a Cor 123, sorprendentemente, y desde fechas no muy alejadas de las de los primeros testimonios norpirenaicos, su presencia al sur de los Pirineos queda atestiguada en el occidente peninsular, es decir, justo donde menos cabría esperarse a tenor de la situación político-litúrgica, fuera de lo que había sido la vieja Marca Hispánica carolingia en la que, sin haberse suprimido con su establecimiento –en el siglo IX– la liturgia hispánica, existió una adhesión mayoritaria al rito romano y a todas sus formas canto, como la de esta prosa[26]. Una especie de "anacronismo litúrgico" como este, al que se añade su escritura y notación musical hispánica, ha traído sobre el manuscrito problemas de datación (siglo x ex, xi in, xi ex...), establecimiento de lugar de copia (Córdoba o escuela andaluza, región leonesa oriental, Sahagún, Eslonza...) e, incluso, identificación del repertorio musical por parte de la crítica[27], los cuales esperamos ayudar a clarificar merced a los datos aportados por la Edición sinóptica 1 que aquí presentamos (véase Anexo). El otro testimonio proveniente de los reinos hispanos del norte, Hu 4 ya discutimos en otro lugar que fue escrito para S. Juan de la Peña por manos cluniacenses llegadas de tierras francas a principios del siglo XII, aunque luego pasase a la catedral de Huesca[28]. El resto del total de testimonios peninsulares se circunscriben dentro de la pro-reformista área catalana y, desde finales del siglo xi en adelante, tanto en notación catalana como aquitana, se reparten entre algunos de los diversos centros neurálgicos habituales para el estudio de la canción litúrgica en esta zona: Vic, Girona, Tortosa...

Tabla 1. Concordancias de *Orbis conditor regressus est.*

Fuente	Fol.	Siglo	Procedencia	Carisma	Área
Cor 123	208r	XI in	S. Isidro de Dueñas	Benedictinos catalanes reformados	Reinos hispanos

[26] Para una panorámica de las condiciones litúrgicas que vivió la Marca, véanse, por ejemplo, Higini Anglès, *La música a Catalunya fins al segle XIII*, Institut d'Estudis Cantalans, Barcelona, 1935, pp. 30-39; Lluís Serdà, "La introducció de la liturgia romana a Catalunya", en *II Congrés Litúrgic de Montserrat. Vol. 3: Secció d'Història*, Abadía de Montserrat, Montserrat, 1967, pp. 9-19; Antonio Linage Conde, *Los orígenes del monacato benedictino en la Península Ibérica. Vol. 2: la difusión de la "Regula Benedicti"*, Centro de Estudios e Investigación "San Isidoro", León, 1973, pp. 498-537.

[27] Sin querer extendernos en absoluto haciendo aquí la recapitulación bibliografía que ha tratado el Códice de Álvaro de Córdoba (llamado así por contener en su cuerpo principal las obras del erudito mozárabe), remitimos a ella y a un análisis codicológico en Manuel C. Díaz y Díaz, "Notas de pasada sobre manuscritos musicados", en Susana Zapke (ed.), *Hispania Vetus...*, pp. 102-104 y S. Zapke, "*Alvarus Paulus (Opera et alia opuscula)*", en ibídem, p. 254.

[28] Arturo Tello Ruiz-Pérez, "The Troper-Proser Huesca, Chapter Library, MS 4: A Vestige of Cluny?", *Journal of Medieval Iberian Studies*, 9 (2017), pp. 184-205.

Fuente	Fol.	Siglo	Procedencia	Carisma	Área
Hu 4	39v	XII in	S. Juan de la Peña	Cluny	Reinos hispanos
Vic 105	13r	XI ex – XIII	Vic, Seu	Canónigos seculares	Cataluña
Pa 495	93v	XII in	Girona, Seu	Canónigos seculares	Cataluña
Vic 134	*Inc. s.n.*	XII ex / XIII in	Vic, Seu	Canónigos seculares	Cataluña
Vic 106	67r	XII ex / XIII in	Vic, Seu	Canónigos seculares	Cataluña
Tsa 135	59r	XIII med	Tortosa, Seu	Canónigos regulares de St. Ruf d'Avignon	Cataluña
BarD fr. 16	2r	XIII	Catalunya	?	Cataluña
Bar 911	84r	XV	Girona, Seu	Canónigos seculares	Cataluña
Ly 1557	231r (*s.n.*)	XVI med	Vic, Seu	Canónigos seculares	Cataluña
Pa 1118	189r	X ex	Auch, St. Orens	Cluny	Grupo meridional
Apt 18	54v	X ex / XI in	Apt, Cathédrale ?	Canónigos seculares	Grupo meridional
Pa 1084	258r	XI in	Aurillac, St. Géraud	Cluny	Grupo meridional
Pa 1871	140v	XI med / ex	Moissac, St. Pierre	Cluny	Grupo meridional
Pa 779	73v	XI med / ex	Arles (diócesis)	Cluny	Grupo meridional
Pa 778	96v	XII	Narbonne, Cathédrale	Canónigos regulares	Grupo meridional
Vol 39	42v	XII in	Volterra, Duomo	Canónigos seculares	Italia

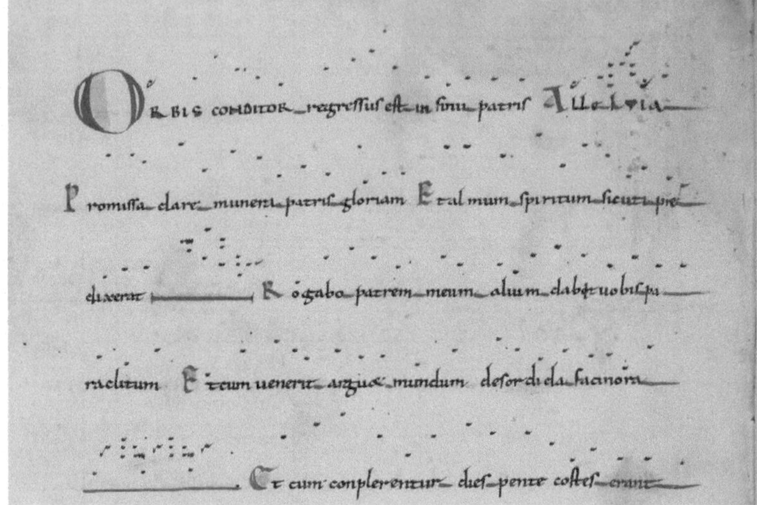

Imagen 2. *Orbis conditor regressus est*, en Pa 779, manuscrito utilizado como modelo en la Edición sinóptica 1 (Anexo). Detalle del f. 73v (gallica.bnf.fr / BnF)

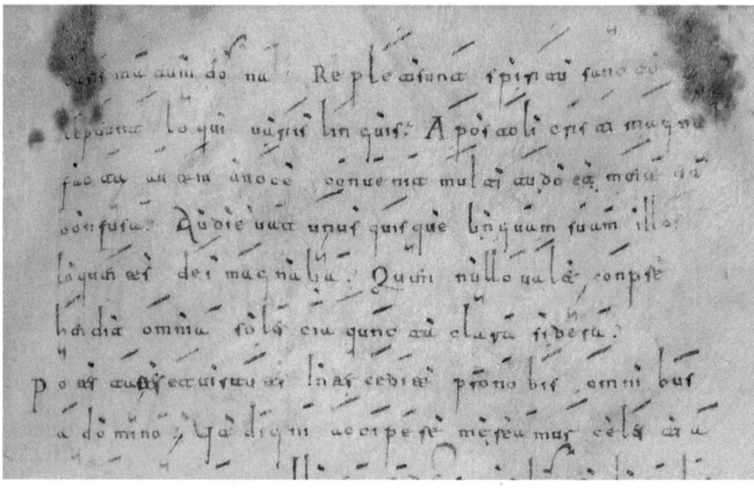

Imagen 3. *Orbis conditor regressus est* (mútilo) en Cor 123, detalle del f. 208r (Córdoba, Archivo Capitular)

Pues bien, en vista de cómo se desarrolla de manera general la transmisión de *Orbis conditor regressus est*, hay que constatar, al menos, dos principios básicos en ella: primero, el peso específico que adquiere el movimiento reformador cluniacense en la difusión de esta prosa, sea por incidencia directa o indirecta; y segundo, las diferentes actitudes que se adoptan frente al influjo de este, filiando lecturas y variantes entre sí y alineando los testimonios en tradiciones diferentes. De lo externo a lo interno, pasemos ahora a examinar los puntos esenciales de este organigrama crítico.

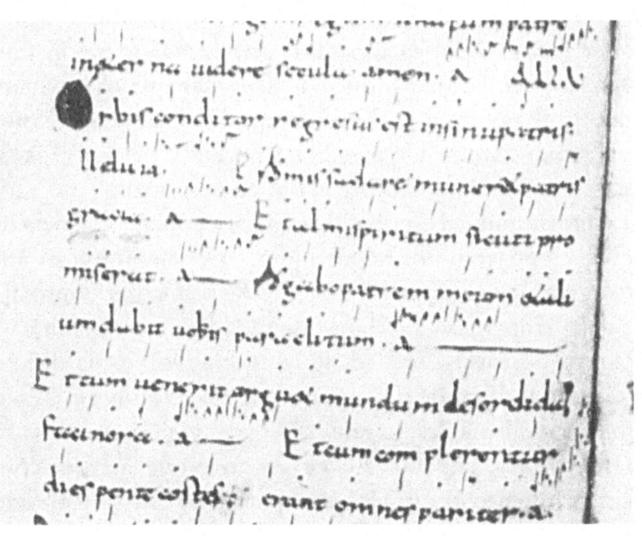

Imagen 4. *Orbis conditor regressus est*, en Apt 18, detalle del f. 54v (Apt, Archives de la Basilique Sainte-Anne)

Debemos comenzar por advertir la homogeneidad en la vinculación de la prosa a la solemnidad de Pentecostés (véase la colación inicial de elementos de la Edición sinóptica 1, en el Anexo), pero no así ya en cuanto al servicio concreto dentro de esta festividad. En este punto, se establecen dos ramas que, aunque desiguales, están bien diferenciadas (una, troncal y, otra, restringida a los testimonios ausonenses), en las que, de un lado, la prosa se desenvuelve en su lugar natural, es decir, a continuación del Alleluia de la misa del día o dentro de su octava (Pa 1118, Apt 18, Pa 1084, Cor 123, Pa 1871, Pa 779, Hu 4, Pa 495, Pa 778, Tsa 135 y Bar 911); y de otro, lo hace en las primeras o segundas vísperas del Oficio, como sustituta del himno correspondiente[29] (Vic 105, Vic 134 y Vic 106). Sin duda, ya de por sí, este dato pone de manifiesto una adaptación local en Vic.

El número, elección y orden de los pareados también está caracterizado por la misma estabilidad; si bien, en este caso, Apt 18 invierte el orden de 8a y 8b como variante significativa, pese a que, al romperse el sentido narrativo y hasta sintáctico de la prosa, pueda deberse a un simple error mecánico de copia o, como se denomina en *stemmatica* y ecdótica, un salto por *homoioteleuton*. Cuando menos, esta peculiaridad induce a sospechar que el escribano del texto de Apt 18 tuviera una copia manuscrita delante de los ojos (*ope codicum*), como también lo acredita el hecho de dejar el espacio más o menos suficiente –no siempre lo obtiene– sobre las "A–" (Imagen 4), para que después el escriba de la música copiara los melismas de las vocalizaciones tras cada hemistiquio. Precisamente la cuestión de recoger la vocalización melismática de *Planctus cygni* junto al texto de la prosa, emparenta a lo largo de toda la composición a Apt 18 con Pa 779 – proveniente de algún monasterio de la diócesis de Arles– como las dos únicas fuentes que lo hacen, aunque esta última desarrolle el melisma después de cada pareado y no tras cada hemistiquio de pareado. Por su parte, es llamativo que, aunque concluya con el asentimiento *amen*, Cor 123 omita por completo el elemento 10, esto es, la frase laudatoria final que conduce a ese colofón, como si el escribano no hubiera considerado del todo necesario el sentido constructivo que tiene en función del esquema raíz *Plangant (Clangam) filii prolatione* / *Planctus cygni*.

La manera de dividir los pareados, ocasionalmente, también es un punto de distinción en la forma interna de entender el discurso por parte de las fuentes. Así sucede con el largo pareado 5a-b, que queda subdividido, por capitalización, como 5a1-2 y 5b1-2, una vez más solo en Apt 18 y en el conjunto de fuentes del área catalana.

[29] Véase Patricia Peláez Bilbao y Arturo Tello Ruiz-Pérez, "Hacia un concepto de la secuencia…", p. 446, nota 45.

En aras de la claridad, nosotros hemos consignado está subdivisión en la edición normalizada del texto pero, en realidad, aun teniendo material melódico común y repetido ambos sub-hemistiquios, esta variante rompe el principio isomelódico e isosilábico (15p+17p, en 5a1-2, frente a 12p+20p, en 5b1-2) natural a la prosa. De alguna manera, introduce un componente interpretativo –si no creativo– en la recepción de esta.

Algo diferente, aunque es posible que muy relacionado, es el estado de desequilibrio que, en todos los sentidos, Cor 123 provoca al prolongar el hemistiquio 6a hasta "uariis linguis" y comenzar 6b con "Apostoli", al mismo tiempo que fusiona 6b con 7a (36p sílabas totales, en vez de 15p, para 6b, y 21p, para 7a), lo que irremediablemente conduce a la desigualdad silábica entre 7a (36p) y 7b (21p). Por desgracia, Cor 123 está mutilado hasta el final de 5b2, pero dicha prolongación de 6a, razonablemente, induce a pensar que, quizá presa de un error por conjetura, ya sea *ope codicum* u *ope ingenii*, el escribano –recordemos, hispánico– supuso mientras copiaba 6a que debía contar exactamente las mismas sílabas (20p) que el hemistiquio 5b2 precedente, tal cual lo presentan todas las fuentes catalanas. Cuestión aparte es que no le importara enmendar tal desigualdad prolongando 6b hasta la conclusión de 7a, lo que denota, como poco, el estar copiando una forma de repertorio que le era –digamos– ajena y extraña. Este sencillo argumento sería suficiente para ayudar a rebatir y demostrar que no hubo, en efecto, un corpus de secuencias o prosas propias de la liturgia hispánica, tal cual proponía Brou[30], y que los escasos casos de canción litúrgica que encontramos en letra y notación hispánica no son sino interesantes permeaciones, dentro de los primeros escarceos de un advenimiento cultural definitivo, del rito romano.

En cualquier caso, lo relevante para nosotros ahora es que el modelo de Cor 123 en este aspecto –insistimos, con indiferencia de que fuera un manuscrito, el dictado de un cantor o su propia memoria– era claramente catalán y no cluniacense-meridional, lo que

[30] Louis Brou, OSB, "Séquences et tropes..." e ídem, "L'Alleluia dans la liturgie mozarabe...".

se ve corroborado por la elección de algunas lecturas comunes que, de otro modo, pasarían como no significativas ante nuestra mirada. Sirvan como muestra de ello, en 5b2, el *torculus* sobre la sílaba "do", de la palabra "dona", igual que el que hacen Vic 105, Vic 106 y Tsa 135 (las fuentes gerundenses, de manera análoga, sintetizan este *torculus* como un *pes*), conservándose esta correlación de usar neumas de dos o tres notas como una constante de filiación, a lo largo de la composición, con las fuentes catalanas en los puntos cadenciales de cada hemistiquio; o, igualmente, en 7b, la elección de la variante catalana "illos loquentes Dei magnalia", más ajustada con respecto al texto bíblico (Act. 2, 11), en vez de la meridional "loquentes Dei potentia", que pretende eludir la batología con 6b.

Casi como la otra cara de la moneda, el segundo testimonio que nos ha llegado de los reinos hispanos del norte, Hu 4, se comporta constantemente en la dirección opuesta. Cuando muestra alguna variante significativa con respecto a la versión tipo de Pa 779, esta se alinea por lo común con la lectura que dan las fuentes cluniacense-meridionales más antiguas, Pa 1118, Pa 1084 y Pa 1871, aunque en esta última, de Moissac, prolifere una abundancia considerable de lecturas únicas que, disyuntivamente, Hu 4 no comparte. Es sintomática, a este propósito, la variante en 5a2 cambiando la palabra "spiritus" por "diuinus", ya que la recoge de manera exclusiva con Pa 1084 y, por tanto, revela que ambos manuscritos debieron tener un antecesor común cercano, aunque también, y por tomar el mismo punto sensible de antes (es decir, 7b con el ablativo "potentia"), opte de forma separativa respecto a 1084 por la lectura en acusativo ("potentiam"), como hacen Apt 18, Pa 1871 y Pa 779, y no Pa 1118 y Pa 1084. La cuestión es que, sea en una bifurcación u otra dentro del árbol o *stemma*, la *collatio* de Hu 4 sitúa al manuscrito en la gran rama de una arraigada filiación cluniacense-meridional. La mano de un Cluny transpirenaico es más que evidente para esta fuente.

Sin querer prolongarnos en este complejo de detalles y matices que la edición pone de relieve[31] –invitamos al lector a que haga

[31] A título de ejemplo del cúmulo de detalles a interpretar, llamamos la atención sobre el hecho de que, como elemento 10, Pa 779 conserve variado el texto para el mismo elemento de la prosa raíz de la melodía, es decir, "Regno magno sit gloria. Amen".

su propia prospección sobre ella–, sí queremos establecer algunas directrices relacionales que la rigen. Existen dos grandes familias o ramas: de una parte, la que engloba al grupo meridional y a Hu 4 y, de otra, la que agrupa al área catalana y a Cor 123. Cada una se divide, asimismo, en diversas ramificaciones. De esta manera, en la rama cluniacense-meridional, tenemos una línea de fondo antiguo o más tradicional, que coincide con las fuentes norpirenaicas más antiguas (Pa 1118 y Pa 1084), a las que se suma la de S. Juan de la Peña (Hu 4); otra, que podríamos llamar narbonense-provenzal (Apt 18, Pa 779 y Pa 778); y, una tercera, con frecuentes elementos creativos únicos, en la que encontramos a Pa 1871. Por su parte, la rama catalana también encarna un elevado índice de creatividad con respecto a la versión tradicional, pero lo hace conciliando tres posiciones o actitudes distintas con respecto a ella: la más cercana o gerundense (Pa 495 y Bar 911); la más alejada o ausonense (Vic 105 y Vic 106); y una intermedia o ecléctica, con elementos de ambas, ramificada a su vez en una línea tortosina (Tsa 135) y en otra... ¿palentina? (Cor 123).

UN APUNTE SOBRE EL ORIGEN Y DATACIÓN DE COR 123

La pregunta surge por sí misma: ¿a qué se debe esta filiación de Cor 123, de datación tan temprana y tan alejada en el espacio con respecto al resto de fuentes de la rama, que la relaciona con el área catalana? Si añadimos –para este repertorio de prosas– el ya de por sí "anómalo" uso tanto de la escritura como de la tipología hispánica de notación musical empleada, la cual, aun siendo vertical (del norte peninsular), tiene elementos que apuntan a la horizontalidad toledana (como la pluma más gruesa o la pronunciada inclinación de la *virga*), la cuestión se recrudece en cuanto a lo intrigante que supone encontrar una filiación así, catalana, en pleno corazón de

---

Ello confirma, de una parte, que *Plangant (Clangam) filii prolatione* es, en efecto, la prosa raíz de la melodía *Planctus cygni* y, de otra, que el escribano de Pa 779, al copiar *Orbis conditor regressus est*, era muy consciente del modelo *Plangant (Clangam) filii prolatione*, aunque ni esta prosa ni –de forma independiente a *Orbis conditor regressus est*– la secuencia melódica, se recogieran en el manuscrito.

tierras castellano-leonesas, máxime cuando proponemos que se da mucho antes –siglo XI in– de que se produjera el cambio oficial de rito en 1080.

La lógica impone que, la mera presencia de una categoría de canto como la prosa en Cor 123, es ya un síntoma de actividad del nuevo rito. Sin embargo, la historiografía ha insistido, y con razón, en el hecho de que la implantación de la liturgia romana se articuló en el norte peninsular bajo las alas reformadoras de Cluny[32], lo que induce a pensar, por tanto, que el manuscrito fuera copiado en un *scriptorium* ya bajo este influjo y alrededor de unas fechas –finales del siglo XI– en las que, como una corriente en cascada, el tránsito de monjes cluniacenses comenzó a poblar uno tras otro, sumándose al monacato autóctono, los cenobios del norte. Así, como epítome de esta lógica, Zapke afirma sobre Cor 123:

> Probable origen leonés y no, como han venido manteniendo algunos autores, de Córdoba. Para el sector C, con notación musical, se apunta un posible centro de producción en la zona de Sahagún-Eslonza en contacto con emigrantes mozárabes e influido por corrientes francesas [...] Adición de piezas con notación musical en folio dejado en blanco (f. 208r) fechadas hacia el siglo XI ex. (Díaz y Díaz)[33].

No obstante, en la misma obra que Zapke y ateniéndose a las evidencias paleográficas y codicológicas, el propio Díaz y Díaz propone otra datación:

> Aprovechando que el f. 208r había quedado en blanco, para que en su verso entrara honorablemente, como nuevo texto, la Homilía sobre la Asunción de la Virgen, se escribieron dos textos adventicios, en letra del mismo tipo que la que se descubre en este sector, pero un poco posterior probablemente. Me atrevería

[32] Sobre esta insistencia, baste citar, de manera emblemática, el libro ya clásico de Marcelin Defourneaux, *Les Français en Espagne aux XIe et XIIe siècles*, Les Presses Universitaires de France, Paris, 1949.
[33] Susana Zapke, "*Alvarus Paulus...*", p. 254.

> a situar esta copia desde luego en la región leonesa oriental, pero además en los postreros años del siglo X o, más probablemente, muy a comienzos del XI[34].

Es obvio que añadir, sin más, una filiación catalana para *Orbis conditor regressus est* a estos datos, en principio, no haría sino enturbiar más el asunto, a no ser, claro está, que exista un fundamento sólido para precisarla. Como citábamos antes, Rubio Sadia ha demostrado, a través del análisis de las series de responsorios *de tempore*, la actividad e influencia efectiva que tuvo la llegada de clérigos catalanes, impulsada por el obispo Ponç de Tavèrnoles, titular de la diócesis de Oviedo y consejero de Sancho III el Mayor de Navarra, para la restauración del obispado de Palencia[35] que, según Serrano, tras un proceso de preparación anterior a 1028, sería refrendada definitivamente por el rey en 1034, con el correspondiente diploma fundacional, y por la ceremonia litúrgica de restauración y consagración de la nueva sede en 1035[36]. Ponç de Tavèrnoles, natural de Cataluña, había pertenecido, desde sus tiempos de novicio, al círculo de confianza del abad-obispo Oliba de Ripoll y, lo que es más importante, se había imbuido de los mismos ademanes e ideales reformistas imperantes que, no en disonancia con los cluniacenses, se habían filtrado y modelado de forma particular en el entorno de influencia cultural y cultual del prelado ausonense[37]. Resulta sencillo comprender, pues, que para una empresa tan ambiciosa como la de restaurar la sede palentina, echara mano, confiadamente, de los miembros de la comunidad de

[34] Manuel C. Díaz y Díaz, "Notas de pasada...", p. 103.

[35] Para una discusión y bibliografía actualizada sobre todo el proceso, véase nota 7.

[36] Luciano Serrano, OSB, *El Obispado de Burgos y Castilla primitiva: desde el siglo V al XIII*, Instituto de Valencia de Don Juan, Madrid, 1935, vol. I, pp. 228-229. Una completa discusión sobre el diploma fundacional en Ángel Vaca Lorenzo, "El obispado de Palencia desde sus orígenes hasta su definitiva restauración en el siglo XI", *Hispania Sacra*, 52/105 (2000), pp. 53-61.

[37] Manuel Riu, "Poncio de Tabernoles, Obispo de Oviedo", *Espacio, Tiempo y Forma. Serie III: Historia Medieval*, 1 (1988), pp. 425-426.

su antiguo y esplendoroso abadiato –al menos desde 1004– en St. Sadurní de Tavèrnoles, muy próximo a la Seu d'Urgell[38].

Lo destacable del caso es que, como dice Lomax, encontramos en la diócesis de Palencia "the principal centre of Catalan activity in non-Catalan Spain"[39], es decir, una iniciativa restauradora catalana en pleno centro de las conocidas como "tierras intermedias", que ya habrían recibido un importante influjo de emigración mozárabe del sur durante el siglo X[40]. Sus dos focos irradiadores fueron la propia catedral de San Antolín y el monasterio de San Isidro de Dueñas, que no mucho después (1073) se convertiría en la primera donación hecha por Alfonso VI a Cluny[41]. Ahora bien, antes de todo ello, si damos por plausible la hipótesis de que Alfonso III el Magno, entre finales del siglo IX y principios del X, habría restaurado la vida monástica en San Isidro de Dueñas con monjes mozárabes huidos de Córdoba[42], la adscripción de Cor 123 a este cenobio cobraría todo el

---

[38] A propósito del esplendor cultural de St. Sadurní de Tavèrnoles, véanse, por ejemplo, Antonio Linage Conde, *Los orígenes del monacato benedictino...*, pp. 500-508; Cebrià Baraut, "El monestir de Sant Sadurní de Tavèrnoles i els orígens del monaquisme benedictí al comtat d'Urgell", *Studia monastica*, 22/2 (1980), pp. 253-259; o Matias Delcor, "Un monastère aux portes de la Seu d'Urgell: Sant Sadurní de Tabernoles", *Les Cahiers de Saint-Michel de Cuxa*, 17 (1986), pp. 43-70. No en vano, sobre todo comparando características con el antifonario Tol 44.1, Collamore adscribe, persuasivamente, al *scriptorium* de este monasterio el encargo de la copia de Pa 1118, manuscrito que terminaría recalando en St. Martial de Limoges, donde se atestigua su presencia ya en 1027-1028. Lila Collamore, "Reassessing the Manuscript Paris, BNF MS Lat. 1118", comunicación leída en *The 17th Congress of the International Musicological Society (Leuven, Belgium), August 6th 2002.*

[39] Derek W. Lomax, "Catalans in the Leonese empire", *Bulletin of Hispanic Studies*, 59/3 (1982), p. 192.

[40] Véase, por ejemplo, Julio González González, "Cuestiones de repoblación en tierras palentinas", en *Palencia en la Historia*, Diputación Provincial, Palencia, 1980-1981, pp. 45-66.

[41] Sobre el proceso de esta donación y la consiguiente pertenencia como priorato de Cluny, véase de forma monográfica Carlos Manuel Reglero de la Fuente, *El Monasterio de San Isidro de Dueñas en la Edad Media: un priorato cluniacense hispano (911-1478). Estudio y colección documental*, Centro de Estudios e Investigación San Isidoro, León, 2005. Una buena discusión en Lucy K. Pick, "Rethinking Cluny in Spain", *Journal of Medieval Iberian Studies*, 5/1 (2013), pp. 1-17.

[42] María Damián Yáñez Neira, OCSO, *Historia del Real Monasterio de San Isidro de Dueñas*, Imprenta Provincial, Palencia, 1969, pp. 37-43. Una puesta al día bibliográfica de la cuestión en Joaquín López Sierra, OCSO, "San Isidoro de Quíos, mártir titular del Monasterio de San Isidro de Dueñas", *Publicaciones de la Institución Tello Téllez de Meneses*, 80 (2009), pp. 405-453.

sentido, al tiempo que serviría en sí misma como dato argumental para mantener dicha hipótesis. Esto es así por varios motivos: 1) explicaría la existencia en el monasterio de una herencia mozárabe "inmediata y de gran peso", a la que Díaz y Díaz atribuye la copia de las obras de Álvaro de Córdoba, a partir "de un códice sumamente organizado, acaso cordobés", en el primer y más extenso sector del manuscrito (ff. 1r-164v)[43], de finales del siglo x; 2) en el segundo sector (ff. 165r-207v), de corrido y con diversas manos, se da la mezcolanza de obras de cuño transpirenaico, como el Penitencial y el sermón apocalíptico *Indiculus de aventu Enoc et Eliae*, atribuido a San Jerónimo y de gran relevancia y significado para el mundo mozárabe (también para el asturiano), con "el influjo directo de elementos mozárabes muy importantes"[44], lo que se aclararía perfectamente por una cohabitación de distintas procedencias entre el monacato de San Isidro; 3) la misma inclusión de las dos prosas romanas por mano hispánica "un poco posterior probablemente"[45], que podría ser fácilmente explicada por la pedagogía litúrgica y el momento de llegada –y no, como propone Bishko, de reemplazo– "algunos años antes de la instalación de los canónigos catalanes, en Palencia"[46], de los monjes de St. Sadurní de Tavèrnoles.

En resumen, la filiación catalana de *Orbis conditor regressus est*, así como la misma factura de Cor 123, son aspectos que encuentran acomodo lógico en las condiciones y en la sucesión de acontecimientos que se concitaron en San Isidro de Dueñas, incluso, como una preparación, años antes de la propia culminación de la restauración de la sede palentina en 1034. A este propósito, es muy significativo que, en 1033, sin documentación inmediatamente previa, en sendas donaciones de Sancho III al cenobio[47], figure ya como cabeza de este un abad catalán, Durando, quedando constancia así de una

[43] Manuel C. Díaz y Díaz, "Notas de pasada...", p. 103.
[44] Ibídem.
[45] Ibídem.
[46] Charles Julian Bishko, "Fernando I y los orígenes de la alianza castellano-leonesa con Cluny", *Cuadernos de Historia de España*, 47-48 (1968), p. 66.
[47] Carlos Manuel Reglero de la Fuente, *El Monasterio de San Isidro de Dueñas...*, n.º 19-20, pp. 321-324.

permanencia reformadora catalana intramuros, por lo menos, desde hacía una cantidad considerable de tiempo atrás.

ALMA SOLLEMNITAS[48]

De manera sucinta, y casi como un apéndice de lo dicho hasta ahora, abordaremos la segunda de las prosas de Cor 123 (Imagen 5). Y la primera cuestión que no sale al paso es si realmente se trata de una secuencia o no. Ni Cor 123, por supuesto, ni la otra fuente que transmite la prosa, Lo 30850 (f. 2r), ambas en notación hispánica (del norte), aportan la posibilidad diastemática de poder valorar la relación de la prosa con respecto al Alleluia en el que se integra. Decimos bien con la expresión "en el que se integra" porque, quizá, uno de sus rasgos más definitorios de *Alma sollemnitas* sea que, en sus dos testimonios, el melisma melódico puro y el texto de la prosa acomodado a este alternan. Sin embargo, realmente, en su alternancia, puesto que la vocalización se hace sobre la "E–" y no sobre la "A–" de la palabra "Alleluia", pese a que es, como subraya Brou, algo distintivo y típico del canto del Alleluia hispánico del Oficio[49], ¿qué diferencia de procedimientos podríamos establecer entre lo que sería una prósula (*prosula*) y propiamente una secuencia?

La distinción, aunque puede parecer sutil, es de suma importancia. En términos técnicos pero sencillos, y dado que tratamos con el canto del Alleluia, radica en aquello que es textualizado: bien un melisma perteneciente al propio canto base, en cuyo caso hablaríamos de una prósula; bien un melisma añadido (la *sequentia*) a aquel del

[48] En base a Lo 30850, el texto fue editado por AH 53, n.º 232, pp. 374-375; según Cor 123, ha sido editado por Louis Brou, OSB, "Séquences et tropes...", pp. 28-30 y por Guadalupe Lopetegui Semperena, "Poesía latina hispana: lírica religiosa", en Vitalino Valcárcel Martínez y Carlos Pérez González (eds.), *Poesía medieval. Historia literaria y transmisión de textos*, Instituto Castellano y Leonés de la Lengua, Burgos, 2005, pp. 171-173. Una edición textual y musical para ambas fuentes en Herminio González Barrionuevo, "Una grafía particular del *porrectus* en la notación «mozárabe» de tipo vertical", en *España en la música de occidente: actas del congreso internacional celebrado en Salamanca, 29 de octubre - 5 de noviembre de 1985, "Año Europeo de la Música"*, Ministerio de Cultura-Instituto Nacional de las Artes Escénicas y de la Música, Madrid, vol. I, pp. 75-90.

[49] Louis Brou, OSB, "L'Alleluia dans la liturgie mozarabe...".

canto base, es decir, al conocido como *iubilus* sobre la "A–" final[50], tal cual veíamos que era el caso de *Planctus cygni* (Ejemplo 1) sobre la que se basaba *Orbis conditor regressus est.* En ambas situaciones, la denominación medieval acostumbrada dentro de la parte franco-occidental fue la de *prosa* y, en ambas también, la apariencia externa y formal es del todo semejante, desde que la prósula suele construirse de forma análoga a partir pareados melódicos y frases sueltas, combinando asimismo la parte textuada con la vocalización melismática. Como decimos, no pudiendo discernir cuál es la naturaleza de la melodía del Alleluia, resulta imposible dilucidar si estamos frente a una secuencia o una prósula, pero las vocalizaciones internas sobre la sílaba "E–" podrían hacernos sospechar que se tratase, en efecto, de una prósula, del mismo modo que lo hace también la ausencia de la petición de intercesión doxológica final, típica de la secuencia temprana, con su *amen* correspondiente. Con ello, encontraríamos una nueva modalidad de canción litúrgica romana en escritura y notación hispánica. A continuación, el texto normalizado:

1. Alma sollemnitas,	[Nutricia solemnidad,
2a. Domini gloriosa quae martyribus.	Que eres gloriosa para los mártires del Señor.
2b. Resplendent iam coronati ante Dominum;	Ya resplandecen coronados ante Él,
3a. Fulgent ut aurum gloriosi,	[Y] brillan como el oro glorioso,
3b. Tenentes dexteram Domini.	Sosteniendo la diestra del Señor.
4a. Qui despexerunt principum vanam gloriam promittentes,	Ellos que despreciaron la gloria vana que los príncipes prometen
4b. Tradiderunt se ad mortem propter Domini caritatem.	Y se entregaron a la propia muerte por amor al Señor.
5a. Iam provenerunt ad fontem luminis,	Ahora han llegado a la fuente de la luz,
5b. Ut videant gaudium cum angelis.	Para contemplar la alegría con los ángeles.
6a. Thronum gloriae digni sunt conscendere	Son dignos de ascender al trono de la gloria,
6b. Iudicantes duodecim tribus Israel.	Juzgando a las doce tribus de Israel.]

[50] Véanse, por ejemplo, Thomas Forrest Kelly, "Poetry for Music: The Art of the Medieval Prosula", *Speculum*, 86/2 (2011), pp. 361-386 y Patricia Peláez Bilbao y Arturo Tello Ruiz-Pérez, "Hacia un concepto de la secuencia...".

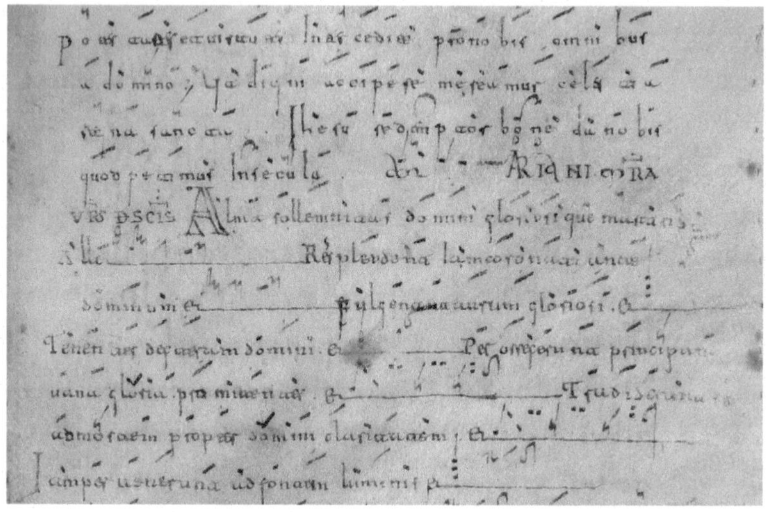

Imagen 5. *Alma sollemnitas* en Cor 123, detalle del f. 208r
(Córdoba, Archivo Capitular)

Adscrita por los dos testimonios al Común de los Santos –se infiere del texto que mártires–, en Cor 123, *Alma sollemnitas* aparece rubricada de forma enigmática como "Ariani memoria versus de sanctis", probablemente siendo una dedicatoria a la memoria de un tal Ariano o Arias (quizá, Adriano, si se interpreta con un sentido monogramático la inicial "AR")[51]. Sea como fuere, esta composición lo que sí puede aportarnos es nueva información sobre el origen,

[51] Tradicionalmente, desde Artiles, en 1932, la abreviatura "mra" ha sido resuelta aquí como "metra", algo que complica muchísimo su interpretación, como confiesa el propio Brou: "Je ne vois pas pour l'instant ce que peut vouloir dire". Nosotros hemos optado por resolverla como "memoria", como hacen en el caso de otros manuscritos hispánicos (sobre todo, beatos), por ejemplo, paleógrafos de la talla de Díaz y Díaz o Ruiz García. José Artiles Rodríguez, "El códice visigótico de Álvaro de Córdoba", *Revista de Archivos, Bibliotecas y Museos*, 9 (1932), p. 219; Louis Brou, OSB, "Séquences et tropes...", p. 36; Manuel C. Díaz y Díaz, *Códices visigóticos en la monarquía leonesa*, Centro de Estudios e Investigación San Isidoro, León, 1983, p. 329; y Elisa Ruiz García, "*Arma regis*: Los libros de Fernando I y doña Sancha", *Lemir*, 18 (2014), pp. 144-145.

como mínimo, de lo que fueron las hojas de guarda de Lo 30850 (Imagen 6), códice junto al que hoy se encuentran encuadernadas[52].

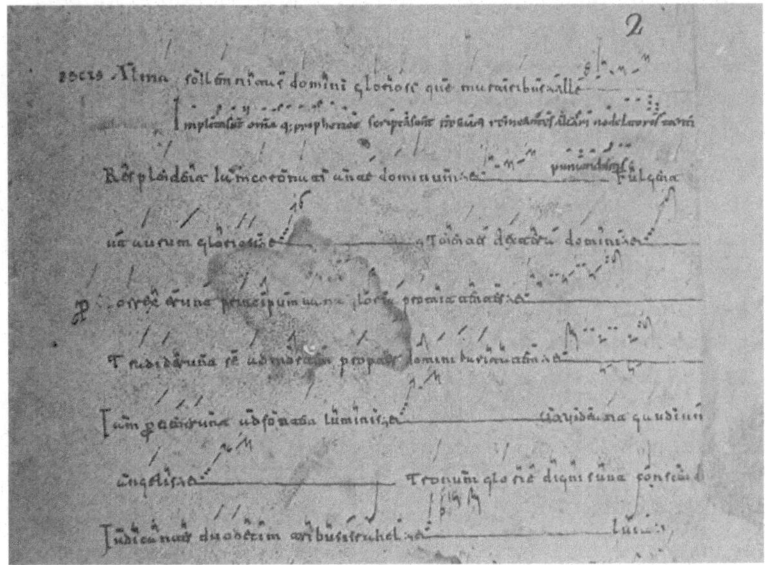

Imagen 6. *Alma sollemnitas* en Lo 30850, f. 2r (London, British Library)

El manuscrito, en su conjunto, es un antifonario de rito romano, que estuvo en uso en la abadía de Sto. Domingo de Silos y que, por la naturaleza de su repertorio y con la fecha *post quem* del cambio oficial de rito, ha sido datado de finales del siglo XI. No obstante, en escritura hispánica, su notación musical presenta la peculiaridad de ser catalana, como propone Rojo Carrillo[53], y este dato inmediatamente

[52] Una descripción codicológica del manuscrito y bibliografía actualizada en Miguel C. Vivancos, "Antifonario", en Susana Zapke (ed.), *Hispania Vetus. Manuscritos litúrgico-musicales de los orígenes visigóticos a la transición francorromana (siglos IX-XII)*, Fundación BBVA, Bilbao, 2007, p. 278; y, sobre todo, con un vaciado, Raquel Rojo Carrillo, "GB-Lbl (London) Add MS 30850", en *Musica hispanica. Spanish Early Music Manuscripts*, http://musicahispanica.eu/source/20199 [acceso: 30/03/2023].

[53] Raquel Rojo Carrillo, "GB-Lbl (London) Add MS 30850"...; ídem, *Text, Liturgy, and Music in the Hispanic Rite: The Vespertinus Genre*, Oxford University Press, Oxford, 2021, p. 228, nota 16. Hagg, sin identificarla abiertamente como catalana, sí hace un análisis de influencias neumáticas venidas de la parte oriental en la notación

lo pone en el contexto palentino de Cor 123. De hecho, en lo relativo a las guardas, que fueron parte de un antiguo antifonario hispánico, como demuestra la Edición sinóptica 2 (Anexo), ambos testimonios, Cor 123 y Lo 30850, tienen tantas semejanzas neumáticas que hay que considerarlos como productos casi contemporáneos (siglo XI in) de un mismo *scriptorium* –o de *scriptoria* relacionados– en el que una convivencia de lo hispánico y lo romano son patentes[54]. Por otra parte, y como prueba adicional de esta cohabitación, en el mismo folio en el que se encuentra *Alma sollemnitas* notada con neumas hispánicos verticales, encontramos también, casi como *probationes pennae*, inserciones informales llamativas de principios del siglo XII en notación aquitana de puntos y letra carolina. Así aparece un fragmento –no identificado como tal hasta ahora– del drama litúrgico denominado *Officium stellae, Ordo stellae* o, incluso, *Ordo ad repraesentandum Herodem*, de Navidad, en el interlineado de los hemistiquios 2a y 2b: "Impleta sunt omnia que prophetice scriptam sunt ite uiam remeantes aliam ne delatores tanti"[55]. Los dibujos añadidos, en los ff. 1v y 3v (Imágenes 7 y 8), con representaciones inconclusas de los Reyes Magos y de Herodes, parecen estar en plena sintonía con esta inserción.

---

de las antífonas y responsorios dedicados a Sto. Domingo de Silos. Barbara Hagg, "The *Historia* for St. Dominic of Silos in British Library Add. ms. 30850", en Susana Zapke (ed.), *Hispania Vetus. Manuscritos litúrgico-musicales de los orígenes visigóticos a la transición francorromana (siglos IX-XII)*, Fundación BBVA, Bilbao, 2007, pp. 175-187.

[54] Quizá, la única distinción general remarcable entre ellos pudiera ser, una vez más, el mayor grosor de la pluma y la tendencia horizontal de la *virga* en Cor 123.

[55] Véase, por ejemplo, el estudio clásico de Karl Young, *The Drama of the Medieval Church*, Clarendon Press, Oxford, 1933, vol. II, p. 55. No deja de ser significativo que otra adición en el cuerpo de Lo 30850 (f. 106v), esta vez en letra y notación hispánica, recoja las frases nucleares del diálogo pascual del *Quem quaeritis in sepulchro*.

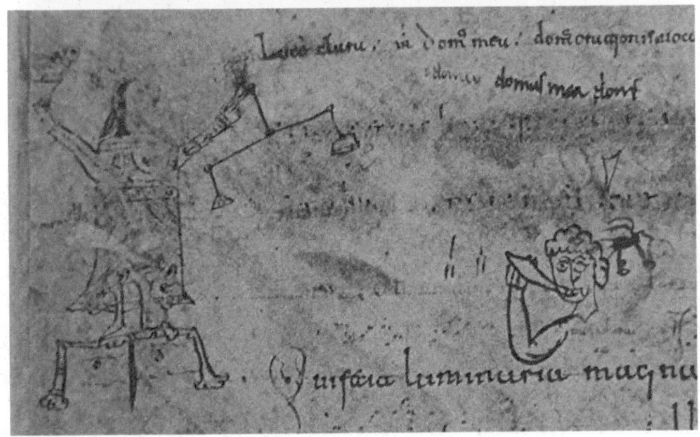

Imágenes 7 y 8. Dibujos marginales añadidos en Lo 30850, detalles de los ff. 1v y 3v (London, British Library)

CONCLUSIONES

Hemos demostrado que estas dos prosas se sitúan en un contexto de cambios, de transición, de *frontera*, justo en ese *quando* en el que se estaba preparando, política y culturalmente, el terreno para la sustitución de rito en el occidente peninsular durante el siglo XI. Con esa privilegiada posición, su comportamiento en cuanto al balance existente entre algunos binomios conceptuales básicos, como transmisión-recepción, tradición-novedad o asimilación-rechazo, nos dan una pauta a seguir para, entre otras cosas, poder observar y constatar que, si bien la intervención directa cluniacense fue decisiva en estas circunstancias, como ya se sabía, su espíritu reformista y carismático penetró también y antes, con sus propios matices creativos, de manera indirecta en algunas regiones a través de otras vías venidas de la lejana Cataluña.

De forma adicional, la filiación de las variantes de *Orbis conditor regressus est* para Cor 123 con las fuentes catalanas deja, en consecuencia, otro conjunto de evidencias relevantes. En primer lugar, la posibilidad de datar y ubicar, con razonable certeza, la discutida procedencia de dicho manuscrito; en concreto, en los albores del siglo XI del monasterio palentino de S. Isidro de Dueñas. Por extensión, y seguidamente, su concordancia y correspondencias notacionales –así como de variantes– con lo que fuera la guarda de Lo 30850 de la segunda prosa contenida en el mismo folio, *Alma sollemnitas*, deja un rastro firme para poder seguir en el tiempo y en el espacio un plausible origen de copia, si no común, sí al menos muy cercano entre ambos testimonios. Una tercera constancia, no disgregada de las anteriores, es la necesidad de un estudio más detallado de determinados parámetros activos en las diversas notaciones musicales implicadas en el estudio (hispánica vertical, catalana y aquitana), puesto que, como hemos visto en el caso de Cor 123, hay factores que inducen a pensar que existe cierta tendencia hacia la horizontalidad, típica de manuscritos toledanos. Y, todavía como una cuarta, encontramos la configuración de los perfiles regionales en un racimo de tradiciones particulares que, no obstante, podríamos agrupar en tres grandes bloques, los cuales fluctúan en su actitud activa o pasiva en cuanto a la recepción del repertorio, a saber: un bloque cluniacense-meridional, de fondo más antiguo; otro, narbonense-provenzal, un poco más moderno y con un índice de creatividad bastante elevado; y, finalmente, uno catalán que, aunque sus fuentes –con la excepción de Cor 123– son más modernas, da cuenta de una reinterpretación considerable del canto, prueba de que la recepción había sido muy temprana.

En último lugar, más que una evidencia, una constatación: la propia metodología empleada. Está claro que los estudios de transferencia en el canto son un escenario óptimo para, de manera complementaria a otros enfoques y perspectivas, llevar al tribunal de lo concreto y microscópico lo que, de otro modo, se manejaría solamente como hipótesis general, asumida o no, amén de abrir, como hemos visto, nuevos caudales temáticos de investigación y reflexión. Aquí han sido apenas dos prosas, pero hay demasiado repertorio aún sin estudiar.

BIBLIOGRAFÍA

MANUSCRITOS CITADOS

Apt 18 Apt, Archives de la Basilique Sainte-Anne, Trésor ms. 18. Tropario y Secuenciario. Siglo x ex/xi in. Apt, Cathédrale Ste. Anne ?

Bar 911 Barcelona, Biblioteca de Catalunya ms. 911. Tropario y Prosario. Siglo xv. Girona, Catedral Sta. Maria.

BarD fr. 16 Barcelona, Arxiu Diocesà Fragments musicals 16. Prosario. Siglo xiii. Catalunya (procedente del Arxiu Parroquial de Pierola i els Hostalets de Anoia)

Cor 123 Córdoba, Archivo Capitular ms. 123. Miscelánea: Obras de Álvaro de Córdoba y *varia*. x ex/xi in. S. Isidro de Dueñas.

Hu 4 Huesca, Biblioteca Capitular cod. 4. Tropario y Prosario. Siglo xii in. S. Juan de la Peña (después, en Huesca, Catedral de la Transfiguración del Señor y Sta. María).

Lo 13 London, British Library Royal 8 C. xiii. Tropario y Prosario. Siglo xi ex/xii in. Saint-Benoît-sur-Loire, Abbaye de Fleury St. Benoît.

Lo 30850 London, British Library MS add. 30850. Antifonario romano (guardas: Antifonario hispánico). Siglo XI. Sto. Domingo de Silos (guardas: S. Isidro de Dueñas ?).

Ly 1557 Impreso por Theobladus Payen, de Lyon (encargado por el obispo Acisclo Moya de Contreras). Breviario. Año 1557. Vic, Seu St. Pere.

Mst 73 Montserrat, Arxiu i Biblioteca ms. 73. Prosario y Tropario. Siglo XII. Toulouse ? / Narbonne ? / Castilla ?

Ox 775 Oxford, Bodleian Library MS Bodley 775 (2558). Tropario y Secuenciario. Siglo xi med (*ca.* 1050). Winchester, Old Minster, Priory SS. Peter, Paul and Swithun.

Pa 1084 Paris, Bibliothèque Nationale lat. 1084. Kyrial, Tropario, Prosario, Secuenciario, Prosulario y Tonario. Siglo XI in. Aurillac, Abbaye St. Géraud (desde el siglo XIII, en Limoges, Abbaye St. Martial.

Pa 1118 Paris, Bibliothèque Nationale lat. 1118. Tropario, Tonario, Prosario y Secuenciario. Siglo x ex (987-996). Auch, Prieuré St. Orens (desde 1027-1028, en Limoges, Abbaye St. Martial. Copiado en St. Sadurní de Tavèrnoles).

Pa 1120 Paris, Bibliothèque Nationale lat. 1120. Tropario, Prosario, Procesional, Versiculario y Ofertorial. Siglo x ex/XI in (1000-1031). Limoges, Abbaye St. Martial.

Pa 1121 Paris, Bibliothèque Nationale lat. 1121. Tropario, Prosario, Secuenciario y Tonario. Siglo x ex/XI in (994-1031). Limoges, Abbaye St. Martial.

Pa 1138 Paris, Bibliothèque Nationale lat. 1138. Tropario, Prosario y Prosulario. Siglo xi in (1000-1024). Lesterps, Abbaye St. Pierre (después, formando un único volumen con Pa 1338, en Limoges, Abbaye St. Martial).

Pa 1240 Paris, Bibliothèque Nationale lat. 1240. Tropario, Prosario, Secuenciario, Antifonario, Himnario, Vidas de santos y Sermonario. Siglo x in/med (923-924/933-936 ?). Limoges, Abbaye St. Martial.

Pa 1338 Paris, Bibliothèque Nationale lat. 1338. Prosario, Prosulario, Los Tópicos de Aristóteles (trad. Boecio), Notas cronológicas de Bernard Itier y sus continuadores sobre St. Martial, Solignac y Cluny. Siglo XI in (1000-1024). Lesterps, Abbaye St. Pierre (después, formando un único volumen con Pa 1138, en Limoges, Abbaye St. Martial).

Pa 1871 Paris, Bibliothèque Nationale nouv. acq. lat. 1871. Tropario, Prosario y Secuenciario. Siglo XI med/ex. Moissac, Abbaye St. Pierre.

Pa 495 Paris, Bibliothèque Nationale nouv. acq. lat. 495. Tropario y Prosario. Siglo XII in. Girona, Catedral Sta. Maria.

Pa 778 Paris, Bibliothèque Nationale lat. 778. Kyrial, Tropario, Prosario y Secuenciario. Siglo XII med/ex. Narbonne, Cathédrale St. Just-et-St. Pasteur.

Pa 779 Paris, Bibliothèque Nationale lat. 779. Tropario y Prosario. Siglo xi med/ex. Monasterio benedictino de la diócesis de Arles.

Pa 887 Paris, Bibliothèque Nationale lat. 887. Kyrial, Tropario, Prosario y Secuenciario. Siglo x ex/xi in. Limoges, Abbaye St. Martial ?/ Aurillac, St. Géraud?

Pa 903 Paris, Bibliothèque Nationale lat. 903. Gradual, Kyrial, Tropario y Prosario. Siglo XI med/ex. St. Yrieix, Collégiale.

Pa 9449 Paris, Bibliothèque Nationale lat. 9449. Tropario, Prosario y Gradual. Siglo XI med (1059-1060). Nevers, Cathédrale St. Cyr-et-Ste. Julitte.

Tol 44.1 Toledo, Biblioteca Capitular ms. 44.1. Antifonario romano. Siglo XI in (1020-1021). St. Sadurní de Tavèrnoles.

Tsa 135 Tortosa, Arxiu i Biblioteca Capitular cod. 135. Tropario y Prosario. Siglo XIII med (1228-1264). Tortosa, Catedral Sta. Maria.

Vic 105 Vic, Arxiu i Biblioteca Episcopal ms. 105 (Cxi). Tropario, Prosario y Kyrial. Siglo XI ex-XIII. Vic, Seu St. Pere.

Vic 106 Vic, Arxiu i Biblioteca Episcopal ms. 106 (XXxi). Tropario y Prosario. Siglo XII ex/XIII in. Vic, Seu St. Pere.

Vic 134 Vic, Arxiu i Biblioteca Episcopal ms. 134. Consueta. Siglo XII ex/XIII in. Vic, Seu St. Pere.

Vol 39 Volterra Biblioteca Guarnacci L 3 39 (5700 [13]). Tropario y Secuenciario. Siglo XII in. Volterra, Duomo S. Maria Assunta.

BIBLIOGRAFÍA

AH — Dreves, Guido Maria, SJ, Clemens Blume, SJ, y Henry Marriott Bannister, MA, *Analecta Hymnica Medii Aevi*, O. R. Reisland, Leipzig, 1886-1922, 55 vols.

Anglès, Higini, *La música a Catalunya fins al segle XIII*, Institut d'Estudis Cantalans, Barcelona, 1935.

Artiles Rodríguez, José, "El códice visigótico de Álvaro de Córdoba", *Revista de Archivos, Bibliotecas y Museos*, 9 (1932), pp. 201-219.

Baraut, Cebrià, "El monestir de Sant Sadurní de Tavèrnoles i els orígens del monaquisme benedictí al comtat d'Urgell", *Studia monastica*, 22/2 (1980), pp. 253-259

Bartlett, Robert (ed.), *Medieval Frontier Societies*, Clarendon Press, Oxford, 1989.

Bishko, Charles Julian, "Fernando I y los orígenes de la alianza castellano-leonesa con Cluny", *Cuadernos de Historia de España*, 47-48 (1968), pp. 31-135.

—, *Studies in Medieval Spanish Frontier History*. Ashgate, Aldershot, 1980.

Brou, Louis, OSB, "Séquences et tropes dans la liturgie mozarabe", *Hispania Sacra*, 4 (1951), pp. 27-42.

—,"L'Alleluia dans la liturgie mozarabe. Étude liturgico-musicale d'après les manuscrits de chant", *Anuario musical*, 6 (1951), pp. 3-90.

Brunner, Lance, "Catalogo delle sequenze in manoscritti di origine italiana anteriori al 1200", *Rivista Italiana di Musicologia*, 20/2 (1985), pp. 191-276.

Castro Caridad, Eva, "La Tipología Verbal en las Secuencias Litúrgicas y Profanas", en Michael W. Herren, Christopher James McDonough y Ross G. Arthur (eds.), *Latin Culture in the Eleventh Century*, Brepols, Turnhout, 2002, vol. I, pp. 109-134, 2 vols.

Collamore, Lila, "Reassessing the Manuscript Paris, BNF MS Lat. 1118", comunicación leída en *The 17th Congress of the International Musicological Society (Leuven, Belgium), August 6th 2002*.

Crocker, Richard Lincoln, *The Repertoire of Proses at Saint Martial de Limoges (Tenth and Eleventh Centuries)*, Tesis doctoral inéd., Yale University, New Haven, 1957, 2 vols.

Defourneaux, Marcelin, *Les Français en Espagne aux XIe et XIIe siècles*, Les Presses Universitaires de France, Paris, 1949.

Delcor, Matias, "Un monastère aux portes de la Seu d'Urgell: Sant Sadurní de Tabernoles", *Les Cahiers de Saint-Michel de Cuxa*, 17 (1986), pp. 43-70.

Díaz y Díaz, Manuel C., *Códices visigóticos en la monarquía leonesa*, Centro de Estudios e Investigación San Isidoro, León, 1983.

—, "Notas de pasada sobre manuscritos musicados", en Susana Zapke (ed.), *Hispania Vetus. Manuscritos litúrgico-musicales de los orígenes visigóticos a la transición francorromana (siglos IX-XII)*, Fundación BBVA, Bilbao, 2007, pp. 93-111.

Garrigosa i Massana, Joaquim, "Els fragments de llibres litúrgics amb música de l'Arxiu Diocesà de Barcelona", *Miscel·lània Litúrgica Catalana*, 30 (2022), pp. 51-105.

González Barrionuevo, Herminio, "Una grafía particular del *porrectus* en la notación «mozárabe» de tipo vertical", en *España en la música de occidente: actas del congreso internacional celebrado en Salamanca, 29 de octubre - 5 de noviembre de 1985*,

"Año Europeo de la Música", Ministerio de Cultura-Instituto Nacional de las Artes Escénicas y de la Música, Madrid, 1987, vol. I, pp. 75-90, 2 vols.

González González, Julio, "Cuestiones de repoblación en tierras palentinas", en *Palencia en la Historia*, Diputación Provincial, Palencia, 1980-1981, pp. 45-66.

Gros i Pujol, Miquel dels Sants, *Els tropers prosers de la Catedral de Vic: estudi i edició*, Institut d'Estudis Catalans, Barcelona, 1999.

Hagg, Barbara, "The *Historia* for St. Dominic of Silos in British Library Add. ms. 30850", en Susana Zapke (ed.), *Hispania Vetus. Manuscritos litúrgico-musicales de los orígenes visigóticos a la transición francorromana (siglos IX-XII)*, Fundación BBVA, Bilbao, 2007, pp. 175-187.

Hesbert, René-Jean, OSB, *Corpus Antiphonalium Oficii*, Casa Editrice Herder, Roma, 1963-1979, 6 vols.

Hughes, Anselm, OSB, MA, (ed.), *Anglo-French Sequelae. Edited from the Papers of the Late Dr. Henry Marriott Bannister*, The Plainsong & Mediaeval Music Society, London, 1934.

Forrest Kelly, Thomas, "Poetry for Music: The Art of the Medieval Prosula", *Speculum*, 86/2 (2011), pp. 361-386.

Kruckenberg, Lori, "Sequence", en Mark Everist y Thomas Forrest Kelly (eds.), *The Cambridge History of Medieval Music*, Cambridge University Press, Cambridge, 2018, pp. 300-358.

Linage Conde, Antonio, *Los orígenes del monacato benedictino en la Península Ibérica. Vol. 2: la difusión de la "Regula Benedicti"*, Centro de Estudios e Investigación "San Isidoro", León, 1973.

Lomax, Derek W., "Catalans in the Leonese empire", *Bulletin of Hispanic Studies*, 59/3 (1982), pp. 191-197 [Existe una versión traducida como Derek W. Lomax, "Catalanes en el imperio leonés", trad. B. Porres, *Toletum*, 17 (2011), pp. 201-213].

Lopetegui Semperena, Guadalupe, "Poesía latina hispana: lírica religiosa", en Vitalino Valcárcel Martínez y Carlos Pérez González (eds.), *Poesía medieval. Historia literaria y transmisión de textos*, Instituto Castellano y Leonés de la Lengua, Burgos, 2005, pp. 135-179.

López Sierra, Joaquín, OCSO, "San Isidoro de Quíos, mártir titular del Monasterio de San Isidro de Dueñas", *Publicaciones de la Institución Tello Téllez de Meneses*, 80 (2009), pp. 405-453.

Luca, Elsa de, "From Old Hispanic to Aquitanian Notation: Music Writing in Medieval Iberia", *Anuario de estudios medievales*, 50/2 (2020), pp. 827-864.

Meyer, Christian, *Les sources manuscrites des séquences et proses notées. IXe-XVIe siècles, vol. 1: France, Catalogue descriptif* (RISM B/XVIII/1), G. Henle Verlag, München, 2022.

Oroz Reta, José y Manuel-A. Marcos Casquero, *Lírica latina medieval. Vol. 1. Poesía profana*, Biblioteca de Autores Cristianos, Madrid, 1995.

Peláez Bilbao, Patricia, *La secuencia en España. Un estudio preliminar*, Diploma de Estudios Avanzados, Universidad Complutense de Madrid, Madrid, 2003.

—, *Las secuencias del manuscrito Tortosa, Archivo Capitular, Cód. 135. Estudio y edición crítica*, Tesis doctoral inéd., Universidad Complutense de Madrid, Madrid, 2021, 2 vols.

—, y Tello Ruiz-Pérez, Arturo, "Hacia un concepto de la secuencia (o prosa) litúrgica medieval", *Cuadernos de Música Iberoamericana*, 34 (2021), pp. 431-491.

Pick, Lucy K., "Rethinking Cluny in Spain", *Journal of Medieval Iberian Studies*, 5/1 (2013), pp. 1-17.

Reglero de la Fuente, Carlos Manuel, *El Monasterio de San Isidro de Dueñas en la Edad Media: un priorato cluniacense hispano (911-1478). Estudio y colección documental*, Centro de Estudios e Investigación San Isidoro, León, 2005.

Riu, Manuel, "Poncio de Tabernoles, Obispo de Oviedo", *Espacio, Tiempo y Forma. Serie III: Historia Medieval*, 1 (1988), pp. 425-436.

Rojo Carrillo, Raquel, Text, Liturgy, and Music in the Hispanic Rite: The Vespertinus Genre, Oxford University Press, Oxford, 2021.

—, "GB-Lbl (London) Add MS 30850", en *Musica hispanica. Spanish Early Music Manuscripts*, http://musicahispanica.eu/source/20199 [acceso: 30/03/2023].

Rubio Sadia, Juan Pablo, OSB, *La recepción del rito francorromano en la provincia eclesiástica de Toledo (ss. XI-XII). Configuración de las tradiciones litúrgicas locales a través del Responsorial del* Proprium de Tempore, Tesis Doctoral, Facultad de Teología San Dámaso, Madrid, 2009.

—, "La penetración de la tradición litúrgica catalano-narbonense en el obispado de Palencia en el siglo XI", *Miscel·lània Litúrgica Catalana*, 18 (2010), pp. 243-278.

—, *La recepción del rito francorromano en Castilla (ss. XI-XII). Las tradiciones litúrgicas locales a través del Responsorial del* Proprium de Tempore, Libreria Editrice Vaticana, Ciudad del Vaticano, 2011.

—, "Introducción del rito romano y reforma de la Iglesia hispana en el siglo XI: de Sancho III el Mayor a Alfonso VI", en José María Magaz y Nicolás Álvarez de las Austrias (eds.), *La reforma gregoriana en España: seminario de historia de la iglesia*, Publicaciones San Dámaso, Madrid, 2011, pp. 55-75.

—, "De Urgell a Palencia, o el primer camino del rito romano a Castilla", *Ecclesia orans*, 30 (2013). pp. 119-155.

Ruiz García, Elisa, "*Arma regis*: Los libros de Fernando I y doña Sancha", *Lemir*, 18 (2014), pp. 137-176.

Serdà, Lluís, "La introducció de la liturgia romana a Catalunya", en *II Congrés Litúrgic de Montserrat. Vol. 3: Secció d'Història*, Abadía de Montserrat, Montserrat, 1967, pp. 9-19.

Serrano, Luciano, OSB, *El Obispado de Burgos y Castilla primitiva: desde el siglo v al xiii*, Instituto de Valencia de Don Juan, Madrid, 1935, 3 vols.

Stäblein, Bruno, "Die Schwanenklage: Zum Problem Lai - Planctus - Sequenz", en Heinrich Hüschen (ed.), *Festscrift Karl Gustav Fellerer zum sechzigsten Geburtstag am 7. Juli 1962*, Bosse, Regensburg, 1962, pp. 491-502.

Tello Ruiz-Pérez, Arturo, *Transferencias del canto medieval. Los tropos del* Ordinarium Missae *en los manuscritos españoles*, Universidad Complutense de Madrid, Madrid, 2006, 2 vols.

—, "The Troper-Proser Huesca, Chapter Library, MS 4: A Vestige of Cluny?", *Journal of Medieval Iberian Studies*, 9 (2017), pp. 184-205.

—, "Tras el rastro de tropos y prosas en el *Codex Calixtinus*", *Quodlibet*, 75/1 (2021), pp. 131-168.

—, y Peláez Bilbao, Patricia, "La prosa *Gratulemur et laetemur*. Una edición crítica", *Quodlibet*, 75/1 (2021), pp. 221-271.

Yáñez Neira, María Damián, OCSO, *Historia del Real Monasterio de San Isidro de Dueñas*, Imprenta Provincial, Palencia, 1969.

Young, Karl, *The Drama of the Medieval Church*, Clarendon Press, Oxford, 1933, 2 vols.

Vaca Lorenzo, Ángel, "El obispado de Palencia desde sus orígenes hasta su definitiva restauración en el siglo xi", *Hispania Sacra*, 52/105 (2000), pp. 21-70.

Vivancos, Miguel C., "Antifonario", en Susana Zapke (ed.), *Hispania Vetus. Manuscritos litúrgico-musicales de los orígenes visigóticos a la transición francorromana (siglos ix-xii)*, Fundación BBVA, Bilbao, 2007, p. 278.

Vones, Ludwig, "La sustitución de la liturgia hispana por el rito romano en los reinos de la Península Ibérica", en Susana Zapke (ed.), *Hispania Vetus. Manuscritos litúrgico-musicales de los orígenes visigóticos a la transición francorromana (siglos ix-xii)*, Fundación BBVA, Bilbao, 2007, pp. 43-59.

Zapke, Susana, "*Alvarus Paulus (Opera et alia opuscula)*", en Susana Zapke (ed.), *Hispania Vetus. Manuscritos litúrgico-musicales de los orígenes visigóticos a la transición francorromana (siglos IX-XII)*, Fundación BBVA, Bilbao, 2007, p. 254.

Anexo. Ediciones sinópticas 1 y 2

9.
EL PODER CULTURAL DE LA MONARQUÍA EN LA PLENA EDAD MEDIA: IMAGEN, PROPAGANDA Y MECENAZGO (SIGLOS XI-XII)

Manuel Alejandro Rodríguez de la Peña
Universidad CEU San Pablo

INTRODUCCIÓN.

Tradicionalmente se ha venido ignorando la estrecha relación histórica del saber genuino y la creación cultural con el poder, partiéndose de la premisa decimonónica de que el intelectual y el artista deben ser libres e independientes. Esta premisa falaz ignora que todas las edades de oro culturales y los renacimientos que han cambiaron la faz del mundo hasta el siglo XVIII fueron impulsados por un mecenazgo político o directamente protagonizados por gobernantes: los Siete Sabios de Grecia, la Atenas de Pericles, las monarquías helenísticas, las épocas de Augusto y los Antoninos, los Renacimientos carolingio, abasí, alfrediano, otónida, el del siglo XII y, por supuesto, el Renacimiento italiano.

Michel Foucault lo ha expresado de forma magistral:

> Quizá haya que renunciar también a toda una tradición que hace imaginar que no puede existir un saber sino allí donde se hallan suspendidas las relaciones de poder, y que el saber solo puede desarrollarse al margen de sus combinaciones, de sus exigencias y de sus intereses. Quizás haya que renunciar a creer que el poder vuelve loco, y que, en cambio, la renuncia al poder es una de las condiciones con las cuales se puede llegar a ser sabio. Hay que admitir más bien que el poder produce saber (y no simplemente favoreciéndolo porque le sirva o aplicándolo porque le sea útil); que poder y saber se implican directamente el uno al otro; que no

> existe relación de poder sin constitución ordenada correlativa de un campo de saber, ni de saber que no suponga y no constituya al mismo tiempo relaciones de poder[1].

La cuestión clave que surge al analizar el mecenazgo cultural regio en la Alta y la Plena Edad Media tiene que ver con las motivaciones que llevaron a los monarcas a invertir cuantiosos recursos en patrocinar la actividad intelectual o artística en su corte. Lo que realmente distinguía el poder cultural de las monarquías medievales, tomado como una política consistente, del patrocinio ocasional de la cultura motivado por la curiosidad intelectual o el mero placer estético, era precisamente esto: sus motivaciones ideológicas y estrategias de reputación. Por supuesto, en la época medieval estas motivaciones políticas estaban interrelacionadas con las creencias religiosas. En el caso del mecenazgo cultural regio del Occidente latino medieval solo la teología política cristiana y los temas interrelacionados de la Realeza sagrada y el ideal sapiencial pueden proporcionarnos el contexto ideológico correcto.

En este sentido, no resulta ni mucho menos exagerado afirmar que muchos de los fenómenos culturales que definieron la civilización medieval estuvieron relacionados con el poder cultural de la monarquía[2]. Por ejemplo, la supervivencia de los clásicos latinos está estrechamente relacionada con el mecenazgo regio. En casi todos los casos, el manuscrito más antiguo de casi todos los autores latinos clásicos conocidos cuya obra sobrevive hoy día es carolingio y es bien sabido que la producción de la gran mayoría de los más de 7.000 manuscritos carolingios fue posible gracias al patrocinio de la monarquía. Los carolingios, desde Carlomagno hasta Carlos el Calvo, fueron una dinastía profundamente comprometida con el mecenazgo intelectual y artístico. Fueron una dinastía que creó 'Europa' con espadas y libros a la antigua manera romana: *arma et litterae*.

---

1 Michel Foucault, *Vigilar y Castigar*, Siglo XXI, México D. F., 2009, p. 37.

2 Sobre el desarrollo en extenso de esta cuestión me remito a dos de mis trabajos. Para la Plena Edad Media: *The Cultural Power of Medieval Monarchy: Political Ideology, Court Culture, and Patronage of Learning in the royal courts of Europe (1000-1300), Routledge, Londres, 2023*. Para el periodo altomedieval: *Los reyes sabios: Cultura y poder en la Antigüedad Tardía y la Alta Edad Media*, Actas, Madrid, 2008.

Si la eclosión de estudio y copia de los clásicos latinos conocida como el 'Renacimiento carolingio' puede relacionarse con el poder cultural de la monarquía, lo mismo sucede con otros importantes logros literarios de la Europa medieval. Por citar solo algunos ejemplos: la mayoría de la poesía épica vernácula, desde el *Cantar de Mio Cid* hasta las *Sagas* de Snorri, una parte significativa de la poesía de amor cortés, y las crónicas latinas y vernáculas más relevantes con pocas excepciones.

Acaso aún más importante resulta el mecenazgo regio en el campo de la ciencia y la filosofía. Se puede argumentar que buena parte de las traducciones científicas del árabe en Sicilia y España están relacionadas con el mecenazgo regio, particularmente el de Roger II, Guillermo I, Federico II y Manfredo en el Reino de Sicilia, y Alfonso X en Castilla. También encontramos un número significativo de científicos, juristas y filósofos medievales bajo el patrocinio de monarcas, bien porque pertenecieron a la corte (médicos reales, astrólogos, personal de la cancillería...), bien porque avanzaron sus carreras gracias a la protección regia.

En este sentido, en la Alta Edad Media, podemos nombrar figuras de la talla de Boecio y Casiodoro (Teodorico el Grande), Juan Escoto Erígena (Carlos el Calvo) y Gerberto de Aurillac (Otón II y Otón III). En la Plena Edad Media, podemos mencionar figuras tan significativas como Irnerio (Matilde de Toscana y Enrique VI), Pedro Alfonso de Huesca (Alfonso I de Aragón y Enrique I de Inglaterra), Adelardo de Bath (Enrique I y Enrique II de Inglaterra), al-Idrisi (Roger II de Sicilia), Enrique Arístipo (Guillermo I de Sicilia), Pedro de Blois (Enrique II Plantagenet), Miguel Escoto (Federico II de Sicilia), Leonardo Fibonacci (Federico II de Sicilia), Enrique de Bracton (Enrique III de Inglaterra) y Vicente de Beauvais (San Luis de Francia). En la Baja Edad Media los ejemplos de mecenazgo literario y científico se multiplican, baste señalar la relación de mecenazgo de Roberto de Nápoles y Carlos IV de Bohemia con Petrarca o de Carlos V el Sabio con Christine de Pizan y Nicolás Oresme.

Además del mecenazgo cultural regio, conocemos un número llamativo de monarcas medievales que escribieron obras de historia, poesía, filosofía, teología y ciencia. Es bien sabido que la Roma clásica produjo gobernantes brillantes que escribieron obras inmortales, como Julio César, Adriano y Marco Aurelio, pero en la Roma cristiana, es decir, Bizancio, encontramos emperadores a los que se les ha atribuido la autoría de libros importantes: Teodosio II el Calígrafo, Constantino V, León VI el Sabio, Constantino VII Porfirogeneta, Juan VI Cantacuzeno y Manuel II Paleólogo.

En cuanto al Occidente latino, ya en la época de los reinos bárbaros encontramos gobernantes germánicos autores de poesía latina como Childerico de Neustria y el visigodo Sisebuto, que también escribió un tratado sobre eclipses lunares. En la Alta Edad Media, también encontramos reyes a los que se atribuyó la autoría de crónicas, como Alfonso III el Magno, y, sobre todo, una figura extraordinaria como Alfredo el Grande, traductor y 'editor' de un gran número de obras latinas.

Pero fue a partir del Renacimiento del siglo XII cuando se multiplicaron las obras de autoría regia. Por ejemplo, encontramos numerosos ejemplos de reyes trovadores que escribieron poesía relacionada con el amor cortés: los emperadores Hohenstaufen Enrique VI y Federico II, Ricardo Corazón de León, Alfonso X el Sabio y Denis de Portugal. También vale la pena señalar que dos de estos reyes-trovadores, Federico II de Sicilia y Alfonso X de Castilla, fueron también 'reyes filósofos' que escribieron o editaron obras sobre ciencia. Mención especial merecen, en este sentido, los numerosos príncipes reinantes de la Corona de Aragón a los que se atribuye la composición de poesía trovadoresca: Alfonso II, Pedro III el Grande, Federico III de Sicilia, Pedro IV el Ceremonioso y Juan I[3].

Trovador y erudito, Alfonso X de Castilla también puede ser descrito como un Rey cronista o, al menos, como una especie de 'editor' de las dos primeras crónicas vernáculas producidas en la Castilla medieval[4]. Su suegro, Jaime I el Conquistador de Aragón escribió o al menos se le atribuyó la autoría de la primera crónica en

[3] Véase mi artículo "Mecenas, trovadores, bibliófilos y cronistas: los reyes de Aragón del *Casal de Barcelona* y la sabiduría (1162-1410)", *Revista Chilena de Estudios Medievales*, 2 (2012), pp. 81-120.

[4] Véase mi artículo "*Rex excelsus qui scientiam diliget:* la dimensión sapiencial de la Realeza alfonsí", *Alcanate: Revista de Estudios Alfonsíes*, 9 (2014/2015), pp. 107-135.

lengua vernácula catalana, el *Llibre dels Fets*. Un siglo más tarde, su descendiente, Pedro el Ceremonioso, también escribió una crónica autobiográfica vernácula, y su contemporáneo, el Emperador Carlos IV de Bohemia, escribió una autobiografía en latín. Por último, debemos mencionar a los dos primeros reyes portugueses de la Casa de Avis, ya que ambos escribieron libros: Juan I y su hijo Don Duarte, conocido en Portugal como *o Rei-Filósofo*.

El surgimiento de las primeras universidades también está relacionado con el poder cultural de la monarquía medieval, algo que el papel fundamental de la Iglesia en ese proceso quizá ha tapado. No solo la protección real e imperial jugó un papel decisivo en el desarrollo temprano de las dos primeras universidades, París (Felipe II Augusto y San Luis) y Bolonia (Federico Barbarroja), sino también los estudios generales de Palencia (c. 1200), Salamanca (1218), Nápoles (1220), Lisboa-Coímbra (1290/1308), Lérida (1300), Praga (1348) y Cracovia (1364) fueron fundados por monarcas reinantes (Alfonso VIII de Castilla, Alfonso IX de León, Federico II de Sicilia, Denis de Portugal, Jaime II de Aragón, Carlos IV de Bohemia, Casimiro III de Polonia). A esto podemos agregar la fundación regia de algunos de los principales *Colleges* de Oxford y Cambridge durante la Baja Edad Media.

A nuestro juicio, todos estos datos confirman que el tema objeto de este capítulo es de particular relevancia para la comprensión de la historia política y cultural de la civilización medieval. Una investigación del poder cultural de la monarquía en la Plena Edad Media exige explorar ciertos aspectos de la civilización del Occidente latino medieval, estrechamente interrelacionados entre sí, con el fin de establecer una genealogía de lo que yo llamo 'Realeza sapiencial'. Estas áreas son la monarquía, la ideología política, los intelectuales de la corte, la alfabetización y el mecenazgo cultural, científico y artístico. Ello de cara a situar en su exacto contexto ideológico el alcance e impacto del papel cultural desempeñado por las monarquías pleno-medievales; y, a la inversa, se trataría de examinar el papel desempeñado por el mecenazgo regio de la cultura en el desarrollo de la ideología y la propaganda producida por los intelectuales de la corte, en el contexto más amplio de una historia social de las ideas.

Dentro de este esquema de trabajo, cuatro temas entrelazados resultan de especial importancia: primero, el papel y el contexto de la corte real como institución cultural, particularmente con respecto a su mecenazgo cultural, científico y artístico; segundo, el papel desempeñado por la alfabetización latina y la alta cultura en las mentalidades y el ejercicio del poder de las élites gobernantes; tercero, la manera en que los intelectuales de la corte o los autores patrocinados moldearon estas mentalidades políticas con respecto a la promoción de la cultura en su papel de ideólogos o agentes de propaganda, particularmente a través de su discurso sobre la monarquía; y, finalmente, el uso burocrático de la palabra escrita como instrumento del poder real. Tan solo analizando de forma conjunta estos cuatro aspectos interrelacionados, se podrá dilucidar la mecánica interna del poder cultural de la monarquía.

EL PODER CULTURAL DE LA MONARQUÍA MEDIEVAL: REFLEXIONES PRELIMINARES.

El Renacimiento carolingio y el Renacimiento del siglo XII son ejemplos de cómo el poder cultural de la monarquía, el crecimiento del aparato administrativo del Estado y la producción documental y libraría son fenómenos que no solo están interconectados, sino que, de hecho, se retroalimentan entre sí.

Las narrativas carolingias de la Realeza sapiencial y sus políticas de mecenazgo cultural continuaron después del Año Mil. En este sentido, al menos, no hubo una "Revolución del Año Mil" en absoluto. De hecho, esta continuidad ideológica resulta clave para entender las estrategias de las monarquías europeas en los siglos XI y XII, siendo el *Reich* de los emperadores otónidas y salios el primer y más importante lugar donde tuvo lugar esta recepción, probablemente debido a la continuidad de los ideales de la Realeza sagrada en ese ámbito solo interrumpida por el éxito de la Reforma gregoriana.

En torno al Año Mil, el ideal sapiencial ganó un nuevo vigor con la aparición de una nueva ola de autores cuyos escritos se centraron en este tipo de retórica salomónica. Es en este contexto ideológico que se comprende la afirmación de Georges Duby sobre la realeza feudal en Francia en el sentido de que el rey Capeto en el Año Mil "tenía esto en común con los obispos: era sagrado". Es decir, su espíritu, en tanto que ungido del Señor, "estaba impregnado de *sapientia*. Era un sabio, misteriosamente informado de las intenciones de la Providencia, como uno más de los *oratores*"[5].

Pero es quizá en las sociedades de frontera del este y el norte de Europa del Año Mil donde mejor se puede discernir el papel jugado por el poder cultural de la monarquía sacralizada. En contraste con la posterior expansión de la Cristiandad latina en la época de las Cruzadas, la nueva fe no fue impuesta en estas sociedades de frontera del Año Mil por invasores del exterior, sino adoptada por las élites nativas, sobre todo por príncipes locales. El papel desempeñado por el poder cultural de estas nuevas monarquías cristianas no solo fue primordial en el proceso de cristianización de sus sociedades, sino también en relación con tres fenómenos derivados de este: la alfabetización, la latinización ('romanización' cultural) y la estatización, con todos sus corolarios: la escritura, la producción de libros, las cancillerías, la moneda o el derecho público.

De hecho, si dejamos de lado las traducciones de la Sagrada Escritura, en muchos casos las primeras obras literarias en estos reinos de frontera estuvieron relacionados con la celebración del momento fundacional de estas monarquías por reyes santos, perteneciendo al género de la hagiografía dinástica como en los casos de San Wenceslao de Bohemia y San Esteban de Hungría[6].

Después del triunfo de la Reforma gregoriana esta sacralidad de la monarquía feudal tuvo que ser reinterpretada. El soberano ungido asumió parte del imaginario caballeresco y se proyectó como un Rey caballero. Ahora bien, este monarca caballeresco no dejó de ser un *miles litteratus*, un caballero clericalizado, es decir, conocedor de las letras (latinas o vernáculas). En este sentido, cabe subrayar que

---

[5] Georges Duby, *Los Tres Órdenes o lo Imaginario del Feudalismo*, Taurus, Madrid, 1992, p. 49.

[6] Véase Gabor Klaniczay, "*Rex Iustus*. Le saint fondateur de la royauté chrétienne", en S. Csernus y K. Korompay (dir.), *Les Hongrois et l'Europe: Conquête et intégration*, Publications de l'Institute Hongrois de Paris, París, 1999, pp. 265-91; y Karol Gorski, "Le roi-saint: un problème d'idéologie féodale", *Annales*, 24/2 (1969), pp. 370-76.

cualquier consideración superficial de los códigos que un caballero del siglo XII debía de dominar, como las sutilezas de las leyes feudales (que obligó a muchos a convertirse en *iuris periti*), la heráldica, la cortesía, la poesía trovadoresca, la guerra o la cetrería, sugiere que la educación caballeresca era casi igual de exigente que la clerical, aunque de una forma distinta. Esta suposición, sin embargo, no puede ser probada de forma incontrovertible porque la cultura caballeresca, a diferencia de la clerical, se ha perdido en su mayor parte para la posteridad dada su oralidad[7].

Sea como fuere, el Rey clericalizado se rodeaba de clérigos del mismo modo que el Rey sagrado de la época anterior. En este sentido, cabría preguntarse, como hace Philippe Buc, si esta 'moda' que denostaba al monarca analfabeto como un *asinus coronatus* al tiempo que elogiaba al *miles litteratus*, no "fue impulsada por las ambiciones de un clero deseoso de un lugar de preeminencia junto al Rey en recompensa por la erudición adquirida en las escuelas"[8]. A esto Martin Aurell responde: "La ambición no fue el principal móvil de aquellos intelectuales que, una vez en la corte y bajo la presión de sus nuevos cometidos, sentían nostalgia por la vida espiritual. Más bien la popularidad de esta máxima es un síntoma de un doble fenómeno: el ascenso del Estado (que conllevó avances técnicos en la burocracia real) y el Renacimiento intelectual. La corte real se había convertido más que nunca en un centro cultural y un polo de atracción para los estudiosos educados en el continente, y el monarca no podía parecer menos inteligente que sus cortesanos"[9].

Más allá de la innegable dimensión 'clerical' del poder cultural de la monarquía medieval, también podemos conectar el creciente protagonismo en la política europea del siglo XII de los juristas en general y la Universidad de Bolonia en particular, con el uso que los emperadores alemanes hicieron del Derecho romano primero en la Querella de las Investiduras y después en el conflicto entre el Papado

[7] Michael T. Clanchy, *From Memory to Written Record. England 1066-1307*, Wiley-Blackwell, Oxford, 1993, p. 248.

[8] Philippe Buc, *La ambiguité du Livre. Prince, pouvoir et peuple dans les commentaires de la Bible au Moyen Age*, Beauchesne, París, 1994, pp. 184-85.

[9] Martin Aurell, *El Imperio Plantagenet (1154-1224)*, Sílex, Madrid, 2012, p. 95.

y los Hohenstaufen. Ciertamente, la relación entre el mecenazgo imperial (Enrique IV, Enrique V, Federico Barbarroja) y la recepción italiana del Derecho romano entre 1070 y 1200 es otro fenómeno asociado al poder cultural de la monarquía con consecuencias decisivas para la historia intelectual y política del Occidente medieval.

No en vano, dado que "el corpus justinianeo retrataba la prerrogativa imperial como virtualmente absoluta, los glosadores del siglo XII tendían a ser, a pesar de los desacuerdos sobre muchas otras cuestiones, decididos partidarios del emperador"[10]. Como argumenta Walter Ullmann, probablemente "no fue una coincidencia" el que Irnerio, uno de los juristas más influyentes de todos los tiempos y, tal vez incluso el precursor directo de la Escuela romanista de Bolonia, fuera "el confidente y consejero de mayor confianza del Emperador Enrique V" después de la muerte en 1115 de la condesa Matilde de Toscana, su primera protectora[11].

Esta relación íntima entre el poder de lo escrito, el mecenazgo cultural regio y los procesos de estatalización ha sido analizada de forma magistral por Michael Clanchy: "La escritura y la alfabetización promovieron la génesis del Estado. Lo hicieron a través de la capacidad de la escritura para estandarizar y despersonalizar el lenguaje. El poder del Estado depende de la estandarización y despersonalización de una forma similar a como lo hace la propia escritura (...) En la cristiandad medieval (a través del clero con su *scriptura* en latín) (...) la escritura tuvo un efecto dinamizador. Contribuyó al poder y la ideología de las estructuras gubernamentales y estas a su vez promovieron la escritura como medio de uniformizar las regulaciones que se imponían al pueblo (...) La escritura fue un instrumento político"[12].

---

[10] Robert L. Benson, "Political *Renovatio*: Two Models from Roman Antiquity", en R. L. Benson, G. Constable y C. D. Lanham (dir.), *Renaissance and Renewal in the Twelfth Century*, Harvard University Press, Cambridge, 1982, p. 361.

[11] Walter Ullmann, *Medieval Foundations of Renaissance Humanism*, Cornell University Press, Ithaca, 1977, p. 44; Ernst H. Kantorowicz, "Kingship under the Impact of Scientific Jurisprudence", en M. Clagett, G. Post y R. Reynolds (dir.), *Twelfth Century Europe and the Foundations of Modern Society*, University of Wisconsin Press, Madison, 1961, p. 92.

[12] Michael T. Clanchy, "Literacy, Law, and the Power of the State", en *Culture et idéologie dans la genèse de l'État Moderne*, École Française de Rome, Roma, 1985, pp. 33-34.

El poder de lo escrito está, obviamente, vinculado al poder de los 'especialistas' de la escritura, más influyentes en una sociedad mayoritariamente analfabeta que en una sociedad alfabetizada. Esto ha sido subrayado por Jacques Verger:

> No pudiendo estar satisfechos con el apoyo de los grupos dominantes tradicionales, es decir el clero y la nobleza feudal, el Papado y los estados recurrieron cada vez más a una nueva categoría de servidores, que a su fidelidad incondicional sumaban su capacidad técnica, basada en el dominio de lo escrito y las disciplinas de la cultura erudita. Esta promoción de las gentes del saber naturalmente provocó a su vez la expansión de su grupo social y de las instituciones de enseñanza donde se habían formado. Por lo tanto, la tarea principal de los historiadores de las sociedades políticas y las élites culturales bajomedievales consistirá en establecer, a ser posible de manera cuantitativa, el ascenso paralelo de los aparatos administrativos (religiosos y laicos), así como de los letrados que aseguraban su funcionamiento[13].

Ciertamente, este puede parecer un planteamiento algo 'mecanicista', como el propio Jacques Verger se apresura a reconocer. Efectivamente, de cara a dilucidar las interrelaciones entre la "civilización de lo escrito" y la producción ideológica vinculada a la realeza en el Occidente latino, resulta necesario primeramente matizar la cuestión del rol social que desempeñaron tanto los clérigos áulicos (esto es, de palacio) como los juristas y maestros universitarios en tanto que *intelligentsia* orgánica tanto de la Iglesia como del 'Estado' en la Plena y Baja Edad Media. Jacques Verger matiza que antes que de un saber tecnocrático de especialistas administrativos estamos en los siglos medievales hablando de *hombres de saber* en su sentido más genérico (los *intelectuales* de Le Goff), es decir, "simples *magistri* en Artes Liberales cuyos conocimientos, aunque

---

[13] Jacques Verger, *Gentes del saber: En la Europa de finales de la Edad Media*, Universidad Complutense, Madrid, 1999, p. 145.

elementales, constituían un bagaje reconocido y eran la base de una práctica social específica"[14].

Un ejemplo de ello lo encontramos en la Inglaterra Plantagenet. John Baldwin ha sostenido que el esplendor de la cronística anglonormanda en el siglo XII está conectado con el crecimiento del aparato administrativo de la Monarquía Plantagenet. Para este historiador, "el genio político del Rey Enrique II y el brillo de su corte fueron el estímulo para la edad de oro de la historiografía inglesa en las dos últimas décadas del siglo XII y primeras del siglo XIII. Las reformas judiciales, administrativas y políticas del gran Rey justiciero inspiraron a un remarcable grupo de cronistas que estaban sobre todo interesados en asuntos gubernamentales. Estaban familiarizados con los detalles del itinerario diario del monarca, conocían a sus principales oficiales personalmente; recopilaron y transcribieron importantes documentos reales, y lo que es aún más importante, estaban en contacto entre ellos, por lo que sus crónicas fueron, de hecho, una empresa colectiva"[15].

Sea como fuere, lo cierto es que, como señala Bernard Guenée, una buena parte de la más sólida tradición historiográfica benedictina en torno al Año Mil tuvo su origen precisamente en la misma necesidad de investigar los archivos a la búsqueda de documentos, recopilarlos en cartularios y a continuación defender en eruditos cronicones los derechos legales de sus monasterios. Con anterioridad los *Annales* carolingios habían sido ya en buena parte una mera recopilación de leyes y capitulares acompañados de cronologías. La defensa apologética (*scriptores pro domo sua*) tanto de la *domus* abacial como de la *domus* regia estaba en el origen del esfuerzo de historiar de muchos de estos cronistas altomedievales, siendo sus crónicas la culminación de una investigación de índole jurídica[16].

---

[14] Ibídem, p. 147.

[15] John Baldwin, *The Government of Philip Augustus*, University of California Press, Berkeley, 1986, p. 400. Estos cronistas conectados con la corte Plantagenet en el periodo 1180-1230 fueron: Benedict of Peterborough, Roger de Howden, Ralph de Diceto y Gerardo de Gales. Fuera de la órbita curial cabe mencionar a tres benedictinos: Gervasio de Canterbury, Ralph de Coggeshall y Mathew Paris.

[16] Bernard Guénée, *Histoire et culture historique dans l'Occident médiéval*, Aubier-Montaigne, París, 1980, pp. 33-34.

De hecho, hasta finales del siglo XII la redacción de crónicas latinas parece ser mayoritariamente un privilegio real, sobre todo para declarar su legitimidad dinástica y su encarnación del ideal de la realeza cristiana. En este panorama fueron pocos los linajes ducales o condales que patrocinaron la elaboración de una historia de su linaje.

En cuanto al papel clave desempeñado por el mecenazgo regio en la arquitectura medieval, Jill Caskey ha observado que "los encargos imperiales o reales dan forma a la mayoría de las narrativas de la historia del arte medieval". De hecho, subraya, "esto no es sorprendente, ya que muchos monumentos medievales existentes derivan del patrocinio regio, debido a la concentración de recursos humanos, económicos y materiales en manos de los monarcas (...) A menudo se supone que las obras de mayor munificencia derivan de entornos regios, y el arte de mecenazgo regio se equipara con la calidad. Dados tales factores históricos e historiográficos, no resulta sorprendente que los contextos regios hayan dominado los estudios sobre el mecenazgo artístico medieval"[17].

UN CASO DE ESTUDIO: LEÓN Y CASTILLA (SIGLOS XI Y XII).

Pasemos ahora a abordar un caso concreto dentro de esta dinámica europea de mecenazgo cultural regio: la monarquía de León y Castilla en los siglos XI y XII, en concreto entre los decisivos reinados de Fernando I y Alfonso VIII. Parece conveniente comenzar nuestro análisis con el reinado de Fernando I, cuando se produjo lo que aparenta ser un cierto "Renacimiento cultural"[18]. En este sentido, nos parece de una particular relevancia el mecenazgo regio con relación al conjunto monumental de San Isidoro de León, en el que la reina Sancha jugó un papel decisivo como *domina* del

[17] Jill Caskey, "*Whodunnit*? Patronage, the Canon, and the Problematics of Agency in Romanesque and Gothic Art", en R. Conrad (dir.), *A Companion to Medieval Art*, Blackwell, Oxford, 2006, p. 195.

[18] Gonzalo Menéndez Pidal, "Mozárabes y asturianos en la cultura de la Alta Edad Media (en relación especial con la historia de los conocimientos geográficos)", *Varia Medievalia*, vol. I, Real Academia de la Historia, Madrid, 2003, p. 174.

monasterio[19]. La abadía-palacio de San Isidoro de León "fue uno de los goznes sobre los que pivotó la gestación y desarrollo de la producción artística en el Reino de León –y, por extensión, en los territorios cristianos peninsulares– durante los siglos XI y XII. En este lugar, cinco generaciones sucesivas del linaje regio leonés, mujeres principalmente, auspiciaron iniciativas devocionales y artísticas imprescindibles para comprender las trayectorias recorridas por el arte románico hispano"[20].

Con el extraordinario conjunto palatino de San Isidoro de León como epicentro, Fernando I y la reina Sancha desplegaron un mecenazgo artístico muy remarcable en una época en la que, tal y como ha subrayado John Williams, "sería de esperar que fuera más significativo el mecenazgo monástico y no el regio"[21]. La existencia de un activo taller palatino de orfebrería y talla de marfil ha sido sugerida a partir del estudio de las piezas ligadas a la corte en las que se percibe una gran homogeneidad de factura. Esta producción artística ha llevado a John Williams a poner de relieve que la ciudad de León bajo Fernando y Sancha mostró "una peculiar concentración de mecenazgo del tipo que solemos asociar con centros imperiales como el Aquisgrán otónida de los siglos X y XI"[22].

Hubo también, sin duda, un importante mecenazgo regio de la producción de códices miniados, en el que la esposa del rey Fernando, la reina Sancha, tuvo un decisivo papel[23]. En efecto, se conservan hoy una serie de códices (de forma aleatoria, lo que indica que pudieron

[19] Sobre la relación entre San Isidoro de León y la monarquía leonesa, véase Patrick Henriet, "Un exemple de religiosité politique: Saint Isidore et les rois de León (XIe-XIIIe siècles)", en M. Derwich y M. Dmitriev (dir.), *Fonctions sociales et politiques du culte des saints dans les societés de rite grec et latin au Moyen Âge et à l'époque moderne. Approche comparative*, LAHRCOR, Wroclaw, 1999, pp. 77-93.

[20] Gerardo Boto Varela, "Las Dueñas de la memoria. San Isidoro de León y sus Infantas", *Románico*, 10 (2010), p. 75.

[21] John W. Williams, "Fernando I and Alfonso VI as Patrons of the Arts", *Anales de Historia del Arte*, vol. extraordinario 2 (2011), p. 413.

[22] John W. Williams, "León: The Iconography of a Capital", en Th. N. Bisson (dir.), *Cultures of Power. Lordship, Status, and Process in Twelfth-Century Europe*, University of Pennsylvania Press, Filadelfia, 1995, p. 237.

[23] "Sin restar importancia al patrocinio artístico de Fernando I, la reina Sancha se distingue más que su esposo como promotora y propietaria de códices" (Sandra Sáenz-López, "El mundo para una reina: los *mappaemundi* de Sancha de León (1013-1067)", *Anales de Historia del Arte*, vol. extraordinario 2 (2010), p. 319).

ser muchos más) en los que aparece mencionada expresamente como impulsora de su elaboración. Para ella se copiaron varios códices de gran valor artístico: en 1047 el escriba Domingo copió las *Etimologías* de San Isidoro (El Escorial E I 3)[24], el escriba Christoforus un Breviario mozárabe (*Liber canticarum et horarum*, c. 1059)[25] y hacia 1055 la reina (junto con su esposo) encargaba al escriba Pedro y al miniaturista Fructuoso un bello Libro de Horas o *Diurnal* de estilo románico que fue entregado a la sede compostelana[26]. Además, se copió para la biblioteca real un "lujosísimo" ejemplar de los *Comentarios al Apocalipsis* del Beato de Liébana (c. 1047), único en su género por el valor artístico de sus miniaturas[27].

Todos estos códices muestran similitudes estilísticas (en las formas zoomórficas, en el uso de colores con tonalidades semejantes o la forma de las letras unciales) que "apuntan hacia un *scriptorium* común o un área cultural limitada que utiliza un mismo modelo gráfico" a pesar del tiempo transcurrido entre la elaboración de los diferentes códices y el cambio de copista[28]. Este *scriptorium* bajo patrocinio regio probablemente sería el del monasterio de San Juan de León, posteriormente San Isidoro.

Por otra parte, dos de estos códices, el *Comentario al Apocalipsis* de Beato de Liébana y las *Etimologías* de San Isidoro, comparten una llamativa característica común, pues integran entre sus ilustraciones una *imago mundi*, una suerte de *mappae mundi*: dos en el *Comentario* del Beato y uno en las *Etimologías*. Estos tres mapas han sido

[24] Véase Junko Kume, "Transmisión y enriquecimiento de programas iconográficos en la Alta Edad Media: el caso de las *Etimologías* de doña Sancha de León", en *Actas del XVII Congreso Nacional de Historia del Arte, CEHA-2008,* Barcelona, 2008, pp. 681-700.

[25] Sobre este códice, véase Fernando Galván Freile, "El *Liber Canticorum et Horarum* de Sancha (B.G.U.S., MS. 2668): entre la tradición prerrománica y la modernidad", en A. Arbeiter et al. (dir.), *Hispaniens norden im 11. Jahrhundert. Christliche Kunst im Umbruch,* Michael Imhof Verlag, Petersberg, 2009, pp. 248-56.

[26] Conservado en la biblioteca de la Universidad de Santiago (Res. 1). Todo apunta a que la iluminación de este códice introdujo la miniatura "románica" por vez primera en el Reino leonés (J. W. Williams, *León: The Iconography*, p. 240).

[27] Gonzalo Menéndez Pidal, *Mozárabes y asturianos*, p. 174; Gerardo Boto Varela, "Las Dueñas de la memoria...", p. 77.

[28] Emmanuelle Klinka, "*Ego misera et peccatrix*...: El *Liber mozarabicus canticorum et horarum* (Salamanca, ms. 2668)", *e-Spania*, 13 (2012), http://e-spania.revues.org/21044, p. 3.

vinculados a los intereses de la reina y bautizados por una especialista como "los *mappaemundi* de doña Sancha"[29].

Cabe concluir por consiguiente que Fernando I y Doña Sancha poseyeron algún tipo de biblioteca palatina, si bien no es posible calibrar sus dimensiones. Además, la *Historia Silense* (c. 81) consigna un hecho significativo: Fernando I dispuso que sus hijos, tres de ellos futuros monarcas, recibieran educación en las Artes Liberales (*liberalibus disciplinis erudirentur*), además de en el manejo de las armas, la caza y la equitación, siendo esta la primera mención de una educación palatina para los infantes reales consignada en las fuentes hispánicas medievales[30]. Resulta llamativo asimismo que sus hijas también sean mencionadas como receptoras de esta educación. De hecho, la infanta Doña Urraca continuará la labor de mecenazgo artístico de su madre en San Isidoro de León[31].

Al final de su crónica, en el capítulo 105, el Silense introduce una escena que entra de lleno dentro de las imágenes sapienciales de la Realeza davídica y salomónica. Durante la ceremonia de celebración de la Navidad, un coro de clérigos entonó en presencia del Rey castellano un canto de *maitines* según el rito mozárabe, *more toletano.* En él se invoca el precepto salomónico del Libro de los Proverbios tantas veces repetido en el Medievo sobre la necesidad de que los reyes sean sabios: *Erudimini omnes qui iudicatis terram.* El cronista se apresura a declarar que Fernando lo ha cumplido plenamente, ya que ha gobernado al modo salomónico como un *Rex eruditus*[32].

A nuestro juicio resulta plausible que el Silense estableciera en su crónica una justificación ideológica de raíz bíblica para el perfil sapiencial del monarca castellano, un perfil no imaginario del todo,

---

29 Sandra Sáenz-López, "El mundo para una reina...", p. 320.

30 Adeline Rucquoi, "Éducation et societé dans la Péninsule Ibérique médiévale", *Histoire de l'*Éducation, 69 (1996), p. 9 e ídem "Alfonso VIII de Castilla y la Realeza", en *Rex, sapientia, nobilitas. Estudios sobre la Península Ibérica medieval*, Granada, 2006, p. 54. Alfonso VI llama en sus diplomas *magistro nostro* a Raimundo, obispo de Palencia.

31 Susan Havens Caldwell, "Urraca of Zamora and San Isidoro in León: Fulfilment of a Legacy", *Woman's Art Journal*, 7/1 (1986), p. 21; y Therese Martin, "Mujeres, hermanas e hijas: el mecenazgo femenino en la familia de Alfonso VI", *Anales de Historia del Arte*, vol. extraordinario 2 (2011), pp. 148-50.

32 Charles Julian Bishko, "The Liturgical Context of Fernando I's Last Days", *Hispania Sacra*, 17 (1964), pp. 33-45 y 47-49.

pero desde luego sometido a una *amplificatio* retórica si se compara a Fernando I con otros monarcas sabios del Occidente medieval.

En este sentido, Emmanuelle Klinka ha llamado la atención sobre la asociación de Fernando I con la figura del Rey David en los códices producidos por los copistas del entorno palatino. Por ejemplo, el soberano es representado como una figura de contornos davídicos en el *Alfa* del Apocalipsis del *Beato* del año 1047 (fol. 6v) y en el *incipit* del *Diurnal* entregado por los reyes a Compostela (fo. 29v). De este modo, "al pretender imponer la figura del rey don Fernando I como el nuevo David, recurrieron a una serie de símbolos, entre los cuales estaba la majestuosidad figurativa que el tratamiento románico proporcionaba al dibujo"[33].

Además, en la escena de presentación de este mismo *Libro de Horas*, Joaquín Yarza ha visto en la figura con los pies descalzos una representación penitencial del Rey David, apuntando que se pretendía con ello exaltar a Fernando como *imperator* leonés, ya que, además de ostentar atributos regios –corona y cetro–, se exhibe como posesor de un llamativo salterio de oro, lo que lo vincularía al Rey Salmista[34]. A nadie se le oculta que la iconografía regia davídica tenía connotaciones sacrales y sapienciales profundas, dado el poderoso perfil profético del Rey Salmista como sabio y músico, el soberano mesiánico inspirado por Yahvé que anticiparía la figura del propio Cristo.

En definitiva, el mecenazgo cultural y la imagen sapiencial regias encarnados por Fernando I y su esposa presentan llamativos paralelismos con el programa político de los emperadores otónidas y salios del siglo XI. Además, el importante papel jugado por la reina Sancha recuerda al mecenazgo artístico y cultural desplegado por las emperatrices Teófano y Adelaida en el período otónida[35].

---

[33] Emmanuelle Klinka, "*Ego misera et peccatrix...*", p. 4.

[34] Joaquín Yarza Luaces, *Arte y arquitectura en España 500-1250*, Cátedra, Madrid, 1990, pp. 167-68; John W. Williams, "Fernando I and Alfonso VI...", pp. 419 y 424; véase Manuel Castiñeiras González, "Algunos usos y funciones de la imagen en la miniatura hispánica del siglo XI: los Libros de Horas de Fernando I y Sancha", en *Propaganda y poder*, Edições Colibrí, Lisboa, 2000, pp. 71-94.

[35] Therese Martin ha puesto de relieve los paralelismos existentes entre el mecenazgo femenino áulico en León y en la Alemania imperial de los siglos X y XI ("Mujeres, hermanas e hijas...", pp. 151-56).

A pesar de la presunta educación que habría recibido Alfonso VI en las Artes Liberales según el Silense lo cierto es que no hay evidencia alguna de una actividad de mecenazgo artístico o intelectual *directo* de este gran monarca de León y Castilla, lo que contrasta con la destacada actividad de sus hermanas y esposas en ese campo[36]. Ni las crónicas que cubren su reinado ni la documentación superviviente testimonian inquietudes de este tipo en el conquistador de Toledo. Todo lo más, encontramos algunos indicios de donaciones de objetos de cierto valor artístico. No a San Isidoro de León, que entregó por completo al patronazgo de su hermana Urraca, pero sí a su abadía favorita: Sahagún. En todo caso, resulta un balance bien pobre y particularmente inexplicable salvo que se recurra a la escasez de las fuentes de que disponemos.

Las primeras décadas del siglo XII en León y Castilla, marcadas por una conflictividad endémica tras la muerte de Alfonso VI, presentan un pobre panorama cultural de la corte regia en el occidente peninsular, no produciéndose un cierto despertar hasta la coronación imperial de Alfonso VII en 1135. Esta ausencia de mecenazgo cultural regio, al menos en las fuentes supervivientes, ciertamente no se puede desligar de la profunda crisis del reinado de la reina Urraca, crisis que quizá explique por sí sola esta realidad. Con todo, la cuestión estriba en si la ausencia de mecenazgo regio tuvo algún efecto en el panorama general de la cultura de León y Castilla en la primera mitad del siglo XII.

Sea como fuere, cabe subrayar que fue precisamente en esta primera mitad del siglo XII, debido sobre todo al impulso de obispos ligados a la órbita de Cluny como Diego Gelmírez y Raimundo de Toledo, cuando se produjeron dos brillantes episodios de la historia cultural del Occidente europeo: la edificación de la nueva basílica de Santiago de Compostela, auténtico culmen del románico, y la fundación de la llamada *Escuela de Traductores* en Toledo, tan decisiva para el proceso de recepción de la ciencia griega y arábiga en la Europa latina. Significativamente, estas dos realizaciones se produjeron completamente al margen de la monarquía y en torno al episcopado.

---

[36] John W. Williams, "Fernando I and Alfonso VI...", pp. 427-28; véase Therese Martin, *Queen as King: Politics and Architectural Propaganda in Twelfth-Century Spain*, Brill, Leiden, 2006.

Por el contrario, en la segunda mitad del siglo XII nos encontramos con un panorama muy diferente. Un ejemplo significativo lo encontramos en la propia basílica compostelana, donde su artífice más genial y reconocido, el maestro Mateo, recibía la concesión de cien maravedíes anuales vitalicios por parte del rey Fernando II de León, quien intentaría así "imprimir un sello real" al templo jacobeo. Así pues, "desde el año 1168, la fábrica de la catedral no dependía ya del cabildo catedralicio sino de la corte real" leonesa[37].

Pero si en el Camino de Santiago y en Toledo florecían las artes y los saberes del *Quadrivium*, en otro orden de cosas la España cristiana aún era un lugar atrasado en muchos aspectos con respecto a la Europa de allende los Pirineos. En efecto, a pesar del despegue que experimentó la enseñanza en las escuelas catedralicias en la segunda mitad del siglo XII[38], parece que no hubo antes de 1200 en los reinos de León y Castilla una sola escuela de leyes para la formación de juristas romanistas[39]. Acaso una excepción fuera la abadía de San Servando de Toledo, con fuertes vínculos con San Víctor de Marsella, un centro monástico donde se estudiaba el derecho canónico o, ¿por qué no?, el capítulo de Sigüenza, donde muchos canónigos regulares eran canonistas[40].

En cualquier caso, más allá de los juristas ultrapirenaicos que pudieran haber enseñado leyes en la Universidad de Palencia a partir de 1180[41], entre los que destaca el nombre del *magister* italiano

---

[37] Documento de Fernando II datado el 23 de febrero de 1168 (Henrik Karge, "De la portada románica de la transfiguración al Pórtico de la gloria. Nuevas investigaciones sobre la fachada occidental de la catedral de Santiago de Compostela", *Boletín del Seminario de Estudios de Arte,* 75 (2009), p. 22).

[38] Julio González, *El Reino de Castilla en la época de Alfonso VIII*, CSIC, Madrid, 1960, vol. 1, p. 626.

[39] Gaines Post, "Roman Law and Early Representation in Spain and Italy, 1150-1250", *Speculum,* 18/2 (1943), pp. 216-17. Ejemplos señalados de estos clérigos juristasde la segunda mitad del siglo XII son el catalán Pedro de Cardona, profesor en Montpellier y luego cardenal; y los canonistas Pedro Hispano (*fl.* 1190) y Juan Hispano (que trabajó en la curia pontificia hacia 1186).

[40] Peter Linehan, *History and the Historians of Medieval Spain*, Oxford University Press, Oxford, 1993, p. 307, n. 165.

[41] Aquilino Iglesia Ferreirós, "Escuela, Estudio y maestros", *Historia, Instituciones, Documentos*, 25 (1998), p. 313, n. 1; Andrés Barcala, "Las universidades españolas durante la Edad Media", *Anuario de Estudios Medievales*, 15 (1985), p. 91.

formado en Bolonia Hugolino de Sesso (m. 1235)[42], los pocos *iuris periti* entonces disponibles en León y Castilla eran clérigos y habían sido formados en su inmensa mayoría al norte de los Pirineos, en Bolonia, Cremona y Montpellier[43].

Otro indicio de la precariedad absoluta de la *intelligentsia* clerical al servicio de los monarcas de León y en la primera mitad del siglo XII lo encontramos en el número de escribanos adscritos a la cancillería regia. Al igual que ya sucediera en el siglo XI, cuando se dependía en gran medida de los *scriptoria* monásticos para la producción de documentos reales, se ha comprobado que casi la totalidad de los documentos de Alfonso VII y Fernando II datados en León ofrecen "un tipo de escritura idéntico al usado en los documentos del cabildo catedral"[44]. Esto parece indicar que la cancillería real, ante la carencia de personal propio más allá del canciller y unos pocos notarios, se servía de los escribanos del obispo para escribir sus propios documentos, aun cuando utilizasen los formularios diplomáticos específicos de una cancillería regia[45].

Ahora bien, esto no quiere decir que el reinado de Alfonso VII el Emperador (1116-1157) no supusiera un despegue decisivo en la producción de documentos por la cancillería regia que coincide con un notable aumento del uso de la escritura en el conjunto de la sociedad. Frente a los escasos 41 documentos del reinado de Alfonso V de León apenas un siglo antes, se conservan hasta 676 documentos salidos de la cancillería de Alfonso VII[46].

En efecto, durante su reinado asistimos a la consolidación definitiva y a un "claro desarrollo de una bien organizada y moderadamente

---

[42] André Gouron, "Aux origines de l'influence des glossateurs en Espagne", *Historia, Instituciones, Documentos*, 10 (1984), p. 325; véase Aquilino Iglesia Ferreirós, "*Rex superiorem non recognoscens*: Hugolino de Sesso y el *Studium* de Palencia", *Initium. Revista catalana d'història del dret*, 3 (1998), pp. 1-205

[43] André Gouron, "Aux origines...", pp. 325-346; véase Domenico Maffei, "Fra Cremona, Montpellier e Palencia nel secolo XII", *Rivista Internationale di Diritto Comune*, 1 (1990), pp. 9-30.

[44] Leonor Sierra Macarrón, "La escritura y el poder. El aumento de la producción escrita en Castilla y León (siglos XI-XIII)", *Signo*, 8 (2001), p. 255. Peter

[45] Peter Linehan, *History and the Historians*..., p. 234, n. 101.

[46] Leonor Sierra Macarrón, "La escritura y el poder...", pp. 255 y 258; véase Manuel Lucas Álvarez, "Las Cancillerías reales (1109-1230)", en *El reino de León en la Alta Edad Media*, Centro de Estudios San Isidoro, León, 1993, vol. 5, pp. 69-84.

activa cancillería regia"[47]. A partir de su reinado, según señala Nieto Soria, la cancillería real castellana sería durante siglos "el gran centro institucional consagrado a la creación y a la difusión más o menos sistemática de una retórica política", una labor llevada a cabo por clérigos del rey que "se distinguieron como colaboradores de los monarcas en la celebración de actos y ceremonias de gran eficacia propagandística. Además, algunos de ellos escribieron obras destinadas a ofrecer una imagen muy idealizada de la persona regia"[48].

También vinculados al entorno áulico de Alfonso VII encontramos varios clérigos con el título de *magister*. Este título recibe Petrus Seguinis, canónigo compostelano, mencionado en un diploma regio del año 1142. Muchos años después, en 1190, un maestrescuela con el mismo nombre ejercía su labor en la escuela catedralicia de Segovia[49]. O el arriba mencionado *magister* Hugo, canciller del *Emperador* y a quien encontramos trabajando en la cancillería real desde 1135 hasta 1165[50].

En los años finales del reinado de Alfonso VII se intuye además la presencia de juristasromanistas en su cancillería o al menos eso ha deducido André Gourondel "tono justinianeo" de las fórmulas diplomáticas latinas entonces utilizadas, tales como la que aparece en un documento fechado en 1156: *quod placuit excellentissime majestati domini imperatoris*, de rancia prosapia imperial romana[51]. Similares fórmulas romanistas del tipo *placuit* aparecen en numerosos pasajes de la *Chronica Adefonsi Imperatoris*[52], lo cual nos parece doblemente significativo: porque esta fue terminada hacia 1147, es decir diez años antes del documento arriba mencionado y también por las vinculaciones curiales de su probable autor, Arnaldo de Astorga.

---

[47] Bernard F. Reilly, "The Chancery of Alfonso VII of León-Castilla: The Period 1116-1135 Reconsidered", *Speculum*, 51/2 (1976), p. 261.

[48] José Manuel Nieto Soria, "Les clercs du Roi et les origines de l`État moderne en Castille: propagande et légitimation (XIIIèmeXVème siècles)", *Journal of Medieval History*, 18 (1992), p. 299.

[49] Aquilino Iglesia Ferreirós, "Escuela, Estudio...", pp. 314-15.

[50] Julio González, *El Reino de Castilla*..., vol. 2, p. 176; Aquilino Iglesia Ferreirós, "Escuela, Estudio...", p. 316.

[51] André Gouron, "Aux origins...", pp. 345-346; P. Linehan, *History and the Historians*..., p. 270.

[52] I, 16, 22, 66, 85, 91, 92; II, 35, 57 y 65 (P. Linehan, *History and the Historians*, p. 271, n. 12).

La muerte de Alfonso VII no puso fin a estas políticas. Un documento del archivo de la catedral de Salamanca datado en 1163 evidencia el envío de cuatro *clerizones* del capítulo catedralicio a Francia para estudiar allí[53]. Esta política de formación de clérigos ha sido vinculada con la figura del Rey Fernando II de León (r. 1157-1188)[54], quien, buscando "asesoramiento intelectual", habría llamado a su lado a sabios ultrapirenaicos como el *magister* aquitano Randulfo de Saintes[55].

Se ha sugerido que pudo haber sido el propio Randulfo el que sugiriera la idea de enviar a los cuatro *clerizones* a estudiar allende los Pirineos. En esta dirección, también se ha puesto en valor el papel del obispo de Salamanca y canciller del reino leonés, Pedro Suárez de Deza (ep. 1166-1173), o el de su sucesor en la cancillería, que compaginó sus labores de notario real con la de maestrescuela en la escuela catedralicia de Compostela (1164-1171). Sea como fuere, Salamanca estaba entonces dando sus primeros pasos para convertirse en el centro intelectual de primer orden que sería a principios del siglo XIII. Del mismo modo que Alfonso IX desempeñaría un papel decisivo en la fundación de la Universidad en el año 1218, su progenitor Fernando II aparece relacionado con los primeros pasos del capítulo catedralicio en la esfera educativa.

Parece razonable asumir que la presencia en la década de 1180 en la corte castellana primero como canciller del rey (1178-1182) y luego también como arzobispo toledano (desde 1180) de un gran personaje de la talla intelectual de Pere de Cardona, erudito jurista romanista catalán y *magister* en Montpellier[56] que acabaría alcan-

---

[53] Julio González, "Notas sobre los orígenes de la Universidad de Salamanca", *Boletín de la Biblioteca Menéndez y Pelayo*, 22 (1946), p. 47.

[54] Roger Wright, *El Tratado de Cabreros (1206): Estudio sociofilológico de una reforma ortográfica*, Queen Mary and Westfield College, Londres, 2000, p. 24; véase Julio González, "Repoblación de la Extremadura leonesa", *Hispania*, 3 (1943), pp. 212-18.

[55] Richard Fletcher, "Notes on the Early History of the Cult of St Thomas Becket in Western Spain", en J. Bonilla (dir.), *Salamanca y su proyección en el mundo*, Centro de Estudios Salmantinos, Salamanca, 1992, p. 494; Roger Wright, *El Tratado de Cabreros...*, p. 24.

[56] Docencia que compatibilizaría con su puesto de canciller castellano, aunque Montpellier se encontrara a más de 500 kms. de la corte castellana (Peter Linehan, *History and the Historians...*, p. 305).

zando el capelo cardenalicio (diciembre, 1181),[57] no dejó de tener sus repercusiones en el plano ideológico y cultural[58]. Si bien estas están todavía por determinarse, no es descartable que fuera él quien sugiriera a Alfonso VIII la captación de juristas de Italia y Francia para el *studium generalis* de Palencia[59].

Con todo, no deja de resultar desconcertante el que el *topos* romanista de la *maiestas* regia desaparezca de la documentación de cancillería precisamente con su llegada a esta[60]. Cabe preguntarse si estamos acaso ante un partidario de la hierocracia. El que un adversario de las pretensiones del Sacro Imperio tan obstinado como Alejandro III le hiciera cardenal a pesar de su perfil de clérigo áulico de un monarca tan autoritario como Alfonso VIII puede tener algo que ver con este hecho.

En definitiva, no podemos más que coincidir con el juicio de Adeline Rucquoi, quien ha vinculado la reflexión teológica realizada por "los letrados y clérigos" que rodeaban a los reyes de Castilla y Navarra en el siglo XII con el alumbramiento de un nuevo atributo del monarca: la sabiduría, "sino y señal de su papel como lugartenientes de Dios en la Tierra"[61].

En efecto, Rucquoi argumenta convincentemente que el modelo de *optimus rex* que el entorno de Alfonso VIII puso en circulación estaba apoyado sobre todo en cuatro virtudes políticas: dos "antiguas", es decir, propias de la realeza feudal de anteriores reinados, tales como la *liberalitas* (largueza) y la *strenuitas* (fortaleza militar); y dos "nuevas", más propias del cosmopolitismo del Renacimiento del siglo XII: la *curialitas* (la palacianía del *mester de clerecía*) y la *sapientia*[62]. En realidad, como hemos visto anteriormente, estas dos

[57] Como Cardenal-presbítero de San Lorenzo in Damaso. Buen conocedor de la lengua griega, emparentado con los condes de Barcelona, había sido discípulo del Placentino, el principal *magister* de Montpellier (André Gouron, "Aux origines…", p. 341).

[58] Peter Linehan, *Spain, 1157-1230. A Partible Inheritance*, Wiley-Blackwell, Oxford, 2011, p. 48.

[59] Peter Linehan, *History and the Historians*…, p. 308.

[60] Ibídem, pp. 306-307.

[61] Adeline Rucquoi, "De los reyes que no son taumaturgos: los fundamentos de la realeza en España", en *Rex, sapientia, nobilitas. Estudios sobre la Península Ibérica medieval*, Granada, 2006, pp. 29-30.

[62] Adeline Rucquoi, "Alfonso VIII…", p. 49; Amaia Arizaleta y Stéphanie Jean-Marie, "En el umbral de la santidad: Alfonso VIII de Castilla", en A. Arizaleta et al. (dir.),

virtudes políticas ya estaban en boga en el siglo x en la corte otónida, pero ciertamente no llegaron a imponerse en los reinos hispánicos hasta bien entrado el siglo xii.

En el caso de Alfonso VIII, Adeline Rucquoi ha visto un modelo feudal-sapiencial de *Rex magister*. En efecto, sostiene que "el ideal del rey *sapiens*, *magister* de su pueblo, que recibió de Dios un mayor entendimiento que el resto de los hombres, según afirmará Alfonso X, y es, pues, responsable ante Él del nivel de conocimiento de sus naturales, se implanta así a lo largo de la segunda mitad del siglo xii en el seno de la corte real, microcosmos de ese macrocosmos que sería el Reino"[63].

Esta es, a nuestro juicio, la principal clave interpretativa a la luz de la cual hay que examinar las motivaciones que llevaron a los soberanos de León y Castilla del siglo xii a iniciar los diferentes procesos de mecenazgo artístico y cultural que hemos analizado. El ideal sapiencial de la realeza cristiana que estos monarcas intentaron encarnar resulta de cardinal importancia para comprender cabalmente el decisivo papel que jugaron en la historia cultural de estos siglos.

Pratiques hagiographiques dans l'Espagne du Moyen Age et du Siècle d'Or (II), CNRS, Tolouse, 2007, p. 5.

[63] A. Rucquoi, *Alfonso VIII*, pp. 57-58; véase también, de la misma autora, "El Rey Sabio: cultura y poder en la Monarquía medieval castellana", en *Repoblación y Reconquista*, Actas del III Curso de Cultura medieval, Aguilar de Campoo, 1993, pp. 77-87. He desarrollado esta idea en mi artículo "Realeza sapiencial y mecenazgo cultural en los reinos de León y Castilla (1000-1200)", *Studia Historica*, 33 (2015), pp. 69-96.

APÉNDICE: UNA PROPUESTA METODOLÓGICA PARA EL ANÁLISIS DEL MECENAZGO CULTURAL REGIO

1. Preliminares metodológicos:
   • Las fuentes para su estudio: el rastro documental del mecenazgo regio y las narrativas de la cronística.
   • La civilización de lo escrito, el analfabetismo medieval y el poder de la palabra: aplicación de metodologías de historia social del conocimiento.
   • Renacimientos medievales, políticas de reputación y monarquía: análisis de narrativas históricas sapienciales.
   • El rey y la reina como mecenas diferenciados: ¿se aplica aquí la metodología de la historia de género?
2. ¿Por qué? Las razones del mecenazgo regio:
   • Ideológicas: teología política sapiencial cristiana.
   • Reputacionales: propaganda y legitimación.
   • Personales: placer estético (¿el arte por el arte?).
   • Intelectuales: curiosidad intelectual, fomento de la ciencia.
3. ¿Dónde? El ámbito espacial:
   • La *Königsnahe*: la cercanía a los monarcas de los intelectuales y creadores.
   • Los espacios curiales del mecenazgo regio: la corte como espacio cultural.
   • Los debates intelectuales como escenarios de reputación sapiencial.
4. ¿Qué? La producción cultural fomentada por el mecenazgo regio:
   4. 1. Los libros:
   • Reproducción y copia de libros (*scriptorium* regio) -> iluminación/códices como arte patrocinado por la monarquía.
   • Comisión/encargo de libros (dedicatorias en los preámbulos) -> distinguirlos de aquellos que son dedicados a los reyes sin que haya mecenazgo de por medio.
   • Los libros escritos por los intelectuales de la corte.
   • Bibliofilia regia -> adquisición de libros para uso personal del monarca.
   • El libro como regalo de prestigio: el rey como receptor o donante.

4. 2. Los objetos de arte y los edificios:
• Actividad edilicia de los monarcas: como usuarios (castillo, *palatium*...), o como donantes (iglesias, hospitales y monasterios).
• Los objetos de arte: para su uso y disfrute o como regalo de prestigio.
4. 3. La actividad trovadoresca:
• Producción de poesía trovadoresca en entornos curiales (por y para los monarcas).

5. ¿Quiénes? Los intelectuales y artistas de la corte:
• Religiosos: monjes y clérigos áulicos (ámbito de la cancillería/capilla palatina).
• Laicos: médicos del rey o la reina, juristas, personal de cancillería (notarios, escribanos...), trovadores, nobles letrados...

6. ¿Cuánto? Lo cuantitativo del mecenazgo regio:
• Volumen de la producción cultural -> dimensión estadística y cuantitativa.
• Costes económicos del mecenazgo regio (distinción entre patronazgo de intelectuales y artistas de la corte y mecenazgo de su obra).

BIBLIOGRAFÍA

Arizaleta, Amaia, y Jean-Marie, Stéphanie, "En el umbral de la santidad: Alfonso VIII de Castilla", en Amaia Arizaleta et al. (dir.), *Pratiques hagiographiques dans l`Espagne du Moyen Age et du Siècle d`Or* (II), CNRS, Tolouse, 2007, pp. 573-83.

Aurell, Martin, *El Imperio Plantagenet (1154-1224)*, Sílex, Madrid, 2012.

Baldwin, John, *The Government of Philip Augustus*, University of California Press, Berkeley, 1986.

Barcala, Andrés, "Las universidades españolas durante la Edad Media", *Anuario de Estudios Medievales*, 15 (1985), pp. 83-126.

Benson, Robert L., "Political *Renovatio*: Two Models from Roman Antiquity", en R. L. Benson, G. Constable y C. D. Lanham (dir.), *Renaissance and Renewal in the Twelfth Century*, Harvard University Press, Cambridge, 1982, pp. 339-86.

Bishko, Charles Julian, "The Liturgical Context of Fernando I's Last Days", *Hispania Sacra*, 17 (1964), pp. 47-59.

Boto Varela, Gerardo, "Las Dueñas de la memoria. San Isidoro de León y sus Infantas", *Románico*, 10 (2010), pp. 75-82.

Buc, Philippe, *La ambiguité du Livre. Prince, pouvoir et peuple dans les commentaires de la Bible au Moyen Age*, Beauchesne, París, 1994.

Caskey, Jill, "*Whodunnit*? Patronage, the Canon, and the Problematics of Agency in Romanesque and Gothic Art", en R. Conrad (dir.), *A Companion to Medieval Art*, Blackwell, Oxford, 2006, pp. 193-212.

Castiñeiras González, Manuel, "Algunos usos y funciones de la imagen en la miniatura hispánica del siglo XI: los Libros de Horas de Fernando I y Sancha", en *Propaganda y poder*, Edições Colibrí, Lisboa, 2000, pp. 71-94.

Clanchy, Michael T., "Literacy, Law, and the Power of the State", en *Culture et idéologie dans la genèse de l'État Moderne*, École Française de Rome, Roma, 1985, pp. 25-34.

—, *From Memory to Written Record. England 1066-1307*, Wiley-Blackwell, Oxford, 1993.

Duby, Georges, *Los Tres Órdenes o lo Imaginario del Feudalismo*, Taurus, Madrid, 1992.

Gorski, Karol, "Le roi-saint: un problème d'idéologie féodale", *Annales*, 24/2 (1969), pp. 370-76.

Henriet, Patrick, "Un exemple de religiosité politique: Saint Isidore et les rois de León (XIe-XIIIe siècles)", en M. Derwich y M. Dmitriev (dir.), *Fonctions sociales et politiques du culte des saints dans les societés de rite grec et latin au Moyen Âge et à l'époque moderne. Approche comparative*, LAHRCOR, Wroclaw, 1999, pp. 77-93.

Fletcher, Richard, "Notes on the Early History of the Cult of St Thomas Becket in Western Spain", en J. Bonilla (dir.), *Salamanca y su proyección en el mundo*, Centro de Estudios Salmantinos, Salamanca, 1992, pp. 491-97.

Foucault, Michel, *Vigilar y Castigar*, Siglo XXI, México D. F., 2009.

Galván Freile, Fernando, "El *Liber Canticorum et Horarum* de Sancha (B.G.U.S., MS. 2668): entre la tradición prerrománica y la modernidad", en A. Arbeiter et al. (dir.), *Hispaniens norden im-11. Jahrhundert. Christliche Kunst im Umbruch*, Michael Imhof Verlag, Petersberg, 2009, pp. 248-56.

González, Julio, "Repoblación de la Extremadura leonesa", *Hispania*, 3 (1943), pp. 212-18.

—, "Notas sobre los orígenes de la Universidad de Salamanca", *Boletín de la Biblioteca Menéndez y Pelayo*, 22 (1946), pp. 45-61.

—, *El Reino de Castilla en la época de Alfonso VIII*, CSIC, Madrid, 1960, 3 vols.

Gouron, André, "Aux origines de l'influence des glossateurs en Espagne", *Historia, Instituciones, Documentos*, 10 (1984), pp. 325-46.

Guénée, Bernard, *Histoire et culture historique dans l'Occident médiéval*, Aubier-Montaigne, París, 1980.

Havens Caldwell, Susan, "Urraca of Zamora and San Isidoro in León: Fulfilment of a Legacy", *Woman's Art Journal*, 7/1 (1986), pp. 19-25.

Iglesia Ferreirós, Aquilino, "Escuela, Estudio y maestros", *Historia, Instituciones, Documentos*, 25 (1998), pp. 313-26.

—, "*Rex superiorem non recognoscens*: Hugolino de Sesso y el *Studium* de Palencia", *Initium. Revista catalana d'història del dret*, 3 (1998), pp. 1-205

Kantorowicz, Ernst H., "Kingship under the Impact of Scientific Jurisprudence", en M. Clagett, G. Post y R. Reynolds (dir.), *Twelfth Century Europe and the Foundations of Modern Society*, University of Wisconsin Press, Madison, 1961, pp. 89-111.

Karge, Henrik, "De la portada románica de la transfiguración al Pórtico de la gloria. Nuevas investigaciones sobre la fachada occidental de la catedral de Santiago de Compostela", *Boletín del Seminario de Estudios de Arte*, 75 (2009), pp. 17-30.

Klaniczay, Gabor, "*Rex Iustus*. Le saint fondateur de la royauté chrétienne", en S. Csernus y K. Korompay (dir.), *Les Hongrois et l'Europe: Conquête et intégration*, Publications de l'Institute Hongrois de Paris, París, 1999, pp. 265-91.

Klinka, Emmanuelle, "*Ego misera et peccatrix...*: El *Liber mozarabicus canticorum et horarum* (Salamanca, ms. 2668)", *e-Spania*, 13 (2012), http://e-spania.revues.org/21044.

Kume, Junko, "Transmisión y enriquecimiento de programas iconográficos en la Alta Edad Media: el caso de las *Etimologías* de doña Sancha de León", en *Actas del XVII Congreso Nacional de Historia del Arte, CEHA-2008*, Barcelona, 2008, pp. 681-700.

Linehan, Peter, *History and the Historians of Medieval Spain*, Oxford University Press, Oxford, 1993.

—, *Spain, 1157-1230. A Partible Inheritance*, Wiley-Blackwell, Oxford, 2011.

Lucas Álvarez, Manuel, "Las Cancillerías reales (1109-1230)", en *El reino de León en la Alta Edad Media*, Centro de Estudios San Isidoro, León, 1993, vol. 5, pp. 69-84.

Maffei, Domenico, "Fra Cremona, Montpellier e Palencia nel secolo XII", *Rivista Internationale di Diritto Comune*, 1 (1990), pp. 9-30.

Martin, Therese, "Mujeres, hermanas e hijas: el mecenazgo femenino en la familia de Alfonso VI", *Anales de Historia del Arte*, vol. extraordinario 2 (2011), pp. 147-179.

—, *Queen as King: Politics and Architectural Propaganda in Twelfth-Century Spain*, Brill, Leiden, 2006.

Menéndez Pidal, Gonzalo, "Mozárabes y asturianos en la cultura de la Alta Edad Media (en relación especial con la historia de los conocimientos geográficos)", *Varia Medievalia*, I, Real Academia de la Historia, Madrid, 2003.

Nieto Soria, José Manuel, "Les clercs du Roi et les origines de l`État moderne en Castille: propagande et légitimation (XIIIèmeXVème siècles)", *Journal of Medieval History*, 18 (1992), pp. 297-318.

Post, Gaines, "Roman Law and Early Representation in Spain and Italy, 1150-1250", *Speculum*, 18/2 (1943), pp. 211-32.

Reilly, Bernard F., "The Chancery of Alfonso VII of León-Castilla: The Period 1116-1135 Reconsidered", *Speculum*, 51/2 (1976), pp. 243-61.

Rodríguez de la Peña, Manuel Alejandro, *Los reyes sabios: Cultura y poder en la Antigüedad Tardía y la Alta Edad Media*, Actas, Madrid, 2008.

—, "Mecenas, trovadores, bibliófilos y cronistas: los reyes de Aragón del *Casal de Barcelona* y la sabiduría (1162-1410)", *Revista Chilena de Estudios Medievales*, 2 (2012), pp. 81-120.

—, "*Rex excelsus qui scientiam diliget:* la dimensión sapiencial de la Realeza alfonsí", *Alcanate: Revista de Estudios Alfonsíes*, 9 (2014/2015), pp. 107-135.

—, "Realeza sapiencial y mecenazgo cultural en los reinos de León y Castilla (1000-1200)", *Studia Historica*, 33 (2015), pp. 69-96.

—, *The Cultural Power of Medieval Monarchy: Political Ideology, Court Culture, and Patronage of Learning in the royal courts of Europe (1000-1300)*, Routledge, Londres, 2023.

Rucquoi, Adeline, "El Rey Sabio: cultura y poder en la Monarquía medieval castellana", en *Repoblación y Reconquista*, Actas del III Curso de Cultura medieval, Aguilar de Campoo, 1993, pp. 77-87.

—, "Éducation et societé dans la Péninsule Ibérique médiévale", *Histoire de l'Éducation*, 69 (1996), pp. 3-36.

—, "Alfonso VIII de Castilla y la Realeza", en *Rex, sapientia, nobilitas. Estudios sobre la Península Ibérica medieval*, Granada, 2006, pp. 47-86.

—, "De los reyes que no son taumaturgos: los fundamentos de la Realeza en España", en *Rex, sapientia, nobilitas. Estudios sobre la Península Ibérica medieval*, Granada, 2006, pp. 9-46.

Sáenz-López, Sandra, "El mundo para una reina: los *mappaemundi* de Sancha de León (1013-1067)", *Anales de Historia del Arte*, vol. extraordinario 2 (2010), pp. 317-34.

Sierra Macarrón, Leonor, "La escritura y el poder. El aumento de la producción escrita en Castilla y León (siglos XI-XIII)", *Signo*, 8 (2001), pp. 249-74.

Ullmann, Walter, *Medieval Foundations of Renaissance Humanism*, Cornell University Press, Ithaca, 1977.

Verger, Jacques, *Gentes del saber: En la Europa de finales de la Edad Media*, Universidad Complutense, Madrid, 1999.

Williams, John W., "Fernando I and Alfonso VI as Patrons of the Arts", *Anales de Historia del Arte*, vol. extraordinario 2 (2011), pp. 413-35.

—, "León: The Iconography of a Capital", en Th. N. Bisson (dir.), *Cultures of Power. Lordship, Status, and Process in Twelfth-Century Europe*, University of Pennsylvania Press, Filadelfia, 1995, pp. 231-58.

Wright, Roger, *El Tratado de Cabreros (1206): Estudio sociofilológico de una reforma ortográfica*, Queen Mary and Westfield College, Londres, 2000.

Yarza Luaces, Joaquín, *Arte y arquitectura en España 500-1250*, Cátedra, Madrid, 6ª ed., 1990.

10.
DE SAN DEMETRIO A TOMÁS BECKET: PODER Y SANTIDAD EN LA ADOPCIÓN DE CULTOS FORÁNEOS EN LOS REINOS HISPANOS DE LOS SIGLOS XI Y XII. UNA MIRADA DESDE LA HISTORIA DEL ARTE

Marta Poza Yagüe[1]
Universidad Complutense de Madrid

¿Cuándo, dónde y por qué llegan las reliquias de un santo griego al Aragón de Sancho Ramírez? ¿A quién convenía la exposición del asesinato de un mártir inglés en una pequeña villa fronteriza de la extremadura castellana? En apenas cien años, se registra la llegada a estos reinos de dos cultos ajenos a la tradición hispana. Como quiera que la historia de las obras de arte trasciende al discurso plástico de la propia Historia del Arte, interrogarse sobre la identidad de los propietarios y promotores de los objetos más tempranos vinculados a estas nuevas devociones puede contribuir a enriquecer el panorama de las complejas relaciones locales e internacionales establecidas entre los principales poderes de aquellos tiempos.

SAN DEMETRIO Y SANCHO RAMÍREZ: PATRONAZGO Y GUERRA SANTA EN EL REINO DE ARAGÓN. FORMULANDO HIPÓTESIS A PARTIR DE UNA PLACA DE MARFIL CONSERVADA EN NUEVA YORK

En el Metropolitan Museum of Art de Nueva York se conservan dos piezas vinculadas a la familia real aragonesa. Se trata de sendas placas de marfil montadas sobre marcos de orfebrería, que han sido interpretadas tradicionalmente como cubiertas de Evangeliario; argumento que,

[1] Proyecto MARCAM: Las mujeres y las artes en la Castilla medieval (siglos XII-XV): Promoción, recepción y capacidades de acción (PID2021-128754NA-I00)

no obstante, está siendo rebatido de manera contundente desde hace algunos años. Una de ellas, de estilo románico, presenta la inscripción FELICIA/REGINA, lo que permite ponerla en relación con la reina Felicia de Roucy (Ref.: 17.190.33) (fig. 1). Por asimilación, idéntico vínculo se hace extensible a la segunda de las piezas.

Fig. 1. Placa de marfil románica con inscripción FELICIA REGINA (Metropolitan Museum of Art, Nueva York. OA: https://images.metmuseum.org/CRDImages/md/original/DP-20985-001.jpg).

Más antigua que la anterior, todo apunta a que esta fue el elemento central de un tríptico labrado en Constantinopla, a finales del siglo x (Ref.: 17.190.134). Iconográficamente representa la típica composición bizantina de *Deesis* junto a los bustos de los arcángeles

Fig. 2. Placa de marfil bizantina (Metropolitan Museum of Art, Nueva York. OA: https://images.metmuseum.org/CRDImages/md/original/DP-20986-001.jpg)

Gabriel y Miguel con expresión doliente, y a las representaciones astrales del Sol y la Luna a ambos lados de la cabeza del crucificado (fig. 2). De estilo sobrio, pero trabajado con un relieve marcado que proporciona a las imágenes el equilibrio y la elegancia propias de una pieza de lujo tallada en los talleres imperiales, ha sido relacionada por los bizantinistas con los marfiles del grupo de Nicéforo. Su posesión, en Occidente, otorgaría valores que trascenderían a los puramente económicos[2]. ¿Cuándo y por qué pudo llegar a Aragón una pieza tan delicada?

[2] Antonio Naval, "Evangeliario de Jaca, en Nueva York", *Cuadernos Altoaragoneses*, 190 (*Diario del* Altoaragón, 16 de junio de 1991, p. 39); Charles T. Little, "Two Book Covers from Santa Cruz de la Serós", en *The Art of Medieval Spain, A.D. 500-1200*,

Los estudios mencionan los orígenes de la reina como canal de transmisión. Felicia, hija de Hilduino IV de Ramerupt y de Alice Adèle de Roucy, procedía de una familia de la nobleza de Champaña vinculada por lazos sanguíneos tanto con los reyes de Francia, como con el emperador Otón I. Por ello, no resulta complicado suponer que, entre sus posesiones patrimoniales, hubiese joyas y objetos suntuarios de diversa procedencia, incluidos algunos de origen bizantino[3]. Sin argumentos para refutarlo, me pregunto si el hecho de que el rótulo de *Felicia Regina* aparezca en la placa románica no haya podido ser el condicionante que ha sostenido también un nexo directo entre la reina y el marfil constantinopolitano, obviando otras posibilidades. Porque el marfil de la Crucifixión no es el único testimonio oriental del que se da cuenta en Aragón por los mismos años. ¿Casualidad? Tal vez sí. Pero tratar de contemplar otras opciones sobre su origen, recepción y posesión puede ponernos ante una realidad diferente y mucho más compleja, en la que las relaciones personales e institucionales de los agentes implicados nos dibuje intereses de legitimación, patronazgo y guerra santa en un momento crucial de consolidación tanto de la dinastía, como del territorio[4].

The Metropolitan Museum of Art, Nueva York, 1993, pp. 268-269; ídem, "Book Cover with and icon of the Crucifixion", en Helen C. Evans y William D. Wixom (eds.), *The Glory of Byzantium. Art and Culture of the Middle Byzantine Era A.D. 843-1261*, The Metropolitan Museum of Art, Nueva York, 1997, p. 466; Miguel Cortés, "Acerca de la llegada a España de algunas obras bizantinas", en *El Mediterráneo y el arte español*, Comité Español de Historia del Arte, Valencia, 1996, pp. 14-18; ídem, "Bizancio en España: el Díptico de Apión", en *Bizancio. El triunfo de las imágenes sagradas*, Biblioteca Nueva, Madrid, 2010, pp. 40-42; Isidro G. Bango, "Cubierta de evangeliario de la reina Felicia", en *Sancho el Mayor y sus herederos. El linaje que europeizó los reinos hispánicos*, Fundación para la Conservación del Patrimonio Histórico de Navarra, Pamplona, 2006, vol. I, pp. 292-294; y, muy especialmente, Verónica Abenza, "El Díptic de Jaca i la reina Felicia de Roucy", *Síntesi. Quaderns dels Seminaris de Besalú*, 2 (2014), pp. 28-53, ídem, "*Ego, Regina*: un nuevo retrato del patrocinio artístico femenino en Aragón a finales del siglo XI", *Románico*, 20 (2015), pp. 88-97 e ídem, "The Jaca Ivories: towards a revaluation of eleventh-century female artistic patronage in the Kingdom of Aragon, en Jordi Camps *et al.*, (eds.), *Romanesque Patrons and Processes*, Routledge, Abingdon, 2018, pp. 183-193.

[3] Desarrollando posturas previas: Ana I. Lapeña, *Sancho Ramírez rey de Aragón (¿1064?-1094) y rey de Navarra (1076-1094)*, Trea, Gijón, 2004, pp. 62-65. Referentes documentales en Verónica Abenza, "El Diptic...", p. 48.

[4] He profundizado sobre ello en Marta Poza, "Byzantine echoes at the end of the eleventh century in the Kingdom of Aragon. Sancho Ramírez and the relics of Saint Demetrius of Thessaloniki, fact or historiographic fiction?", en John McNeill y Richard

En mayo de 1505, se trasladan desde el castillo a la parroquial de San Esteban de Loarre (Huesca), las reliquias de san Demetrio. Según relato de Fr. Ramón de Huesca, estas habían cruzado los Pirineos a lomos de una mula, guiada por dos eclesiásticos franceses, siendo rey Sancho Ramírez. Al acercarse a Jaca, las campanas comenzaron a sonar súbitamente y el obispo, advertido de la sacralidad de los restos, quiso que se quedaran en su catedral. Como quiera que los clérigos se negaran, se decidió cegar a la mula de manera que caminase sin un rumbo marcado y, allí donde se detuviera, sería el lugar en el que deberían custodiarse. Así lo hicieron y el animal no paró hasta que llegó a las puertas de la fortaleza loarresa, donde cayó muerta. Cumpliendo lo acordado, el arca con las reliquias se depositó en la capilla del castillo[5]. Más allá de los hechos puntuales, nada debe sorprendernos de esta narración, articulada a partir de una serie de *lieux communs* con otros acontecimientos milagrosos de la España de la Reconquista[6]. Lo singular del relato aragonés se concentra en la identidad del protagonista.

Parece haber acuerdo en identificar al san Demetrio que nos ocupa con el soldado martirizado en el siglo III por orden de Maximiano, cuyos restos se veneraban en Tesalónica[7]. Con un culto prácticamente

---

Plant (eds.), *Romanesque saints, shirnes, and pilgrimage*, Routledge, Abingdon, 2020, pp. 173-185.

5 R. P. Fr. Ramón de Huesca, *Teatro Histórico de la Iglesia del Reyno de Aragón. VI. Estado Moderno de la Santa Iglesia de Huesca*, Imprenta de la Viuda de Longás e Hijo, Pamplona, 1796, pp. 116-120. Resume el episodio Antonio Durán, *El Castillo de Loarre*, Guara, Zaragoza, 1984, p. 59.

6 Como en Loarre, una yegua ciega es quien se niega a avanzar una vez que alcanza la iglesia segoviana de San Justo, en el caso del Cristo de los Gascones, a comienzos del siglo XII: Eduardo Carrero, “El Santo Sepulcro: imagen y funcionalidad espacial en la capilla de la iglesia de San Justo (Segovia)”, *Anuario de Estudios Medievales*, 27 (1997), pp. 461-477; o, más próximo en el espacio y en el tiempo al episodio que nos concierne, son una yunta de bueyes los que, en la *translatio* de los restos de san Millán desde Suso hasta Nájera, truncan el traslado por su negativa a continuar al llegar al valle, circunstancia que determinó la construcción en ese punto del Monasterio de Yuso, en tiempos de García III de Pamplona: Javier Pérez-Embid, *Hagiología y sociedad en la España medieval. Castilla y León (siglos XI-XIII)*, Universidad de Huelva, Huelva, 2002, pp. 44-49 y 92-102.

7 En algún momento se llegó a pensar que no se trataba del santo griego sino de otro Demetrio, obispo de Gap (Hautes Alpes), quien debió morir *c.* 100: Santiago Alcolea, “Arqueta relicario de San Demetrio”, en *Signos. Arte y Cultura en el Alto Aragón Medieval*, Diputación de Huesca, Huesca, 1993, p. 276.

relegado a Oriente hasta que, en junio de 1098, su aparición milagrosa en la Batalla de Antioquía lo convirtió en patrón de los Cruzados, aún es posible rastrear una presencia temprana en Occidente. Presencia iconográfica (pinturas de Santa María Antiqua, en el foro romano, siglo VII); presencia textual (en 876, Anastasius Bibliothecarius dedica a Carlos el Calvo la *passio prima*, traducción al latín del relato sobre su vida y martirio redactado en griego, poco antes, por Photios); y presencia ¿física? (a finales del siglo XI, la abadía de la Trinidad de Caen decía poseer reliquias pertenecientes al santo)[8].

Por su relato, san Demetrio era justo el respaldo espiritual que convenía a Sancho Ramírez. Antes de la gesta en Antioquía, había acreditado su papel de defensor frente a los paganos al liberar a su ciudad, Tesalónica, del asedio de los eslavos, en el 586, y de los búlgaros, en 1041. Por ello, nadie mejor como soporte para el rey de Aragón, en un momento en el que este se preparaba para engrandecer los límites del reino a costa de recuperar las tierras todavía en poder de los musulmanes[9]. Pero, como santo ajeno a la tradición del lugar, la pregunta que cabe hacerse es ¿de la mano de quién llegan sus reliquias?

Lo inmediato es pensar que pudieron ser adquiridas por el rey durante su visita a Roma, en 1068, o, incluso, que pudieran haber

[8] Sobre san Demetrio: Hippolyte Delehaye, *Les legendes grecques des saints militaires*, Picard, París, 1909, pp. 103-109; Alexander P. Kazdan y Nancy P. Ševčenco, "Demetrios of Thessalonike", en *The Oxford Dictionary of Byzantium*, Oxford University Press, Nueva York-Oxford, 1991, vol. I, pp. 605-606; Eugenia Russell, *Demetrius of Thessalonica. Cult and Devotion in the Middle Ages*, Peter Lang, Oxford, 2010 y Jean-Michel Spieser, "Le culte de Saint Démétrios à Thessalonique", en Jean-Pierre Caillet *et al.* (ed.), *Des dieux civiques aux saints patrons (VIe-VIIe siècle)*, Picard, París, 2016, pp. 275-291. Para las fuentes de sus *passiones* y *miracula*: Eugenia Russell, "Sources and themes for the study of the cult of saints in the Middle Ages: the case of St. Demetrius", *Peer English: The Journal of New Critical Thinking*, 6 (2011), pp. 6-17. Sobre el culto a sus reliquias y los relicarios más tempranos: André Grabar, "Quelques reliquaires de Saint Démétrius et le martyrium du Saint à Salonique", *Dumbarton Oaks Papers*, 5 (1950), pp. 1-28 y Elena Paroli, "Le reliquie del santo nei *Miracula* di San Demetrio di Tessalonica", en Krassimir Stantchev y Stefano Parenti (eds.), *Liturgia e agiografia tra Roma e Costantinopoli*, Grottaferrata, 2007, pp. 167-182. De la difusión de su culto en Occidente: Elizabeth Lapina, "Demetrius of Thessaloniki: patron saint of crusaders", *Viator*, 40 (2009), pp. 93-112 y James B. MacGregor, "Negotiating Knightly Piety: The Cult of the Warrior-Saints in the West, *ca.* 1070-*ca.* 1200", *Church History: Studies in Christianity and Culture*, 73/2 (2004), pp. 317-345.

[9] Sin obviar que, con ello, además, se ganaba un nuevo signo de identidad para el reino a la vez que se posibilitaba la independencia espiritual respecto a Navarra. Desde el siglo X, san Miguel había sido invocado por los reyes pamploneses antes de enfrentarse

sido regaladas por el papa en agradecimiento al enfeudamiento de Aragón a la Santa Sede. Con el Gran Cisma aún reciente (1054), Roma intensificó su política propagandística de superioridad espiritual frente a Oriente adoptando, entre otras medidas, la apropiación de cultos y reliquias procedentes del Este, que consideraron y pusieron en circulación como propias. Sin embargo, el carácter militar de san Demetrio parece desaconsejar este momento, puesto que el gran impulso bélico del monarca aragonés no responde a fechas tan tempranas.

Algo más de sentido tendría pensar que quien las entrega es Eblo de Roucy, hermano de la reina Felicia. También él las podría haber adquirido en Roma, dado su papel de paladín papal y su cercanía a las cortes de Alejandro II y Gregorio VII, quienes le encomendarán liderar una cruzada con el objetivo de recuperar la *terra Hispaniae* aún en manos musulmanas. Incluso, podría haberse hecho con ellas en territorios algo más meridionales puesto que había acompañado a Robert Guiscard en sus campañas en Sicilia, isla en la que los contactos con el mundo bizantino eran mucho más fluidos[10]. Aunque la condición militar del santo sí coincidía con las actividades del conde, tal vez un regalo de esta naturaleza no hubiese sido bienvenido por el rey quien, de haber tenido éxito la cruzada de 1073, habría visto cómo las tierras reconquistadas no habrían engrosado el patrimonio del reino, sino el de la Santa Sede. Así, que hubiesen llegado a Aragón de manos de su cuñado es hipótesis factible, aunque problemática. Además, tampoco acaba de ajustarse a los términos de la leyenda.

Porque es verdad que una leyenda no es nada más que un relato fabulado; pero que en ocasiones está basado en acontecimientos

a los musulmanes (Fermín Miranda, "Sacralización de la guerra en el siglo x. La perspectiva pamplonesa", *Anales de la Universidad de Alicante. Historia Medieval*, 17 (2011), pp. 225-243 e ídem, "Ascenso, auge y caída de san Miguel como protector de la monarquía pamplonesa (ss. x-xii)", en *Mundos medievales: espacios, sociedades y poder. Homenaje al Prof. José Ángel García de Cortázar*, Universidad de Cantabria, Santander 2013, vol. I, pp. 759-768). Pero, a pesar de que Sancho Ramírez ocupó también el trono navarro a partir de 1076, la documentación no registra un interés significativo del monarca ni por el arcángel, ni por su santuario en Aralar, interés que sí retomarán sus sucesores Pedro I y Alfonso I.

[10] Ramón Menéndez Pidal, *La España del Cid*, Espasa Calpe, Madrid, 1929, vol. I, pp. 258-260 y Joseph F. O'Callaghan, *Reconquest and Crusade in Medieval Spain*, University of Pennsylvania Press, Filadelfia, 2003, pp. 27-29.

reales. Y el de la *translatio* de los restos de san Demetrio remite, punto por punto, al panorama político, religioso y geoestratégico del reino, hacia los años de 1084-1086.

La narración indica que los restos cruzan los Pirineos y que quienes los transportan son una pareja de clérigos franceses, lo que parece invalidar la posibilidad de la procedencia siciliana y la autoridad de Eblo de Roucy. Sin embargo, el ascenso al obispado de Pamplona de Pedro de Rodez, antiguo monje de Conques, a finales de 1083, así como el protagonismo que cobra por los mismos años Frotardo, abad de Saint-Pons-de-Thomières, inicia un periodo de especial intensidad en la llegada de eclesiásticos franceses, alguno de los cuales llega a ocupar puestos destacados en la estructura religiosa del reino[11]. El hecho de que la historia mencione que sean justamente dos clérigos puede ser entendido, en sentido literal, en alusión al papel protagonista que pudieron tener en este asunto la pareja formada por el obispo Pedro y el abad Frotardo (y estoy convencida de la relación del primero con la presencia de las reliquias en Loarre); como, de manera amplia, con ese desembarco de gentes de iglesia procedentes del país vecino en el Aragón de estos años.

Prosigue el relato indicando la negativa a la permanencia de los restos en Jaca para recalar de manera milagrosa en Loarre. La lógica parece indicar que unas reliquias de prestigio deberían ser conservadas en el edificio de mayor rango litúrgico que existiese en el territorio; y ese era la catedral que se estaba levantando en la capital. Sin embargo, los restos acaban en un castillo. Los años que transcurren entre 1083-1086, suponen un periodo de desacuerdo entre el obispo García y su hermano el rey Sancho Ramírez. Que las reliquias pasasen de largo la catedral del obispo y acabasen en el castillo del rey apunta precisamente a esa época de hostilidad fraterna en la que el beneficiado fue el soberano quien, por otra parte, no dejó de ver con buenos ojos esa especie de "colonización" franca en la Iglesia aragonesa, decisión no aplaudida con el mismo entusiasmo por su hermano el prelado.

[11] Antonio Durán, *La Iglesia de Aragón durante los reinados de Sancho Ramírez y Pedro I (1062?-1104)*, Iglesia Nacional Española, Roma, 1962, pp. 41-48.

Pero lo realmente importante de todo este discurso es, precisamente, el destino final de los restos. Loarre es mucho más que un castillo. Fue la fortaleza preferida por Sancho Ramírez para lanzar la campaña de Huesca y el espacio en el que fundó la primera de sus capillas reales. De nuevo, las fechas coinciden. Es a partir de 1083 cuando el rey se embarca en una intensa política militar orientada a ampliar el reino a costa de las plazas musulmanas (en 1083 toma Graus, Bolea y Ayerbe; en 1084 Sescastilla y Naval; en 1087 Tudela; en 1089 Monzón..., citando solo alguna de las más importantes que precedieron al asalto definitivo a Huesca, en 1094). Tan conveniente fue la llegada en estos momentos de los restos de un santo militar cuyo currículo acreditaba el auxilio a los defensores cristianos de ciudades ocupadas o sitiadas por paganos, como su depósito en la cripta de la capilla del castillo. Porque la configuración topográfica de Loarre lleva a que varias de sus estructuras compartan, por ubicación y funcionalidad, una doble significación sacro-profana. Seguramente el aspecto más emblemático de esto sea la propia iglesia. Desde los flancos S y SE, aquellos que dan frente a la llanura que desciende hasta Huesca, el perfil que ofrece la fortaleza es el del edificio religioso y no el de las estructuras militares. La capilla de San Pedro es uno de los ejemplos más significativos y mejor construidos del románico en España. Sólidos muros cubiertos por bóveda de cañón, imponente cimborrio octogonal delante del presbiterio y ábside hacia oriente que marca la verticalidad, la altura y el equilibrio de una estructura que, lejos de dar sensación de debilidad, proyecta la idea simbólica de que el templo, defensa de la fe, lo es también del rey y de su reino. Desde la distancia, la imponente mole que percibía el enemigo musulmán era la de la inexpugnabilidad de la iglesia; la misma que conduciría a las tropas aragonesas hasta la victoria[12].

[12] "With its church built in the Romanesque Style in combination with is fortified towers and walls, the castle monumentalized the legitimacy of the Christian hegemony over the neighbouring Muslim towns": Janice Mann, *Romanesque Architecture and Its Sculptural Decoration in Christian Spain, 1000-1120. Exploring Frontiers and Defining Identities*, University of Toronto Press, Toronto, 2009, p. 102; análisis arquitectónico, espacial e iconográfico del enclave, coincidente en muchos puntos, por Marta Poza, "Fortaleza militar y refugio de fe: proceso constructivo y relaciones estilísticas del conjunto de Loarre", en Pedro L. Huerta (coord.), *Siete maravillas del*

Nada más apropiado para un proyecto constructivo e iconográfico que unía fe y doctrina a conceptos como legitimidad territorial y victoria, que contar con la presencia de los restos santos entre sus muros (fig. 3).

Fig. 3. Loarre. Vista de la fortaleza y del ábside de la capilla de San Pedro, desde el Este

¿Y dónde estaban contenidos? La que conocemos como Arqueta de San Demetrio es un relicario de orfebrería de forma prismática y cubierta a cuatro aguas (32x61 cm en los frentes; 30x32,5 cm en los laterales; 42,8 cm altura total), realizada en madera de conífera y recubierta por láminas de plata sobredorada. La decoración muestra una iconografía triunfal, con la doble representación teofánica de una *Maiestas* y una Ascensión entre los símbolos del Tetramorfos y de los Vivientes, además de dos serafines turiferarios en la tapa y de un Apostolado completo a lo largo del cuerpo de la caja. Las figuras, en actitudes dinámicas, aparecen bajo arquillos sobre columnas con cintas de desarrollo helicoidal, y con cenefas de roleos y hojas como separación entre ellas. El programa no es ajeno a la tradición de

románico español, Fundación Santa María la Real, Aguilar de Campoo, 2009, pp. 78-81.

los relicarios hispanos desde el siglo x. Pero su factura, tal y como demostró Moralejo, remite a modelos propios de la iluminación lemosina de finales del xi, proponiendo para ella una cronología próxima al 1100[13] (fig. 4).

Fig. 4. Loarre. Arqueta de San Demetrio (foto Antonio García Omedes)

[13] Ricardo del Arco, *Catálogo monumental de España. Huesca*, CSIC, Madrid, 1942, p. 176; Antonio Ubieto, "Los relicarios de Loarre", *Estudios de Edad Media de la Corona de Aragón*, vol. III (1947-1948), pp. 476-480; Serafín Moralejo, "«Ars sacra» et sculpture romane monumentale: le trésor et le chantier de Compostelle", *Cahiers de Saint-Michel de Cuxa*, 11 (1980), p. 216 e ídem, "Les arts somptuaires hispaniques aux environ de 1100", *Cahiers de Saint-Michel de Cuxa*, 13 (1982), pp. 285-310; Antonio Durán, *El castillo*..., pp. 58-61; Sebastián Alcolea, "Arqueta relicario de San Demetrio', en *Signos. Arte y Cultura en el Alto Aragón Medieval*, Diputación de Huesca, Huesca, 1993, pp. 276-277 e ídem, "Arqueta relicario de la iglesia de Loarre", en *Signos. Arte y Cultura en el Alto Aragón Medieval*, Diputación de Huesca, Huesca, 1993, pp. 256-257. Sobre su restauración, en 1986: *Aragón. Patrimonio Cultural Restaurado. 1984/2009. Bienes muebles*, Gobierno de Aragón, Zaragoza, 2010, vol. II, pp. 876-877; llamando la atención sobre el estado anterior de la pieza, así como de otras intervenciones previas: Antonio García Omedes, "Loarre. Arqueta de reliquias de San Demetrio", http://www.romanicoaragones.com/colaboraciones/Colaboraciones043864DosArquetas.htm (21/05/2023). Ídem, "Loarre. Arqueta de San Demetrio", http://www.romanicoaragones.com/colaboraciones/Colaboraciones043807SanDemetrio.htm (21/05/2023)

Entonces si, como sospecho, las reliquias llegaron a mediados de la década de los 80 y el relicario que conocemos es unos tres lustros posterior, la lógica obliga a preguntarse sobre cuál fue su receptáculo original. De nuevo la especulación se impone ante cualquier tipo de certeza. Aunque de nuevo, también, especulación necesaria.

Ya he apuntado cómo los orígenes familiares de la reina Felicia la acreditaban como posible propietaria del marfil oriental; pero la posesión de joyas, objetos de orfebrería, marfiles y tejidos de lujo elaborados en Bizancio no fue prerrogativa exclusiva de casas reales y nobiliarias. Igual que ellas, también los grandes centros religiosos procuraron hacerse con una cantidad suficiente de piezas de esta procedencia, movidos por idénticas razones de prestigio[14]. La abadía de Conques fue ejemplo significativo de esta tendencia. En su tesoro monástico había obras realizadas en centros orientales, su taller de orfebrería fue de los más tempranos en reproducir esmaltes con la técnica bizantina del *cloisonné* e, incluso, la tela que envolvía las reliquias de santa Fe era una rica seda de tonalidad violácea, a semejanza de la púrpura imperial, tejida en Bizancio en el siglo IX[15]. En este juego de casualidades no casuales, que Pedro de Rodez hubiese sido monje en Conques antes de ser nombrado obispo de Pamplona vuelve a situar al prelado en el foco de atención.

No puedo confirmar si el marfil llegó todavía montado en el tríptico original (si fue así, no se tienen noticias del destino de los dos paneles laterales)[16]; si lo hizo formando parte de algún tipo de

[14] Son varios los trabajos que han estudiado esta difusión de obras bizantinas hacia Occidente y cómo contribuyeron a difundir técnicas y temas iconográficos al arte occidental: Otto Demus, *Byzantine Art and the West*, New York University Press, Nueva York-Londres, 1970; Jannic Durand, "Introduction", en *Byzance. L'art byzantine dans les collections publiques françaises*, Reunion des Musées Nationaux, París, 1992, pp. 11-17; o Eva R. Hoffman, "Pathways of Portability: Islamic and Christian Interchange from the Tenth to the Twelfth Century", *Art History*, 24 (2001), pp. 17-50. Para los análisis monográficos de alguna de estas piezas, remito a los catálogos de las exposiciones: *The Glory of Byzantium*... y *Byzantium 330-1453*, Robin Cormarck y Maria Vassilaki (eds.), Royal Academy of Arts, Londres, 2008.

[15] Jannic Durand, "Introduction...", p. 12; Marielle Martiniani-Reber, "Suaire de sainte Foy", en *Byzance. L'art byzantine dans les collections publiques françaises*, Reunion des Musées Nationaux, París, 1992, p. 374.

[16] Si el tríptico hubiese llegado íntegro, habría tenido un valor simbólico añadido. Muchos de los trípticos de marfil constantinopolitanos con el tema de la *Deesis*, muestran en sus alas laterales las efigies de santos militares entre los que casi nunca falta san

estuche que contuviese los restos[17]; o si, por el contrario, ya circuló como tablilla independiente. Pero intuyo que llegó a la vez que las reliquias de san Demetrio, asociado de manera estrecha a ellas y por iniciativa personal de Pedro de Rodez, tal vez como regalo al rey en agradecimiento por su promoción a la sede iruñesa. Al vincular reliquias y relicario en un mismo proyecto, si así sucedió, fue la propia materialidad de la pieza y su procedencia lo que acabó por dotar de autenticidad a los restos santos que también habían llegado. En un ejercicio de asimilación típicamente medieval, si el marfil era griego, las reliquias que lo acompañaban debían pertenecer a un santo asimismo griego. San Demetrio cumplía el requisito. Y, fuese cual fuese la vía de recepción, su presencia en Aragón afianzaba la idea de internacionalización del reino y su plena inserción en las corrientes culturales más significativas del continente, a la vez que, por su vinculación con el poder imperial de Oriente, suponía un símbolo más de legitimación soberana para el gobierno de Sancho Ramírez[18].

Prestigio y sacralidad que hacen comprensible el deseo de emulación. Es en este contexto en el que mejor se explica el encargo de la segunda placa conservada en el museo neoyorquino, en lo que se manifiesta, ahora sí, como uno de los ejemplos más sobresalientes de patronazgo femenino medieval que nos ha llegado. Seguramente buscando proyectar los valores simbólicos que entrañaba el marfil oriental y sin desdeñar por ello su belleza formal, la reina Felicia asume el protagonismo en el encargo de otra tablilla inspirada en la anterior. Dos obras independientes, pero que remiten una a la

---

Demetrio. En algún caso, incluso, unos versos sobre las imágenes indican cómo, con su ayuda, el emperador podría poner en fuga a sus enemigos. Y no solo en el marfil. En el *Psalterio de Basilio II* (*c.* 1019), el emperador los denomina 'sus aliados', en una página en la que se le representa recibiendo el homenaje de los enemigos derrotados, en presencia de los iconos de seis de estos santos guerreros: Anthony Cutler, "Art Court", en *Byzantium 330-1453*, R. Cormarck y M. Vassilaki (eds.), Royal Academy of Arts, Londres, 2008, pp. 111-116. Aun así, no creo que la pieza llegase completa a Aragón.

[17] Casi estoy convencida de ello. Tal vez una lipsanoteca de madera y paredes forradas con láminas de metal, en la que nuestra tablilla de marfil fuese el motivo central de la tapa, de manera similar a la que figura en el Arca Santa de Oviedo (*c.* 1072). Una vez desmontado el relicario, el metal es fácil de fundir de nuevo y de acondicionarlo para otros destinos, perdiéndose la memoria de la pieza.

[18] Verónica Abenza, "El Díptic..." e ídem, "The Jaca Ivories...".

otra y que, en pocos años, acabarán por formar parte de un mismo y suntuario objeto litúrgico[19].

Por el valor profiláctico que pudieron tener las reliquias de san Demetrio para la conciencia de Sancho Ramírez, no es prudente suponer que el relicario original fuese desmontado antes de la muerte del rey. Pero su papel protagonista tenía los días contados. Con el fallecimiento del monarca en junio de 1094, así como con la pérdida de valor estratégico de Loarre tras este acontecimiento, nada se oponía a que las reliquias se trasladasen a la arqueta de metal que conocemos, tal vez encargada entonces y para este fin. Aunque realizada en materiales igualmente ricos, su carga simbólica era menor que la de su predecesora. El ascenso al trono de Pedro I y su preferencia por la fortaleza de Montearagón en detrimento de Loarre, la definitiva toma de Huesca en 1096, que desplazó hasta esta ciudad la capital y los centros de influencia, así como la primera, aunque fugaz, aparición de san Jorge en Alcoraz (1096), contribuyeron a que su memoria se fuese apagando al haber desaparecido tanto las personas, como los motivos que habían amparado su no tan lejana y milagrosa llegada a Aragón.

Y el caso no es único o excepcional. Un siglo después de que tuvieran lugar estos acontecimientos, se vive una situación sorprendentemente similar en Castilla. En su extremadura oriental, la consideración de una obra de arte asociada a la recepción e implantación de otro culto foráneo acusa aproximaciones apriorísticas semejantes que, de nuevo, aconsejan ser revisadas y cuyas conclusiones pueden modificar la percepción generalizada que se tiene tanto de su promoción, como del fin para el que fue encargada.

---

[19] Un díptico y no las cubiertas de libro que se consideran, como argumentan de manera certera los estudios de dicha investigadora.

EL FRONTAL DE SAN MIGUEL DE ALMAZÁN AL AMPARO DE LA INTRODUCCIÓN DEL CULTO A SANTO TOMÁS BECKET EN CASTILLA. ¿IMPULSO REGIO O PATROCINIO EPISCOPAL?

En octubre de 1936, durante unas obras de acondicionamiento en la iglesia de San Miguel de Almazán (Soria), se localizó un relieve en arenisca cuyas dimensiones y morfología apuntaban a un origen como frontal de altar[20]. Lamentablemente dañado, las mutilaciones que presenta no fueron obstáculo para que, desde el principio, se identificase el tema como el Martirio de Tomás Becket[21], en lo que supone la referencia iconográfica más temprana, consignada hasta la fecha, del culto cantuariense en Castilla (fig. 5).

El asesinato del excanciller ocupa la mayor parte del frente. Avanzando desde la izquierda, cuatro caballeros ataviados con cotas

[20] Rectangular y con borde biselado a modo de marco, mide unos 0,8 m. de altura x 1,20 m. de largo y 0,29 m. de grosor (medidas en José M. Rodríguez, "Frontal de altar", en *Soria Románica. El Arte Románico en la Diócesis de Osma-Soria*, Fundación Santa María la Real, Madrid, 2001, pp. 78-79 e ídem, "Almazán. Iglesia de San Miguel", en *Enciclopedia del Románico en Castilla y León. Soria I*, Fundación Santa María la Real, Aguilar de Campoo, 2002, p. 140). También se ha apuntado la posibilidad de que fuese el frente de un sarcófago, piezas que no era extraño que se decorasen con vidas de santos (Gregoria Cavero *et al.*, *Tomás Becket y la Península Ibérica (1170-1230)*, Universidad de León-IEM, León, 2013, p. 79); hipótesis posible, aunque, en este caso, poco probable.

[21] Juan A. Gaya, *El románico en la provincia de Soria*, CSIC, Madrid, 1946, p. 194; M. Antonia y M. del Pilar Ridruejo, "Cuatro frontales románicos de Soria", *Archivo Español de Arte*, 68 (1945), pp. 100-103; M. Elena Sainz, *El románico soriano: estudio simbólico de los monumentos*, Universidad Complutense de Madrid, Madrid, 1984, vol. I, pp. 511 y 522; Blas Taracena y José Tudela, *Guía artística de Soria y su provincia*, Diputación Provincial de Soria, Soria, [1928] 1997, p. 211; José M. Rodríguez, "Frontal…" e ídem, "Almazán…", pp. 140-142; Fernando Galván, "Culto e iconografía de Tomás de Canterbury en la península Ibérica (1173-1300), en Francesca Español y Francesc Fité (eds.), *Hagiografia peninsular en els segles medievals*. Universitat de Lleida, Lérida, 2008, pp. 209-210; Milagros Guardia, "Il precoce approdo dell'iconografia di Thomas Becket nella peninsola ibérica. Il martirio de Becket o il racconto di una norte annunciata", en M. Stella Calò (ed.), *I Santi venuti dal mare*, Mario Adda Editore, Bari, 2009, pp. 39-42 e ídem "La mort de Thomas Becket d'après l'Espagne", *Cahiers de Saint-Michel de Cuxa*, XLII (2011), pp. 169-170; Pedro L. Huerta, *Todo el románico de Soria*, Fundación Santa María la Real, Aguilar de Campoo, 2012, p. 52; Gregoria Cavero *et al.*, *Tomás Becket…*, pp. 79-82; Carles Sánchez, *Una tragedia pintada. El martirio de Tomás Becket en Santa María de Terrassa y la difusión del culto en la península ibérica*, Anem Editors, La Seo de Urgel, 2020, pp. 94-95; Marta Poza, "From Canterbury to the Duero. An early example of Becket's martyrdom iconography in the Kingdom of Castile", *Arts*, 10/4 (2021), 72.

de malla, cuya identidad debe corresponder con las de los nobles señalados en las *Vitae* (Reginald Fitzurse, Hugh de Moreville, William de Tracy y Richard el bretón), se dirigen al encuentro del eclesiástico que les espera arrodillado, con las manos a la altura del pecho y las palmas abiertas en señal de aceptación de su trágico destino. Pautando la narración, mientras que los dos más retrasados aún llevan sus espadas apoyadas sobre el hombro y el pecho, respectivamente, los dos más adelantados adoptan una actitud violenta, asumiendo la responsabilidad del asesinato. Desencadenando el ataque de manera simultánea, uno descarga el golpe sobre la garganta de Becket, degollándolo, mientras que el restante atraviesa con su espada el brazo de Edward Grim quien, detrás del prelado y sosteniendo su báculo, ha intentado evitar que fuese alcanzado (fig. 6). Tras el santo y sobre la mesa del altar, un ángel eleva un lienzo por el que asoma una cabecita, símbolo del ascenso a la Gloria del alma del nuevo mártir, según el esquema clásico de *elevatio animae* en el románico (fig. 7).

Fig. 5. Frontal de San Miguel de Almazán. Martirio de santo Tomás Becket

Fig. 6. Frontal de Almazán. Asesinato de Becket

Por los desperfectos, el relato se complica al tratar de precisar lo figurado en el tercio izquierdo de la composición donde todavía se reconoce la presencia de dos turiferarios que descienden desde un mar de nubes, incensando un sepulcro abierto por el que asoman los restos de un sudario. Desde uno de los lados, un ángel sujeta la tapa para que no caiga. El diseño, una vez más, no es ajeno al arte de la época, siendo una de las maneras más frecuentes de representar la Resurrección a partir del episodio de la *visitatio sepulchri* (fig. 8).

Tanto el estilo de las tallas, como el modo de resolver las figuras, de canon estilizado, aunque con cierta desproporción en el tamaño de las cabezas; ataviadas con paños de plegados pesados, planos, resueltos en ocasiones a partir de simples incisiones; y en las que los rostros apenas dan muestras de expresión, hablan de un artista que tiene recursos de calidad, pero que no es excelente. ¿Dónde pudo aprender su oficio? Y lo que es más importante para tratar de acercar la obra a la identidad de su promotor, ¿cuándo lo labró?

Fig. 7. Frontal de Almazán. *Elevatio animae*

Aunque algunos elementos parecen evocar referencias silenses, tanto el estilo, como los detalles particulares apuntan a una formación en los talleres que realizaron las decoraciones de la Sala Capitular de El Burgo de Osma[22]. De allí toma el modelo de altar a partir de un capitel vegetal, a modo de mesa, sobre cuatro columnas torsas semejantes a los soportes centrales de los ventanales que comunican este

[22] Filiación ya apuntada por José M. Rodríguez, "Frontal..." e ídem, "Almazán..." y por Pedro L. Huerta, *Todo el románico...*, p. 52.

Fig. 8. Frontal de Almazán. *Visitatio sepulchri*

ámbito con la galería claustral. De Osma toma también los patrones vegetales, parejos a los de los cimacios de varios de los capiteles del capítulo catedralicio. Y Osma le sirve hasta para resolver un problema iconográfico para el que seguramente no tenía modelos previos como es el modo en el que ha diseñado la escena del martirio, con los asesinos ataviados con cota de malla que atacan con las espadas en posición horizontal cortando cabezas y atravesando miembros, en lo que se antoja como préstamo de los distintos grupos que reproducen el tema de la Matanza de los Inocentes en otro capitel del interior de la misma Sala Capitular. La principal variación que tuvo que realizar el artista adnamantino fue cambiar el cuerpecito infantil de una de las víctimas por la figura adulta y arrodillada de Becket. Eso sí, los escultores de Osma superan notablemente en calidad al autor de Almazán en cuanto a tratamiento plástico. Osma todavía refleja el naturalismo de los grandes talleres del tardorrománico castellano; Almazán, sin embargo, ha iniciado ya el avance hacia la estereotipación de las formas que conducirá hasta la disolución del estilo. Con ello, si las obras del capítulo oxomense pudieron llevarse a cabo durante la década de 1170[23], creo factible considerar los años iniciales de la siguiente, h. 1180-1185, como el periodo más probable para el relieve becketiano[24].

Lo anterior aproxima al qué y al cuándo; pero ¿por voluntad de quién? De modo semejante al que acabo de exponer para el caso aragonés, también Almazán es buen ejemplo de cómo teorías vertidas a partir de postulados apriorísticos se acaban convirtiendo en axiomas que se repiten de manera secuencial sin ser sometidos a reflexión. Propongo, entonces, tratar de confrontar evidencias para sopesar a quién interesaba más la exposición pública del tema martirial en una pequeña villa fronteriza. Simplificaría la respuesta tener constancia de la presencia en el lugar de algún clérigo insular que hubiera podido impulsarlo, como se sabe que sucedió en otros puntos de memoria visual cantuariense como Tarrasa, donde se documenta la estancia de Harvey y de Reginaldo, dos canónigos de origen inglés o anglonormando[25]. Pero no es así. Ni tan siquiera la existencia de una casa premonstratense ayuda a despejar dudas. Como canónigos

[23] Antes de 1182 para Gerardo Boto, *Ornamento sin delito. Los seres imaginarios del claustro de Silos y sus ecos en la escultura románica peninsular*, Abadía de Silos, Silos, 2000, p. 198; entre 1170-1189 para Elizabeth Valdez, *Palace of the Mind. The cloister of Silos and Spanish sculpture of the twelfth century*, Brepols, Turnhout, 2012, p. 371; de las "dos últimas décadas del siglo XII" para José M. Rodríguez, "Almazán...", p. 143 y Pedro L. Huerta, *Todo el románico...*, p. 52

[24] Compartiendo antigüedad con el ciclo pictórico de Tarrasa, para el que se ha propuesto una datación h. 1180-1190 (Carles Sánchez, *Una tragedia ...*, pp. 70-71), sin que se puedan establecer relaciones entre ambos ejemplos.

[25] Ibídem, pp. 61-66 e ídem, "An Anglo-Norman at Terrassa? Augustinian Canons and Thomas Becket at the End of the 12th century", en Jordi Camps *et al.*, *Romanesque Patrons and Processes*, Routledge, Abingdon, 2018, pp. 219-234.

agustinos, los monjes de Allende Duero eran los candidatos idóneos para haber encargado el relieve. Pero el lapso de algo más de cuatro décadas que separan el momento de factura de la pieza respecto de la fundación del monasterio, en 1231[26], invalida la propuesta.

Su atribución a Leonor de Inglaterra es el argumento que más peso ha cobrado en los trabajos de la mayoría de los investigadores, salvo lo indicado por el grupo de trabajo de Cavero, que presentó varias opciones factibles sin decantarse finalmente por ninguna[27], y de lo concluido por Cerda, para quien "it is not easy to link the agency of Leonor with some Romanesque sculpture in the church of San Miguel"[28]. Como testimonia la conocida carta de protección sobre el altar toledano dedicado al mártir, expedida por la soberana el 30 de abril de 1179[29], queda fuera de toda duda que fue la presencia de la hija de Enrique II en la corte el factor detonante para la implantación y difusión temprana de la devoción cantuariense en el centro y norte peninsular; del mismo modo que esta adopción de un culto foráneo, de marcados tintes legitimadores e identitarios para la reina Plantagenet, fue aprovechado de manera sobresaliente

[26] Según documento de donación de Leonor de Aragón, esposa de Jaime I, al abad Juan de Retuerta: M. Teresa López de Guereño, *Monasterios medievales premonstratenses. Reinos de Castilla y León*, Junta de Castilla y León, Salamanca, 1997, vol. II, pp. 545-546. La coincidencia en el nombre de las dos reinas causó en el pasado alguna confusión sobre a quién atribuir algunas actuaciones en la villa: si a la castellana, o a la aragonesa.

[27] Gregoria Cavero *et al.*, *Tomás Becket...*, p. 213.

[28] José M. Cerda, "Leonor Plantagenet and the Cult of Thomas Becket in Castile", en Paul Webster y Marie-Pierre Gelin (eds.), *The Cult of St Thomas Becket in the Plantagenet World, c. 1170-1220*, Boydell&Brewer, Woodbridge, 2016, p. 140.

[29] Julio González, *El Reino de Castilla en la época de Alfonso VIII*, CSIC, Madrid, 1960, vol. II, pp. 542-543, doc. 324. Tanto la fundación de la capilla, como del altar, se remontaban a 1177 y habían sido promoción de los condes Nuño Pérez de Lara y su mujer Teresa Fernández de Traba. Pero el diploma emitido por la reina a iniciativa propia *(spontanea voluntate)*, firmado por su propia mano *(propria manu hanc cartam roboro e confirmo)* y del que colgó un sello de cera con su efigie, es uno de los testimonios más tempranos de la implicación de una de las hijas de Enrique II en la difusión del culto cantuariense fuera de territorio angevino (Jitske Jasperse, "Matilda, Leonor and Joanna: The Plantagenet sisters and the display of dynastic connections through material culture", *Journal of Medieval History*, 43 (2017), pp. 523-547). Al entender el pergamino como un todo orgánico, sello, documento y efigie encarnan la imagen más clara de la reginalidad de Leonor: Marta Poza, "Hija del rey de Inglaterra, reina de Castilla. Aspectos dinásticos, propagandísticos e identitarios en la promoción artística de Leonor de Inglaterra", en María José Zaparaín y Julián Hoyos (eds.), *Mujeres, Arte y Patrimonio*, Trea, Gijón, 2023, pp. 19-21.

por su esposo, Alfonso VIII, para canalizar una identidad dinástica diferencial de Castilla respecto del resto de reinos limítrofes. Pero nada de todo esto se antoja suficiente para seguir asumiendo sin más el patrocinio regio sobre el relieve de Almazán, como tampoco sobre el resto de referencias cantuarienses en Soria[30].

Si acaso lo hubo, no nos ha llegado ningún documento que informe de la presencia de la reina en la villa del Duero en fechas próximas a las que se proponen para la pieza, ni parece que aconteciese allí ningún suceso relevante para ella que pudiera haber dado origen al encargo. Ni siquiera el argumento patrimonial viene en auxilio de

---

[30] En los cien años que siguieron al asesinato de Tomás Becket, el 29 de diciembre de 1170, su memoria fue recordada al menos en otros dos espacios sorianos sobre los que también ha planeado semejante sospecha de vinculación regia, con la misma carencia de pruebas. Desde el punto de vista litúrgico, su festividad se conmemoraba de modo solemne en Santa María de Huerta, como testimonia un *Gradual* procedente de la biblioteca de la abadía, en el que se contenía el oficio dedicado a la liturgia del santo en su *dies natalis* (Gregoria Cavero *et al.*, *Tomás Becket…*, p. 160 y 221). Puesto que la Orden de Císter fue una de las que más empeño puso en la difusión de su culto por toda la cristiandad medieval, y con independencia de que el monasterio fuese uno de los más queridos por Alfonso y Leonor, no cuesta atribuir a los propios monjes hortenses el encargo de estos códices (Ibídem, p. 221). En el plano visual, el testero de la capilla del brazo meridional del transepto de la iglesia de San Nicolás, en Soria, fue decorado con un ciclo pictórico que también representaba su martirio. De estilo gótico lineal y datación tardía, c. 1280-1300, no es extraño encontrar referencias en las que su presencia aún se pone en relación con la vigencia de la memoria del matrimonio de Alfonso VIII y Leonor de Inglaterra. Sánchez indica lo "estimulante" que resulta pensar que, en su momento, los monarcas pudieran haber puesto bajo su protección la capilla, dedicándola al culto del santo inglés, espacio que no sería decorado hasta décadas más tarde (Carles Sánchez, *Una tragedia…*, p. 96). Una memoria proyectada en el tiempo hacia la que también apunta Guardia al hipotetizar sobre si esa capilla pudiera estar dedicada a Becket desde tiempo atrás, aunque, en su caso, sin hacer referencia a los monarcas (Milagros Guardia, "La mort…", p. 170). "Ciclo pictórico renovado que recordase otro anterior desaparecido", también como hipótesis sobre la que se interrogan en Gregoria Cavero *et al.*, *Tomás Becket…*, p. 98, n. 209. Comparto con todos ellos la posibilidad de la existencia de una capilla dedicada al culto del mártir cantuariense en San Nicolás antes de finalizar el siglo XII, pero no la relación de estas pinturas con la pareja real. Datadas casi un siglo después del fallecimiento de ambos, me parece innecesario seguir apelando a su memoria como inspiración última para la representación. En este caso, aunque sin ningún dato documental que lo sustente, sospecho que tal vez pudieron ser los prelados de San Pedro de Soria quienes estuvieran detrás del proyecto. La proximidad del templo de San Nicolás a la sede canonical, así como el hecho de que en un mismo espacio se rindiera culto a dos santos obispos, Nicolás y Tomás Becket, que se habían significado de manera singular por su decidida defensa de los valores de la Iglesia, me parecen argumentos suficientes para que la hipótesis se tenga en consideración.

la postura: Almazán no formó parte de la dote entregada a Leonor[31] por lo que, en principio, tampoco parece que pueda defenderse la idea de pensar en el relieve como regalo a sus súbditos directos.

La percepción que tengo de una implicación personal del rey no difiere de lo expuesto para su esposa y eso que, tal vez, a él no le faltaron argumentos político-piadosos para su promoción. Desde que Enrique II de Inglaterra declaró que su victoria sobre el escocés William I, en 1174, se había producido gracias al auxilio prestado por Becket, el mártir cantuariense se convirtió en santo protector de la dinastía Plantagenet. Si su protección sobrenatural pudiese ser considerada como un "asunto de familia", es posible que también Alfonso VIII, su yerno, hubiese meditado invocarlo como talismán en cualquiera de los múltiples conflictos a los que tuvo que enfrentarse durante su reinado, ya fuese contra los reinos vecinos de León o Navarra[32], ya contra los musulmanes frente a los que obtuvo grandes victorias, pero contra los que cosechó también dolorosas derrotas. Que su protección sobre el altar toledano dedicado al santo se produjese tras el hito que supuso la toma de Cuenca, podría apuntar algo en esta dirección[33]; pero el rey no hizo mención de ello en su diploma de 1181.

Tampoco se puede argumentar una relación especialmente intensa entre el monarca y la villa soriana. Al contrario de lo que sucedió con su padre, quien sí la visitó con frecuencia, Almazán no parece ser

[31] José M. Cerda, "Matrimonio y patrimonio. Las arras de Leonor Plantagenet, reina consorte de Castilla", *Anuario de Estudios Medievales*, 46/1 (2016), pp. 63-96.

[32] Hace unos años propuse que tal vez Alfonso VIII hubiera podido invocar a Becket como auxilio para la liberación de Almazán del asedio al que habían sometido a la villa las tropas navarras de Sancho el Fuerte. Puesto que el frontal se encontró en la iglesia dedicada a san Miguel, arcángel de resonancias guerreras, cabía la posibilidad de que la victoria castellana hubiera podido ser el detonante del encargo (Marta Poza, "UNA CUM UXORE MEA: la dimensión artística de un reinado. Entre las certezas documentales y las especulaciones iconográficas", en Marta Poza y Diana Olivares (eds.), *Alfonso VIII y Leonor de Inglaterra: confluencias artísticas en el entorno de 1200*, Ediciones Complutense, Madrid, 2017, p. 78). Pero este acontecimiento sucedió en 1196, bastantes años más tarde de la cronología defendida para la pieza, lo que invalida mi hipótesis anterior.

[33] De hecho, el documento original emitido por los condes Nuño Pérez de Lara y su esposa Teresa, en julio de 1177, está suscrito *in obsidione Conche*, según diploma conservado en el Archivo de la Catedral de Toledo. Yo tomo la referencia de Gregoria Cavero *et al.*, *Tomás Becket...*, pp. 49-50.

lugar de paso habitual para Alfonso, a tenor de los itinerarios que se pueden trazar a partir de los lugares de suscripción de documentos. En el lapso que transcurre entre la canonización de Becket, en 1173, y el final de la década de 1180, momento en el que considero que debía llevar ya un tiempo realizado el antipendio, solo dos documentos, uno de 1185 y el otro de 1190, están firmados allí[34].

A lo anterior se suma que seguir suscribiendo el papel protagonista de Leonor –o de Leonor en comunión con Alfonso- en la difusión del culto, y seguir atribuyéndole la iniciativa en la promoción de todas las obras más tempranas, es negar cualquier participación contrastada en el proceso tanto de clérigos como de laicos llegados a Castilla desde Inglaterra o Aquitania en el séquito que la acompañó cuando contrajo matrimonio, lo mismo que la de prelados y monjes castellanos, igualmente implicados en las connotaciones eclesiásticas que entrañaba el culto al nuevo santo. En este punto, quiero dirigir mi atención hacia quien considero que puede dar respuesta a la cuestión: el obispo seguntino Arderico.

Aunque el posicionamiento personal de Alfonso VIII en la cuestión del *regnum* y el *sacerdotium* no debió de ser muy diferente al de sus contemporáneos y familiares Staufen o Plantagenet, las condiciones de su reinado, enfrentado a los monarcas vecinos desde su convulsa minoría de edad, además de con la obligación de continuar con el avance de la Reconquista, hicieron que el rey castellano optase, desde el principio, por una postura inteligente que pasaba por ganarse la lealtad y, con ella, el apoyo (*auxilium*) de los obispos de su tiempo[35]. Muchos no dudarán en acompañarlo al campo de batalla y, por su parte, el soberano los honrará refiriéndose a ellos, en no pocos

[34] El primero, de 7 de diciembre de 1185, remite al derecho de cobro por parte de Juan Pascual, de los tributos reales de una heredad cerca de Atienza (Julio González, *El Reino de Castilla*..., vol. II, pp. 764-765, doc. 445). El segundo, sin datar, aunque todo apunta que sería a principios de octubre de 1190, es una concesión al obispo y a la catedral de Burgos del diezmo de las rentas de las salinas de Rosío (Ibídem, pp. 959-960, doc. 559).

[35] "Para Alfonso VIII la Iglesia de su reino es ante todo un eficaz instrumento de legitimación potenciadora de su poder, un instrumento subsidiario al servicio del proyecto político regio que requería un cuadro episcopal integrado por leales colaboradores", en palabras de Carlos de Ayala, "Alfonso VIII y la Iglesia de su reino", en *1212, un año, un reinado, un tiempo de despegue*, Instituto de Estudios Riojanos, Logroño, 2013, pp. 249-250.

documentos, con expresiones de cariño, cercanía y familiaridad[36]. Aunque este pretendido equilibrio de fuerzas entre la corona y las diócesis del reino no significó que los obispos concedieran prioridad a los asuntos del rey, ni que renunciasen a su legítima defensa del principio de *libertas ecclesiae*[37].

Es en este sentido en el que se explica el protagonismo asumido por los obispos castellanos en la difusión del culto cantuariense[38]. Para Ayala, "podría considerarse la rapidísima extensión del culto a Santo Tomás Becket en algunas de las iglesias de Castilla como un síntoma de esta voluntad de preeminencia eclesiástica"[39], puesto que, "los obispos castellanos dieron muestras de un interés por su culto que no creemos obedezca únicamente a la presencia en el trono de la reina Leonor, hija de Enrique II. Quien fue presentado como víctima martirial del intrusismo regio, no podía evocar sino la actualización de un mensaje incómodo para la monarquía. Para los obispos, podía ser una manera sutil de alinearse con ideales teóricamente irrenunciables"[40].

Y Almazán pertenecía al obispado de Sigüenza, desde los inicios uno de los más destacados en la promoción de la figura del mártir[41]. Cerebruno, obispo toledano en 1177 cuando los condes de Lara dotan el altar dedicado al santo, había sido antes obispo de Sigüenza. Su sucesor, Joscelmo († 1178), es quien consagra en la cabecera de la catedral que se estaba construyendo una capilla bajo la titularidad de santo Tomás. Alguna década más tarde, c. 1197, su culto en la

---

[36] Distinguiendo a varios, incluso, con la confianza que suponía ponerlos al frente de misiones diplomáticas, según estudio de Óscar Villarroel, "Embajadores y política exterior de Alfonso VIII", en Javier Llidó y Óscar Villarroel (coords.), *El embajador en la Alta y Plena Edad Media hispana*, Trea, Gijón, 2023, pp. 153-175.

[37] Carlos de Ayala, "Los obispos de Alfonso VIII", en *Carreiras eclesiásticas no ocidente cristão: séc. XII-XIX*, Universidade Católica Portuguesa-CEHR, Lisboa, 2007 e ídem, "Alfonso VIII...".

[38] Gregoria Cavero, "Santidad y realeza: Thomas Becket en la corte castellana de Alfonso VIII (1158-1214)", en Rosa Varela (ed.), *Cristãos e Muçulmanos na Idade Média Peninsular. Encontros e Desencontros*, Pórtico, Zaragoza, 2011, pp. 269-279.

[39] Carlos de Ayala, "Los obispos...", p. 174, n. 106.

[40] Carlos de Ayala, "Alfonso VIII...", p. 261.

[41] Como tempranas son también las referencias literarias al tema: Edward S. Dogson, "Thomas Á Becket and the Cathedral Church of Sigüenza", *Notes and Queries*, 227 (1902), p. 344.

diócesis queda registrado en documentos cruzados entre el papa Celestino III y el entonces obispo Bernardo[42].

Pero aparte del contexto general, es necesario saber si existió algún detonante específico que pudiese haber propiciado el encargo del relieve soriano por parte de los prelados seguntinos. Y, aunque solo sea una hipótesis de trabajo, creo que ahora la respuesta es positiva. El 18 de junio de 1180 se promulgan en Nájera unos estatutos eclesiásticos que suponen el reconocimiento real al papel preeminente que la Iglesia estaba dispuesta a asumir en el reino y en los que, entre otros aspectos, se garantizaba la inviolabilidad de los bienes diocesanos durante los periodos en los que las sedes estuviesen vacantes, además de la exención de los tributos y prestaciones recogidas expresamente en los estatutos[43]. La primera de las diócesis castellanas en recibirlo fue precisamente la de Sigüenza, según documento expedido en Ayllón el 12 de julio de ese mismo año[44]. Ese verano de 1180 es obispo seguntino Arderico. Como aporta Ayala una vez más, se conservan varios documentos del breve tiempo en el que estuvo al frente de la diócesis, en los que se reconoce una relación fluida con el rey quien, entre otros beneficios, le concede, en agosto de 1181, la décima parte de todas las rentas reales del obispado, entre las que se cita expresamente aquellas recaudadas en Almazán[45].

A la luz de esto, cobra sentido hacer memoria y actualizar un suceso acaecido veinte años antes. En febrero de 1161, se dirimió una querella entre los obispados de Osma y Sigüenza respecto a la negativa del pago de las rentas diezmales por parte de los clérigos adnamantinos, quienes se ampararon para ello en pretendidas concesiones reales. La sentencia, que se resolvió a favor de la iglesia seguntina, recordaba que no correspondía ni a reyes, ni a príncipes, ni a cualquier otro seglar, ordenar la administración de los bienes de la Iglesia[46]. Es un

---

[42] Gregoria Cavero *et al.*, *Tomás Becket...*, pp. 51-52.

[43] Carlos de Ayala, "Los obispos...", pp. 173-174.

[44] Julio González, *El Reino...*, vol. II, pp. 589-591, doc. 348.

[45] Carlos de Ayala, "Los obispos...", p. 158 y documento en Julio González, *El Reino...*, vol. II, pp. 652-654, doc. 376.

[46] Carlos de Ayala, "Alfonso VIII...", pp. 239-240, n. 3. Añade Minguella que "apelaron los de Almazán, abandonando luego la apelación, y se sometieron respecto de las oblaciones al arbitrio del Obispo": Toribio Minguella, *Historia de la Diócesis de*

par de décadas después, en medio del clima a favor de la defensa de los privilegios de la *libertas ecclesiae*, bajo el paraguas protector de la concesión del estatuto eclesiástico y ante la cesión del diezmo de las rentas reales, cuando el obispo Arderico pudo haber encargado el retablo con la representación del martirio de Tomás Becket como recordatorio a los díscolos clérigos de Almazán de su obligación de tributar a la diócesis, sin posibilidad de eximente regio como habían pretendido en el pasado; la misma defensa, el mismo argumento que, al final, habían conducido a la muerte del obispo inglés y que allí se les mostraba de manera tan gráfica. Si, como intuyo, es esta la causa que motivó el encargo y este su promotor, el periodo temporal es coincidente con el momento de factura de la obra. Arderico fue obispo de Sigüenza entre 1178 y 1184, en rigurosa coincidencia con la cronología aportada para el relieve en los inicios de la década de 1180.

Para acabar y volviendo por un instante a la obra de arte, cobran así pleno sentido algunos detalles iconográficos que singularizan el frontal soriano frente a otras imágenes contemporáneas del tema como las transmitidas por las arquetas lemosinas. En línea con lo apuntado por Guardia, con la opción de escenas reproducidas, el antipendio soriano busca potenciar la sacralidad del mártir mediante la asimilación simbólica y visual entre los últimos instantes de su vida y los acontecimientos finales de la vida de Cristo[47]. Aunque el arte popularizase la idea de que el santo fue asaltado mientras oficiaba misa, la realidad fue otra[48]. El ataque se produjo en la catedral, pero no durante el rito, por lo que la inclusión de la mesa de altar no era preceptiva salvo para subrayar el carácter sacrílego del asesinato. De acuerdo con el relato de John de Salisbury, fueron cuatro los traidores,

Sigüenza y de sus Obispos, Imprenta de la Revista de Archivos, Bibliotecas y Museos, Madrid, 1910, vol. I, pp. 123-124.

[47] Milagros Guardia, "Il precoce approdo...", p. 39. Como argumenta, para explicar este proceso iconográfico de *cristo-mimesis* es fundamental la interpretación vertida por alguno de sus primeros biógrafos, como Benito de Peterborough, quien sentenció que "Nec ullius martiris pasionem facile credimus invenire, quae passioni Dominicae tanta similitudine respondere videatur": *P. L.*, vol. 190, col. 278 (*cf.* Milagros Guardia, *La mort...*, p. 176).

[48] Sigue siendo referente como tratado sobre iconografía becketiana el de Tancred Borenius, *St Thomas Becket in Art*, Methuen&Co. Ltd., Londres, 1932.

mismo número que el de aquellos que sentenciaron a Cristo[49]. Becket habría vertido su sangre en defensa de la Iglesia en el mismo lugar en el que se celebraba perpetuamente el sacrificio de Cristo en la cruz y su derramamiento de sangre para salvación de la Humanidad y, por ello, los sicarios aparecen ataviados con indumentaria militar en recuerdo de los soldados romanos que crucificaron a Jesús y se sortearon sus ropas[50], y no con hábitos nobles como correspondería a su condición. Por esto, también, la escena prácticamente desaparecida a la izquierda no puede ser sino la Resurrección de Cristo, evocación de la futura resurrección del mártir como acertó a ver, de nuevo, Guardia[51]; victoria espiritual ya anunciada por la visión de su conducción a la Gloria en el extremo opuesto[52].

Incluso la postura adoptada por alguno de los protagonistas, lo mismo que su caracterización, inciden en este juego asociativo de identidades. El modo en el que Tomás Becket ladea la cabeza al recibir el golpe y la posición de sus manos sobre el pecho, de un tamaño ligeramente superior al que correspondería con la proporción anatómica del resto de los miembros para potenciar la expresividad del gesto, encuentran un paralelismo realmente cercano en el episodio del Beso de Judas en la arquivolta superior de la portada de Santo Domingo de Soria. Allí, Cristo inclina de manera semejante la cabeza para recibir el beso del traidor, mientras muestra una de sus manos, grande igualmente y con la palma abierta, en idéntico gesto de aceptación del destino inminente. Hasta se percibe cierta semejanza entre las facciones y la melena del Cristo de Santo Domingo y las del mártir cantuariense en el frontal de Almazán. Detalles sutiles pero que, tomados en conjunto, hacen que la recreación del relato

49 "...in malitia Annam et Caipham, Pilatum et Herodem amplius præcedentes": *P. L.*, vol. 190, col. 205.

50 De nuevo John de Salisbury "...sive in auro, sive in argento, aut vestibus, aut variis ornamentis, aut libris, aut privilegiis aut aliis quibuscunque scriptis au equitaturis, insatiabili avaritia et stupendo ausu diripientes, ea, ut libuit, inter se diviserunt, imitators eorum facti, qui inter se Christi vestimenta partiti sunt, licet eos quodammodo praecedebant in scelere": ibídem, col. 207.

51 Milagros Guardia, "Il precoce approdo...", p. 42 e ídem., *La mort...*, p. 119.

52 Como refiere Edward Grim en su *Vita Prima*, estableciendo un riguroso paralelismo con las imágenes del extremo derecho del frontal, "... in pavimento corpus, in sinum Abrahae spiritum collocavit": *P. L.*, vol. 190, col. 47.

hagiográfico se transforme en un programa de profundo simbolismo eclesiológico que, si a alguien convenía, era a un representante de la Iglesia y no a la reina con la que siempre se ha relacionado la obra.

No se antoja muy prudente restar a dos soberanas su capacidad de acción sobre otras tantas obras paradigmáticas del pasado medieval, en unos momentos en los que, con justicia, la investigación se está esforzando por rescatar el papel protagonista que tuvieron las mujeres en la promoción, factura y disfrute de muchas de las creaciones del arte de aquellos tiempos. En realidad, cuestionar si el marfil bizantino de la Crucifixión llegó a Aragón en el equipaje de Felicia de Roucy o tomó otras vías, no resta un ápice al papel trascendente que tuvo esta soberana como patrona de las artes, lo mismo que el que esté o no esté Leonor detrás del encargo del frontal soriano, no discute en absoluto el hecho contrastado de que fue gracias a su presencia en Castilla como se impulsó el culto al mártir inglés y se operó la recepción de corrientes estilísticas de las zonas aquitana y del Canal que, en pocos años, fueron el revulsivo que alentaron el cambio artístico en estos territorios. Lo importante, en el fondo, es que fuesen las reinas, o fuesen los obispos sus inductores, ambas piezas, a través de sus formas y estilos, ayudan a comprender las complejas relaciones que se establecieron entre la Iglesia y el Estado, en estos reinos peninsulares, durante los siglos del románico.

LISTADO BIBLIOGRÁFICO

Abenza, Verónica, "El Díptic de Jaca i la reina Felicia de Roucy", *Síntesi. Quaderns dels Seminaris de Besalú*, 2 (2014), pp. 28-53.

—, "*Ego, Regina*: un nuevo retrato del patrocinio artístico femenino en Aragón a finales del siglo XI", *Románico*, 20 (2015), pp. 88-97.

—, "The Jaca Ivories: towards a revaluation of eleventh-century female artistic patronage in the kingdom of Aragon, en J. Camps *et al.*, (eds.), *Romanesque Patrons and Processes*, Routledge, Abingdon, 2018, pp. 183-193.

Alcolea, Sebastián, "Arqueta relicario de la iglesia de Loarre", en *Signos. Arte y Cultura en el Alto Aragón Medieval*, Diputación de Huesca, Huesca, 1993, pp. 256-257.

—, "Arqueta relicario de San Demetrio", en *Signos. Arte y Cultura en el Alto Aragón Medieval*, Diputación de Huesca, Huesca, 1993, p. 276.

Arco, Ricardo del, *Catálogo monumental de España. Huesca*, CSIC, Madrid 1942.

Ayala, Carlos de, "Los obispos de Alfonso VIII", en *Carreiras eclesiásticas no ocidente cristão: séc. XII-XIX*, Universidade Católica Portuguesa-CEHR, Lisboa, 2007, pp. 151-186.

—, "Alfonso VIII y la Iglesia de su reino", en *1212, un año, un reinado, un tiempo de despegue*, Instituto de Estudios Riojanos, Logroño, 2013, pp. 237-296.

Bango, Isidro G., "Cubierta de evangeliario de la reina Felicia", en *Sancho el Mayor y sus herederos. El linaje que europeizó los reinos hispánicos*, Fundación para la Conservación del Patrimonio Histórico de Navarra, Pamplona, 2006, vol. I, pp. 292-294.

Boto, Gerardo, *Ornamento sin delito. Los seres imaginarios del claustro de Silos y sus ecos en la escultura románica peninsular*, Abadía de Silos, Silos, 2000.

Cavero, Gregoria, "Santidad y realeza: Thomas Becket en la corte castellana de Alfonso VIII (1158-1214)", en R. Varela (ed.), *Cristãos e Muçulmanos na Idade Média Peninsular. Encontros e Desencontros*, Pórtico, Zaragoza, 2011, pp. 269-279.

— *et al.*, *Tomás Becket y la Península Ibérica (1170-1230)*, Universidad de León-IEM, León, 2013.

Carrero, Eduardo, "El Santo Sepulcro: imagen y funcionalidad espacial en la capilla de la iglesia de San Justo (Segovia)", *Anuario de Estudios Medievales*, 27 (1997), pp. 461-477.

Cerda, José M., "Matrimonio y patrimonio. Las arras de Leonor Plantagenet, reina consorte de Castilla", *Anuario de Estudios Medievales*, 46/1 (2016), pp. 63-96.

—, "Leonor Plantagenet and the Cult of Thomas Becket in Castile", en P. Webster y M.-P. Gelin (eds.), *The Cult of St Thomas Becket in the Plantagenet World, c. 1170-1220*, Boydell&Brewer, Woodbridge, 2016, pp. 133-146.

Cortés, Miguel, "Acerca de la llegada a España de algunas obras bizantinas", en *El Mediterráneo y el arte español*, Comité Español de Historia del Arte, Valencia, 1996, pp. 14-18.

—, "Bizancio en España: el Díptico de Apión", en *Bizancio. El triunfo de las imágenes sagradas*, Biblioteca Nueva, Madrid, 2010, pp. 40-42.

Cutler, Anthony, "Art Court", en *Byzantium 330-1453*, R. Cormarck y M. Vassilaki (eds.), Royal Academy of Arts, Londres, 2008, pp. 111-116.

Delehaye, Hippolyte, *Les legendes grecques des saints militaires*, Picard, París, 1909.

Demus, Otto, *Byzantine Art and the West*, New York University Press, Nueva York-Londres, 1970.

Dogson, Edward S., "Thomas Á Becket and the Cathedral Church of Sigüenza", *Notes and Queries*, 227 (1902), p. 344.

Durán, Antonio, *La Iglesia de Aragón durante los reinados de Sancho Ramírez y Pedro I (1062?-1104)*, Iglesia Nacional Española, Roma, 1962.

—, *El Castillo de Loarre*, Guara, Zaragoza, 1984.

Durand, Jannic, *Byzance. L'art byzantine dans les collections publiques françaises*, Reunion des Musées Nationaux, París, 1992.

Galván, Fernando, "Culto e iconografía de Tomás de Canterbury en la península Ibérica (1173-1300), en F. Español y F. Fité (eds.), *Hagiografia peninsular en els segles medievals*. Universitat de Lleida, Lérida, 2008, pp. 197-216.

Gaya, Juan A., *El románico en la provincia de Soria*, CSIC, Madrid, 1946.

González, Julio, *El Reino de Castilla en la época de Alfonso VIII*, CSIC, Madrid, 1960, 3 vols.

Grabar, André, "Quelques reliquaires de Saint Démétrius et le martyrium du Saint à Salonique", *Dumbarton Oaks Papers*, 5 (1950), pp. 1-28.

Guardia, Milagros, "Il precoce approdo dell'iconografia di Thomas Becket nella peninsola ibérica. Il martirio de Becket o il racconto di una norte annunciata", en M.S. Calò (ed.), *I Santi venuti dal mare*, Mario Adda Editore, Bari, 2009, pp. 35-58.

—, "La mort de Thomas Becket d'après l'Espagne", *Cahiers de Saint-Michel de Cuxa*, XLII (2011), 165-176.

Hoffman, Eva R., "Pathways of Portability: Islamic and Christian Interchange from the Tenth to the Twelfth Century", *Art History*, 24 (2001), pp. 17-50.

Huerta, Pedro L., *Todo el románico de Soria*, Fundación Santa María la Real, Aguilar de Campoo, 2012.

Huesca, Ramón de (R. P. Fr.), *Teatro Histórico de la Iglesia del Reyno de Aragón. VI. Estado Moderno de la Santa Iglesia de Huesca*, Imprenta de la Viuda de Longás e Hijo, Pamplona, 1796.

Jasperse, Jitske, "Matilda, Leonor and Joanna: The Plantagenet sisters and the display of dynastic connections through material culture", *Journal of Medieval History*, 43 (2017), pp. 523-547.

Kazdan, Alexander P. y Ševčenco, Nancy P., "Demetrios of Thessalonike", en *The Oxford Dictionary of Byzantium*, Oxford University Press, Nueva York-Oxford, 1991, vol I, pp. 605-606.

Lapeña, Ana I., *Sancho Ramírez rey de Aragón (¿1064?-1094) y rey de Navarra (1076-1094)*, Trea, Gijón, 2004.

Lapina, Elisabeth, "Demetrius of Thessaloniki: patron saint of crusaders", *Viator*, 40 (2009), pp. 93-112.

Little, Charles T., "Two Book Covers from Santa Cruz de la Serós", en *The Art of Medieval Spain, A.D. 500-1200*, The Metropolitan Museum of Art, Nueva York, 1993, pp. 268-269.

—, "Book Cover with and icon of the Crucifixion", en H.C. Evans y W.D. Wixom (eds.), *The Glory of Byzantium. Art and Culture of the Middle Byzantine Era A.D. 843-1261*, The Metropolitan Museum of Art, Nueva York, 1997, p. 466.

López de Guereño, María Teresa, *Monasterios medievales premonstratenses. Reinos de Castilla y León*, Junta de Castilla y León, Salamanca, 1997, 2 vols.

MacGregor, James B., "Negotiating Knightly Piety: The Cult of the Warrior-Saints in the West, *ca.* 1070-*ca.* 1200", *Church History: Studies in Christianity and Culture*, 73/2 (2004), pp. 317-345.

Mann, Janice, *Romanesque Architecture and Its Sculptural Decoration in Christian Spain, 1000-1120. Exploring Frontiers and Defining Identities*, University of Toronto Press, Toronto, 2009.

Martiniani-Reber, Marielle, "Suaire de sainte Foy", en *Byzance. L'art byzantine dans les collections publiques françaises*, Reunion des Musées Nationaux, París, 1992, p. 374.

Menéndez Pidal, Ramón, *La España del Cid*, Espasa Calpe, Madrid, 1929, 2 vols.

Minguella, Toribio, *Historia de la Diócesis de Sigüenza y de sus Obispos*, Imprenta de la Revista de Archivos, Bibliotecas y Museos, Madrid, 1910-1913, 3 vols.

Miranda, Fermín, "Sacralización de la guerra en el siglo x. La perspectiva pamplonesa", *Anales de la Universidad de Alicante. Historia Medieval*, 17 (2011), pp. 225-243.

—, "Ascenso, auge y caída de san Miguel como protector de la monarquía pamplonesa (ss. x-xii)", en *Mundos medievales: espacios, sociedades y poder. Homenaje al Prof. José Ángel García de Cortázar*, Universidad de Cantabria, Santander 2013, vol. I, pp. 759-768.

Moralejo, Serafín, "«Ars sacra» et sculpture romane monumentale: le trésor et le chantier de Compostelle", *Cahiers de Saint-Michel de Cuxa*, 11 (1980), pp. 189-239.

—, "Les arts somptuaires hispaniques aux environ de 1100", *Cahiers de Saint-Michel de Cuxa*, 13 (1982), pp. 285-310.

Naval, Antonio, "Evangeliario de Jaca, en Nueva York", *Cuadernos Altoaragoneses*, 190 (*Diario del Altoaragón*, 16 de junio de 1991, p. 39).

O'Callaghan, Joseph F., *Reconquest and Crusade in Medieval Spain*, University of Pennsylvania Press, Filadelfia, 2003.

Paroli, Elena, "Le reliquie del santo nei *Miracula* di San Demetrio di Tessalonica", en K. Stantchev y S. Parenti (eds.), *Liturgia e agiografia tra Roma e Costantinopoli*, Grottaferrata, 2007, pp. 167-182.

Pérez-Embid, Javier, *Hagiología y sociedad en la España medieval. Castilla y León (siglos XI-XIII)*, Universidad de Huelva, Huelva, 2002.

Poza, Marta, "Fortaleza militar y refugio de fe: proceso constructivo y relaciones estilísticas del conjunto de Loarre", en P.L. Huerta (coord..), *Siete maravillas del románico español*, Fundación Santa María la Real, Aguilar de Campoo, 2009, pp. 51-81.

—, "UNA CUM UXORE MEA: la dimensión artística de un reinado. Entre las certezas documentales y las especulaciones iconográficas", en M. Poza y D. Olivares (eds.), *Alfonso VIII y Leonor de Inglaterra: confluencias artísticas en el entorno de 1200*, Ediciones Complutense, Madrid, 2017, pp. 71-108.

—, "Byzantine echoes at the end of the eleventh century in the kingdom of Aragon. Sancho Ramírez and the relics of Saint Demetrius of Thessaloniki, fact or historiographic fiction?", en J. McNeill y R. Plant (eds.), *Romanesque saints, shirnes, and pilgrimage*, Routledge, Abingdon, 2020, pp. 173-185.

—, "From Canterbury to the Duero. An early example of Becket's martyrdom iconography in the Kingdom of Castile", *Arts*, 10/4 (2021), 72.

—, "Hija del rey de Inglaterra, reina de Castilla. Aspectos dinásticos, propagandísticos e identitarios en la promoción artística de Leonor de Inglaterra", en M.J. Zaparaín y J. Hoyos (eds.), *Mujeres, Arte y Patrimonio*, Trea, Gijón, 2023, pp. 13-30.

Ridruejo, M. Antonia y Ridruejo, M. del Pilar, "Cuatro frontales románicos de Soria", *Archivo Español de Arte*, 68 (1945), pp. 100-103.

Rodríguez, José M., "Frontal de altar", en *Soria Románica. El Arte Románico en la Diócesis de Osma-Soria*, Fundación Santa María la Real, Madrid, 2001, pp. 78-79.

—, "Almazán. Iglesia de San Miguel", en *Enciclopedia del Románico en Castilla y León. Soria I*, Fundación Santa María la Real, Aguilar de Campoo, 2002, pp. 134-143.

Russell, Eugenia, *Demetrius of Thessalonica. Cult and Devotion in the Middle Ages*, Peter Lang, Oxford 2010.

—, "Sources and themes for the study of the cult of saints in the Middle Ages: the case of St. Demetrius", *Peer English: The Journal of New Critical Thinking*, 6 (2011), pp. 6-17.

S. Thomae Cantuariensis Archiepiscopi et Martyris nec non Herberti de Boseham clerici ejus a secretis Opera Omnia, en J.-P. Migne, (ed)., *Patrologia Latina, Tomus CXC*, J.-P. Migne Editorem, París, 1854.

Sainz, M. Elena, *El románico soriano: estudio simbólico de los monumentos*, Universidad Complutense de Madrid, Madrid, 1984, 2 vols.

Sánchez, Carles, "An Anglo-Norman at Terrassa? Augustinian Canons and Thomas Becket at the End of the 12th century", en J. Camps *et al.* (eds.), *Romanesque Patrons and Processes*, Routledge, Abingdon, 2018, pp. 219-234.

—, *Una tragedia pintada. El martirio de Tomás Becket en Santa María de Terrassa y la difusión del culto en la península ibérica*, Anem Editors, La Seo de Urgell, 2020.

Spieser, Jean-Michel, "Le culte de Saint Démétrios à Thessalonique", en J.-P. Caillet *et al.* (ed.), *Des dieux civiques aux saints patrons (VIe-VIIe siècle)*, Picard, París, 2016, pp. 275-291.

Taracena, Blas y Tudela, José, *Guía artística de Soria y su provincia*, Diputación Provincial de Soria, Soria, [1928] 1997.

Ubieto, Antonio, "Los relicarios de Loarre", *Estudios de Edad Media de la Corona de Aragón*, III (1947-1948), pp. 476-480.

Valdez, Elisabeth, *Palace of the Mind. The cloister of Silos and Spanish sculpture of the twelfth century*, Brepols, Turnhout, 2012.

Villarroel, Óscar, "Embajadores y política exterior de Alfonso VIII", en J. Llidó y Ó. Villarroel (coords.), *El embajador en la Alta y Plena Edad Media hispana*, Trea, Gijón, 2023, pp. 153-175.

VV.AA., *Aragón. Patrimonio Cultural Restaurado. 1984/2009. Bienes muebles*, Gobierno de Aragón, Zaragoza, 2010, 2 vols.

VV.AA., *Byzantium 330-1453*, R. Cormarck y M. Vassilaki (eds.), Royal Academy of Arts, Londres, 2008.

VV.AA., *The Glory of Byzantium. Art and Culture of the Middle Byzantine Era A.D. 843-1261*, H.C. Evans y W.D. Wixom (eds.), The Metropolitan Museum of Art, Nueva York, 1997.

11.
INGLATERRA, CASTILLA, NAVARRA Y LEÓN: TRANSFERENCIAS E INFLUENCIAS EN LA DIPLOMACIA DEL SIGLO XII[1]

Óscar Villarroel González
Universidad Complutense de Madrid

INTRODUCCIÓN

Dentro del panorama de posibles influencias y transferencias en formas, estructuras y, en un sentido más amplio, la cultura política, parece indudable que la diplomacia y las relaciones exteriores tuvieron un papel fundamental. A lo largo de la plena Edad Media la diplomacia, bien fuese directa o indirecta, empezaba a tener un peso notable en los diversos contextos, tanto el occidental, el propiamente peninsular, como en cada uno de los reinos en que aparecía dividido el ámbito ibérico. Parece, pues, lógico opinar que la diplomacia fue fuente o medio de transferencia de algunas de ellas. Y es que la cercanía entre comunicación política y diplomacia parece, desde un punto de vista lógico, que debería ser estrecha e íntima. Desde luego, no hay diplomacia sin comunicación política, y podríamos considerarla, incluso, un efecto de ella en un ámbito específico: el exterior a cada poder, con lo que se infiere que obviamente las relaciones exteriores fueron medio, causa y forma de las transferencias.

Sin embargo, la cuestión que aquí nos planteamos es si, además, la diplomacia en sí y sus formas podían ser objeto también de ese tipo de transferencias. Desde el momento en el que aceptemos que pueda haber una cultura política común, y, en nuestro caso, en lo relativo a

[1] El presente trabajo se enmarca en el proyecto PACNECON (PID2020-113794GB-I00, *Pacto, negociación y conflicto en la cultura política castellana*), del Programa Estatal de Fomento de la Investigación Científica y Técnica de Excelencia, Ministerio de Economía y Competitividad.

la diplomacia y las relaciones exteriores sin duda la había (a la luz de los estudios actuales[2]), sin duda deberíamos ser capaces de encontrar ese tipo de influencias y transferencias en algún momento, al ser causa de esa comunidad. Es decir, en el fondo damos por sentado que la diplomacia es fuente de esas influencias (y se ha analizado y analizará en diversas vertientes: el arte, la música, la religiosidad… –y algunas son atendidas en este mismo volumen–). Pero intentaremos rastrear cómo y cuándo se puede rastrear una influencia también en la cultura política diplomática: cuándo cambian las formas de actuar en aras de conseguir unos mayores beneficios.

Para ello, y dentro del ámbito que se planteaba en el marco global que marca este libro, se ha elegido el periodo de tiempo que transcurre entre mediados del siglo XII y principios del siglo XIII. Nos insertamos, así, en el llamado periodo de los reinos feudales, en los cuáles podemos empezar a detectar, en algunos casos, un fortalecimiento de las monarquías por una serie de vías diversas que supusieron el germen de lo que, posteriormente, se dio en llamar génesis del estado moderno. No en vano, por ejemplo, el clásico trabajo de Joseph Reese Strayer situaba en el siglo XI y el XII los inicios de dicho proceso en el ámbito inglés[3]. Es, pues, un periodo en el que podemos empezar a encontrar algunos cambios que también afectaron a las relaciones exteriores. Por un lado, y a nivel general, es un momento en el que la investigación ha mostrado cómo en Europa comienza a conformarse un sistema de relaciones entre los diversos reinos del occidente europeo, conformando una red de relaciones mutuas y conjuntas (lo que es una de las bases de las relaciones internacionales). Esto ha recibido diversos nombres, desde dinámica intermonárquica o sistema de reinos[4], e incluso hablando de relaciones entre Estados (adaptando el concepto a las monarquías del siglo XII[5]). Podríamos,

---

[2] El mejor y más exhaustivo análisis general de la diplomacia en la Europa medieval: Jean Marie Moéglin (dir.) y Stéphane Péquignot, *Diplomatie et «relations internationales» au Moyen Âge (IXe-XVe siècle)*, Presses Universitaires de France, París, 2017.

[3] Josepth Reese Strayer, *Sobre los orígenes medievales del Estado moderno,* Ariel, Barcelona, 1981, pp. 59-61, por ejemplo.

[4] Esther Pascua Echegaray, *Guerra y pacto en el siglo XII: la consolidación de un sistema de reinos en Europa occidental,* CSIC, Madrid, 1996.

[5] Carlos Estepa Díez, "La monarquía de Alfonso VIII de Castilla (1158-1214) en el sistema de estados europeos", en César Fornis Vaquero, Julián Gállego y Pedro Manuel

pues, hablar, con todas las salvedades posibles, de un incipiente sistema de relaciones internacionales, o inter-reinos, si se quiere.

Por otro lado, a nivel de la historia de la diplomacia, se ha podido apreciar también como desde el siglo XII se comienza a detectar una clara tendencia a la expansión y estandarización de algunos elementos clave para la diplomacia como son los documentos que la vertebran, que se extienden de forma similar por todo el occidente[6]. De esta forma, parece un periodo ciertamente interesante para realizar un análisis de este tipo, pues en él teóricamente podrían localizarse ese tipo de procesos imitativos en las actividades de los poderes externos.

Como el título indica, nos centraremos en las relaciones entabladas entre los reinos cristianos peninsulares, pero añadiremos Inglaterra. ¿Por qué? A nadie se le escapa que el periodo indicado supone una época de intensas relaciones de Inglaterra con los reinos peninsulares. Sin lugar a dudas supone, junto con el papado, el principal agente político con el que existen contactos político-diplomáticos desde el ámbito ibérico. A lo largo de los decenios indicados hay relaciones entre las diversas monarquías y son espacios que están enlazados diplomática y políticamente. En ocasiones hay una intensa comunicación entre ellos (unos más que otros, obviamente) en unas relaciones cruzadas muy intensas en algunos momentos. Eso hace plausible que podamos apreciar transferencia de modelos, de formas de relacionarse, incluso de ámbitos con los que los reyes se relacionaban. Todo ello, obviamente, teniendo muy en cuenta las razones y contextos que llevaron a ello.

De esta forma, podremos apreciar cómo y cuándo se producen cambios en la forma de manejar la política exterior y posiblemente también su origen entre la segunda mitad del siglo XII y los primeros años del XIII. Sin duda la propia funcionalidad (el porqué de que los reyes actuasen en el exterior de una forma u otra) puede ser objeto de estudio y análisis, pero esto es algo que, normalmente, ya se ha hecho anteriormente. Pese a ello, nos parece mejor buscar en la base de esos cambios las razones que los explican, mejor que basarnos en elucubraciones más o menos lógicas. Sin embargo, ese respaldo de lo

López Barja de Quiroga (dirs.), *Dialéctica histórica y compromiso social*, Pórtico, Madrid, 2010, vol. 2, pp. 1175-1192, en concreto 1175-1177.

[6] Jean Marie Moéglin (dir.) y Stéphane Péquignot, *Diplomatie et «relations»...*, p. 382.

ya analizado tiene una especial relevancia, pues alguno de los reinados que veremos ha sido ya atendido, como es el caso de Alfonso VIII.

Así, poniendo el foco principal en el reino de Castilla (aun sin olvidar al resto), presentaremos en primer lugar el contexto de los contactos extrapeninsulares, viendo sus orígenes, los momentos de los contactos y sus causas, llegando hasta mediados del siglo XII (con las herencias que se reciben del periodo del emperador Alfonso VII), y la reapertura en época de Alfonso VIII. En nuestra opinión, esa actuación castellana incentivó la apertura, en determinados momentos, de otros reinos a ese tipo de relaciones exteriores. Finalmente centraremos la atención entre 1202 y 1209, cuando se produce un incremento de las relaciones multilaterales posiblemente como respuesta a ese impulso.

LAS RELACIONES CON EL RESTO DEL OCCIDENTE EUROPEO HASTA FINALES DEL SIGLO XII

Los contactos con el resto del occidente para el núcleo de poder leonés y luego castellano han sido abordados de forma variada a lo largo del tiempo. La visión, un tanto clásica pero prejuiciosa y poco avenida a la realidad, de un cierto aislamiento del occidente peninsular, sin duda, no puede sostenerse. Más allá de los orígenes difusos y de los difíciles de conocer antecedentes asturianos, con la misión de Alfonso II en la corte de Carlomagno[7], lo cierto es que la existencia de contactos políticos de forma continuada va a comenzar con los hijos de Fernando I.

No es baladí que dos de los hijos de este último monarca casasen con mujeres procedentes del ámbito extrapeninsular: Inglaterra, Aquitania y Borgoña especialmente. Es relevante, de hecho, que

[7] Véase al respecto: Alberto González García, "La proyección europea de Asturias: política, cultura y economía (718-910)", *El Futuro del Pasado*, 5 (2014), pp. 225-298, donde presenta una visión amplia de contactos reales y otros tal vez demasiado hipotéticos. También: Miguel Larrañaga Zulueta, "Alfonso II, Carlomagno y el culto jacobeo", *Oppidum: cuadernos de investigación*, 17 (2021), pp. 303-323; también Adeline Rucquoi, "Adversus Elipandum". El reino de Oviedo y el culto a Santiago", *Ad limina: revista de investigación del Camino de Santiago y las peregrinaciones*, 8 (2017), pp. 19-39.

cuatro o cinco de las esposas de Alfonso VI tuviesen ese origen, con lo que mostraba una clara intención de vinculación con el exterior[8]. No es baladí que para sus hijas buscase el mismo origen, especialmente con el ámbito borgoñón, en la parentela de Hugo de Cluny, de ahí los matrimonios de Urraca con Raimundo y de Teresa con Enrique, ambos de Borgoña y parientes (tal vez primos en segundo grado, además de sobrinos de la reina Constanza).

Los intereses peninsulares, así como lo que podía aportar la presencia en el ámbito occidental, fueron los dos elementos que oscilaron en la política matrimonial de los reyes del ámbito leonés. Así se puede apreciar con Urraca y Alfonso VII, pues ambos tuvieron matrimonios en ambos sentidos. Son varias las razones planteadas para ello (evitar los matrimonios con casas nobiliarias que pudiesen aspirar a realzar su poder y a coartar el regio, la búsqueda de un ámbito supra peninsular que permitiese mantener o plasmar anhelos hegemónicos nunca abandonados en el ámbito teórico y, en algunos momentos, en el práctico, el refuerzo del poder regio como superior frente a cualquier otro, la búsqueda de apoyos en la lucha frente al Islam... Son diversas las causas aludidas dependiendo del periodo y de la situación concreta[9]; pero todo lleva a mostrarnos unos reinos imbricados en la política occidental[10].

---

[8] A modo introductorio y donde se podría seguir todo el debate, véase: Georges Martin, “Hilando un reinado. Alfonso VI y las mujeres”, *e-Spania* [Online], 10 | diciembre 2010, en línea desde el 9 de diciembre de 2010, consultado el 10 de marzo de 2023. DOI: https://doi.org/10.4000/e-spania.20134. Ya llamó la atención también: Carlos de Ayala Martínez, “Alfonso VIII, cruzada y cristiandad”, *Espacio Tiempo y Forma. Serie III. Historia Medieval*, 29 (2016), p. 79.

[9] Véanse al respecto, de forma apenas introductoria: Antonio Linage Conde, *Alfonso VI. El rey hispano y europeo de las tres religiones*, Trea, Gijón, 2006; Bernard T. Reilly, “Alfonso VI: conqueror, Politician, Europeanizer”, en *Estudios sobre Alfonso VI y la reconquista de Toledo: actas del II Congreso Internacional de Estudios Mozárabes (Toledo, 20-26 mayo 1985)*, vol. 1, Instituto de Estudios Visigótico-Mozárabes, Toledo, 1987, pp. 13-30; Manuel Recuero Astray, *Alfonso VII (1126-1157)*, La Olmeda, Palencia, 2003; Gonzalo Martínez Diez, *Alfonso VIII, rey de Castilla y Toledo: (1158-1214)*, Trea, Gijón, 2007; Carlos Estepa Díez, “El imperio hispánico: de Alfonso VI a Alfonso VII”, en Carlos Estepa Díez, Etelvina Fernández González y Javier Rivera Blanco (dirs.), *Alfonso VI y su legado: Actas del Congreso Internacional, Sahagún, 29 de octubre al 1 de noviembre de 2009: IX Centenario de Alfonso VI (1109-2009)*, Instituto Leonés de Cultura, León, 2012, pp. 29-36.

[10] Veáse, como ejemplo de cómo eran vistos y tenidos en cuenta por poderes extrapeninsulares: Gerardo Larghi, “Le troubadour et la reine. Guillaume IX d’Aquitaine et

En estos momentos, en cuanto a la historia de la diplomacia, es muy poco lo que podemos decir hasta este momento, dada la importante escasez documental. Apenas Ochoa Brun y yo mismo le hemos prestado atención a este periodo. El benemérito académico en su monumental *Historia de la diplomacia española*, fue, como en casi todo lo tocante a la historia de la diplomacia, un auténtico precursor e iniciador de los estudios a este respecto[11]. Y en los últimos años, yo mismo, en alguna ocasión, me he acercado al periodo analizando sus formas diplomáticas en algunos análisis aproximativos[12], sin embargo, queda mucho por hacer.

Ciertamente el reinado de Alfonso VI marcó un claro inicio, con extensa comunicación con el ámbito francés e italiano (lo que incluye al papado y a las ciudades toscanas) e incluso, tal vez, Polonia[13]. Unas relaciones exteriores que, desde entonces, oscilarían entre el ámbito peninsular y el externo, dependiendo siempre del propio interés de cada monarca en cada momento. Alfonso VII es un buen ejemplo, con una vertiente peninsular clara, con su primer matrimonio con Berenguela de Barcelona y con los de tres de sus hijas con reyes hispanos. Y por otro lado, unos contactos en el conjunto del occidente, con su segundo matrimonio con Rica de Polonia (donde retomaba

Urraca de León: conflit et diplomatie à Saint-Jacques de Compostelle", *Ad limina: revista de investigación del Camino de Santiago y las peregrinaciones*, 13 (2022), pp. 87-113.

[11] Miguel Ángel Ochoa Brun, *Historia de la diplomacia española*, vols. 1 y 2, Ministerio de Asuntos Exteriores, Madrid, 1991 y 2003.

[12] Óscar Villarroel González, "Diplomacia, comunicación e incomunicación en la creación del reino de Portugal", en José Manuel Nieto Soria (coord..), *Los orígenes leoneses del reino de Portugal*, Centro Superior de Estudios Leoneses, Madrid, 2021, pp. 81-98; ídem, "La visión de los reinos peninsulares en la Edad Media a través de la diplomacia: ¿comunidad o alteridad?", en Pedro Martínez García (coord.), *Alteridad ibérica: el otro en la Edad Media*, SEEM, Murcia, 2021, pp. 97-122; ídem "Embajadores y política exterior de Alfonso VIII", en Javier Llidó Miravé y Óscar Villarroel González (coords.), *El embajador en la alta y plena Edad Media peninsular*, Trea, Gijón, 2023, pp. 153-175.

[13] Sucintamente en: Miguel Ángel Ochoa Brun, *Historia*..., vol. 1, pp. 122-125. La mención a Bernardo, obispo hispano en la corte de Boleslao III son escasas y siempre superficiales, procedentes de la historiografía polaca: véase Karol Maleczynski, "Dzieje Rysky. Córki Władysława Wygna ca l skiego, cesarzowej Hiszpanii i hrabiny Prowansyi", *Archiwum Towarrzystwa Naukowego we Lwowie*, X (1934), pp. 237-308, que solo menciona su existencia al inicio de su trabajo sobre Rica de Polonia (en concreto p. 237). De ahí lo tomó Przedziecki ("Los embajadores de España en Polonia. Desde la Edad Media al siglo XVII», *Boletín de la Real Academia de la Historia*, CXXI, 1947, pp. 397-441, CXXII, 1947 y CXXIII, 1948, pp. 295-317), que citaba Ochoa Brun.

la visión de Alfonso VI con una esposa extrapeninsular que, además, le relacionaba con el Sacro Imperio –pues Rica era prima de Federico I Barbarroja), así como la boda de su hija Constanza con Luis VII de Francia.

La herencia de Alfonso VII a este respecto cambió, al menos temporalmente, la situación. La división de su herencia entre sus hijos estuvo, muy posiblemente, entre las razones que llevaron a alguno de los matrimonios de sus hijos a nivel peninsular, al ser necesarios para consolidar la propia fuerza y las alianzas con los vecinos como base para aspirar a reclamar la hegemonía que la muerte del emperador dejó. Así, la política peninsular pasaba a ser, de nuevo, la razón para los contactos y alianzas exteriores. Y si con Sancho III (casado con una infanta navarra ya en vida de su padre) apenas hay tiempo para apreciar nada, el matrimonio de Fernando II con una infanta portuguesa sí parece enmarcarse en esa búsqueda de apoyos y alianzas, máxime en un momento en el que el leonés se intitulaba *rex hispaniarum*, y buscaba continuar la hegemonía de su padre (aprovechando la minoría de edad de su sobrino el niño Alfonso VIII). Se producía, así, una regionalización de la política exterior que duraría cerca de veinte años (solo rota por la embajada navarra a Inglaterra en 1158, dado que los reyes ingleses eran duques de Aquitania[14]).

ALFONSO VIII Y LOS JUEGOS DE ALIANZAS

El cambio realmente importante en esa política vendría marcado por Alfonso VIII. Como se sabe, este rey llevó a cabo una muy extensa política exterior. Más allá de los contactos y alianzas que tuvieron en los matrimonios su base (como el suyo propio con Leonor de Inglaterra, o los de sus hijas Berenguela –con Conrado, hijo del emperador- y Blanca –con Luis, el heredero francés- o el de su hijo Fernando), hoy día sabemos que su política exterior, en

[14] Sobre esta embajada: Derek W. Lomax, "Los «Magni rotuli pipae» y el medievo hispánico", *Anuario de Estudios Medievales*, 1 (1964), p. 545.

cuanto al número de enviados y el de destinos, es parangonable con la de reinados casi un siglo posteriores, como el de Alfonso X[15]. Las razones podían ser diversas y han sido analizadas frecuentemente por la historiografía, con lo que no entraremos de nuevo en ellas[16].

En lo que toca a este trabajo tuvo una especial relevancia el vínculo con Inglaterra establecido por medio de su matrimonio con Leonor Plantagenet, hija de Enrique II y Leonor de Aquitania. Las razones de ambas partes pueden ser varias, como ha analizado la historiografía. Para Enrique II, el acuerdo suponía encontrar aliados en su lucha con Francia y, en especial frente a sus vecinos navarros y tolosanos (además del vínculo con la Corona de Aragón que podía propiciarle)[17]. Para Alfonso VIII, en plena recuperación de su reino, podía tener objetivos peninsulares (elevar su prestigio frente a sus vecinos), además de, tal vez territoriales, por la cuestión de la dote gascona[18], pero parece indudable que la fama del rey inglés como uno de los más importantes de occidente influyó mucho en Alfonso VIII[19]. Sea como fuere, con él Castilla entró en los juegos de alianzas europeos lo que, como veremos, tuvo repercusiones a nivel peninsular.

El reinado de Alfonso VIII y su política internacional introdujo, pues, a Castilla en el juego de alianzas de los reinos occidentales. Sus contactos con el ámbito imperial, inglés y francés le situaban en una posición u otra con respecto a los posibles intereses e, incluso, enfrentamientos que pudiesen darse entre ellos. Esto afectó, posiblemente,

---

[15] Véase al respecto: Óscar Villarroel González, "Embajadores y política exterior...".

[16] Véase al respecto: una primera y primigenia aproximación en Julio González González, *El reino de Castilla en época de Alfonso VIII*, CSIC, Madrid, 1960, 3 vols.; el primer abordaje desde el punto de vista de la historia de la diplomacia en Miguel Ángel Ochoa Brun, *Historia...*, vol. 1, pp. 129-138. Más recientemente, y atendiendo a diversas cuestiones: Carlos de Ayala Martínez, "Alfonso VIII, cruzada...", p. 77; José Manuel Cerda Costabal, "La dot gasconne d'Aliénor d'Angleterre entre royaume de Castille, royaume de France et royaume d'Angleterre", *Cahiers de civilisation médiévale*, 54-215 (2011), pp. 225-242; ídem, *Leonor de Inglaterra. La reina Plantagenet de Castilla (1161–1214)*, Trea, Gijón, 2022; sobre la diplomacia del periodo de las Navas: Martín Alvira Cabrer, *Las Navas de Tolosa 1212. Idea, liturgia y memoria de la batalla*, Sílex ediciones, Madrid, 2012, especialmente pp. 61-119.

[17] José Manuel Cerda Costabal, *Leonor...*, p. 56, del mismo autor "La dot gascogne...", pp. 230-232; Carlos de Ayala Martínez, "Alfonso VIII, cruzada...", p. 80.

[18] Ibídem.

[19] John Hosler, *Henry II, A medieval soldier at war, 1147-1189*, Brill, Leiden, 2009, p. 77.

a la posición del reino en cuanto a algunas de las aspiraciones de su monarca, pero no cabe duda de que, además, influyó en la posición de los otros reinos peninsulares.

El primer paso fue el matrimonio con la hija del rey inglés. Este podía suponer un posible respaldo en caso de vuelta al conflicto con Navarra (ya libre de cualquier soberanía limitada, con una política expansiva de recuperación de tierras perdidas y con quien, tras diversos enfrentamientos se había firmado una tregua de diez años en 1167[20]). Pero además era plantear una alianza con un reino atlántico que podía afectar también a León, además de suponer un acercamiento a Aragón, también cercano a Inglaterra. La embajada enviada para el matrimonio (la primera que tenemos documentada con cierta riqueza de datos[21]), la boda celebrada en Tarazona y el acuerdo con Aragón son el mejor ejemplo de todo ello[22]. Bien es cierto que la situación era cambiante, y que otros actores parecen manejar, en ocasiones, los hilos (como el caso de Enrique II precisamente en torno a 1170, o del papado y el rey de Francia[23]) pero sin duda el rey castellano tenía también sus motivos y sabía reaccionar a los cambios.

Sea como fuere, como veremos a continuación, esa entrada de Castilla en ese tipo de juego diplomático influyó en los reinos vecinos, desde nuestro punto de vista, pues es a partir de ese momento que otros poderes políticos peninsulares van a comenzar también a desarrollar una política exterior con vistas a no quedar aislados y, en la medida de lo posible, utilizar también ese tipo de armas para sus propios intereses.

Desde luego Alfonso obtuvo sus réditos de esa alianza. El mejor ejemplo lo encontramos en el laudo arbitral de 1177 que emitió Enrique II en el conflicto entre Castilla y Navarra. Y es que, con ello, se mostraba cómo las renovadas relaciones exteriores del reino de Alfonso VIII podían tener un beneficio claro y concreto en el

[20] Luis Javier Fortún de Ciriza, "La quiebra de la soberanía navarra en Álava, Guipúzcoa y el Duranguesado (1199-1200)", *RIEV Revista internacional de los estudios vascos/ Eusko ikaskuntzen nazioarteko aldizkaria*, 45/2 (2000), pp. 447-448.

[21] Sin duda la más relevante en esos momentos iniciales y, casi, de todo el reinado: Óscar Villarroel González, "Embajadores y política exterior...", pp. 160 y 169.

[22] Julio González González, *El reino de Castilla...*, vol. I, pp. 792-796.

[23] Carlos de Ayala Martínez, "Alfonso VIII, cruzada...", pp. 81-82.

ámbito peninsular, fuesen cuales fuesen las razones para que el rey navarro aceptase el laudo por el suegro del rey castellano[24].

Ese juego de alianzas propiciaría un paso previo a la incorporación de otros reinos peninsulares al juego. En concreto, me refiero el matrimonio de Ricardo, rey de Inglaterra ya en 1189, con la hija del rey navarro. Este enlace, sin embargo, no fue propuesto ni orquestado por Sancho VI el Sabio, sino, como sabemos, por Leonor de Aquitania, como forma de garantizar el apoyo a su hijo y la tranquilidad de la frontera sur del ducado, además de forzar la ruptura del acuerdo de Castilla con Alemania[25]. Como vemos, claramente se enmarcaba en los movimientos políticos que se indican, pero su origen era aún extrapeninsular. Sin embargo, no dejaba de ser una posible entrada de Navarra en los juegos de alianzas, pues situaba a su monarca como aliado del inglés, frente a otros reinos con intereses comunes y relación semejante o, incluso, más alejada.

LA EXTENSIÓN DE LOS JUEGOS DE ALIANZA: 1202-1209

Sin embargo, la evolución de la situación internacional seguiría girando y variando las posibilidades de alianza y llegado 1202 otros reinos ibéricos iniciarían también acercamientos con los poderes extrapeninsulares, siempre al hilo de las necesidades que la política con los reinos vecinos en la península pudiese dictarles. Efectivamente, en los últimos años del siglo XII se fueron desarrollando una serie de cambios que afectarían a todo el diseño de las alianzas tanto intra como extrahispanas. La fugaz guerra contra Castilla de 1191 no fue

[24] No es el momento de entrar en profundidad en el análisis diplomático de este importante laudo, labor que ya he realizado en otro lugar: "Conflicto, embajadas y arbitraje: un análisis diplomático del laudo de Enrique II entre Navarra y Castilla (1177)", en Álvaro Adot Lerga, Adrían Díaz-Plaza Casal y Óscar Villarroel González (coords.), *Poder, cultura y acción política en la Edad Media peninsular*, La Ergástula, Madrid (en prensa).

[25] Carlos de Ayala Martínez, "Alfonso VIII, cruzada...", pp. 86-87; Peter Rassow, *Der prinzegemahl: ein pactum matrimoniale aus dem jahre 1188*, Hermann Böhlaus Nachfolger, Weimar, 1950, pp. 81-82; Miriam Shadis, *Berenguela of Castile (1180-1246) and political women in the High Middle Ages*, Palgrave-MacMillan, Nueva York, 2009, pp. 59-60; John Gillingham, *Ricardo Corazón de León*, Sílex, Madrid, 2012, p. 209.

sino un espejismo en el que los coaligados no pudieron o supieron aprovechar la situación y alianza conjunta[26].

En el caso navarro, bien fuese por falta de apoyo en los contactos exteriores (el matrimonio de Berenguela de Navarra con Ricardo I era poco más que papel mojado pues el rey había marchado a la cruzada y no había vuelto a ver a su esposa), como interiores (Sancho VI parece que no tomó ninguna iniciativa militar real frente a Castilla, para no poner en peligro la situación fronteriza en una Álava que estaba reorganizando para fortalecer su poder[27]). Pero eso no significaba que renunciase a ello, pues lo cierto es que, unos años después, tras la derrota castellana de Alarcos, el rey navarro hostigó la frontera en más de una ocasión, todo ello mediando también una clara hostilidad castellana que no ocultaba sus deseos de anexión de Álava.

Sea como fuere en 1198 se llegó abiertamente a la guerra, en la que Castilla, además contaba con el apoyo de Aragón (con quien llegó a repartirse, sobre el papel, por enésima vez el reino navarro)[28]. El panorama exterior, además, jugaba de nuevo contra Navarra. Efectivamente, en medio del conflicto se había llegado al acuerdo de la boda de Blanca, hija del rey castellano, con Luis, el heredero del trono francés de Felipe Augusto y que sería posteriormente el octavo de ese nombre. Con ello se establecía un triple lazo entre Inglaterra, Francia y Castilla que, sin duda, perjudicaba a Navarra al aislarla en gran parte de sus fronteras[29]. Además, la muerte de Ricardo I de Inglaterra en 1199 dejaba en papel mojado el matrimonio con la infanta navarra, y dejaba a otro cuñado de Alfonso VIII en el trono inglés: Juan I. Las treguas de 1201 vinieron a sellar el statu quo y, con ello, las ganancias castellanas[30].

Por su parte, el reino de León vivía también una situación tensa con Castilla. La ruptura definitiva del matrimonio del rey leonés,

---

[26] Julio González González, *El reino de Castilla*..., vol. I, pp. 831-833.

[27] Luis Javier Fortún de Ciriza, "La quiebra de la soberanía...", pp. 470-471, para la reorganización véanse pp. 457-470.

[28] Ibídem, pp. 472-473.

[29] Kyle Lincoln, "*Una cum uxore mea*: Alfonso VIII, Leonor Plantagenet, and marriage alliances at the court of Castile", *Revista Chilena de Estudios Medievales*, 4 (2013), pp. 19-20; Carlos de Ayala Martínez, "Alfonso VIII, cruzada...", pp. 88-89.

[30] Luis Javier Fortún de Ciriza, "La quiebra de la soberanía...", p. 485.

Alfonso IX, con Berenguela, hija del Alfonso VIII, en abril de 1204 sin duda influyó sobremanera en todo ello. La situación de las fortalezas en disputa que habían sido entregadas como dote (ahora anulada y obligadas a devolver al rey de León) sin duda eran causa para los roces[31]. La guerra, tan recurrente en los anteriores cincuenta años entre ambos reinos, volvió a estar presente, con la presencia por parte de Alfonso VIII con tropas en la frontera castellana al norte del Duero (auténtico punto caliente del siglo XII), mientras el leonés recaudaba dinero y reunía tropas en un auténtico estado de guerra[32]. Solo los intereses de Alfonso VIII llevarían a la tregua, que firmaría antes de entrar en Gascuña[33]. Este territorio sería el causante de una intensa acción diplomática cruzada desde 1205.

GASCUÑA COMO CAMPO DE LA POLÍTICA INTERNACIONAL

Sobre el territorio gascón desde 1202 se centraron los intereses de diversos ámbitos. Por un lado, el monarca inglés planteaba la defensa de las posesiones que había heredado en Aquitania junto al trono inglés de su hermano Ricardo. Este territorio, de cualquier forma, entre los siglos XII y XIII se caracterizó por una clara tendencia al autonomismo y a la resistencia a cualquier poder externo, más allá de las visiones más o menos prejuiciosas como belicosos y traidores que muestran las fuentes[34]. Gascuña entraba también en esta tónica, desde su integración a Aquitania a mediados del XI, y Juan Sin Tierra había heredado el título de las tierras, pero no la fidelidad de sus señores que se resistieron a él tanto como a sus antecesores, tuviesen el título ducal o regio (con la posible excepción del muy aquitano Ricardo). El control real sobre la Gascuña no pasaba de Burdeos y su entorno, en el resto eran los señores locales los que realmente gobernaban: Bigorra, Armañac, vizcondes de Bayona, Dax, Lomaña, Oloron…[35].

---

[31] Julio González González, *El reino de Castilla…*, vol. I, pp. 733-735.
[32] Ibídem, pp. 735-736.
[33] *Crónica latina de los reyes de Castilla*, c. 17, p. 44.
[34] Martin Aurell, *El Imperio Plantagenet 1154-1224*, Sílex-Universidad de Extremadura, Madrid, 2012, pp. 292-300.
[35] Ibídem, p. 302.

Además, se planteaban las aspiraciones castellanas. Sabemos que Alfonso VIII reclamaba la Gascuña como dote de su esposa Leonor[36]. Si tenemos en cuenta las menciones que sobre esta cuestión se hacían en poesías de época de Ricardo, puede que pudiésemos retrotraer tal reclamación a antes de 1199[37]. Pero, de lo que no cabe duda es que en 1202 eran una realidad, cuando sabemos que el rey de Francia mencionaba esos derechos[38], aunque, como indicaron Alvira y Buresi, sin duda no se hizo nada mientras vivió Leonor de Aquitania[39]. Efectivamente, no es baladí el hecho de que la reina-duquesa muriese en abril de 1204 y que en octubre se den los primeros pasos reales para tal reconocimiento: la actuación como señor de Gascuña donando ciertos vienes a la catedral de Dax, actuando como *dominus Vasconiae* y donde aparecen confirmando diversos nobles gascones: el conde de Armañac, los vizcondes de Bearn, Orthez y Tartas[40].

Como vemos, esas aspiraciones castellanas eran apoyadas por el rey de Francia, y aquí es digno de reseña el hecho de que el enlace entre el delfín y la hija de Alfonso VIII, Blanca, era reciente: sin duda era un fruto de esa cercanía política.

Posiblemente podemos relacionar con esa cercanía la misión diplomática del obispo de Pamplona ante el rey inglés[41], que fructificaría en el acuerdo de alianza de 1202 frente a otros reyes, mencionándose especialmente al de Castilla y al de Aragón. No parece casual, tampoco,

---

[36] Véase al respecto: Martín Alvira Cabrer y Pascal Buresi, "«Alphonse, par la grâce de Dieu, Roi de Castille et de Tolède, Seigneur de Gascogne»: quelques remarques à propos des relations entre Castillans et Aquitains au début du XIIIe siècle", en *Aquitaine – Espagne (VIIIe-XIIIe siècle)*, Centre d'études supérieures de civilisation médiévale, Poitiers 2001, pp. 220-222; y José Manuel Cerda Costaba, "La dote gascogne...", pp. 233-239.

[37] Ya lo indicó Julio González González, *El reino de Castilla...*, vol. I, p. 866. Él indicaba, aunque no citaba ninguna fuente, que Ricardo debió aceptarlo.

[38] En el momento de recibir el vasallaje del duque de Bretaña, Aquitania y Anjou en julio de ese año se reconocían los derechos reclamados por el rey de Castilla. Martín Alvira Cabrer y Pascal Buresi, "«Alphonse...", p. 221; Julio González González, *El reino de Castilla...*, vol. I, p. 867.

[39] Ibídem.

[40] El documento fue publicado por Pedro de Marca, *Histoire de Béarn*, Iean Camusat, París, 1640, p. 507; de ahí lo tomó Julio González González, *El reino de Castilla...*, vol. 3, n° 765, pp. 335-336; y más recientemente Martín Alvira Cabrer y Pascal Buresi, "«Alphonse...»", p. 228.

[41] Miguel Ángel Ochoa Brun, *Historia...*, vol. 2, pp. 287-288.

que Juan escribiese a Bayona para prohibir la entrada de castellanos[42]. Con ello, como vemos, ya había una acción directa por el rey de Navarra buscando apoyos en su enfrentamiento con Castilla. Ante las reclamaciones castellanas, que podían enfrentarle al rey inglés, el rey Sancho se ofrecía como aliado a este, consiguiendo así su apoyo en su propia querella con Alfonso VIII. No hemos de olvidar que Juan era cuñado de Alfonso, con lo cual no cabe duda de que la acción navarra buscaba beneficiarse de las aspiraciones castellanas que podían tensionar las relaciones con el rey inglés.

Efectivamente, como sabemos, la situación llegó a las armas en 1205. En ese momento sabemos que Alfonso VIII entró en Gascuña y la ocupó, contando con el apoyo de la nobleza, y resistiendo tan solo algunos núcleos urbanos (los más importantes) como Burdeos y Bayona[43]. Fuentes castellano-leonesas, y francesas, crónicas, menciones diplomáticas y poemas hablan de esa lucha, con lo que está fuera de toda duda la intervención[44]. Con ello, se había llegado al enfrentamiento abierto entre Castilla e Inglaterra. Y no es baladí que, como mostró Lomax, en esos momentos el obispo de Pamplona estuviese como embajador en Inglaterra[45].

DIPLOMACIA Y PAZ: LAS REINAS EN MOVIMIENTO Y LA ACCIÓN LEONESA

Desde ese momento nos vamos a encontrar con una inusitada actividad diplomática encabezada, al menos en parte, por las reinas. Una actividad que nos va a mostrar la participación de los cuatro reinos que aparecen en el enunciado de este trabajo interviniendo en la política exterior y buscando la creación o mantenimiento de alianzas para reforzar su propia política. Con ello, se extendía a todos ellos

---

[42] Thomas Rymer, *Foedera, conventiones, litterae et cuiscumque generis acta publica inter reges Angliae et alios quosvis imperatores, reges, pontifices, príncipes uel communitates*, vol. 1, Joanne Neaulme, La Haya, 1745, vol. I, pp. 40-41.

[43] *Crónica latina de los reyes de Castilla*, c. 17, p. 44.

[44] Martín Alvira Cabrer y Pascal Buresi, "«Alphonse…", pp. 221-222.

[45] Derek W. Lomax, "Los «Magni rotuli pipae»…", p. 546; citando *Great Roll of the pipe for the first year of the reign of king John*, ed. D.M. Stenton, Society of the Pipe Roll, Lincoln, 1933, p. 129.

esa actividad diplomática y el juego alianzas que había caracterizado el reinado de Alfonso VIII.

Efectivamente, en marzo de 1206 sabemos que Berenguela, la reina viuda de Ricardo I, recibió un salvoconducto para poder ir a Inglaterra ante su cuñado Juan I[46]. Efectivamente, el día 27 el rey Juan escribía el salvoconducto que garantizaba el libre paso y la seguridad a la que llamaba "karisimam sororem nostram, dominam reginam Berengariam", así como a todos los que fuesen con ella. Por él sabemos que la reina iba ante el rey en Inglaterra. En opinión de Julio González la dote de la reina era el motivo de la visita, pues suponía un obstáculo en las relaciones bilaterales[47]. Sin embargo, lo cierto es que apenas dos años antes ambos reyes se habían entendido perfectamente en su postura sobre Bayona, que tanto dificultó la campaña gascona de Alfonso VIII[48]. Lo cierto es que sabemos que la reina no fue sola, pues en 1206 también estaba en Inglaterra el embajador Miguel de Navarra[49]. ¿Tenía que ver con la situación en Gascuña, donde Alfonso aún se presentaba como señor?[50]

Es sabido, además, que Rymer transmitía la concesión ese mismo año de un salvoconducto a su hermana la reina castellana para que acudiese ante él[51]. ¿Cuándo fue y para que acudió la reina Leonor? ¿Fue a Inglaterra? En los Patent Rolls ingleses se guarda la noticia de dicho salvoconducto, emitido entre el 16 y el 20 de septiembre[52]. En esas fechas sabemos que el rey inglés estaba en el condado de Anjou, entre Angers y Le Lude[53], cerca de Nantes, con lo cual no

---

[46] Thomas Rymer, *Foedera...*, vol. I, p. 45.

[47] Julio González González, *El reino de Castilla...*, vol. I, p. 872.

[48] Germán de Pamplona, "Sancho el Fuerte, iniciador de las relaciones amistosas con la ciudad de Bayona", *Príncipe de Viana*, 88-89 (1962), p. 497.

[49] *Pipe Rolls*, 22, 1207, p. 30: recibe 25 shillings para ropa.

[50] Al menos a la altura de 1207: Julio González González, *El reino de Castilla...*, p. 873, citando AHN, Clero, San Millán, 35.

[51] Thomas Rymer, *Foedera...*, vol. I, p. 45; Julio González González, *El reino de Castilla...*, vol. I, p. 872.

[52] "Alienor Regina Castelle et soror domini regis habet litteras patentes de conductu sibi et illos quis secum duxerit ad veniendum secure ad dominum regem", National Archives, C 66/7 (Patent Roll, 9 John); edición en *Rotuli Litterarum Patentium in Turri Londinensi asservati*, vol. I, p. 67.

[53] *Rotuli Litterarum Patentium in Turri Londinensi asservati*, I, el itinerario se halla sin numerar entre las pp. xlviii y 1).

fue hasta Inglaterra. De la razón, nada sabemos. ¿Tenía algo que ver con las negociaciones entre Juan y Felipe de Francia? En el acuerdo que firmaron poco después, el 26 de octubre, entre ambos reyes se recogía expresamente a Castilla, por la cual podía unirse a la tregua[54]. Pero, si tenemos en cuenta, además, la reciente visita de la hermana del rey navarro y un embajador ante Juan en Inglaterra ¿acaso buscaba una aproximación al rey para evitar un conflicto a tres bandas?

Hay que tener en cuenta que el 26 de marzo de 1206 se había firmado un acuerdo entre los reyes de León y Castilla, en el que se acordaba la sucesión leonesa en el infante Fernando y se ponían seguridades con castillos y lugares puestos en la mano del dicho Fernando[55]. Pero también era un tratado de alianza: en este acuerdo se establecía que ambos reyes se ayudarían "sobre todos los omnes del mundo, assí moros quomodo cristianos, foras el rei de Aragóm et el rei de Franza".

¿Se temía acaso alguna actuación conjunta contra Navarra? Lo cierto es que eso ya había ocurrido apenas dos años antes, y aparentemente se debió firmar algún tipo de tregua, pero no la paz[56]. De esta forma, no es baladí el hecho de que la situación en esos momentos debía ser, cuando menos tensa. No es hasta octubre de 1207 que se firmó el tratado de Guadalajara, por el cual se establecía la paz entre Castilla y Navarra[57], con lo que parece plausible pensar que nos encontramos ante acciones tendentes a buscar alianzas y buscar una paz a tres bandas.

En esta situación nos encontramos con otra situación curiosa: en agosto de 1207, antes, pues, del acuerdo navarro-castellano, sabemos

---

[54] Thomas Rymer, *Foedera*..., vol. I, p. 45; ya lo comentaba Julio González González, *El reino de Castilla*..., vol. I, p. 873.

[55] Julio González González, *El reino de Castilla*..., vol. II, pp. 365-374; publicado según el original del AC León, nº 27.

[56] Así lo indicaba Julio González, siguiendo la cronística, posterior, del entorno alfonsí, en concreto la *Crónica de once reyes* (BNE, ms. 10210, f. 244v): Julio González González, *El reino de Castilla*..., vol. I, p. 862. Sobre esta obra (mayoritariamente conocida como "de veinte reyes" véase: Mariano de la Campa, "Crónica de veinte reyes", *Revista de Literatura Medieval*, 15/1 (2003), pp. 141-156). Sería una familia de manuscritos perteneciente a la *versión crítica* de la obra alfonsí: Inés Fernández Ordóñez, "El taller historiográfico alfonsí: la 'Estoria de España' y la 'General estoria' en el marco de las obras promovidas por Alfonso el Sabio", en Ana Domínguez Rodríguez y Jesús Montoya Martínez (coord.), *Scriptorium alfonsí, de los libros de astrología a las "Cantigas de Santa María"*, Editorial Complutense, Madrid, 1999, p. 125.

[57] ACA, Real Cancillería, Pergaminos, Pedro I-II, nº 269, publicado en Julio González González, *El reino de Castilla*..., vol. II, pp. 424-429.

que estaba en la corte del rey inglés un embajador leonés[58]. Este llevaba, aparentemente y por lo que nos transmite la documentación, una doble misión: tratar sobre unos navíos leoneses capturados por ingleses, y proponer un tratado de alianza al rey inglés[59]. Efectivamente, los *Pipe Roll* nos informan de que se llamaba Juan y que recibió de las cuentas inglesas cierto dinero para ropa[60]. ¿Podríamos relacionarlo con otros leoneses que aparecen en Inglaterra entre 1205 y 1206?[61].

Parece evidente, pues, que a lo largo del año 1206 y 1207, mientras Castilla aún actuaba en Gascuña y su relación con Navarra aún se mantenía tensa, los contactos diplomáticos fueron frecuentes. Son cuatro agentes moviéndose donde solo uno podía ser un apoyo para Castilla (Inglaterra) pues con el reino leonés los acuerdos a veces eran poco duraderos (y la situación de Berenguela y el infante Fernando podía cambiar rápidamente), y los últimos años con el reino pirenaico habían tenido en el conflicto su principal cauce. ¿Se presionaban mutuamente para conseguir sus objetivos?

De ser así parece que quien aguantó mejor la presión fue el rey castellano. Efectivamente, el 29 de octubre de 1207 se negoció en Guadalajara la firma de la paz entre Castilla y Navarra por al menos quince años[62]. En ellas se establecían castillos en fieldad, se nombraban fieles a elegir, se ponían condiciones... Además, se indicaba que se debía hacer acuerdo semejante con el rey de Aragón. Es interesante que, en caso de que el aragonés no aceptase y fuese a la guerra, se indicaba que Alfonso podría ayudarle sin perder los castillos en fieldad, lo cual no deja de situarle en una situación de cierta superioridad en el acuerdo. Por último, se establecía cómo debían solventarse los daños entre los reinos que pudiesen producir. En él no se mencionaba para nada al rey de Inglaterra.

---

[58] Thomas Rymer, *Foedera...*, vol. I, p. 45; Julio González González, *El reino de Castilla...*, vol. I, p. 873.

[59] Ibídem.

[60] *The Great Roll of the Pipe...*, 22, p. 31.

[61] Aparecen Pedro y Juan de "Liuns" o de "Leons" recibiendo diverso dinero: *The great roll of the pipe...*, vol. 19, pp. 120, 125, 127, 173 y 239; y vol. 20, p. 31-32, 52.

[62] ACA, Real Cancillería, Pergaminos, Pedro I/II, carp. 62, nº 269; publicado en Julio González González, *el reino de Castilla...*, vol. II, pp. 424-429.

¿INFLUENCIA Y CAMBIOS DE TENDENCIA EN LA ACTUACIÓN POLÍTICA EXTERIOR?

Como se ha podido ver hasta ahora, entre finales del siglo XII y principios del XIII se produjeron una serie de cambios en la actuación política exterior de los reinos aquí analizados. Navarra y León, de pronto, buscaron la alianza inglesa. Para ello se aprovecharon de la coyuntura internacional del reino británico: ascenso al trono de Juan I, el desarrollo de sus problemas con Francia y sus posesiones continentales, así como los problemas que todo ello (especialmente la intervención castellana en Gascuña) comportaban para la anterior alianza anglo-castellana. Para ello se llevó a cabo un cierto desenvolvimiento diplomático, que las parcas fuentes apenas nos presentan. ¿Qué podemos saber de esa diplomacia? Como digo, la escasez de los datos apenas nos ofrece algo de ambos reinos.

En el caso de Navarra, sin embargo, sí tenemos un cierto avance en nuestro conocimiento. Tal vez por ser el caso menos conocido hasta ahora en lo referido a esas épocas (fuera, obviamente de los trabajos de Álvaro Adot para épocas posteriores[63], así como de lo que presentó Ochoa Brun en su obra ya mencionada[64]). Más allá de algún trabajo de Fermín Miranda[65] y de Eloísa Ramírez Vaquero[66] apenas conocemos nada. En este caso nos encontramos con algún antecedente, dado que ya se ha comentado la misión que el obispo de Pamplona tuvo en Inglaterra poco después de mediados del siglo

---

[63] Álvaro Adot Lerga, *Embajadores navarros en Europa: orígenes de la diplomacia moderna navarra*, Pamiela, Pamplona, 2012; ídem, "«Engañadores» al servicio de los reyes de Navarra. Los embajadores Salvador de Berrio el «desterrado», y Ladrón de Mauleón", en Francisco de Paula Cañas Gálvez (coord.), *La corona y sus servidores: individualidades, instituciones y estructuras curiales en los reinos hispánicos durante la Baja Edad Media (ca. 1340-1516)*, Editorial Universidad de Sevilla, Sevilla, 2021, pp. 645-680.

[64] Miguel Ángel Ochoa Brun, *Historia…*, vol. 2, pp. 281-289 (para las épocas que aquí interesan).

[65] Fermín Miranda García, "Representar al rey, ¿representar al reino?: legados y embajadas de la monarquía navarra (s. X-XIII)", en Javier Llidó Miravé y Óscar Villarroel González (coords.), *El embajador en la Alta y Plena Edad Media hispana*, Trea, Gijón, 2023, pp. 59-76.

[66] Eloísa Ramírez Vaquero, "De los Sanchos a los Teobaldos. ¿Cabe reconsiderar la Navarra del siglo XIII?", en Carlos Estepa y María Antonia Carmona (coords.), *La Península Ibérica en tiempos de las Navas de Tolosa*, SEEM, Madrid, 2016, pp. 395-424.

XII. También ha de tenerse en cuenta la misión enviada a Inglaterra para el laudo de 1177, donde, junto a otros también se encontraba el obispo de Pamplona (en ese momento Pedro de París[67]). Son, sin duda, antecedentes interesantes, que nos muestran cómo la dinastía restaurada en Navarra se preocupó en algunos momentos por representarse en el exterior (en este caso concreto en Inglaterra), obviamente por sus intereses y fronteras comunes al norte del Pirineo. Con estas misiones, y la mencionada poco más arriba de Miguel de Navarra, junto a la reina viuda, es patente cómo la monarquía navarra tenía claro cómo sus intereses podían ser defendidos ante Enrique II o sus sucesores. ¿Fue por influjo de las extensas relaciones entre Castilla e Inglaterra en los años anteriores? Podría ser, pero no cabe duda de que en todo caso estaba respondiendo a esas alianzas pero ante un ámbito que de por sí era de su interés, dados los límites con sus propios territorios del ámbito aquitano-gascón. Sin embargo, no deja de ser sugerente el hecho de que se preste atención de nuevo a Inglaterra precisamente en esos momentos, y nos muestra cómo intentaba acercarse a un ámbito con el que en esos momentos Castilla tenía incluso enfrentamiento abierto. De esta forma sí parece plausible la influencia de la diplomacia castellana a la hora de orientar a la navarra.

Y la acción de la reina castellana no deja de mostrarnos también una respuesta ante la acción diplomática navarra. Ciertamente ya había contactos desde hacía mucho, y estrechos, sin embargo, el que la misma reina Leonor actuase en persona nos muestra la relevancia que desde el poder regio castellano se asignó a esta cuestión. De esta forma, vemos cómo hay una respuesta ante la acción diplomática navarra (sería interesante, además, tener en cuenta el hecho de cómo se había informado el poder regio castellano; pero no hay fuentes al respecto). Así, la interacción entre las diplomacias navarra y castellana era muy estrecha: lógico si tenemos en cuenta el enfrentamiento larvado en los anteriores cincuenta años.

---

[67] Miguel Ángel Ochoa Brun, *Historia*..., III, p. 286. Para esta misión y sus componentes, véase: Óscar Villarroel González, "Conflicto, embajadas y arbitraje...".

Otra cuestión es el caso de León. Para el caso leonés, a lo largo del reinado de Alfonso IX, tenemos detectada también una cierta nómina de embajadores. Sus negociaciones con Castilla y con el ámbito musulmán, así como los contactos con Portugal, Navarra y Aragón así nos lo muestran[68]. Tampoco fue este el primer contacto entre el reino leonés y el inglés, dado que Enrique II había enviado sus embajadores a Fernando II en 1177, buscando un salvoconducto para poder peregrinar a Santiago[69]. Pero, que sepamos, no hubo respuesta a esa embajada. De esta forma la embajada de Juan documentada en 1206 supone la primera extrapeninsular de Alfonso IX que tengamos documentada. Es decir, aquí sí nos encontramos con un claro cambio en la forma habitual de actuar del rey leonés. La búsqueda de una alianza con Inglaterra, en momentos en los que Navarra parecía estar haciendo lo mismo, no deja de ser ciertamente sugerente, a la hora de plantearnos la posibilidad de que se estuviese intentando contrarrestar el peso que sus contactos ingleses otorgaba a Castilla. Así pues, la posibilidad de que la diplomacia castellana acabase influyendo también en el reino leonés a la hora de orientar su atención al otro lado del Canal de la Mancha es, como poco, plausible. ¿Hubo influencia navarra en este hecho? ¿Se intentó atraer de nuevo al leonés? Sin documentación, no es más que una hipótesis atractiva y tal vez posible.

CONCLUSIONES

Como se sabe, y mostró la historiografía, a lo largo del siglo XII se producen una serie de cambios en las relaciones exteriores que se desarrollan a lo largo del occidente medieval. Como indicó Pascua Echegaray, aparecen una serie de dinámicas que empiezan a ser habituales, y que están presentes también en la península: alianzas, negociaciones a varias bandas… En este caso, hemos podido ver

[68] Véase al respecto: Julio González González, *Alfonso IX*, CSIC, Madrid, 1944, especialmente pp. 43-121.
[69] *Gesta Henrici Secundi*, ed. Stubbs, p. 157.

cómo esa situación se estaba desarrollando en un ámbito concreto: el caso peninsular y atlántico.

Hemos podido ver cómo en los primeros años del siglo XIII se produjo un desarrollo de la multilateralidad en la política de los reinos en estudio ciertamente interesante. Si a lo largo del siglo XII fue habitual ese tipo de multilateralidad a nivel peninsular, con múltiples acuerdos entre diversos reinos de forma muy cambiante, en estos momentos se rompía el marco peninsular para introducir otros agentes en juego. Se buscan apoyos en el exterior del reino e incluso en el exterior de la península. No son ya los reinos vecinos los que pueden interesar, sino conjuntos del occidente que pueden aportar una serie de réditos no solo simbólicos, sino políticos, al poder plantear una presión desde un ámbito distinto.

No es baladí que eso coincida con un desarrollo diplomático creciente, como ha mostrado también la historiografía y especialmente el trabajo de Moeglin y Péquignot. Las incipientes menciones a embajadores, con sus nombres y apellidos. El caso mencionado de Alfonso VIII, con sus más de 70 embajadores es, sin duda, paradigmático de momento. No solo eso, además empezamos a ver que están presentes en las fuentes: con noticias de quién estaba pagando sus estancias, de los premios y regalos recibidos, así como de los salvonconductos necesarios. Todo ello nos muestra cómo los diversos reinos, tanto peninsulares como extrapeninsulares, estaban insertos en un funcionamiento determinado de la diplomacia, sin duda común, con lo que la extensión de la cultura política era evidente.

Hemos visto, además, cómo en ocasiones podemos hablar de la imitación de formas en la extensión de las redes y los contactos. Conocíamos ampliamente la extensión de la política exterior de Alfonso VIII, pero ahora planteamos cómo esa actuación pudo suponer un acicate para los reinos que podían verse amenazados, o que estaban abiertamente enfrentados, al castellano. Que León y Navarra entrasen, o intentasen entrar, en ese juego de apoyos y alianzas externas no es baladí. Especialmente en el caso de León, que no había enviado un embajador fuera de la península desde época de Alfonso VII. Pero tampoco lo es el hecho de que la diplomacia castellana respondiese, ágilmente, además, ante la actuación navarra.

De esta forma, la actuación diplomática podía suponer un acicate para que la acción exterior de los reinos vecinos se incrementase. Unas relaciones peninsulares, o unos intereses propiamente hispanos, influían en que se produjese un resultado y unos contactos extrapeninsulares. Con ello, se producía una influencia y transferencia en las formas de desarrollar la política exterior que, sin duda, colaboraron en la creación de una cultura diplomática que era compartida por los diversos agentes occidentales.

FUENTES CITADAS

Crónica latina de los reyes de Castilla, ed. Luis Charlo Brea, Akal, Madrid, 1999.

Great Roll of the pipe for the first year of the reign of king John, ed. D.M. Stenton, Society of the Pipe Roll, Lincoln, 1933.

Rotuli Litterarum Patentium in Turri Londinensi asservati, ed. Thomas Duffus Hardy, Comissioners of the Public Records, Londres, 1835, vol. I, parte 1.

Rymer, Thomas, *Foedera, conventiones, litterae et cuiscumque generis acta publica inter reges Angliae et alios quosvis imperatores, reges, pontifices, principes uel communitates*, vol. 1, Joanne Neaulme, La Haya, 1745.

The great roll of the pipe for the ninth year of the king John: Michelmas 1207, vol. 22, ed. Mary A. Kirkus, Pipe Roll Society, Londres, 1946.

The great roll of the pipe for the ninth year of the king John: Michelmas 1205, vol. 20, ed. Doris M. Stenton, Pipe Roll Society, Londres, 1942.

The great roll of the pipe for the ninth year of the king John: Michelmas 1205, vol. 19, ed. Sidney Smith, Pipe Roll Society, Londres, 1941.

BIBLIOGRAFÍA CITADA

Adot Lerga, Álvaro, "«Engañadores» al servicio de los reyes de Navarra. Los embajadores Salvador de Berrio el «desterrado», y Ladrón de Mauleón", en Francisco de Paula Cañas Gálvez (coord.), *La corona y sus servidores: individualidades, instituciones y estructuras curiales en los reinos hispánicos durante la Baja Edad Media (ca. 1340-1516)*, Editorial Universidad de Sevilla, Sevilla, 2021, pp. 645-680.

—, *Embajadores navarros en Europa: orígenes de la diplomacia moderna navarra*, Pamiela, Pamplona, 2012.

Alvira Cabrer, Martín, *Las Navas de Tolosa 1212. Idea, liturgia y memoria de la batalla*, Sílex, Madrid, 2012.

—, y Buresi, Pascal, "«Alphonse, par la grâce de Dieu, Roi de Castille et de Tolède, Seigneur de Gascogne»: quelques remarques à propos des relations entre Castillans et Aquitains au début du XIIIe siècle", en *Aquitaine – Espagne (VIIIe-XIIIe siècle)*, Centre d'études supérieures de civilisation médiévale, Poitiers, 2001, pp. 219-232.

Aurell, Martin, *El Imperio Plantagenet 1154-1224*, Sílex-Universidad de Extremadura, Madrid, 2012.

Ayala Martínez, Carlos de, "Alfonso VIII, cruzada y cristiandad", *Espacio Tiempo y Forma. Serie III. Historia Medieval*, 29 (2016), pp. 75-113.

Campa, Mariano de la, "Crónica de veinte reyes", *Revista de Literatura Medieval*, 15/1 (2003), pp. 141-156.

Cerda Costabal, José Manuel, "La dot gasconne d'Aliénor d'Angleterre. Entre royaume de Castille, royaume de France et royaume d'Angleterre", *Cahiers de civilisation médiévale*, 54 (2011), pp. 225-241.

Cerda Costaban, José Manuel, "La dot gasconne d'Aliénor d'Angleterre entre royaume de Castille, royaume de France et royaume d'Angleterre", *Cahiers de civilisation médiévale*, 54-215 (2011), pp. 225-242.

—, *Leonor de Inglaterra. La reina Plantagenet de Castilla (1161–1214)*, Trea, Gijón, 2022.

Estepa Díez, Carlos, "El imperio hispánico: de Alfonso VI a Alfonso VII", en Carlos Estepa Díez, Etelvina Fernández González y Javier Rivera Blanco (dirs.), *Alfonso VI y su legado: Actas del Congreso Internacional, Sahagún, 29 de octubre al 1 de noviembre de 2009: IX Centenario de Alfonso VI (1109-2009)*, Instituto Leonés de Cultura, León, 2012, pp. 29-36.

—, "La monarquía de Alfonso VIII de Castilla (1158-1214) en el sistema de estados europeos", en César Fornis Vaquero, Julián Gállego y Pedro Manuel López Barja de Quiroga (dirs.), *Dialéctica histórica y compromiso social*, Pórtico, Madrid, 2010, vol. 2, pp. 1175-1192.

Fernández Ordóñez, Inés, "El taller historiográfico alfonsí: la 'Estoria de España' y la 'General estoria' en el marco de las obras promovidas por Alfonso el Sabio", en Ana Domínguez Rodríguez y Jesús Montoya Martínez (coord.),

Scriptorium alfonsí, de los libros de astrología a las "Cantigas de Santa María", Editorial Complutense, Madrid, 1999, pp. 105-126.

Fortún de Ciriza, Luis Javier, "La quiebra de la soberanía navarra en Álava, Guipúzcoa y el Duranguesado (1199-1200)", *RIEV Revista internacional de los estudios vascos/Eusko ikaskuntzen nazioarteko aldizkaria*, 45/2 (2000), pp. 439-494.

Gillingham, John, *Ricardo Corazón de León*, Sílex, Madrid, 2012.

González García, Alberto, "La proyección europea de Asturias: política, cultura y economía (718-910)", *El Futuro del Pasado*, 5 (2014), pp. 225-298.

González González, Julio, *El reino de Castilla en época de Alfonso VIII*, CSIC, Madrid, 1960, 3 vols.

—, *Alfonso IX*, CSIC, Madrid, 1944.

Hosler, John, *Henry II, A medieval soldier at war, 1147-1189*, Brill, Leiden, 2009.

Larghi, Gerardo, "Le troubadour et la reine. Guillaume IX d'Aquitaine et Urraca de León: conflit et diplomatie à Saint-Jacques de Compostelle", *Ad limina: revista de investigación del Camino de Santiago y las peregrinaciones*, 13 (2022), pp. 87-113.

Larrañaga Zulueta, Miguel, "Alfonso II, Carlomagno y el culto jacobeo", *Oppidum: cuadernos de investigación*, 17 (2021), pp. 303-323.

Linage Conde, Antonio, *Alfonso VI. El rey hispano y europeo de las tres religiones*, Trea, Gijón, 2006.

Lincoln, Kyle C., "*Una cum uxore mea*: Alfonso VIII, Leonor Plantagenet, and marriage alliances at the court of Castile", *Revista Chilena de Estudios Medievales*, 4 (2013), pp. 9-30.

Lomax, Derek W., "Los «Magni rotuli pipae» y el medievo hispánico", *Anuario de Estudios Medievales*, 1 (1964), pp. 543-548.

Maleczynski, Karol, "Dzieje Rysky. Córki Władysława Wygnańca śląskiego, cesarzowej Hiszpanii i hrabiny Prowansyi", *Archiwum Towarrzystwa Naukowego we Lwowie*, X (1934), pp. 237-308.

Marca, Pedro de, *Histoire de Béarn*, Iean Camusat, París, 1640.

Martin, Georges, "Hilando un reinado. Alfonso VI y las mujeres", *e-Spania* [Online], 10 | diciembre 2010, en línea desde el 9 de diciembre de 2010, consultado el 10 de marzo de 2023. DOI: https://doi.org/10.4000/e-spania.20134

Martínez Diez, Gonzalo, *Alfonso VIII, rey de Castilla y Toledo: (1158-1214)*, Trea, Gijón, 2007.

Miranda García, Fermín, "Representar al rey, ¿representar al reino?: legados y embajadas de la monarquía navarra (s. x-xiii)", en Javier Llidó Miravé y Óscar

Villarroel González (coords.), *El embajador en la Alta y Plena Edad Media hispana*, Trea, Gijón, 2023, pp. 59-76.

Moeglin, Jean Marie y Péquignot, Stéphane, *Diplomatie et "relations internationales" au Moyen Âge (IXe-XVe siècle)*, Presses Universitaires de France, París, 2017.

Ochoa Brun, Miguel Ángel, *Historia de la diplomacia española*, vols. 1, 2 y 3, Ministerio de Asuntos Exteriores, Madrid, 1991.

Pamplona, Germán de, "Sancho el Fuerte, iniciador de las relaciones amistosas con la ciudad de Bayona", *Príncipe de Viana*, 88-89 (1962), pp. 495-500.

Pascua Echegaray, Esther, *Guerra y pacto en el siglo XII: la consolidación de un sistema de reinos en Europa occidental*, CSIC, Madrid, 1996.

Przedziecki, Rajnold, "Los embajadores de España en Polonia. Desde la edad media al siglo XVII", *Boletín de la Real Academia de la Historia*, CXXI, 1947, pp. 397-441, CXXII, 1947 y CXXIII, 1948, pp. 295-317.

Ramírez Vaquero, Eloísa, "De los Sanchos a los Teobaldos. ¿Cabe reconsiderar la Navarra del siglo XIII?", en Carlos Estepa y María Antonia Carmona (coords.), *La Península Ibérica en tiempos de las Navas de Tolosa*, SEEM, Madrid, 2016, pp. 395-424.

Rassow, Peter, *Der prinzegemahl: ein pactum matrimoniale aus dem jahre 1188*, Hermann Böhlaus Nachfolger, Weimar, 1950.

Recuero Astray, Manuel, *Alfonso VII (1126-1157)*, La Olmeda, Palencia, 2003.

Reilly, Bernard T., "Alfonso VI: conqueror, Politician, Europeanizer", en *Estudios sobre Alfonso VI y la reconquista de Toledo: actas del II Congreso Internacional de Estudios Mozárabes (Toledo, 20-26 mayo 1985)*, vol. 1, Instituto de Estudios Visigótico-Mozárabes, Toledo, 1987, pp. 13-30.

Rucquoi, Adeline, "Adversus Elipandum". El reino de Oviedo y el culto a Santiago", *Ad limina: revista de investigación del Camino de Santiago y las peregrinaciones*, 8 (2017), pp. 19-39.

Shadis, Miriam, *Berenguela of Castile (1180-1246) and political women in the High Middle Ages*, Palgrave-MacMillan, Nueva York, 2009.

Strayer, Josepth Reese, *Sobre los orígenes medievales del Estado moderno,* Ariel, Barcelona, 1981.

Villarroel González, Óscar, "Conflicto, embajadas y arbitraje: un análisis diplomático del laudo de Enrique II entre Navarra y Castilla (1177)", en Álvaro Adot Lerga, Adrían Díaz-Plaza Casal y Óscar Villarroel González (coords.), *Poder, cultura y acción política en la Edad Media peninsular*, La Ergástula, Madrid (en prensa).

—, "Embajadores y política exterior de Alfonso VIII", en Javier Llidó Miravé y Óscar Villarroel González (coords.), *El embajador en la alta y plena Edad Media peninsular*, Trea, Gijón, 2023, pp. 153-175.

—, "Diplomacia, comunicación e incomunicación en la creación del reino de Portugal", en José Manuel Nieto Soria (coord.), *Los orígenes leoneses del reino de Portugal*, Centro Superior de Estudios Leoneses, Madrid, 2021, pp. 81-98.

—, "La visión de los reinos peninsulares en la Edad Media a través de la diplomacia: ¿comunidad o alteridad?", en Pedro Martínez García (coord.), *Alteridad ibérica: el otro en la Edad Media*, SEEM, Murcia, 2021, pp. 97-122.

CONCLUSIONES

A lo largo de los diversos capítulos de esta obra hemos podido apreciar cómo las formas políticas, en sus muy variadas manifestaciones, nos muestran una constante evolución, así como una influencia mutua entre los diversos espacios en los que se desarrolló la política del periodo medieval. Esto, que hemos podido apreciar en las diversas cronologías y espacios, se detecta también de una forma claramente temática que intentaremos resaltar aquí, tras los casos concretos que cada autor ha presentado.

En primer lugar, la política y alguna de sus formas se concebía como algo más allá de las diferencias, incluso de las religiosas (aunque, como sabemos, esto tuvo un carácter fundamental en el periodo medieval). Así, hemos visto cómo los matrimonios fueron utilizados como fórmula de acuerdo, como búsqueda de pacificación en el ámbito exterior en época de los reinos germánicos. Esta política, bien ejemplificada por figuras como el monarca ostrogodo Teodorico, le sobrevivió y siguió siendo utilizada por reyes como Amalarico, incluso pese a que pudiera suponer contradicciones aparentes, dado que se realizaba sobre casas regias que gobernaban pueblos de religión distinta (próxima, pero distinta e, incluso, enfrentada: arrianos y católicos). Vemos una forma de entender la política exterior común a varios reinos y todos supeditan la religión (tanto católicos como arrianos) como consecuencia de ello.

Que la política se entendía, incluso en sus formas, más allá de la religión también lo hemos visto con Cardoso, donde la diplomacia sirvió para intentar proteger los intereses del Imperio, y, si para ello se hacía necesario el entendimiento y la alianza con Al Andalus, se buscaba. Evidentemente, cada actor intentaba representar tal relación conforme a su conveniencia (humillación, colaboración…), pero la realidad es que se comunicaban y llegaban a acuerdos cuando era necesario, y las formas que empleaban eran las mismas, puesto que, pese a las diferencias religiosas, había una cultura diplomática común (o sentada sobre unas bases mínimas comunes).

Porque las fronteras religiosas se difuminaban en muchas ocasiones, parece evidente que la convivencia de siglos llevó a este tipo de fenómenos, especialmente en elementos tan presentes como la política o la guerra. Así, la transferencia de formas de comprender, interpretar y ejecutar la guerra son un buen ejemplo de ello. La guerra, como elemento transcultural, aportaba influencias mutuas en los ámbitos de la mística, la penitencia, los actos propiciatorios, la búsqueda del favor divino, etc., al igual que en las prácticas asociadas a todos y cada uno de estos aspectos.

Una guerra que también era emprendida por religiosos, lo que obligaba a justificar o presentar su legitimidad de diversas formas, siempre cambiantes según el interés de cada momento, pero que confluyeron en el uso, también por los obispos, de una serie de imágenes de su actividad bélica cercana a la de los otros poderes.

La cultura religioso-política tenía aquí un peso fundamental. Así, la Iglesia "salvadora" de la legitimidad de los reyes leoneses derrotados, siendo capaz de sostener el aparato hasta el fin del califato, lo evidencia claramente. Porque es la crisis la que denota cómo la cultura política de un reino se mantiene y se ve influida por sus agentes, y también cómo se transforma apoyándose en la paz frente al enemigo poderoso, aunque su objetivo fuese la recuperación religiosa frente a aquellos con los que se buscaba una tregua por necesidad.

Se ha analizado también la intención del poder leonés por presentarse como claro conocedor y heredero de los símbolos de los poderes cristianos del pasado. El profesor Chao ha mostrado cómo se produce una clara evolución en los símbolos del poder, pero tan paulatino que nos es posible apreciar la evolución y las herencias, así como los nuevos aportes. Símbolos que representan el poder, pero también a quien lo ostenta y que evolucionarán, también con diversas influencias, incluida la pontificia, hacia algo tan típico de la Corona de Castilla como son las ruedas de sus documentos.

Y es que las formas también se transmitían, como una moda hoy día. Signos y símbolos de un poder que podían ser utilizados por otro como forma de presentarse a sí y a su propio poder, enlazándolo, de nuevo, con el pasado y con el hilo vertebrador de la religión. Así, los reyes leoneses utilizando el arte en su reconstrucción del poder y del de los obispos en el fondo bebían del pasado y lo incluían en su cultura política. Del mismo modo, los monarcas continuadores de la dinastía Jimena no dudaban en utilizar símbolos y formas bíblicas para identificarse con una visión determinada de la monarquía en la que la sapiencia tenía un peso importante, y, para ello, se tomaban formas muy semejantes a las que la dinastía otónida empleaba en Alemania, con lo que vemos cómo, una vez más, hay formas de cultura política que transitan por el occidente medieval y su sustrato común, aunque se basen en transferencias más o menos documentadas.

Los ejemplos presentados de Huesca y Soria nos muestran de nuevo ese peso de lo religioso y su posible uso por el poder (ya sea episcopal o regio –reginal en concreto–), tanto con formas (o santos) antiguos, como con otros mucho más recientes (que denotan, además, esos marcos más recientes de relación, como la Inglaterra de Enrique II con Alfonso VIII de Castilla), algo que la cultura y en especial la música religiosa nos ha ilustrado perfectamente. Así, se constata la existencia de variantes textuales y musicales de piezas religiosas que nos consignan los inicios y el momento de llegada a la península de esos cambios, con todo el significado que tiene detrás.

Las mismas fórmulas jurídicas empleadas nos permiten, como se ha mostrado, ver las influencias que se reciben del exterior, al mostrar una clara herencia del derecho romano que empezaba a recuperarse en el siglo XII. Su utilización ya en época de Alfonso VII refleja con claridad cómo se producen esos contactos y esas influencias que afectan ya a la retórica del poder.

Hemos visto también que estas formas políticas afectan a cómo se desarrolla a finales del XII una política exterior que, sin ser una novedad, se integra en juegos de alianzas occidentales, lo que deviene en toda una sociedad de reinos en la que cada uno de ellos se preocupa por obtener la mejor posición y apoyos posibles. Que de tal modo se comportasen reinos y monarcas sin apenas tradición en ello, como es el caso del León de Alfonso IX, es un ejemplo más de esas influencias cruzadas, esta vez con Alfonso VIII como canal de transmisión.

De esta forma, según pasan los siglos, hemos podido apreciar cómo hay una serie de elementos comunes en lo que toca a las formas políticas: son, casi por definición, lábiles, volubles y móviles, o, si se prefiere sobre todos estos términos, se dirá que son adaptativas por naturaleza. Parece, por tanto, evidente que la utilidad está por encima de cualquier otra consideración. Basta que un aspecto concreto pueda ser considerado útil por el poder para que lo ponga en marcha, bien provenga de su propio ámbito, bien sea tomado de otro más o menos cercano. La utilidad se muestra clave, así, en toda comunicación política, y nos ofrece unos frutos claros en el conjunto del occidente.

Sin embargo, ello no debe traducirse en apartar la vista sobre el factor fundamental que anima la historia: el conflicto. En este caso, la tensión que se produce entre el ideal y la utilidad, que no es sino la causa profunda que se halla en buena parte de los acontecimientos aquí tratados. Cabría concluirse, pues, insistiendo en esta particularidad del poder, en el cual confluyen la antedicha naturaleza adaptativa con un afán de estabilización en lo ideológico y en lo práctico que, andando en el tiempo, siempre viene a dar a luz a las tensiones futuras.

ESTE LIBRO SE TERMINÓ DE IMPRIMIR
EN EL MES DE DICIEMBRE DE 2024